하나님의 구원 계획

God's Master-Plan

하나님의 구원 계획

Copyright ⓒ 머릿돌 2012

1쇄 발행 2012년 10월 30일

지은이 유도순
펴낸이 유효성
펴낸곳 머릿돌

등록번호 제17-240호
등록일자 1997년 5월 20일
주소 서울 동작구 노량진1동 205-7
　　　TEL. (02) 888-0012
　　　http://edendongsan.onmam.com
E-mail yoodosun@hanmail.net

총판 기독교출판유통
　　　경기도 고양시 일산동구 장항동 585-12
　　　(031) 906-9191

디자인 참디자인(02-3216-1085)

ISBN 978-89-87600-68-0 03230

이 책의 내용은 저작권법에 의해 보호를 받는 저작물이므로
출판사 또는 저자와의 협의 없이 무단 전재와 복제를 엄격히 금합니다.

책값은 뒤표지에 있습니다.
잘못된 책은 교환하여 드립니다.

하나님의 구원 계획

God's Master-Plan

유도순 지음

머릿돌

들어가는 말

　질문을 드려 보겠습니다. 하나님에게도 어려운 일이 있으시겠는가 하는 점입니다. "죄"를 심판(審判)하시는 일은 쉬운 일입니다. 그런데 감히 말씀드립니다만, 죄인(罪人)을 구원(救援)하시는 일이 하나님의 난제(難題)라 말할 수가 있습니다.

　왜냐하면 "율법이, 할 수 없는 그것을 하나님은 하시나니 곧 죄로 말미암아 자기 아들을 죄 있는 육신의 모양으로 보내어 육신에 죄를 정하사"(롬 8:3), 행해주셨다고 말씀하기 때문입니다.

　천지만물은 "하나님이 가라사대" 하는, 말씀만으로 창조하셨습니다. 그런 전능(全能)의 하나님께서 우리를 구원하시기 위해서는, 자기 아들을 육신을 입게 하시고 이 땅에 보내어 십자가에 못을 박으시고야 가능했다니 이것은 난제일 뿐만이 아니라, 큰 고통이라 하겠습니다.

바울 사도는 "은혜의 경륜과, 비밀의 경륜"(엡 3:2, 9)이란 표현을 했습니다. "경륜"(經綸)이란, 일을 계획(計劃)하여 조직적으로 추진(推進)하는 것을 가리키는데,

① "내게 주신 하나님의 그 은혜의 경륜" 이란, 성도 각인(各人)에게 향하신 계획이 있으시다는 뜻이고,

② "하나님 속에 감추어졌던 비밀의 경륜" 이란, 하나님의 구원계획을 의미합니다. 형제는 자신에게 향하신 하나님의 "은혜의 경륜" 과, 인류를 구원하시기 위한 "비밀의 경륜" 을 알고 싶지 않으십니까?

바울 사도는 자신에게 향하신 하나님의 "은혜의 경륜" 을 두 가지로 요약해주고 있는데 첫째는, "모든 성도 중에 지극히 작은 자보다 더 작은 나에게 이 은혜를 주신 것은 측량할 수 없는 그리스도의 풍성함을 이방인에게 전하게 하시고", 즉 "이방인의 사도"로 세우셨다는 것과, 둘째는 "영원부터 만물을 창조하신 하나님 속에 감추어졌던 비밀의 경륜이 어떠한 것을 드러내게 하려 하심이라"(엡 3:8-9), 즉 하나님의 구원계획을 증언(證言)케 하기 위해서 세움을 받았다는 것입니다.

지금부터 우리가 상고하려는 것이 다름 아닌 하나님 속에 감추어졌던 "비밀의 경륜", 즉 Master-Plan입니다. 왜냐하면 이를 증언(證言)하는 일은 사도 바울만의 사명이 아니라 말씀을 맡은 모든 설교자들의 사명이기 때문입니다. 이 구원계획이 얼마나 장엄하고 영광스러운 것이었

으면, ㉮ 하나님 속에 감추어졌던, ㉯ 비밀의 경륜이라 말씀하겠는가!!

이처럼 "하나님 속에 감추어졌던 비밀의 경륜"은 인간의 이성(理性)으로는 알 길이 없습니다. "기록된바 하나님이 자기를 사랑하는 자들을 위하여 예비하신 모든 것은 눈으로 보지 못하고 귀로 듣지 못하고 사람의 마음으로 생각하지도 못하였다 함과 같으니라 오직 하나님이 성령(聖靈)으로 이것을 우리에게 보이셨으니 성령은 모든 것 곧 하나님의 깊은 것까지도 통달하시느니라"(고전 2:9-10) 하고, 성령으로만이 알 수가 있다는 것입니다.

㉠ 하나님께서는 "만세와 만대로부터 감추어졌던 비밀의 경륜을 그의 성도들에게 나타내셨고"(골 1:26),

㉡ 나타내신 "비밀의 경륜"을 깨닫게 하기 위해서 성령님을 보내주신 것입니다.

그렇다면 "하나님 속에 감추어졌던 비밀의 경륜"을 깨닫는 일은 성도들의 특권(特權)이면서, 의무(義務)라 할 수가 있고, 목회자들에게는 사명(使命)이라 할 수가 있습니다.

그럼에도 불구하고 성도들이 이 영광스러움을 알지를 못하여 자신은 마치 하나님께 아무 것도 받은 것이 없는 빈 털털이인 양 가난하고 가련한 모습을 하고 있다면 얼마나 안타까운 일인가? 또한 얼마나 부끄러운 일인가? 그러므로 설교자들은 이를 드러내고 가르치는데 심혈을 기울려야 마땅한 것입니다.

그러면 "하나님 속에 감추어졌던 비밀의 경륜"을 깨닫는 것이 어떤 유익(有益)을 주는가 하는 점입니다. 이점이 계속되는 바울의 기도(엡 3:14-21)를 통해서 나타나는데,

㉠ 첫째는, "그의 성령으로 말미암아 너희 속사람을 능력으로 강건하게 하시고"(16), 즉 성도들을 강건(强健)하게 해주고,

㉡ 둘째는, "너희가 사랑 가운데서 뿌리가 박히고 터가 굳어져서"(17), 즉 뿌리 깊은 신앙, 기초(基礎)가 튼튼한 신앙인이 되게 하고,

㉢ 셋째는, "능히 모든 성도와 함께 지식에 넘치는 그리스도의 사랑을 알고 그 너비와 길이와 높이와 깊이가 어떠함을 깨달아"(18-19), 즉 측량할 수 없는 그리스도의 사랑을 깨닫게 되어,

㉣ 넷째는, "하나님의 모든 충만하신 것으로 너희에게 충만하게 하시기를 구하노라"(19하), 즉 충만(充滿)한 그리스도인이 되게 하기 위해서요,

㉤ 결론은, "영광이 대대로 영원무궁하기를 원하노라 아멘"(21) 하고, 하나님께 영광(榮光)을 돌리는 삶을 살아가게 한다는 것입니다.

사도 바울이 그토록 헌신할 수 있었던 것은, "그리스도의 사랑이 우리를 강권"(强勸)하시기(고후 5:14) 때문이라고 말합니다. "강권"이란 잡아당긴다는 뜻인데, 어디에 있는 "그리스도의 사랑"이 잡아당긴다는 것인가? "우리에게 주신 성령으로 말미암아 하나님의 사랑이 우리 마음에 부은바 됨이니"(롬 5:5) 하고, 우리 "마음에 부어진 사랑"이 잡아당긴다

는 것입니다.

성도들의 마음에 "그리스도의 사랑이 부어져서, 사랑의 강권함"을 받는 삶을 살아가기만 한다면 무엇을 더 바랄 것이 있겠는가? 반면 사랑이 부어지지 않는다면 모든 것이 공허(空虛)한 것입니다. 그러면 하나님의 사랑이 부어지는 것이 어떻게 가능하여지는가 하는 점입니다.

그것은 교훈적인 설교나, 기복적인 설교로는 불가능합니다. "영원부터 만물을 창조하신 하나님 속에 감추어졌던 비밀의 경륜이 어떠한 것"을 증언할 때, 듣는 자들의 마음에 성령께서 "믿음과, 사랑"을 부어주셔서 하나님의 모든 충만하신 것으로 충만케 해주신다는 것입니다.

그렇다면 "하나님 속에 감추어졌던 비밀의 경륜"을 증언하는 일은 어느 시대보다도 현대교회에 더욱 절실하다 하겠습니다. 왜냐하면 "때가 이르리니 사람이 바른 교훈을 받지 아니하며 귀가 가려워서 자기의 사욕을 따를 스승을 많이 두고 또 그 귀를 진리에서 돌이켜 허탄한 이야기를 따르리라"(딤후 4:3-4) 한, 영적으로 혼란한 시대를 살아가고 있기 때문입니다.

이 책(하나님의 구원계획)은 제가 목회자 세미나에서 수차에 걸쳐서 증언한 말씀을 정리한 것입니다. 또한 제자훈련 교재(敎材)로 발간한 "구속사의 맥을 잡아라, 505 문제"에 대한 해설(解說)서라 할 수가 있습니다. 사도 바울은, "누가 주의 마음을 알아서 주를 가르치겠느냐 그러나 우리가 그리스도의 마음을 가졌느니라"(고전 2:16) 하고 말씀하는데, 바라기는 이 책을 통해서 "주의 마음을 알고", "505" 교재를 가지고 제자훈련을 하신다면 큰 유익이 있을 것을 확신합니다. 이점은 이미 국내에서뿐만이 아니라, 중국과 일본에서도 검증이 된 바입니다.

저는 이 책을 "예수 그리스도와, 복음"을 증언하기 위해서 썼습니다. 그리고 이것은 제가 주님을 처음 만났을 때의 약속입니다.

목차

들어가는 말 ··· 5

구약성경

창세기 ··· 15
출애굽기 ··· 128
레위기 ·· 174
민수기 ·· 189
신명기 ·· 213
여호수아 ··· 225
사사기 ·· 242
룻기 ··· 251
사무엘상 ··· 259
사무엘하 ··· 269
열왕기상 ··· 283
열왕기하 ··· 295
역대상 ·· 315
역대하 ·· 327
에스라 ·· 337
느헤미야 ··· 349
에스더 ·· 359

욥기	365
시편	377
잠언	385
전도서	391
아가서	397
선지서	401

신약성경

복음서	413
사도행전	430
서신서	434
계시록	447

구약성경

Old Testament

구약성경(舊約聖經)의 기록목적은 주님께서 친히, "이 성경이 곧 내게 대하여 증언하는 것이로다"(요 5:39) 하신 대로, 예수 그리스도를 증언하는 것이 중심주제(主題)입니다. 히브리서는, "옛적에 선지자들을 통하여 여러 부분과 여러 모양으로 우리 조상들에게 말씀하신 하나님이 이 모든 날 마지막에는 아들을 통하여 우리에게 말씀하셨다"(히 1:1-2) 하고, 설명하고 있습니다.

그러므로 만일 구약성경을 주심이 없었다면 "예수가, 그리스도"이심을 입증(立證)할 근거가 없다 해도 과언이 아닙니다. 반면 구약성경을 통해서 다른 것은 보면서 "그리스도"를 보지 못한다면 주님께서 통렬히 책망하신 "소경된 인도자"요, 성도들 앞에 천국 문을 닫는 결과를 초래하게 되는 것입니다. 왜냐하면 주님께서 친히 "내가 곧 길이요 진리요 생명이니 나로 말미암지 않고는 아버지께로 올 자가 없느니라"(요 14:6) 하고, 말씀하셨기 때문입니다.

Old Testament

창세기

창세기를 가리켜 성경(聖經)의 못자리라고 말합니다. 창세기에는 원죄(原罪)와, 원 복음(原福音) 등 모든 기원(起源)이 다 들어 있습니다. 그러므로 창세기를 모르거나, 바르게 접근하지 못한다면 첫 단추를 잘못 낀 것과 같아서 전체가 뒤틀리게 되고 맙니다.

이처럼 원리(原理)와 같은 창세기가 오늘날은 공격을 당하고 있습니다. 창조(創造)기사, 홍수심판 등이 근동지방에 전해 내려오던 설화(說話) 등을 짜깁기 한 신화(神話)라고 말합니다. 만일 저들의 말같이 이것이 이방 신화에 불과한 허구라면 기독교는 존립(存立)할 수가 없는 것이 됩니다. 왜냐하면 복음(福音)의 기원과 근거(根據)를 창세기에 두고 있기 때문입니다.

그러므로 본서는 창세기를 심층적으로 논증(論證)함으로, "우리의 싸우는 무기는 육신에 속한 것이 아니요 오직 어떤 견고한 진도 무너뜨리는 하나님의 능력이라 모든 이론(理論)을 무너뜨리며 하나님 아는 것을 대적(對敵)하여 높아진 것을 다 무너뜨리고 모든 생각을 사로잡아 그리스도에게 복종하게"(고후 10:4-5) 하는데 중점을 두고자 합니다.

창세기의 구조

창세기는 크게 세 부분(1장-2장, 3장-11장, 12장-50장)으로 나누어 이해함이 전체를 파악하는데 도움이 됩니다.

㉠ 1장-2장, 하나님께서는 태초에 무엇을 행해주셨는가?

㉡ 3장-11장, 이에 대해서 인간은 어떻게 보답했는가?

㉢ 12장-50장, 그럼에도 불구하고 하나님께서는 어떻게 행해주셨는가?

태초에 하나님께서는 무엇을 행해주셨는가?(1장-2장)

㉠ 천지 만물을 창조하시어 사람이 살아갈 환경을 조성하신 후에,

㉮ 하나님의 형상대로 사람을 지으시되,

㉯ 아담과 하와를 짝을 지어주시고,

㉰ 그들의 스위트홈이라 할 수 있는 에덴을 창설하시어 그들을 거기 두시고,

㉱ 사람으로 하여금 만물을 대표하여 하나님을 섬기며, 하나님을 대리하여 만물을 다스리게 하셨습니다.

이에 대해 인간은 어떻게 보답했는가? (3장-11장).

㉠ 하나님의 말씀은 불신(不信)하고, 사탄의 유혹을 청종하여 금단의 과실을 범하고,

　㉮ 한 사람을 통해서 침입한 죄가 온 세상을 뒤덮어 홍수심판을 유발케 하고,

　㉯ 홍수심판에서 구원을 얻은 후예들이, 바벨탑을 쌓는 것으로 하나님을 대적하였던 것입니다.

그럼에도 불구하고 하나님께서는 또 어떻게 행해주셨는가? (12장–50장).

㉠ "여자의 후손을 보내어 뱀의 머리를 상하게 하리라" 하신, "원 복음"을 주시고,

　㉮ 여자의 후손을 아브라함의 자손으로 보내실 것을 언약하시고,

　㉯ 아브라함에게 세워주신 메시아언약을 이삭과, 야곱에게 계승시켜주시는 것이 창세기의 대의입니다.

하나님의 마음

성경은, "태초에 하나님이 천지를 창조하시니라"(창 1:1) 하고 시작이 됩니다. 그렇다고 창조의 신비를 말씀하려는 것이 아니라 성경은 구원계시입니다.

㉠ 사도 바울은 "누가 주의 마음을 알아서 주를 가르치겠느냐 그러나 우리가 그리스도의 마음을 가졌느니라"(고전 2:16) 하고 말씀합니다. 그러므로 천지만물이 어떻게 창조되었는가 하는 호기심보다는, 천지만물을 창조하신 "하나님의 마음", 즉 의도가 무엇인가를 깨닫는 것이 중요합니다.

ⓛ "대저 여호와께서 이같이 말씀하시되 하늘을 창조하신 이 그는 하나님이시니 그가 땅을 지으시고 그것을 만드셨으며 그것을 견고하게 하시되 혼돈(헛되이)하게 창조하지 아니하시고 사람이 거주(居住)하게 그것을 지으셨으니 나는 여호와라 나 외에 다른 이가 없느니라"(사 45:18) 하십니다. 즉 천지만물을 창조하신 목적이, 사람이 살아갈 환경(環境)을 조성하여주기 위해서라고 말씀합니다.

㉮ 아담 하와가 눈을 뜨고 두리번거리며 천지만물을 처음 보았을 때의 감격이 어떠했겠는가? 거듭난 하나님의 자녀들은 이 처음 감격을 회복하고 찬양해야 마땅합니다. 사람들은 새해 아침에 떠오르는 태양을 보기 위해서 부산을 떱니다. 그러나 태양은 정월 초하룻날만 떠오르는 것은 아닙니다.

㉯ 매일 같이 동녘에 떠오르는 찬란한 태양을 맞이하면서, 만물이 나를 위하여 창조해주신 하나님의 선물이라는 깨달음을 가지고 바라보는 형제의 감격은 어떠하겠습니까? 다윗은 이 감격을 이렇게 찬양합니다.

주의 손가락으로 만드신 주의 하늘과 주께서 베풀어 두신 달과 별들을 내가 보오니 사람이 무엇이기에 주께서 그를 생각하시며 인자가 무엇이기에 주께서 그를 돌보시나이까 그를 하나님보다 조금 못하게 하시고 영화와 존귀로 관을 씌우셨나이다 주의 손으로 만드신 것을 다스리게 하시고 만물을 그의 발아래 두셨으니 곧 모든 소와 양과 들짐승이며 공중의 새와 바다의 물고기와 바닷길에 다니는 것이니이다 여호와 우리 주여 주의 이름이 온 땅에 어찌 그리 아름다운지요 (시 8:3-9).

왕 같은 제사장

먼저 환경을 조성해 놓으신 후에 맨 마지막으로 "하나님이 이르시되 우리의 형상을 따라 우리의 모양대로 우리가 사람을 만들자"(창 1:26) 하셨습니다.

㉠사람을 "하나님의 형상대로 지으셨다" 하심은, 하나님께서 사람을 교제(交際)의 대상인 인격(人格)체로 지으셨음을 의미합니다. 이는 "제사장(祭司長)적"인 사명이요,

㉡그리고 "그들로 바다의 물고기와 하늘의 새와 가축과 온 땅과 땅에 기는 모든 것을 다스리게 하자" 하셨다는 것은, 다스리는 "왕(王)적"인 사명이었던 것입니다.

㉮ 하나님께서 사람을 지으신 의도가, 사람으로 하여금 만물을 대표(代表)하여 하나님을 섬기게 하시고, 하나님을 대리(代理)하여 만물을 다스리게 하는 "왕 같은 제사장"으로 지으셨다는 말씀입니다.

㉢ "하나님이 그들에게 복을 주시며 하나님이 그들에게 이르시되 생육하고 번성하여 땅에 충만하라 땅을 정복하라, 바다의 물고기와 하늘의 새와 땅에 움직이는 모든 생물을 다스리라" (1:28) 하십니다. 이 말씀이 오늘날은 영적으로 이루어지기를 기대하십니다.

㉮ "하나님이 지으신 그 모든 것을 보시니 보시기에 심히 좋았더라"(창 1:31) 하십니다. 창세기 1장에는 "보시기에 좋았더라"는 말이 7번(4, 10, 12, 18, 21, 25, 31)이나 등장하는데, 맨 마지막에는 "보시기에 심히

좋았더라" 하십니다. 이는 하나님의 의도대로 "하나님의 나라"가 건설 되었음을 의미합니다.

㈁ 집만 있다고 가정이 아니요, 예배당 건물만 지어놓았다고 교회(敎會)가 아니듯이, 천지만물을 창조하셨다고 그것이 곧 하나님의 나라는 아니었던 것입니다. 하나님의 형상대로 지음 받은 백성(百姓)들로 하여금 만물을 대표해서 하나님을 섬기며, 하나님을 대리하여 만물을 다스리게 하셨을 때에 비로소 하나님의 나라는 건설이 되었던 것입니다.

선악과의 구속사적 의미

"여호와 하나님이 동방의 에덴에 동산을 창설하시고 그 지으신 사람을 거기 두시니라"(창 2:8) 합니다.

㉠ 그런 후에, "여호와 하나님이 그 사람에게 명하여 이르시되 동산 각종 나무의 열매는 네가 임의로 먹되 선악을 알게 하는 나무의 열매는 먹지 말라 네가 먹는 날에는 반드시 죽으리라" (2:16-17) 하십니다.

㈎ 이점에서 "선악과"에 대한 구속사적 의미가 무엇인가에 대해서 말씀을 드려야만 하겠습니다. 왜냐하면 많은 성도들이 이에 대해 확고하지 못함으로 근원적으로 불확실한 가운데 머물러 있기 때문입니다.

㈏ "나라"의 요건은, ㈎ "왕과, ㈏ 백성"이 있어야만 합니다. 하나님께서 왕(王)이시고 아담과 하와는 최초의 백성(百姓)들이었던 것입니다. 그리고 다스리는 근거가 되는 ㈐ "법"이 있어야만 합니다. 만일 법(法)이 없다면 백성들이 왕의 다스림에 순복하는 여부를 판단할 길이 없는 것

입니다.

ⓒ 그러므로 성경은, "그들은 아담처럼 언약을 어기고 거기에서 나를 반역하였느니라"(호 6:7) 하고, 하나님께서 아담에게 "먹는 날에는 반드시 죽으리라" 하고, 세워주신 금령이 "언약"(言約), 즉 법(法)이었다고 말씀합니다.

ⓒ 아담 하와가 이 법을 범하였을 때에 하나님께서는 이 금령을 묵과하시거나 철회하실 수가 없으셨던 것입니다. 이에 도움을 주는 장면이 있는데, "(다리오) 왕이 이 말을 듣고 그로 말미암아 심히 근심하여 다니엘을 구원하려고 마음을 쓰며 그를 건져내려고 힘을 다하다가 해가 질 때에 이르렀더라" 합니다.

㉮ 그런데 "그 무리들이 또 모여 왕에게로 나아와서 왕께 말하되 왕이여 메대와 바사의 규례를 아시거니와 왕께서 세우신 금령(禁令)과 법도는 고치지 못할 것이니이다"(단 6:14-15) 하고 말하는 장면입니다.

㉯ 바사의 법도 한번 정한 후에는 나라의 권위와 왕의 위신을 위해서 변개(變改)할 수 없었다면, 하물며 거룩하시고 의로우신 하나님께서 정하신 금령을 묵과하거나 철회하실 수가 있단 말인가? "먹는 날에는 반드시 죽으리라" 하신 것은 법이었고, 세워진 법(法)은, 법대로 행해줄 것을 요구하는 것입니다. 그래서 하나님께서 자기 아들을 대신 죽음에 내어주셨던 것입니다.

㉰ 만일 한번 발하신 말씀을 변개하셨다면 어떤 일이 벌어지게 되는지 형제는 알고 있습니까? 하나님의 말씀인 성경(聖經)도 언제 변개될지

알 수 없기 때문에 믿을 수가 없게 되는 것입니다. 주님께서는 "천지는 없어질지언정 내 말은 없어지지 아니하리라"(마 24:35) 하십니다.

사랑과 정절

이런 법적인 권위(權威)만이 아니라 "선악과"에 대한 금령을 문맥적(文脈的)으로 살펴보게 되면 하나님의 망극하신 사랑의 마음을 깨닫게 됩니다. "선악을 알게 하는 나무의 열매는 먹지 말라 네가 먹는 날에는 반드시 죽으리라"(창 2:17) 하신 말씀 다음에 무슨 말씀으로 이어지는가를 주목해보시기를 바랍니다.

㉠ "여호와 하나님이 이르시되 사람이 혼자 사는 것이 좋지 아니하니 내가 그를 위하여 돕는 배필을 지으리라"(18) 하신, 아담에게 하와를 짝 지어주시는 말씀입니다. 그러면 문맥적(文脈的)인 의미가 무엇인가?

㉮ 하나님과 아담(백성)의 관계와,

㉯ 아담과 하와의 관계가 대칭(對稱)을 이루는 문맥(文脈)입니다.

㉡ 아담과 하와의 관계는, 아담은 하와만을 사랑하고, 하와는 아담만을 사랑해야하는 사랑의 관계입니다. 그렇다면 하나님과 백성인 우리의 관계도, "예수께서 이르시되 네 마음을 다하고 목숨을 다하고 뜻을 다하여 주 너의 하나님을 사랑하라 하셨으니 이것이 크고 첫째 되는 계명이요"(마 22:37-38) 하신 사랑의 관계인 것입니다.

㉢ 만일 하와가 금령을 어기고 간음을 행했다면 어떻게 되겠는가? "반드시 죽으리라" 한 파경(破鏡)에 이르게 되는 것입니다. 실제로 하나님께서는, "내가 그들의 남편(男便)이 되었어도 그들이 내 언약을 깨뜨렸음이라"(렘 31:32) 하고 말씀하십니다.

하나님의 사랑의 마음

하나님의 "사랑의 마음"을 좀 더 상고해보아야만 하겠습니다. "여호와 하나님이 이르시되 사람이 혼자 사는 것이 좋지 아니하니 내가 그를 위하여 돕는 배필을 지으리라"(창 2:18) 하신, 배필을 지으시는 행사를 통해서도 계시되어 있기 때문입니다.

㉠ "혼자 사는 것이 좋지 아니하니" 하시는데, 그러면 이를 미처 모르셨단 말인가? 아닙니다. 아담의 "배필"을 지으시는 행사(行事)를 통해서 계시(啓示)하시려는 바가 있으시기 때문입니다.

㉮ 하나님께서 아담의 배필을 지으리라 하시자 우리는, "여호와 하나님이 땅의 흙으로 사람을 지으시고 생기를 그 코에 불어넣으시니 사람이 생령이 되니라"(2:7) 한 방도로 지으시리라고 예상을 하게 됩니다.

㉡ 그런데 하나님께서는 "여호와 하나님이 아담을 깊이 잠들게 하시니 잠들매 그가 그 갈빗대 하나를 취하고 살로 대신 채우시고 여호와 하나님이 아담에게서 취하신 그 갈빗대로 여자를 만드시고"(2:21-22) 한, 특이한 방도로 지으셨습니다. 이렇게 하신 행사를 통해서 계시하시려는 바가 무엇인가?

㉢ "아담이 이르되 이는 내 뼈 중의 뼈요 살 중의 살이라"(23) 한 것은, 기쁜 환성(歡聲)이었던 것입니다. 아담이 "이는" 한 말은, 이번이야 말로 라는 뜻입니다. 왜냐하면 아담은 그 이전에 배필 될만한 자가 있는가 찾아본 적이 있기 때문입니다.

㉣ 2:18-19절의 문맥을 주목해보시기 바랍니다. 하나님께서 "돕는 배필을 지으리라" 하신 다음에, "아담이 모든 가축과 공중의 새와 들의 모

든 짐승에게 이름을 주니라 아담이 돕는 배필이 없으므로" 하는 말씀이 나오는데, 이는 아담이 이것들을 살펴보았으나 배필이 될 자가 없었음을 나타내는 것입니다. 그래서 "하나님이 아담을 깊이 잠들게 하시니 잠들매 그가 그 갈빗대 하나를 취하고" 하는 문맥(文脈)입니다.

ⓓ 아담이 "이는 내 뼈 중의 뼈요 살 중의 살이라" 한 것은 문자(文字)적인 의미가 아닙니다. 왜냐하면 취하지 않은 "살 중의 살이라" 하는 말을 하고 있기 때문입니다. 아담의 고백은 "이는 내 분신(分身)이다", 즉 "내 몸"이라는 뜻이었던 것입니다.

ⓔ 그렇습니다. 하나님께서는 아담 한 사람을 둘로, 즉 "머리와, 몸"으로 나누신 후에, "이러므로 남자가 부모를 떠나 그의 아내와 합하여 둘이 한 몸을 이룰 지로다" (24) 하고, 하나로 결합을 시켜주신 셈입니다.

최대의 신비 연합교리

이를 신학적으로는 연합(聯合)교리라고 말하는데 신약성경은, "이 비밀(秘密)이 크도다 나는 그리스도와 교회에 대하여 말하노라"(엡 5:32) 하고, "큰 비밀"이라고 말씀합니다.

㉠ 하나님께서는 아담의 배필을 지어주시는 방도를 통해서 "그리스도와, 교회"와의 관계를 계시하시려고 특이한 방도로 지으셨던 것입니다. 다시 말하면 하나님께서는 이 예표를 들어서 마지막 아담이신 그리스도를 십자가에 깊이 잠들게 하시고, 그의 "살과 피"(구속)로 신부(新婦)인 교회를 탄생케 하실 연합교리를 계시하셨던 것입니다.

ⓛ 그러므로 성경은 "그는 몸인 교회의 머리시라 그가 근본이시요 죽은 자들 가운데서 먼저 나신 이시니 이는 친히 만물의 으뜸이 되려 하심이요"(골 1:18) 하고, 그리스도와 교회의 관계를 "머리와, 몸"의 관계라고 말씀합니다.

ⓒ 이런 맥락에서 남편이 아내를 사랑하는 것은 자기 자신(自身)을 사랑하는 것이요, "누구든지 언제나 자기 육체를 미워하지 않고 오직 양육하여 보호하기를 그리스도께서 교회에게 함과 같이 하나니"(엡 5:28-29), 즉 주님께서 교회를 사랑하시기를 자기 자신을 사랑하고 보호하심과 같이 하신다는 말씀입니다. 이것이 아담의 배필을 지어주신 행사를 통하여 계시하신 하나님의 마음이요, 영광스러움입니다.

행위계시

이점에서 호세아서에 계시된 하나님의 "사랑의 마음"을 말씀드리는 것이 도움이 될 것입니다. 하나님께서는 호세아 선지자에게, "너는 가서 음란한 여자를 맞이하여 음란한 자식들을 낳으라" 하십니다. 이를 행위(行爲)계시라 하는데, 왜 이렇게 하라 하시는가? "이 나라가 여호와를 떠나 크게 음란함이니라"(호 1:2) 하고, 호세아와 고멜의 관계를 통해서, 하나님과 선민 이스라엘의 관계를 말씀하셨던 것입니다.

㉠ 그런데 그런 호세아서에서, "내가 네게 장가들어 영원히 살되"(호 2:19) 하시는 망극하신 말씀을 듣게 됩니다.

㉮ 예레미야서에서는, "그들이 말하기를 가령 사람이 그의 아내(음녀)를 버리므로 그가 그에게서 떠나 타인의 아내가 된다 하자 남편이 그를 다시 받겠느냐 그리하면 그 땅이 크게 더러워지지 아니하겠느냐 하느니

라 네가 많은 무리와 행음하고서도 내게로 돌아오려느냐"(렘 3:1) 하십니다.

ⓒ 그렇다면 의로우신 하나님께서 음녀와 같은 우리에게 "장가드심"이 어떻게 가능하여진단 말인가? "공의(公義)와 정의와 은총(恩寵)과 긍휼히 여김으로 네게 장가들며 진실함으로 네게 장가들리니 네가 여호와를 알리라"(호 2:19-20) 하십니다. 말씀하신 네 가지 중,

㉮ "공의와 정의"는, 하나님의 의로우심을 나타내고

㉯ "은총과 긍휼히 여김"은, 하나님의 사랑을 나타내는, 하나님의 두 가지 속성인 것입니다.

주님께서 담당하신 십자가는 하나님의 "공의와 사랑"을 동시에 나타내신 사건이었던 것입니다. 창녀와 같은 우리를 맞이해주시기 위해서 이렇게 행해주셨다는 말씀을 듣는 형제의 마음은 어떠하십니까?

옛 뱀이요 마귀요 사탄

"그런데 뱀은 여호와 하나님이 지으신 들짐승 중에 가장 간교하니라 뱀이 여자에게 물어 이르되 하나님이 참으로 너희에게 동산 모든 나무의 열매를 먹지 말라 하시더냐"(3:1) 하고, 호사다마(好事多魔) 격으로 사탄의 유혹이 등장합니다.

㉠ "뱀" 자체는 하나님과 아담을 이간 붙일 하등의 이유가 없는 것입니다. 그러므로 이 말씀을 구속사라는 넓은 지평으로 보게 되면, "용을 잡으니 곧 옛 뱀이요 마귀요 사탄이라"(계 20:2) 한 말씀을 통해서 이해할 수가 있는데, 사탄이 간교한 뱀을 이용하여 하와를 유혹했다는 것이

되는 것입니다.

ⓒ "여자가 그 나무를 본즉 먹음직도 하고 보암직도 하고 지혜롭게 할 만큼 탐스럽기도 한 나무인지라 여자가 그 열매를 따먹고 자기와 함께 있는 남편에게도 주매 그도 먹은지라"(3:6) 합니다. "먹는 날에는 반드시 죽으리라"(2:17) 하신 금령을 흔히 "행위언약"이라고 말하는데, 아담과 하와는 행위(行爲) 이전에 하나님의 말씀을 믿지 않았다는 불신(不信)이 먼저라는 점을 인식해야만 합니다.

㉮ "믿음이 없이는 하나님을 기쁘시게 하지 못하나니"(히 11:6) 합니다. 하나님과의 관계는 언약(言約)의 관계요, 언약을 믿는 믿음의 관계입니다. 그러므로 언약이 없으면 하나님과의 관계가 이루어질 수가 없을 뿐만이 아니라 "믿음"도 성립이 되지가 않는 것입니다. 아담 하와는 하나님의 언약을 믿지를 않았던 것입니다.

ⓒ 이점에서 사도 바울이, "우리에게 율법(律法)의 요구(要求)가 이루어지게 하려 하심이니라"(롬 8:4) 하고, "율법이 요구"하고 있다 한 점을 기억해야만 합니다. 율법이 무엇이라 요구하는가? "반드시 죽으리라" 하신, 법대로 집행(執行)해줄 것을 요구하는 것입니다. 하나님께서는 이를 철회하실 수가 없으신 것입니다.

㉮ 또한 사도는 "율법이 할 수 없는" 것이 있다고 말씀합니다. 율법은 정죄(定罪)하고 죽이는 일을 할뿐, "의롭다고 여겨주고 살려주는 일"은 할 수가 없는 것입니다.

㉯ 그것을 "하나님은 하시나니 곧 죄로 말미암아 자기 아들을 죄 있는 육

신의 모양으로 보내어 육신에 죄를 정하사"(롬 8:3) 행해주셨다는 것이 복음인 것입니다.

㉢ 그리하여 인류의 시조는 "반드시 죽으리라" 하신 대로, "오직 너희 죄악이 너희와 너희 하나님 사이를 갈라놓았고 너희 죄가 그의 얼굴을 가리어서 너희에게서 듣지 않으시게 함이니라"(사 59:2) 하고, 하나님과 단절(斷絶)이 되었던 것입니다.

㉮ 생명의 근원(根源)이 되시는 하나님으로부터의 분리가 "영적인 죽음"이요, 육신과 영혼의 분리가 "육적인 죽음"이요, "그 후에는 심판이 있으리라" 하심이 "영원한 죽음"인데, 성경이 말씀하는 "죄 값은 사망"이라 하심은 이를 모두 포괄하는 말씀인 것입니다.

㉯ 그리고 유념해야할 점은 타락 후에 태어나게 되는 아담의 후예들은 하나님과 분리된 상태에서 태어난다는 점입니다. 이것이 다윗이 "내가 죄악 중에서 출생하였음이여 어머니가 죄 중에서 나를 잉태하였나이다"(시 51:5) 한, 원죄 하에 있는 자들입니다.

최우선적인 문제

성경은 문제에 대한 해답입니다. "하나님이 보시기에 심히 좋았더라" 한 때는 아무 문제가 없었습니다.

㉠ 그런데 3장에서 "한 사람으로 말미암아 죄가 세상에 들어오고 죄로 말미암아 사망이 들어왔나니"(롬 5:12) 하고, 죄가 들어와 "사망, 저주"가 임하게 됨으로 문제(問題)가 발생한 것입니다. 만일 인류의 시조

가 하나님의 뜻에 순복을 했다면 우리가 상고하고 있는 성경은 기록(記錄)이 되지 않았을 것입니다.

ⓒ 그렇다면 인류의 시조가 죄를 범함으로 발생하게 된 최우선적(最優先的)인 문제가 무엇인지 형제는 말해줄 수가 있습니까? 만일 이에 대한 확고한 대답을 갖고 있지 못한다면 형제의 우선순위에 문제가 있다는 증거입니다. 그것은 하나님의 거룩하신 이름이 모독을 받으시게 되었다는 점입니다.

㉮ 하나님께서는, "나는 나를 위하며 나를 위하여 이를 이룰 것이라 어찌 내 이름을 욕되게 하리요 내 영광을 다른 자에게 주지 아니하리라"(사 48:11) 하십니다. "보시기에 심히 좋았더라" 하신 하나님의 이름과 영예에 손상을 입게 되었다는 말씀입니다. 달리 표현하면 하나님의 자존심이 상했다는 뜻입니다.

㉯ 이점이 예표적으로 계시된 곳이 에스겔 36장입니다. "그들을 그 행위(行爲)대로 심판하여 각국에 흩으며 여러 나라에 헤쳤더니", 즉 바벨론으로 추방을 하셨다는 것입니다. 그런데 "그들이 이른바 그 여러 나라에서 내 거룩한 이름이 그들로 말미암아 더러워졌나니" 하십니다.

㉰ "그러나 이스라엘 족속이 들어간 그 여러 나라에서 더럽힌 내 거룩한 이름을 내가 아꼈노라 그러므로 너는 이스라엘 족속에게 이르기를 주 여호와께서 이같이 말씀하시기를 이스라엘 족속아 내가 이렇게 행함은 너희를 위함이 아니요 너희가 들어간 그 여러 나라에서 더럽힌 나의 거룩한 이름을 위함이라"(겔 36:19-22) 하십니다. 즉 저들을 바벨론 포

로에서 귀환하게 하심이 저들에게 자격이나 공로가 있어서가 아니라 저들이 더럽힌 "하나님의 거룩하신 이름" 때문이라는 말씀입니다.

ⓒ 사탄은 하나님의 영광을 찬탈하려는 자입니다. 이점이 주님께서 말씀하신 "악한 농부의 비유"에서도 드러납니다. "후에 자기 아들을 보내며 이르되 그들이 내 아들은 존대하리라 하였더니 농부들이 그 아들을 보고 서로 말하되 이는 상속자(相續者)니 자 죽이고 그의 유산을 차지하자 하고 이에 잡아 포도원 밖에 내쫓아 죽였느니라(마 21:37-39). 이것이 사탄의 궤계입니다.

하나님의 영예와 구원계획

그러므로 구원계획에는 하나님의 거룩하신 이름이 걸려 있다는 점을 인식하고 명심한다는 것은 사활적으로 중요한 요점이 됩니다. 그렇다고 바벨론의 포로가 돌아온다고 더럽혀진 하나님의 거룩하신 이름이 온전히 회복이 되는 것은 아닙니다. 왜냐하면 하나님의 형상대로 지음을 받은 아담 하와가 에덴에서 추방을 당했을 당시에 근원적으로 하나님의 이름이 모독을 받으셨기 때문입니다.

㉠ 그러므로 죄 값에 팔려 사탄의 포로가 된 원죄 하에 있는 자들을 돌아오게 하시려는 구원계획에는 하나님의 이름과 영예가 걸려 있는 것입니다.

ⓒ 이를 인식한다는 것이 어째서 중요한가?

㉮ 첫째는 자기중심에서 "너희는 먼저 그의 나라와 그의 의를 구하라" 하신 하나님중심이 되기 때문이요,

㉯ 둘째는 자신에게 하나님의 거룩하신 이름이 걸려 있다는 정체성은 성

화(聖化)의 삶을 살아가게 하는 원동력이 되기 때문이요,

㉢ 셋째는 하나님의 구원계획은, "내가 말하였은즉 반드시 이룰 것이요 계획하였은즉 반드시 시행하리라"(사 46:11) 하신 대로, 반드시 성취(成就)되고야 만다는 확고한 신앙인이 되게 하기 때문입니다.

인간의 3대 문제

그러면 죄로 인하여 인류(人類)에게 발생하게 된 문제는 무엇인가 하는 점입니다.

㉠ 첫째는 "선악을 알게 하는 나무의 열매는 먹지 말라 네가 먹는 날에는 반드시 죽으리라"(창 2:17) 하신 "사망"(死亡)입니다. 그러므로 성경 마지막 책인 계시록에서는, "모든 눈물을 그 눈에서 닦아 주시니 다시는 사망(死亡)이 없고 애통하는 것이나 곡하는 것이나 아픈 것이 다시 있지 아니하리니 처음 것들이 다 지나갔음이러라"(계 21:4) 하고, 말씀하는 것입니다.

㉡ 둘째는 "이르되 내가 동산에서 하나님의 소리를 듣고 내가 벗었으므로 두려워하여 숨었나이다"(창 3:10) 한, 벌거벗음입니다. 이는 하나님 앞에 죄인의 상태를 나타내는 묘사입니다. 이에 대한 곡해가 없게 하기 위해서, "아담과 그의 아내 두 사람이 벌거벗었으나 부끄러워하지 아니 하니라"(2:25) 하고, 말씀했던 것입니다.

㉢ 셋째는 "이같이 하나님이 그 사람을 쫓아내시고 에덴동산 동쪽에 그룹들과 두루 도는 불 칼을 두어 생명나무의 길을 지키게 하시니라"(창 3:24) 한 "추방(追放)당함"입니다. "사망, 벌거벗음, 추방당함", 이 세 가

지가 원죄 하에 있는 아담의 후예들이 안고 있는 근본적인 문제입니다.

 ㉮ 목회자는 영적 의사(醫師)와 같은 자입니다. 그러므로 나아오는 자들이 안고 있는 문제가 무엇인가를 정확히 진단(診斷)을 하고, 이에 대한 확실한 처방(處方), 즉 해답을 제시해주어야만 하는 것입니다.

 ㉯ 예를 들어 보겠습니다. "사람들이 한 중풍병자를 네 사람에게 메워 가지고 예수께로"(막 2:3) 왔습니다. 교회에 병든 자가 찾아옵니다. 이 사람의 문제(問題)가 무엇입니까? 중풍 병입니까? 주님께서는 "그들의 믿음을 보시고, 네 죄(罪) 사함을 받았느니라"(5) 하십니다. 문제는 "죄"(罪)요, 해답은 대속 주되시는 "그리스도"인 것입니다. "병"은 표면적인 문제일 뿐입니다. 그래서 나았다가 또 발생을 하고, "한번 죽는 것은 사람에게 정해진 것이요 그 후에는 심판이 있으리니"(히 9:27) 합니다.

하나님의 해답 원시복음

그러면 에덴에 침입한 죄라는 문제(問題)에 대한 하나님의 해답(解答)이 무엇인가? "내가 너로 여자와 원수가 되게 하고 네 후손도 여자의 후손과 원수가 되게 하리니 여자의 후손은 네 머리를 상하게 할 것이요 너는 그의 발꿈치를 상하게 할 것이니라"(3:15) 하신, 원 복음으로 주어진 것입니다.

 ㉠ 원 복음은 세 마디로 되어 있는데,

  ㉮ "내가 너로 여자와 원수가 되게 하고 네 후손도 여자의 후손과 원수가 되게 하리니", 즉 이제부터는 "여자의 후손과, 뱀의 후손" 두 부류(部

類)로 갈라지게 되리라는 것과,

　　ⓝ 두 부류 사이에는, "원수가 되게 하리니", 즉 적대감(敵對感)과 싸움이 있게 되리라는 것과,

　　ⓓ 그 싸움은 "여자의 후손은 네 머리를 상하게 할 것이요 너는 그의 발꿈치를 상하게 할 것이니라" 하고, "여자의 후손"의 승리(勝利)로 끝나게 되리라는 선언입니다.

하나님의 감추었던 비밀

그렇다면 "여자의 후손은 네 머리를 상하게 할 것이요" 하신 "원 복음"이 어떤 방도(方途)로 성취(成就)가 되는가 하는 점을 형제는 말해줄 수가 있습니까?

㉠ 신약성경은, "자녀들은 혈과 육에 속하였으매 그도 또한 같은 모양으로 혈과 육을 함께 지니심은 〈죽음을 통하여〉 죽음의 세력을 잡은 자 곧 마귀를 멸하시며" (히 2:14) 한 방도를 통해서 성취가 된다고 증언합니다. 이를 해설을 하면,

　　㉮ "여자의 후손"이 "혈과 육", 즉 인간의 몸을 입고 오셔서,

　　ⓝ "죽음을 통하여 죽음의 세력을 잡은 자 곧 마귀를 멸하시며", 즉 죽으시고 다시 사심을 통해서 "사망의 세력을 잡은 자", 즉 마귀를 멸하신다는 말씀입니다.

㉡ 그리하여 "또 죽기를 무서워하므로 한평생 매여 종노릇 하는 모든 자들을 놓아 주려 하심이니" (히 2:15) 하는 것입니다. 그렇다면 사탄이 그리스도를 십자가에 못 박은 사건은, "너는 그의 발꿈치를 상하게 할

것이니라"에 대한 성취가 되는 것입니다.

㉮ 주님께서 성취하여주신 "대속교리"가 아담이 범죄한 현장에서 선언하신 "원 복음" 속에 이미 들어 있었다는 점을 깨달은 형제의 마음은 어떠하십니까? 진실로 복음은 임기응변으로 주어진 것이 아니라, "율법과 선지자", 즉 구약성경을 통해서 증거를 얻은 "하나님 속에 감추어졌던 비밀의 경륜"인 것입니다.

ⓒ 이점을 이사야 선지자로 예언케 하시기를, "여호와께서 그(그리스도)에게 상함을 받게 하시기를 원하사 질고를 당하게 하셨은즉 그의 영혼을 속건제물로 드리기에 이르면 그가 씨를 보게 되며 그의 날은 길 것이요 또 그의 손으로 여호와께서 기뻐하시는 뜻을 성취하리로다"(사 53:10) 합니다.

㉮ "씨"를 보게 될 것이라 하심을 유념하시기를 바랍니다. 왜냐하면 이는 "반드시 죽으리라"에 대한 해답이 되기 때문입니다. 즉 이 "씨"가 떨어지게 되면(벧전 1:23) 새 생명을 얻게 되는 것입니다.

㉯ 또한 "나의 의로운 종이 자기 지식으로 많은 사람을 의롭게 하며"(사 53:11) 하시는데, 이는 벌거벗음에 대한 해답인 것입니다. 왜냐하면 "의롭게 하며"는 죄를 가려주시는 것을 의미하기 때문입니다. 이처럼 "사탄의 머리를 상하게 함, 씨가 퍼짐, 의롭게 함"이 모두 그리스도의 상함 받으심으로 말미암아 가능하여진다는 것입니다. 이것이 하나님 속에 감추어졌던 비밀이요, 오직 그리스도가 해답입니다.

원시복음을 들은 사탄과 아담

이 말씀은 "뱀", 즉 사탄에게 하신 선언입니다. 사탄은 자신이 "여자의 후손"에 의하여 멸망을 당하리라는 점을 이미 창세기 3장에서 선고(宣告)를 받은 자입니다.

㉠ 그러므로 이후의 구속사(救贖史)는 "여자의 후손"을 탄생시키시려는 하나님의 이루심에 대해, 사탄은 이를 파괴하려는 대적의 역사인 것입니다.

㉮ 그런데 이 말씀을 어떻게 "원 복음"(福音)이라 말하는가? 의미(意味)상으로 복음이기 때문입니다. 이점이 하나님의 선언을 들은 "아담이 그의 아내의 이름을 하와라 불렀으니 그는 모든 산 자의 어머니가 됨이더라"(3:20) 한, 말씀에 분명히 나타납니다.

㉯ 죄로 말미암아 하나님 존전에서 추방을 당하게 된 처지에 있는 아담이 자기 아내를 "생명(生命)의 어머니"라 불렀다는 것은 하나님께서 선언하신 "원 복음"의 의미를 인식했다는 증거입니다.

㉡ 아담이 고백적으로 한 "생명의 어머니"라는 말을, "하나님이 또 아브라함에게 이르시되 네 아내 사래는 이름을 사래라 하지 말고 사라라 하라 내가 그에게 복을 주어 그가 네게 아들을 낳아 주게 하며 내가 그에게 복을 주어 그를 〈여러 민족(民族)의 어머니〉가 되게 하리니 민족의 여러 왕이 그에게서 나리라"(17:15-16) 하신 말씀과 결부시켜 보십시오. 이는 같은 의미의 다른 표현임을 깨닫게 됩니다.

생명의 어미

이런 맥락에서 아담이 자기 아내를 "생명의 어머니"라고 불렀다는 것은, "생명줄"과 같은 중요한 의미가 있는 것입니다. 질문을 드려 보겠습니다. 구약시대 성도들은 어떻게 구원을 얻을 수가 있었는가?

㉠ 하나님과의 관계는 언약(言約)의 관계라고 했습니다. 그런데 시조(始祖) 아담이 언약을 파(破)함으로 하나님과의 관계가 단절(斷絶)이 되고 만 것입니다. 마치 태아(胎兒)의 탯줄이 끊어진 것에 비할 수가 있습니다. 그러면 소망도 구원도 없는 절망뿐인 것입니다.

㉮ 그런 중에 아담이 원 복음을 듣고 자기 아내를 "생명의 어머니"라 불렀다는 것은, "원 복음을, 듣고, 알고, 믿었다"는 증거요, 달리 말하면 "생명의 어머니"라 한, "생명줄"을 붙잡았다는 의미가 되는 것입니다.

㉡ 그래서 하나님과 단절되었던 관계가 "원 복음"을 통해서 이어지게 되었다고 말할 수가 있는 것입니다. 그러므로 아담으로부터 아브라함까지의 구원의 방도는 "원 복음"을 믿는 믿음으로 구원을 얻게 되었던 것입니다. 4장에서 보게 될 것입니다만 "원 복음"을 믿고 구원을 얻은 대표적인 인물로 성경은 "아벨"을 제시하고 있습니다.

그리스도의 예표 아담

아담은 인류의 시조로써 "원죄"(原罪)를 범한 자임은 분명합니다. 그런데 아담의 역할이 여기서 끝나는 것이 아니라 최초로, "원 복음"(福音)을 듣고, 이해를 하고, 믿고, 전해준 자라는 점을 인식한다는 것은 구속사의 맥락을 이해하는데 중요한 요점이 됩니다. 만일 아담이 이 역할을 하지 못했다면 "원 복음"은 계승(繼承)이 될 수가 없었을 것이기 때문입니다.

㉠ 이점을 신약성경에서는, "그러나 아담으로부터 모세까지 아담의 범죄와 같은 죄를 짓지 아니한 자들까지도 사망이 왕 노릇 하였나니 아담은 오실 자의 모형(예표)이라"(롬 5:14) 하고 말씀합니다.

㉡ "오실 자"란 예수 그리스도를 가리키는데, 아담이 어떤 점에서 그리스도를 예표(豫表)하는 자가 된다는 것인가? 로마서 5:12-21절 안에는 "한 사람"이라는 말이 12번이나 등장합니다. "그런즉 한 범죄로 많은 사람이 정죄에 이른 것 같이 한 의로운 행위로 말미암아 많은 사람이 의롭다 하심을 받아 생명에 이르렀느니라. 한 사람이 순종하지 아니함으로 많은 사람이 죄인 된 것 같이 한 사람이 순종하심으로 많은 사람이 의인이 되리라"(롬 5:18-19) 합니다.

㉮ 순종치 아니한 "한 사람"은 아담을 가리키고,

㉯ 순종한 다른 "한 사람"은 예수 그리스도를 가리킵니다.

㉢ 그렇다면 "아담, 그리스도"라 말하지 않고 "한 사람"이라고 표현하는 의도가 무엇인가? "아담"은 개인 신분으로 죄를 범한 것이 아니라 "한 사람", 즉 인류의 대표자(代表者)로써 죄를 범한 것임을 드러내기 위해서입니다. 만일 "아담이 순종하지 아니함으로" 하고 말했다면 그것은 아담이 범한 죄요, 나와는 상관이 없다고 말할 수도 있을 것입니다.

㉮ 같은 원리로 예수 그리스도께서는 우리의 대표자가 되셔서 십자가를 담당하셨기 때문에, "우리가 생각하건대 한 사람이 모든 사람을 대신(代身)하여 죽었은즉 모든 사람이 죽은 것이라"(고후 5:14) 하는 논리

가 성립이 되는 것입니다. 이런 의미에서 "아담은 오실 자의 예표라" 하는 것입니다.

원죄와 대속교리

그러므로 중요한 요점은 "원죄"를 모르면, "대속교리"도 이해할 수가 없다는 말씀입니다.

㉠ 이는 우려가 아니라 오늘날 자유주의 신학자들과 종교다원주의자들을 사로잡고 있는 사탄의 올무인 것입니다. 그들은 원죄도, 대속도 믿지를 않습니다. 대속교리를 "도살장의 신학"이라고 비웃고 있습니다. 그래서 지금까지 상고한 영광스러움으로 가득 찬 창세기 1장-11장을 신화(神話)라고 제거해버려야 한다고 말합니다.

㉡ 왜 이렇게 되었는가? 성경이 "하나님 속에 감추어졌던 비밀의 경륜"이요, 점들의 모임이 아니라 창세기에서 시작하신 것을 계시록에서 완성하시는 구속사(救贖史)요, 그러므로 성경에는 통일성(統一性)과, 일관성(一貫性)과, 점진성(漸進性)이 있다는 점을 인식하지 못하기 때문입니다.

㉢ 현대교회 내에는 인간의 이성(理性)으로 성경을 판단하려는 고등비평(高等批評)이라는 사상이 기고만장해 있습니다. 복음주의자들도 그 기세 앞에 눌려 침묵을 하고 있습니다. 그러면 "모든 이론을 무너뜨리며 하나님 아는 것을 대적하여 높아진 것을 다 무너뜨리고 모든 생각을 사로잡아 그리스도에게 복종하게"(고후 10:4-5) 하는 비결이 무엇인

가? "하나님 속에 감추어졌던 비밀의 경륜"을 힘 있게 증언하여 "진리"로 승리하는 방도 외에는 다른 비결이 없는 것입니다.

선수적인 부르심

"여호와 하나님이 아담을 부르시며 그에게 이르시되 네가 어디 있느냐"(창 3:9) 하십니다.

㉠ 죄를 범한 후에 아담과 하와가 하나님을 찾은 것이 아니라, 하나님께서 선수(先手)적으로 찾아오셨습니다. 그리고 "네가 어디 있느냐" 하고 부르셨다는 점을 기억하시기 바랍니다. 그것도 "그날 바람이 불 때"(8), 즉 아담과 하와가 선악과를 범한 그날, "서늘할 때", 즉 날이 저물기 전에 즉시 찾아오셨다는 것은 신속한 하나님의 긍휼이요, 사랑이 아닐 수가 없습니다.

㉡ 주님께서는 "인자가 온 것은 잃어버린 자를 찾아 구원하려 함이니라"(눅 19:10) 하십니다. 하나님께서 우리를 찾아오신 사건이 "임마누엘" 사건인 것입니다. 그리고 "너희도 그들 중에서 예수 그리스도의 것으로 부르심을 받은 자니라"(롬 1:6) 하고, 우리도 "○○아, ○○아" 하고 부름을 받은 자인 것입니다.

㉢ 창세기 3장에는 두 종류의 "가리개"가 등장합니다.

㉮ 하나는 "무화과나무 잎으로 엮은 치마"인데 이는 사람이 만든 것입니다. 아담과 하와는 "자기들이 벗은 줄을 알고 무화과나무 잎을 엮어 치마로 삼았더라"(3:7) 합니다. 그러나 "네가 어디 있느냐" 하시는 하나

님의 부르심 앞에 나서지를 못하고, "내가 벗었으므로 두려워하여 숨었나이다"(10) 했습니다.

㉯ 이점을 이사야서에서는, "무릇 우리는 다 부정한 자 같아서 우리의 의는 다 더러운 옷 같으며 우리는 다 잎사귀 같이 시들므로 우리의 죄악이 바람 같이 우리를 몰아가나이다"(사 64:6) 하고 말씀합니다.

㉰ 이것은 무엇을 말씀해주는가? 이는 인간의 행위로 "그의 앞에 의롭다 함을 얻을 육체가 없다"는 자력구원의 불가능성입니다.

㉱ 다른 하나는 하나님께서 지어주신 것인데, "여호와 하나님이 아담과 그의 아내를 위하여 가죽옷을 지어 입히시니라"(3:21) 합니다.

㉮ 이점을 이사야서에서는, "내가 여호와로 말미암아 크게 기뻐하며 내 영혼이 나의 하나님으로 말미암아 즐거워하리니 이는 그가 구원(救援)의 옷을 내게 입히시며 공의의 겉옷을 내게 더하심이 신랑이 사모를 쓰며 신부(新婦)가 자기 보석으로 단장함 같게 하셨음이라"(사 61:10) 하고 말씀합니다. 하나님께서는 형제를 마치 신부처럼 단장을 시켜주셨다는 것입니다.

㉯ 이점에서 아담이 "내가 벗었으므로 두려워하여 숨었나이다" 하고 고하지 않았다 해도, 하나님께서 가죽옷을 지어 입혀 주셨겠는가를 생각해 보시기 바랍니다. 이런 의미에서 아담은 "원죄"를 범한 자이나, 또한 최초로 죄를 고백(告白)한 자요, 처음으로 죄의 가림을 받은 자이기도 한 것입니다.

벌거벗음과 가죽옷

그러면 하나님께서 "가죽옷을 지어 입히시니라" 한 구속사적 의미가 무엇인가 하는 점입니다.

㉠ 하나님께서 가죽옷을 지어 입히셨다는 것을 표면적으로만 본다면, "내가 벗었으므로 두려워하여 숨었나이다" 했기 때문입니다. 그런데 성경의 예민함을 보십시오. 이처럼 문자만을 볼 것을 대비하여 2:25절에서는, "아담과 그의 아내 두 사람이 벌거벗었으나 부끄러워하지 아니하니라"(25) 하고 미리 언급했던 것입니다. 그렇다면 "벗었다"는 뜻이 육적인 의미가 아닌 것이 되고, "가죽옷을 지어 입히시니라" 한 것이, 육적인 벌거벗음을 가려주기 위함이 아니라는 점이 드러나는 것입니다.

㉡ 성경이 "벌거벗음"을 얼마나 심각하게 다루고 있고, "가려주셨다"는 점을 얼마나 중요하게 여기고 있는가를 보십시오. "노아가 농사를 시작하여 포도나무를 심었더니 포도주를 마시고 취하여 그 장막 안에서 벌거벗은지라"(9:20-21) 합니다. 이는 기록될 만한 가치가 없는 것으로 여길 수가 있습니다. 왜냐하면 노아의 "향년이 950세였다" 말씀하는데, 그의 생애 중 이보다 중요한 일들이 많이 있었을 것이기 때문입니다.

㉮ 그러나 벌거벗었다가 가림을 받은 노아는, "셈의 하나님 여호와를 찬송하리로다"(9:26) 합니다. 이는 셈의 줄기로 그리스도를 보내셔서 우리의 벌거벗은 수치를 가려주실 것을 전망하면서 하는 찬양인 것입니다.

㉯ 다윗도 밧세바 사건 후에, "허물의 사함을 받고 자신의 죄가 가려진 자는 복이 있도다"(시 32:1) 하고 찬양합니다. "벌거벗음"이 노아나 다윗

만의 문제입니까? 이런 맥락에서 "노아의 찬양, 다윗의 찬가"는, 바로 우리가 드려야할 찬양이 되는 것입니다.

ⓒ 벌거벗은 자들은 최후심판 날에 어떻게 되는가? "땅의 임금들과 왕족들과 장군들과 부자들과 강한 자들과 모든 종과 자유인이 굴과 산들의 바위틈에 숨어 산들과 바위에게 말하되 우리 위에 떨어져 보좌에 앉으신 이의 얼굴에서와 그 어린 양의 진노에서 우리를 가리라 그들의 진노의 큰 날이 이르렀으니 누가 능히 서리요 하더라"(계 6:15-17) 하고, 산과 바위에게 가려달라고 부르짖게 된다는 것입니다.

ⓔ 그러므로 성경은 그냥 옷이라 하지 않고 특정적(特定的)으로 "가죽옷"이라고 말씀합니다. 가죽을 마련하기 위해서는 생축의 〈피 흘림과, 죽음〉이 있어야만 하는 것입니다. 죄는 아담 하와가 범했는데 그들의 벌거벗은 수치를 가려주기 위해서 죄 없는 생축이 죽임을 당해야만 했던 것입니다. 그리고 성경은 "피 흘림이 없은즉 사함이 없느니라"(히 9:22) 하고 말씀합니다.

복음이 무엇인가

이점에서 성경은 복음을 무엇이라고 정의하고 있는가를 생각하게 합니다. "복음에는 하나님의 의가 나타나서 믿음으로 믿음에 이르게 하나니 기록된바 오직 의인은 믿음으로 말미암아 살리라 함과 같으니라"(롬 1:17) 하고, 복음을 "하나님의 의가 나타났다"는 소식이라고 정의합니다. 하나님께서 이루어주셨기 때문에 "하나님의 의"인 것입니다.

㉠ 이를 창세기의 표현대로 한다면 "하나님께서 가죽옷을 마련해주

셨다"고, 외치는 것이 복음이라는 것입니다. 로마서 1:17절은 하나님께서 복음을 잃어버린 중세 암흑시대에 종교개혁을 일으키게 하실 때에 사용하신 말씀인데 3:21절에서도, "이제는 율법 외에 하나님의 한 의가 나타났으니 율법과 선지자들에게 증거를 받은 것이라" 합니다.

㉮ 그러면 나타난 "하나님의 의"는 어떻게 받을 수가 있는가? "곧 예수 그리스도를 믿음으로 말미암아 모든 믿는 자에게 미치는 하나님의 의니 차별이 없느니라" (22) 하고, "믿음"으로 받는다고 말씀합니다.

㉯ 하나님의 의가 왜 필요하게 되었는가? "모든 사람이 죄를 범하였으매 하나님의 영광에 이르지 못하더니" (23) 합니다. 그러니까 "하나님의 의"를 받아 입기만 하면 누구든지 하나님의 영광(榮光)에 이를 수가 있다는 말씀이니, 이보다 복되고 기쁜 소식이 달리 무엇이 있단 말인가?

㉰ 자신이 보기에도 의롭지 못한 나를 하나님께서 의롭다 여겨주시는 것이 어떻게 가능하단 말인가? "그리스도 예수 안에 있는 속량으로 말미암아 하나님의 은혜로 값없이 의롭다 하심을 얻은 자 되었느니라" (24) 합니다.

그냥해주셨다면 하나님의 공의가 용납이 되지 않았을 것입니다. "구속", 즉 우리 죄에 대한 대가를 자기 아들로 대신 담당케 하심으로 말미암아 가능하여졌다는 것입니다. 이것이 은혜요, 복음인 것입니다.

ⓒ 그런데 이 복음이 이미 창세기에서 "원, 복음과, 가죽옷을 지어 입히시니라" 한 말씀과, 아벨과 노아가 드린 "번제"에, 그리고 벌거벗은 수치를 가림을 받은 후에 노아가 "셈의 하나님을 찬양할 지어다" 한 찬

양 등에 이미 예표적으로 나타나 있는 것입니다. 그래서 바울 사도는 "하나님의 한 의가 나타났으니 율법과 선지자들에게 증거를 받은 것이라", 즉 구약성경을 통해서 이미 증언한 것이라고 말씀한 것입니다.

구약에 나타난 또 다른 예표

저는 그리스도와 복음을 증언하기 위해서 이 책을 쓰고 있습니다. 그러므로 구약에 나타난 또 다른 예표를 한 가지를 더 소개를 해야만 하겠습니다.

㉠ "대제사장 여호수아는 여호와의 천사 앞에 섰고 사탄은 그의 오른쪽에 서서 그를 대적하는 것을 여호와께서 내게 보이시니라"(슥 3:1) 합니다.

㉮ 사탄이 어찌하여 대제사장을 대적하고 있는가? "여호수아가 더러운 옷을 입고 천사 앞에 서 있기"(3) 때문입니다.

㉯ 그러면 우리 중에 자기 행위로 "더러운 옷"을 입고 있지 않다고 말할 자가 있단 말인가? 없습니다. 그렇다면 우리는 모두가 사탄의 대적을 당하고 있다 하겠습니다. 이것이 마음의 "정죄(定罪)감"입니다.

㉡ 그러면 하나님의 해답이 무엇인가? "여호와께서 자기 앞에 선 자들에게 명령하사 그 더러운 옷을 벗기라" 하십니다.

㉮ "또 여호수아에게 이르시되 내가 네 죄악을 제거하여 버렸으니" 하십니다.

㉯ 그리고 "네게 아름다운 옷을 입히리라"(4) 하십니다. 더러운 옷, 즉 죄만 사함을 받은 것이 아닙니다. "아름다운 옷", 즉 하나님께서 마련하

신 "의의 옷"을 입혀주신 것입니다.

㉢ 그러면 이것이 어떻게 가능하여졌는가? "내가 내 종 싹을 나게 하리라"(8), 즉 이새의 줄기에서 한 싹이 나게 하시어, "이 땅의 죄악을 하루에 제거하리라"(9) 하십니다. 이는 그리스도를 통한 구속을 가리킵니다. 이것이 구약에 나타난 또 다른 예표입니다.

㉮ 그러므로 창세기 3장을 인간의 행위중심으로 보면 "타락 장"이 되지만, 하나님중심으로 보면 "은혜 장"이 되는 것입니다. 얼마나 놀라운 차이인가? 이것이 성경을 구속사의 관점으로 보는 이우입니다.

하나님에게서는 끊어지고

"이같이 하나님이 그 사람을 쫓아내시고 에덴동산 동쪽에 그룹들과 두루 도는 불 칼을 두어 생명나무의 길을 지키게 하시니라"(창 3:24) 합니다.

㉠ 많은 성도들이 사랑의 하나님께서 한 번 죄를 범했다고 아담 하와를 추방(追放)하실 수가 있단 말인가 하고 불확실한 가운데 있습니다. 이에 도움을 주는 말씀이, "너희는 믿지 않는 자와 멍에를 함께 메지 말라 의와 불법이 어찌 함께 하며 빛과 어둠이 어찌 사귀며 그리스도와 벨리알이 어찌 조화되며 믿는 자와 믿지 않는 자가 어찌 상관하며 하나님의 성전과 우상이 어찌 일치가 되리요"(고후 6:14-16) 한 말씀입니다.

㉮ "의와 불법이 어찌 함께 하며"

㉯ "빛과 어둠이 어찌 사귀며" 합니다.

㉡ "빛과, 어둠"은 특성상 공존할 수가 없는 것입니다. 하나님은 "의

로우신데, 아담 하와는 불의 한 자가 되었고", "하나님은 빛이신데 아담 하와는 어둠이 되었던" 것입니다. 그래서 어둠은 빛 앞에서 추방을 당할 수밖에 없었던 것입니다. 즉 생명의 하나님에게서 끊어진 것입니다. 최후심판 날에도 이와 같은 일이 일어날 터인데 그 날에는 영원히 끊어지게 될 것입니다. 이것이 "하나님에게서 끊어짐" 입니다.

죄의 진영에 속하게 됨

그런데 유념해야할 점은 원죄 하에 있는 자들은 하나님으로부터 끊어진 상태에 머물러 있는 것만이 아니라, 사탄에게 소속이 되어 있다는 점입니다. 즉 생명의 영역에서는 분리(分離)가 되고, 사망의 영역에 소속(所屬)하게 되었다는 점입니다. 그러므로 구원이란 어둠에서 빛으로, 사망에서 생명의 영역으로 돌아오게 하는 옮겨짐을 의미하는(행 26:18) 것입니다.

㉠ 성경은 이점을 "출애굽" 이라는 예표를 통해서 보여주고 있습니다. 야곱의 자손들은 전에는 바로에게 속한 자들이었습니다. 그러했던 그들이 "모세에게 속(屬)하여 다 구름과 바다에서 세례를 받고" (고전 10:2), 즉 홍해를 건넘으로 바로에게 소속되었던 자들이 이제는 하나님께 속하게 되었다는 것입니다.

㉡ 이점을 사도 바울은 "이와 같이 너희도 너희 자신을 죄에 대하여는 죽은 자요 그리스도 예수 안에서 하나님께 대하여는 살아 있는 자로 여길 지어다" (롬 6:11) 합니다.

㉮ 전에는 하나님에게서 끊어지고 죄에게 속하였던 것같이,

㉯ 이제는 "죄" 의 영역에서는 죽은 자요, 즉 끊어지고 하나님께 대하여는

살아 있는 자, 즉 접붙임을 받은 자라는 말씀입니다. 그러므로 모든 사람은 주인이 없는 자, 소속(所屬)이 없는 자는 한 사람도 없다는 점을 인식해야만 합니다.

획득했다

"아담이 그의 아내 하와와 동침하매 하와가 임신하여 가인을 낳고 이르되 내가 여호와로 말미암아 득남하였다 하니라"(4:1) 합니다. 이는 에덴동산에서 추방을 당한 이후에 일어난 사건이라는 점을 염두에 두어야만 합니다.

㉠ 아담이 장남 가인을 낳고 "득남하였다" 한 것은 아들을 낳았다는 육적인 뜻이 아닙니다. 원어(原語)적으로 보면 "획득(獲得)했다"는 의미인데 "여자의 후손"이 태어날 씨를 얻었다는 그런 뜻입니다.

㉡ 이런 맥락에서 아담이 "획득했다" 하고 말했다는 것은, 그가 원 복음을 마음에 간직하고 있었다는 증거요, 고백이었던 것입니다.

㉮ 이점이 "여호와로 말미암아 득남하였다" 한데서 드러납니다. 아담은 여자의 후손이 가인의 줄기로 오시리라고 기대했다는 말입니다. 이는 둘째 아들을 낳고는 획득했다 한 것이 아니라 "아벨", 즉 허무하다고 부른 것과 대조가 됩니다.

두 부류로 갈라짐

아담의 기대와는 달리 "아벨은 자기도 양의 첫 새끼와 그 기름으로 드렸더니 여호와께서 아벨과 그의 제물은 받으셨으나 가인과 그의 제물은 받지 아니하신지라"(4-5) 합니다.

㉠ 첫째로 "받으심과, 받지 아니하심"이라는 두 부류(部類)로 갈라지는 것을 보게 되고,

㉡ 둘째로 "가인이 몹시 분하여 안색이 변하더니(5하), 그들이 들에 있을 때에 가인이 그의 아우 아벨을 쳐 죽이니라"(8) 한, 적대감(敵對感)을 보게 됩니다. 이는 이미 원 복음에서 선언하신 바입니다.

㉢ 아벨은 가인의 동생이요, 해롭게 한 일이 없습니다. 그런데 어떻게 죽일 수가 있단 말인가? 그러므로 이 사건을 교훈이 아닌 구속사라는 관점으로 보게 되면 형이 동생을 죽였다는 이야기가 아니라,

㉮ "마귀가 벌써 시몬의 아들 가룟 유다의 마음에 예수를 팔려는 생각을 넣었더라"(요 13:2) 한 동일한 맥락으로 보아야만 합니다. 사탄은 자신이 "여자의 후손"에 의하여 멸망당하리라 하고 선고를 받은 자입니다. 그래서 그 줄기를 끊으려고 가인을 들어서 대적한 것이 되는 것입니다.

㉯ 신약성경에서는 "새 언약의 중보자이신 예수와 및 아벨의 피보다 더 나은 것을 말하는 뿌린 피니라"(히 12:24) 하고, 아벨이 흘린 피를, 주님이 흘리신 피와 함께 언급을 하고 있습니다. 그렇다면 이 사건을 교훈적으로 보면 살인사건이 되지만, 신학적으로 보면 아벨은 첫 순교자가 되는 것입니다.

아벨을 받아주신 하나님

이런 맥락에서 이 사건의 핵심은 가인이 아벨을 죽였다는데 있는 것이 아니라, "여호와께서 아벨과 그의 제물은 받으셨다"는 "받으심"에 있다는 점을 인식해야만 합니다.

㉠ "하나님의 받아 주심"이라는 주제는 신구약 전체가 추구하는 본질적인 주제(主題)입니다. 그러므로 이는 아벨의 문제가 아니라 원죄 하에 있는 우리 모두의 문제요, 아담을 받아주신 하나님께서 나 자신도 받아주시는가 하는 우리의 문제이므로 경각심을 가지고 살펴보아야만 합니다.

㉮ 그리고 "여호와께서 아벨과 그의 제물은 받으셨다"는 이 주제는, 현대 교회가 과연 하나님께서 받으심 직한 예배를 드리고 있는가 하고 점검하게 하는 중요한 잣대가 되는 것입니다.

㉡ 우리는 앞에서 "의와 불법이 어찌 함께 하며 빛과 어둠이 어찌 사귀며", 이것이 불가능하기 때문에 하나님 존전에서 추방을 당하게 되었다는 점을 상고한 바가 있습니다. 그런데 아벨을 받아주셨다니!

㉮ "받아주심"은 단절이 되었던 하나님과의 관계가 회복이 되었다는 뜻이요,

㉯ 하나님께 돌아갈 수가 있게 되었고,

㉰ 하나님과 화목하는 구원의 길이 열렸다는 뜻이 되는 것입니다. 이처럼 엄청난 신학적(神學的)인 의미가 있는 것입니다.

㉢ 그러면 아벨을 "받아주심"이 어떻게 가능하여졌는가? 다시 상기시킵니다만 이는 하나님 존전에서 추방(追放)을 당한 이후에 되어진 일이라는 점입니다. 그러므로 의로우신 하나님께서 원죄 하에 태어난 아벨을 받아주시기 위해서는,

㉮ 소극적으로는 죄(罪) 문제가 해결이 되어야만 하고,

㉯ 적극적으로는 의롭다함을 얻어야만 가능한 것입니다.

의롭다함을 얻은 아벨

신약성경은 이에 대한 해설을 해주고 있는데, "믿음으로 아벨은 가인보다 더 나은 제사를 하나님께 드림으로 의로운 자라 하시는 증거를 얻었으니"(히 11:4) 하고, 하나님께 "의롭다함"을 얻었다고 말씀합니다. 그래서 의로우신 하나님께서 아벨을 받아주심이 가능하였다는 것입니다.

㉠ 그렇다면 문제는 더욱 깊어져서 아벨이 어떤 방도로 "의롭다함"을 받았느냐 하는 점이 대두가 됩니다. 이는 우리의 눈을 크게 떠지게 하고, 귀를 기우려 경청해야 할 주제인 것입니다. 형제는 하나님의 구원계획에 있어서 가장 큰 난제(難題)가 무엇인지 인식하고 있습니까?

㉡ 가장 큰 난제는 하나님 앞에서 추방을 당한 죄인이 어떻게 의롭다함을 얻을 수가 있는가 하는 문제입니다. 왜냐하면 이 문제만 해결이 되면 의로우신 하나님 앞으로 돌아갈 수가 있고, 하나님과 화목하는 것이 가능하여지기 때문입니다.

㉮ 그런데 성경은 "율법의 행위로 그의 앞에 의롭다 하심을 얻을 육체가 없나니"(롬 3:20), 즉 인간의 자력(自力)으로는 불가능하다고 단언합니다.

㉯ 그래서 하나님께서 행해주셨는데, "그리스도 예수 안에 있는 속량으로 말미암아 하나님의 은혜로 값없이 의롭다 하심을 얻은 자 되었느니라"(롬 3:24), 즉 자기 아들의 대속을 통해서 이루어주셨다니, 이것이 얼마나 큰 난제인가?

㉰ 왜 예수 그리스도를 믿어야 구원을 얻을 수가 있는가? 이점을 사도 바

울은, "사람이 의롭게 되는 것은 율법의 행위로 말미암음이 아니요 오직 예수 그리스도를 믿음으로 말미암는 줄 알므로 우리도 그리스도 예수를 믿나니 이는 우리가 율법의 행위로써가 아니고 그리스도를 믿음으로써 의롭다 함을 얻으려 함이라 율법의 행위로써는 의롭다 함을 얻을 육체가 없느니라"(갈 2:16) 하고 말씀합니다.

한마디로 그리스도께서는 우리를 의롭다고 여겨주시기 위해서 죽으셨다는 말씀인 것입니다. 그런데 아벨이 "의롭다함"을 얻었다니 놀라지 않을 수가 있는가!!

원 복음의 계승

그러면 아벨은 어떻게 의롭다함을 얻었는가? 성경은 문제에 대한 해답입니다. "죄"라는 문제(問題)의 심각성을 인식하지 못하기 때문에, "하나님의 의가 나타났다"는 해답(解答)에 대한 경이로움과 영광스러움을 모르게 되는 것입니다.

㉠ "믿음으로 아벨은 가인보다 더 나은 제사를 하나님께 드림으로 의로운 자라 하시는 증거를 얻었으니 하나님이 그 예물에 대하여 증언하심이라"(히 11:4) 하고 대답합니다.

㉮ 첫째는 "믿음으로" 하고 말씀합니다. 그러면 아벨은 무엇을 믿었단 말인가? 성경이 말씀하는 "믿음"은 신념(信念)과 달라서 언약에 대한 응답인 것입니다. 그렇다면 아벨은 "원 복음"을 믿은 것이 되는 것입니다.

㉯ 하나님께서 선언하신 원 복음을 듣고 자기 아내를 "생명의 어머니"라 부르고, 자식이 태어나자 "내가 여호와로 말미암아 획득하였다" 하고

말한 아담이 "원 복음"을 가인과 아벨에게 전해주었으리라는 것은 자연스러운 일이요, 그러나 아벨은 믿었으나 가인은 믿지 않았다는 것이 되는 것입니다.

ⓒ 그러므로 두 번째로 "가인보다 더 나은 제사(祭祀)를 드림"으로 의롭다함을 얻었다고 말씀합니다. 이점을 재차 "하나님이 그 예물(禮物)에 대하여 증언하심이라" 하고 말씀합니다. 그렇다면 대답은 분명해진 것입니다. 아벨이 원 복음을 듣고 믿음에 입각해서 "양의 첫 새끼"를 번제로 드린 것을, 하나님께서는 그리스도의 대속을 믿은 것으로 여겨주시고 의롭다 하시고, 받아주셨다는 것이 됩니다.

ⓒ 이점에서 "의롭다함"은 법정적인 표현으로 인간 편에 어떤 변화가 일어난 것이 아니라, 아벨을 보시는 하나님의 관점(觀點)에 변화가 일어났음을 의미한다는 점입니다. 하나님께서 "반드시 죽으리라" 하신 법을 통해서 보실 때는 마땅히 죽어야할 죄인이지만,

㉮ 아벨이 드린 제물, 즉 "어린양의 피 흘림과, 죽음"을 통해서 보시게 되자 의롭다고 여겨주시게 되었다는 것입니다. 왜냐하면 어린양이 대신 정죄(定罪)를 당했기 때문입니다. 아벨은 원 복음을 계승한 것입니다.

제사의 구속사적 의미

아벨의 제사가 성경에 첫 번으로 등장하는 제사입니다. 이점에서 새로운 문제가 대두되게 되는데, 그것은 하나님께 양을 잡아 드린다는 "제사"(祭祀)에 대한 구속사적 의미가 무엇이냐 하는 점입니다.

㉠ 우선적으로 죄가 세상에 들어오지 않았어도 하나님께 생축을 잡아 드리는 제사가 합당(合當)했을 것인가 하는 물음입니다. 아닙니다. 아벨이 드린 제사는 죄로 말미암아 하나님 앞에서 추방을 당한 이후에 드려진 제사라는 점을 유념해야만 합니다.

㉡ 하나님께서는 말씀하십니다. "내 백성아 들을 지어다 내가 말하리라 이스라엘아 내가 네게 증언하리라 나는 하나님 곧 네 하나님이로다.

나는 네 제물 때문에 너를 책망하지는 아니하리니
네 번제가 항상 내 앞에 있음이로다
내가 네 집에서 수소나 네 우리에서 숫염소를 가져가지 아니하리니
이는 삼림의 짐승들과 뭇 산의 가축이 다 내 것이며
산의 모든 새들도 내가 아는 것이며 들의 짐승도 내 것임이로다
내가 가령 주려도 네게 이르지 아니할 것은
세계와 거기에 충만한 것이 내 것임이로다
내가 수소의 고기를 먹으며 염소의 피를 마시겠느냐(시 50:7-13) 하고, 반문(反問)하십니다.

그리스도의 예표

무슨 뜻인가? 구약시대에 하나님께 드려진 제사란 그리스도께서 드려주실 대속 제물에 대한 예표라는 한에서만 의미가 있다는 것입니다. 그런데 저들은 "메시아언약"은 망각한 채 이를 예표하는 번제는 항상 드렸다는 것입니다.

㉠ 그렇게 되면 어떻게 되는가? "소를 잡아 드리는 것은 살인함과 다름이 없이 하고 어린 양으로 제사 드리는 것은 개의 목을 꺾음과 다름이 없이 하며 드리는 예물은 돼지의 피와 다름이 없이 하고 분향하는 것은 우상을 찬송함과 다름이 없이 행하는"(사 66:2), 즉 우상숭배와 다름이 없다는 것입니다. 이 말씀은 오늘의 예배, 즉 찬양, 기도, 예물 등이 하나님 앞에 합당하게 드려지고 있는가를 점검하게 합니다.

㉡ 이점에서 만일 아벨이 다른 방도에 의하여 의롭다함을 얻었다고 말하는 자가 있다면, "내가 하나님의 은혜를 폐하지 아니하노니 만일 의롭게 되는 것이 율법으로 말미암으면 그리스도께서 헛되이 죽으셨느니라"(갈 2:21),

㉮ 첫째는 하나님의 은혜(恩惠)를 폐하는 자요,

㉯ 둘째는 "그리스도의 대속적인 죽으심"을 헛된 죽음으로 만드는 자라는 것입니다. 의롭게 되는 길이 있는데 왜 또 죽으셨느냐는 것이지요. 아닙니다.

㉢ 신구약을 막론하고 "사람이 의롭게 되는 것은" 그리스도의 대속으로 말미암을 뿐입니다. 만일 다른 방도가 있었다면 하나님께서 어찌하여 자기 아들을 대속 제물로 내어주셨겠는가? "그리스도께서도 단번에 죄를 위하여 죽으사 의인으로서 불의한 자를 대신하셨으니 이는 우리를 하나님 앞으로 인도하려 하심이라"(벧전 3:18) 하고 말씀합니다.

㉮ 사도 바울이 "내 복음"(롬 2:16, 16:25)이라고까지 말하면서 목숨을 걸고 증언한 칭의교리가 타락한 현장에서부터, "가죽옷, 아벨을 받아주

심" 등을 통해서 계시되어 있다는 것을 대한다는 것은 경이로운 일이 아닐 수가 없습니다. 그런데 현대교회는 복음의 핵심이 되는 "칭의"를 옆으로 밀어놓고, 망각하고 있는 상태입니다.

다른 씨를 주심

가인이 아벨을 쳐 죽이자 하나님은 어떻게 하셨는가? "아담이 다시 자기 아내와 동침하매 그가 아들을 낳아 그의 이름을 셋이라 하였으니 이는 하나님이 내게 가인이 죽인 아벨 대신(代身)에 다른 씨를 주셨다 함이며"(4:25) 합니다.

㉠ 이는 하나님께서 아브라함에게, "또 네 씨로 말미암아 천하 만민이 복을 받으리니"(22:18) 하신 언약과 결부되는 말씀입니다. 그러므로 아담이 "다른 씨를 주셨다" 하고 증언했다는 것은 여자의 후손이 태어날 줄기가 끊어지지 않도록 "씨"를 주셨다는 고백적인 말이었던 것입니다. 아브라함에게 "자손"이라 말씀하신 원어(原語)도 같은 "씨"라는 단어입니다.

㉡ 5:6절 이하에 셋의 계보가 나오는데, "셋도 아들을 낳고 그의 이름을 에노스라 하였으며 그 때에 사람들이 비로소 여호와의 이름을 불렀더라"(4:26) 한 것은, 원 복음이 다른 씨로 주신 "셋, 에노스"로 계승(繼承)되어 내려왔음을 드러내고 있는 것입니다.

  ㉮ 그 줄기에서 "라멕은 백팔십 이세에 아들을 낳고 이름을 노아라 하였다" 하고, "노아"가 태어납니다.

  ㉯ 이름을 노아라 한 것은, "이 아들이 안위하리라"(5:28-29) 하는 뜻에서

노아라 했는데 이를 통해서 노아가 태어날 당시의 시대상이 오늘날처럼 심히 곤고한 시대였음을 나타냅니다. 다시 말하면 "복음"을 망각하고 있었다는 것이 됩니다. 이점을 다음 문단에서 대하게 됩니다.

성별됨이 살아짐

"하나님의 아들들이 사람의 딸들의 아름다움을 보고 자기들이 좋아하는 모든 여자를 아내로 삼는지라"(6:2) 합니다.

㉠ 우선적으로 규명해야할 점은, "하나님의 아들들과, 사람의 딸들"이 누구를 가리키는가 하는 점입니다. 이제까지의 문맥적으로 보면 "여자의 후손과, 뱀의 후손"으로 볼 수밖에 다른 해석이 불가능합니다. 이것이 본문이 말씀하는 의미와도 부합합니다.

㉮ 하나님께서 두 부류로 갈라지리라 하신 것은 "여자의 후손"의 구별(區別)됨을 의미하는데 노아 때에 이르러서 "아내로 삼는지라", 즉 성(性)을 통해서 두 부류가 하나로 합쳐졌다, 즉 구별됨이 없어졌다는 것입니다.

㉡ "합친다"는 것을 긍정적으로 볼 수도 있으나 구속사에 있어서 합쳐지는 쪽은 "뱀의 후손"이 "여자의 후손" 쪽으로 합쳐지는 것이 아니라, 언제나 여자의 후손이 뱀의 후손 쪽으로 합쳐지고 있다는 점입니다. 이를 세속(世俗)화, 즉 타락이라고 말합니다.

㉮ 이럴 경우 이를 윤리적인 문제로만 생각해서는 아니 됩니다. 언제나 우선하는 것은 신학적인 문제인 것입니다. 오늘의 연합운동도 이런 차원에서 분별해야 하는 것입니다.

㉯ 이처럼 세속화된 점을 본문에서는, "여호와께서 사람의 죄악이 세상에 가득함과 그의 마음으로 생각하는 모든 계획이 항상 악할 뿐임을 보시고"(5) 하고 말씀합니다. 그래서 "이르시되 내가 창조한 사람을 내가 지면에서 쓸어버리되 사람으로부터 가축과 기는 것과 공중의 새까지 그리하리니"(7) 하십니다.

겨우 여덟 명

"그러나 그들의 날은 백이십 년이 되리라"(3) 하신 것은, 120년이라는 유예기간을 주시겠다는 뜻입니다.

㉠ "그러나 너와는 내가 내 언약(言約)을 세우리니 너는 네 아들들과 네 아내와 네 며느리들과 함께 그 방주로 들어가고"(18) 하십니다. 이점을 신약성경에서는 "옛 세상을 용서하지 아니하시고 오직 의를 전파(傳播)하는 노아와 그 일곱 식구를 보존하시고 경건하지 아니한 자들의 세상에 홍수를 내리셨으며"(벧전 2:5) 합니다.

㉮ 이로 보건대 노아는 120년 동안 방주를 예비하면서 "의를 전파" 했다는 것을 알 수가 있습니다. 이점에서 "의를 전파하는 노아를 보존" 하셨다는 점을 유념하시기를 바랍니다. 이는 여자의 후손의 줄기가 끊어지지 않도록 보존(保存)하셨다는 뜻이기 때문입니다.

㉯ 그래서 "그러나 너와는 내가 내 언약을 세우리니" 하십니다. 이 "그러나"가 분기점(分岐點)이 되어, 노아가 전파하는 언약(言約)의 말씀을 믿고 방주 안에 들어온 자와, 믿지 않고 방주 밖에 있는 자의 두 부류로

갈라지게 되었던 것입니다. 이점은 주님께서 "인자의 임함은 노아의 때와 같으리니" 하신 대로 종말에도 이와 같은 일이 일어날 것입니다.

ⓒ 신약성경은, "그들은 전에 노아의 날 방주를 준비할 동안 하나님이 오래 참고 기다리실 때에 복종하지 아니하던 자들이라 방주에서 물로 말미암아 구원을 얻은 자가 몇 명뿐이니 겨우 여덟 명이라"(벧전 3:20) 합니다.

㉮ 당시 지상의 인구가 얼마나 되었을 것인가? 그런데 "겨우 여덟 명이라" 하십니다. 이를 통해서 깨닫게 되는 것은 하나님께서 개입하시지 않으셨다면, 그리고 홍수심판이 조금만 늦었다 하여도, "여덟 명"도 남지 않았으리라는 위기의식을 느끼게 합니다.

원 복음의 계승

방주에서 나온 노아가, "여호와께 제단(祭壇)을 쌓고 모든 정결한 짐승과 모든 정결한 새 중에서 제물을 취하여 번제로 제단에 드렸더니"(8:20) 한 것은 무엇을 나타내는가?

㉠ 노아의 "번제"는 위의 문맥으로는, 아벨의 번제에 이은 성경에 등장하는 두 번째 언급이요, 아래의 문맥으로는 하나님께서 아브라함에게, "네 아들 네 사랑하는 독자 이삭을 내가 네게 지시하는 한 산 거기서 그를 번제로 드리라"(22:2) 하심으로 연결이 되는 문맥입니다.

㉮ 이것은 무엇을 의미하느냐 하면 노아가 "원 복음"을 믿었다는 증거요, 이 원 복음이 아벨 대신 다른 씨로 주신 셋의 계보를 통해서 노아까지

계승되어 내려왔다는 점을 말씀해줍니다.

ⓒ 홍수심판 후에 "여호와께서 그 향기를 받으시고 그 중심에 이르시되 내가 다시는 사람으로 말미암아 땅을 저주하지 아니하리니" 하십니다. 그렇다면 다시는 죄악이 관영하지 않을 것이라는 말씀인가? 아닙니다. 도리어 정반대의 의미입니다.

㉮ 이점이 "이는 사람의 마음이 계획하는 바가 어려서부터 악함이라 내가 전에 행한 것 같이 모든 생물을 다시 멸하지 아니하리니"(21) 하신 말씀에 분명히 나타납니다. "사람의 마음이 계획하는 바가 어려서부터 악함이라" 하신 뜻은 전적 부패했다는 의미입니다. 그러므로 홍수심판 같은 것을 10번 100번을 내린다하여도 그것으로는 구제불능이라는 뜻입니다. 그러면 하나님의 구원방도가 무엇인가?

ⓒ 하나님께서 "다시는 땅을 저주하지 아니하리니" 하신 말씀은 노아가 드린 "번제"를 받으신 후에 하신 말씀이라는 점을 주목해야만 합니다. 구원의 방도는 어려서부터 악한(죄악 중에 출생) 전적 부패한 자들을 개선(改善)시킴으로 가능해지는 것이 아니라, "번제"로 상징이 된 대속(代贖)으로만이 가능하여진다는 것입니다. 그러니까 저들에게 쏟으셔야할 저주를 자기 아들에게 쏟으시겠다는 뜻이 암시(暗示)되어 있는 것입니다.

의의 상속자

이점을 믿음 장에서는, "믿음으로 노아는 아직 보이지 않는 일에 경고하심을 받아 경외함으로 방주를 준비하여 그 집을 구원하였으니 이로 말미암아 세상을 정죄하고 믿음을 따르는 의의 상속자가 되었느니라"(히 11:7) 합니다.

㉠ "의의 상속자"(相續者)를 남겨주시고, 보존(保存)하여주셨다는 것은 전적인 하나님의 은혜인 것입니다. 그래서 "그러나 노아는 여호와께 은혜를 입었더라"(창 6:8) 하는 것입니다. 그렇습니다. 창세기 3장도 인간의 행위중심으로 보면 타락 장이 되지만, 범죄한 현장에서 "여자의 후손"을 보내주시겠다는 하나님의 말씀중심으로 보면 은혜 장이 되고,

㉡ 같은 맥락에서 홍수심판은 멸망에 중심점이 있는 것이 아니라, "의의 상속자를, 보존"하시려는, 즉 여자의 후손을 보내셔서 인류를 구원하시려는 "구원"에 초점이 맞춰져 있다는 점을 인식해야만 "하나님의 마음, 사랑, 은혜"를 깨달을 수가 있는 것입니다.

생육하고 번성하라

홍수심판 후에 "하나님이 노아와 그 아들들에게 복을 주시며 그들에게 이르시되 생육하고 번성하여 땅에 충만하라"(9:1) 하십니다.

㉠ 이는 "하나님이 그들에게 복을 주시며 하나님이 그들에게 이르시되 생육하고 번성하여 땅에 충만하라"(1:28) 하신 아담에게 하신 축복과 동일한 것입니다. 하나님께서는 이 계획을 포기하신 것이 아닙니다. 왜냐하면 이것이 하나님의 나라 건설이기 때문입니다.

㉮ 이 축복이 아브라함에게 "내가 네 자손으로 땅의 티끌 같게 하리니"(13:16) 하고, 이어지다가,

ⓝ "내가 진실로 진실로 너희에게 이르노니 한 알의 밀이 땅에 떨어져 죽지 아니하면 한 알 그대로 있고 죽으면 많은 열매를 맺느니라"(요 12:24) 하신, 그리스도의 대속으로 성취될 말씀인 것입니다.

ⓛ 이점이 하나님께서 노아에게, "그러나 고기를 그 생명 되는 피 째 먹지 말 것이니라"(4) 하고 금하신 말씀에도 암시(暗示)되어 있습니다. "피 째 먹지 말라" 하고 금하신 구속사적 의미가 무엇인가?

ⓒ "육체의 생명은 피에 있음이라 내가 이 피를 너희에게 주어 제단에 뿌려 너희의 생명을 위하여 속죄하게 하였나니 생명이 피에 있으므로 피가 죄를 속하느니라"(레 17:11) 하십니다. 세 마디로 요약할 수가 있는데,

㉮ 육체의 생명이 피에 있다,

㉯ 이 피를 너희에게 주어 속죄하기 위해서다,

㉰ 생명이 피에 있기 때문에 피가 죄를 속한다는 말씀입니다.

㉣ "이 피를 너희에게 주어" 하심이, 구약시대는 문자적으로 유월절 양의 피를 문에 뿌림으로 구원을 얻게 되고, 대 속죄일에는 대제사장이 이 피를 가지고 지성소에 들어가 언약궤 위와 앞에 뿌림으로 죄를 속함을 받게 됩니다. 그렇다면 이것이 전부입니까?

㉮ 형제는 이 말씀을 대하면서 어떤 말씀이 연상(聯想)이 되지 않습니까? 그것은, "예수께서 이르시되 내가 진실로 진실로 너희에게 이르노니 인자의 살을 먹지 아니하고 인자의 피를 마시지 아니하면 너희 속에 생명이 없느니라 내 살을 먹고 내 피를 마시는 자는 영생을 가졌고 마지막

날에 내가 그를 다시 살리니"(요 6:53-54) 하신 말씀입니다.

㈎ 하나님께서는 이때를 위해서 "피"를 신성시하도록 금하셨던 것입니다. 짐승의 피를 아끼시고 금하신 하나님께서 자기 아들을 대속 제물로 내어주시고 "내 피를 마시라 그래야 생명이 있다" 하시는 말씀을 대하면서 형제의 마음은 어떠하십니까! 이것이 하나님 속에 간직하고 계신 구원의 방도였던 것입니다.

노아의 벌거벗음과 두 부류

그런데 성경은 방주에서 나온 "노아가 농사를 시작하여 포도나무를 심었더니 포도주를 마시고 취하여 그 장막 안에서 벌거벗은지라"(9:20-21) 하고, 노아의 "벌거벗은" 모습을 보여주고 있습니다. 그 의도가 무엇인가?

㈀ 앞에서 이미 말씀을 드렸습니다만 이 기사는 기록될 가치가 없는 것으로 여길 수도 있습니다. 왜냐하면 노아의 "향년이 950세"(29)라 말씀하기 때문입니다. 그 기간에 이보다 중요한 일이 많이 있었을 것이기 때문입니다. 이를 통해서 두 가지 주제를 말씀하십니다.

㉮ 첫째는, 노아의 "벌거벗은" 모습이 누구의 모습과 같은가를 생각해보시기를 바랍니다. "내가 벗었으므로 두려워하여 숨었나이다"(3:10) 한 아담 하와의 모습입니다. 수고를 했다면 노아만큼 수고한 인물이 누구이겠는가?

㉯ 그런 노아라도 하나님 앞에서는 "벌거벗은" 것과 같다는 점을 보여주고 있는 것입니다. 이는 인간의 행위로는 하나님 앞에 의롭다함을 얻을

육체가 없다는 자력구원의 불가능성을 말씀해줍니다.

ⓒ 이점이 노아가 "셈의 하나님 여호와를 찬송하리로다 가나안은 셈의 종이 되고 하나님이 야벳을 창대하게 하사 셈의 장막에 거하게 하시고 가나안은 그의 종이 되게 하시기를 원하노라 하였더라"(26-27) 한, 예언적인 진술에 분명히 드러납니다. 노아는 벌거벗은 자신을 덮어준 "셈과, 야벳"을 칭찬하는 것이 아니라 하나님을 찬양하고 있습니다.

㉮ 그렇다고 "셈과 야벳"의 하나님을 동시(同時)에 찬양하고 있는 것이 아니라 "셈의 하나님 여호와"만을 찬양하고 있는 것입니다.

㉯ 이는 "여자의 후손"을 자신의 세 아들 중 셈의 줄기로 보내셔서, 하나님께서 아담 하와를 위하여 "가죽옷"을 지어 입혀주심과 같이 우리의 벌거벗은 수치를 가려주실 것을 전망(展望)하는 찬양이었던 것입니다.

㉰ 혹자는 그것은 비약이다, 노아가 이를 알았단 말이냐 하고 항변을 할 것입니다만 그러면 20:7절을 보시기 바랍니다. 하나님께서는 아브라함을 "그는 선지자라" 말씀하십니다. 족장시대에는 하나님께서 족장(族長)들을 선지자로 들어서 예언케 하셨던 것입니다.

두 부류로 갈라짐

둘째는, 또다시 중대한 요점이 드러나고 있다는 점을 유념해야만 합니다.

㉠ 홍수심판을 통해서 "뱀의 후손"은 멸절을 당하고 "여자의 후손", 즉 "노아의 여덟 식구"만이 남게 된 것입니다. 그런데 방주에서 나온 "여덟 명"이 또다시 두 부류(部類)로 갈라지고 있다는 사실입니다. 그것

은 아벨과 가인이 "받으심과, 받지 아니하심"으로 갈라짐과 같은 맥락입니다. 이것이 죄의 세력의 가공스러운 위력입니다.

 ㉮ "가나안의 아버지 함이 그의 아버지의 하체를 보고 밖으로 나가서 그의 두 형제에게 알리매" (22) 하고, 고(告)한 자와,

 ㉯ "셈과 야벳이 옷을 가져다가 자기들의 어깨에 메고 뒷걸음쳐 들어가서 그들의 아버지의 하체를 덮었으며" (23) 한, "덮은 자"로 갈라지고 있는 것입니다.

㉡ 이런 맥락에서 노아가 "이에 이르되 가나안은 저주를 받아 그의 형제의 종들의 종이 되기를 원하노라" (25) 한 것은 "뱀의 후손"의 줄기가 될 것이라는 예언적인 선언이고,

 ㉮ "또 이르되 셈의 하나님 여호와를 찬송하리로다" (26) 한 것은 셈의 계보가 "여자의 후손"의 줄기가 될 것에 대한 예언이었던 것입니다.

 ㉯ 그리고 "하나님이 야벳을 창대하게 하사 셈의 장막에 거하게 하시고" (27) 한 것은, 야벳이 셈의 줄기로 오실 그리스도를 통해서 "셈의 장막에 거하게", 즉 구원에 참여하게 될 것을 가리킵니다.

㉢ 이점에서 벌거벗은 것을 고한 것은 함이 아닌가? 그런데 어찌하여 자식 "가나안이 저주를 받으리라" 하는가 하는 문제가 대두 됩니다. 여기 절묘한 대칭이 나타나는데,

 ㉮ 함이 "두 형제에게 알리매" 한 것은, 하나님께서 아담에게 "누가 너의 벗었음을 네게 알렸느냐" (3:11) 하신 것과 대칭을 이루고 있는데, 고한 자는 사탄이라고 밖에는 달리는 설명할 길이 없고,

㉯ 셈과 야벳이 "덮었으며" 한 것은, "여호와 하나님이 아담과 그의 아내를 위하여 가죽옷을 지어 입히시니라"(3:21) 한 것과 대칭을 이루고 있는 것입니다. 그러니까 "함"은 사탄의 대리자로, 셈과 야벳은 하나님의 대리자 역할을 한 셈입니다.

㉰ 이런 맥락에서 "가나안"은, "네(함) 후손"이라 하신 뱀의 후손인 셈입니다. 훗날 가나안의 7족속은 예언대로 이스라엘에 의하여 정복을 당하고 말았던 것입니다.

바벨탑과 인본주의

"이들은 그 백성들의 족보에 따르면 노아 자손의 족속들이요 홍수 후에 이들에게서 그 땅의 백성들이 나뉘었더라"(창 10:32) 합니다. 이처럼 두 부류로 갈라지게 된, "셈의 줄기와, 함의 줄기"는 그 후에 어떤 모습으로 나타나는가?

㉠ 함의 줄기는, "자, 성읍과 탑을 건설하여 그 탑 꼭대기를 하늘에 닿게 하여 우리 이름을 내고 온 지면에 흩어짐을 면하자"(11:4) 하고, 바벨탑을 쌓음으로 하나님을 대적하는 것으로 나타납니다. 이점을 10:6절 이하에 나오는 "함"의 계보가 말씀해주고 있는데, "그의 나라는 시날 땅의 바벨과 에렉과 악갓과 갈레에서 시작되었으며"(10:10) 하고 말씀합니다.

㉮ 그들은 어찌하여 "탑 꼭대기를 하늘에 닿게 하자" 하고 말했는가? 이는 하나님을 대항하는 말로 홍수를 내린다 해도 끄떡없게 하자는 뜻입니다. 이점이 "우리 이름을 내고 온 지면에 흩어짐을 면하자" 하는 말에

서도 나타납니다. 이로 보아 홍수 후에 하나님께서 "생육하고 번성하라" 하셨는데, 또다시 죄악의 씨가 번성했다는 것이 됩니다.

ⓒ 그리하여 성경은 바벨탑을, "이에 벽돌로 돌을 대신하며 역청으로 진흙을 대신하여" (3) 쌓은 "탑" 이었다고 말씀하고 있는 것입니다. 이는 무의미한 말이 아니요, 그렇다고 바벨탑의 양식(樣式)을 말씀하려는 것도 아닙니다. 그렇다면 무엇을 드러내기 위해서 "벽돌로 돌을 대신하였다" 하고 말씀을 하는가?

정으로 쪼면 부정하니라

그 의도를 출애굽기 20장을 통해서 깨달을 수가 있습니다. 하나님께서는 "내게 토단(土壇)을 쌓고 그 위에 네 양과 소로 네 번제와 화목제를 드리라 내가 내 이름을 기념하게 하는 모든 곳에서 네게 임하여 복을 주리라 네가 내게 돌로 제단을 쌓거든 다듬은 돌로 쌓지 말라 네가 정으로 그것을 쪼면 부정하게 함이니라"(출 20:24-25) 하고 말씀하시는데 여기서 빛을 받을 수가 있습니다.

㉠ 왜냐하면 바벨탑의 축조(築造)는 이와는 반대로, "벽돌로 돌을 대신하며 역청으로 진흙을 대신하여" 쌓고 있기 때문입니다. 여기에 얼마나 중요한 뜻이 있으면 모세는 죽기 전에 행한 유언과 같은 신명기를 통해서,

㉮ "또 거기서 네 하나님 여호와를 위하여 제단 곧 돌단을 쌓되 그것에 쇠 연장을 대지 말지니라 너는 다듬지 않은 돌로 네 하나님 여호와의 제단을 쌓고 그 위에 네 하나님 여호와께 번제를 드릴 것이며"(신 27:6) 하고 명하고,

㉯ 가나안에 입성한 여호수아는, "그 때에 여호수아가 이스라엘의 하나님 여호와를 위하여 에발 산에 한 제단을 쌓았으니 이는 여호와의 종 모세가 이스라엘 자손에게 명령한 것과 모세의 율법 책에 기록된 대로 쇠 연장으로 다듬지 아니한 새 돌로 만든 제단이라 무리가 여호와께 번제물과 화목제물을 그 위에 드렸으며"(수 8:30-31) 하고, 명한 대로 준행하였다는 점을 확인하고 있다는 점을 통해서 깨달을 수가 있습니다.

ⓛ 그러면 어찌하여 "쇠 연장으로 다듬지 아니한", 즉 자연(自然)석 그대로 단을 쌓으라 하시는가? 이는 쌓은 단 위에서 드려지는 "번제물과 화목제물"이 누구의 무엇에 대한 예표인가를 아는 자라면 그 의미를 깨달을 수가 있는 것입니다.

ⓒ 우리의 구원은 "이 뜻을 따라 예수 그리스도의 몸을 단번에 드리심으로 말미암아 우리가 거룩함을 얻었노라"(히 10:10) 한, 전적으로 그리스도께서 단독적(單獨的)으로, 단번(單番)에 이루신 것이지 거기에다 "쇠 연장으로 다듬듯이" 인위적(人爲的)인 것을 첨부(添附)해야 되는 것이 아니라는 점을 강력하게 나타내고 있는 증언인 것입니다.

㉢ 이런 맥락에서 바벨탑은 "벽돌로 돌을 대신하며 역청으로 진흙을 대신하여"(3) 쌓은 인본주의(人本主義) 단이었다는 것입니다. 초대교회 당시도, "어떤 사람들이 유대로부터 내려와서 형제들을 가르치되 너희가 모세의 법대로 할례를 받지 아니하면 능히 구원을 받지 못하리라"(행 15:1) 하고, "쇠 연장으로 다듬어야" 한다고 주장한 자들이 있었던 것입니다. 그렇게 한다면 이는 "다른 복음"이 되어 부정하니라 하시는

것입니다.

아브라함을 택하신 하나님

반면 "셈"의 줄기는 어떻게 이어져 내려왔는가? 11:10절 이하에 "셈의 족보는 이러하니라" 하고, 셈의 계보가 나오는데 그 줄기에서 "데라는 칠십 세에 아브람과 나홀과 하란을 낳았더라"(26) 하고, 셈의 9대 손으로 아브라함이 등장을 합니다.

㉠ "여호와께서 아브람에게 이르시되 너는 너의 고향과 친척과 아버지의 집을 떠나 내가 네게 보여 줄 땅으로 가라 내가 너로 큰 민족(民族)을 이루고 네게 복을 주어 네 이름을 창대하게 하리니 너는 복(福)이 될지라"(12:1-2) 하십니다. 이는 함의 자손들이, "자, 성읍과 탑을 건설하여 그 탑 꼭대기를 하늘에 닿게 하여 우리 이름을 내고 온 지면에 흩어짐을 면하자"(11:4) 한 인본주의와는 상반된 하나님의 주권적인 언약인 것입니다. 요약을 하면,

㉮ "아버지의 집을 떠나 내가 네게 보여 줄 땅으로 가라"(1),

㉯ "내가 너로 큰 민족(民族)을 이루고"(2)

㉰ "땅의 모든 족속이 너로 말미암아 복을 얻을 것이라"(3) 하십니다.

㉡ 이는 "여자의 후손"을 아브라함의 자손으로 보내서 천하 만민을 구원하시겠다는 "메시아언약"이었던 것입니다. "네게 지시할 땅으로 가라" 하심은 그곳이 메시아가 탄생하실 땅이었기 때문입니다. 이런 언약이 5차에 걸쳐 강화되고 있습니다.

㉮ 1장-11장까지는 하나님께서 온 인류를 대상으로 삼으셨으나, 12장부

터는 "아브라함"이라는 한 가문(家門)만을 상대하십니다. 후에는 선민 이스라엘 중에서도 "유다지파"만을 남겨주시는 것을 보게 됩니다. 이렇게 하시는 의도는 홍수심판 후의 바벨탑 사건에서 보는 바와 같이 인간의 거짓됨과 연관이 있는 것으로 볼 수가 있습니다.

아브라함과 신본주의

"이에 아브람이 여호와의 말씀을 따라갔고 롯도 그와 함께 갔으며 아브람이 하란을 떠날 때에 칠십오 세였더라"(창 12:4) 합니다.

㉠ 아브라함은 "여호와의 말씀을 따라 갔고", 롯은 아브라함을 따라 갔다는 이 구분을 유념하시기 바랍니다. 가나안에 이르렀을 때에, "여호와께서 아브람에게 나타나 이르시되 내가 이 땅을 네 자손에게 주리라 하신지라", 그러니까 가나안이 그리스도께서 탄생하실 땅이라는 말씀입니다.

㉮ "그가 자기에게 나타나신 여호와께 그가 그곳에서 제단을 쌓았다"(7) 말씀하는데 이는 바벨탑과 대조가 되고,

㉯ 저들은 "우리 이름을 내자" 했으나 아브라함은 "여호와의 이름을 불렀다"(8) 합니다.

㉡ 그런데 "그 땅에 기근이 들었으므로 아브람이 애굽에 거류하려고 그리로 내려갔으니 이는 그 땅에 기근이 심하였음이라"(10) 합니다. 하나님께 택함을 받은 언약 백성들에게는 항상 두 가지 위험이 따르고 있었는데, 첫째는, 약속의 땅을 떠날 위험이요, 둘째는 노아 당시에 본바

대로 섞이는 세속화될 위험입니다.

㉮ 아브라함은 애굽으로 내려갔다가 사라를 빼앗기게 될 위험에 처합니다. 그런데 "여호와께서 아브람의 아내 사래의 일로 바로와 그 집에 큰 재앙을 내리신지라"(17) 하고, 하나님께서 이를 막아주심으로 면하게 됩니다. 이는 교훈적으로는 설명할 길이 없는, 아브라함의 자손으로 그리스도를 보내시려는 구속사적인 의미가 있기 때문입니다.

㉯ 애굽으로 내려갔던 아브라함은 다시 약속의 땅으로 돌아왔는데, "그가 처음으로 제단을 쌓은 곳이라 그가 거기서 여호와의 이름을 불렀더라"(13:4) 합니다. 이는 후에 있을 "출애굽"의 축소판이요, 영적 출애굽에 대한 예표가 됩니다.

롯의 선택

아브라함은 조카 롯에게, "네 앞에 온 땅이 있지 아니 하냐 나를 떠나가라 네가 좌하면 나는 우하고 네가 우하면 나는 좌하리라"(창 13:9) 합니다. 이는 애굽에서의 연단을 통한 신앙의 진보(進步)를 나타냅니다.

㉠ 롯의 선택이 무엇인가? "아브람은 가나안 땅에 거주하였고 롯은 그 지역의 도시들에 머무르며 그 장막을 옮겨 소돔까지 이르렀더라 소돔 사람은 여호와 앞에 악하며 큰 죄인이었더라"(12-13) 하고, 점점 소돔으로 내려가는 것을 보게 됩니다.

㉡ "롯이 아브람을 떠난 후에 여호와께서 아브람에게 이르시되 너는 눈을 들어 너 있는 곳에서 북쪽과 남쪽 그리고 동쪽과 서쪽을 바라보라

보이는 땅을 내가 너와 네 자손에게 주리니 영원히 이르리라 내가 네 자손이 땅의 티끌 같게 하리니 사람이 땅의 티끌을 능히 셀 수 있을진대 네 자손도 세리라"(14-16) 하고, 두 번째로 메시아언약을 세워주십니다.

㉮ 14장에는 네 왕과 다섯 왕이 연합하여 싸움을 하는(9) 기사가 등장하는데, "소돔에 거주하는 아브람의 조카 롯도 사로잡고 그 재물까지 노략하여 갔더라"(12) 합니다.

㉡ "아브람이 그의 조카가 사로잡혔음을 듣고 집에서 길리고 훈련된 자 삼백십팔 명을 거느리고 단까지 쫓아가서, 모든 빼앗겼던 재물과 자기의 조카 롯과 그의 재물과 또 부녀와 친척을 다 찾아왔더라"(14, 16) 합니다.

두 왕의 영접

승전(勝戰)하고 돌아오는 아브라함은 두 왕의 영접을 받게 되는데,

㉠ "소돔 왕이 사웨 골짜기 곧 왕의 골짜기로 나와 그를 영접하였고"(17),

㉡ "살렘 왕 멜기세덱이 떡과 포도주를 가지고 나왔으니 그는 지극히 높으신 하나님의 제사장이었더라"(18) 합니다.

㉮ 멜기세덱은, "그가 아브람에게 축복하여 이르되 천지의 주재이시요 지극히 높으신 하나님이여 아브람에게 복을 주옵소서 너희 대적을 네 손에 붙이신 지극히 높으신 하나님을 찬송할지로다"(19-20) 하고 축복을 하고,

㉯ 소돔 왕은, "사람은 내게 보내고 물품은 네가 가지라"(21) 하고 말합니다.

㉰ "아브람이 소돔 왕에게 이르되 천지의 주재이시요 지극히 높으신 하나님 여호와께 내가 손을 들어 맹세하노니 네 말이 내가 아브람으로 치부하게 하였다 할까 하여 네게 속한 것은 실 한 오라기나 들메끈 한 가닥도 내가 가지지 아니하리라"(22-23) 하고 일언직하에 거절을 합니다.

㉱ 아브라함이 거절한 이유가 무엇인가? "네 말이 내가 아브람으로 치부(致富)하게 하였다 할까 하여" 실오라기 하나도 취하지 않겠다는 것입니다. 이 말에는 두 가지 뜻이 들어 있는데,

㉮ 첫째는 하나님께서 "내가 너로 큰 민족을 이루고 네게 복을 주어 네 이름을 창대하게 하리니 너는 복이 될지라"(12:2) 하고, 약속하셨는데 소돔 왕이 주는 물품을 취하므로 소돔 왕이 "내가 아브람으로 치부하게 하였다" 하고 떠벌리게 하는 구실을 준다면 하나님의 이름과 영예가 손상 될 것을 생각했기 때문이요,

㉯ 둘째는 그러므로 자신은 멜기세덱 왕이 "천지의 주재이시요 지극히 높으신 하나님이여 아브람에게 복을 주옵소서" 한, 하나님께서 주시는 복을 받기를 원한다는 것입니다. 여기서도 아브라함의 신앙이 성숙해 가고 있음을 나타냅니다.

이럴 경우 자신이 아브라함이었다면 나는 어떻게 했을 것인가를 생각하게 합니다. 그렇습니다. 소돔 왕(세속적인)이 주는 복과, 하나님께서 주시는 복을 겸하여 받을 수는 없다는 점을 명심해야만 합니다. 그런데 성경은 "그들은 사람의 영광을 하나님의 영광보다 더 사랑하였더라"

(요 12:43) 합니다.

네 방패요 지극히 큰 상급

이런 일이 있은 "이 후에 여호와의 말씀이 환상 중에 아브람에게 임하여 이르시되 아브람아 두려워하지 말라 나는 네 방패요 너의 지극히 큰 상급(賞給)이니라"(15:1) 하십니다.

㉠ "이 후에" 라는 말은 본문이 앞의 기사와 결부(結付)되어 있다는 점을 나타냅니다. "이 후" 에 아브라함은 두 가지 문제로 고심하고 있었음을 나타내는데 첫째는, 네 왕의 반격(反擊)을 두려워했을 것입니다. 왜냐하면 아브라함은 불과 318명이라는 적은 무리로 네 왕의 연합군을 "밤에"(14:15), 즉 기습작전을 펴서 물리쳤기 때문입니다.

㉡ 둘째는 "물품은 네가 가지라" 는 소돔 왕의 제의를 물리친 일에 대한 미련입니다. 이를 아셨기에 하나님께서는 "아브람아 두려워하지 말라 나는 네 방패요" 하시면서, "너의 지극히 큰 상급(賞給)이니라", 즉 내가 막아주겠다, 그리고 내가 100배로 채워줄 것이다 하고 말씀하시는 것입니다.

㉢ 이렇게 말씀하시자, "아브람이 이르되 주 여호와여 무엇을 내게 주시려 하나이까 나는 자식이 없사오니 나의 상속자는 이 다메섹 사람 엘리에셀이니이다"(2) 하고, "아브람이 또 이르되 주께서 내게 씨를 주지 아니하셨으니 내 집에서 길린 자가 내 상속자가 될 것이니이다"(3) 합니다. 초점이 어디에 맞춰져 있는가?

㉮ 하나님께서 아브라함에게 주시려는 궁극적인 복은 아브라함의 자손으로 그리스도를 보내시려는 "씨"에 있었고,

㉯ 아브라함이 받기를 원하는 복도 "자손", 즉 상속자였던 것입니다. 그리고 성경이 말씀하는 상속자도 "여자의 후손", 즉 메시아언약을 상속할 자를 가리키는 것입니다.

㉰ 하나님께서는 홍수심판 중에도 노아를, "믿음을 따르는 의의 상속자"(相續者)로 남겨주셨던(히 11:7) 것입니다. 솔로몬이 타락하였을 때에, "한 지파, 한 등불"을 남겨 주리라 하심도 "상속자"가 있게 하시겠다는 뜻인 것입니다. 이처럼 성경의 초점은 여자의 후손이 오실 통로인 "상속자"에 맞춰져 있습니다.

의롭다함을 얻은 아브라함

"여호와의 말씀이 그에게 임하여 이르시되 그 사람이 네 상속자가 아니라 네 몸에서 날 자가 네 상속자가 되리라 하시고 그를 이끌고 밖으로 나가 이르시되 하늘을 우러러 뭇별을 셀 수 있나 보라 또 그에게 이르시되 네 자손이 이와 같으리라"(4-5) 하고, 세 번째(12:2, 13:16, 15:5)로 메시아언약을 세워주십니다.

㉠ "아브람이 여호와를 믿으니 여호와께서 이를 그의 의로 여기시고"(6) 합니다. 여기 또 다시 중요한 요점이 등장하는데 아브라함이 하나님께로부터 의롭다함을 얻었다는 점입니다. 아벨이 의롭다함을 얻었다 한 것은 신약성경(히 11:4)에 의한 증언이었으나, 구약성경에 의해서는 아브라함이 의롭다함을 얻은 첫 사람입니다.

㉮ 다시 상기하면서 강조합니다만 구속사에 있어서 "의롭다함"을 얻었다

는 것은 실로 엄청난 무게가 실려 있는 말씀임을 인식해야만 합니다. 왜냐하면 하나님의 구원계획에 있어서 가장 큰 난제(難題)가 사람이 하나님 앞에 어떻게 의롭다함을 얻을 수 있는가 하는 문제요,

㉯ 하나님 존전에서 추방을 당한 아담의 후예들이 해결함을 받아야할 절체절명의 문제가 의롭다함을 얻는 문제이기 때문입니다. 이 문제만 해결이 되면 하나님께로 돌아갈 수가 있고, 하나님과 화목할 수가 있는 것입니다.

ⓒ 그러면 아브라함은 어떻게 해서 의롭다함을 얻었는가 하는 점입니다. "아브라함이 바랄 수 없는 중에 바라고 믿었으니 이는 네 후손이 이 같으리라 하신 말씀대로 많은 민족의 조상이 되게 하려 하심이라"(롬 4:18) 하고, "네 후손이 이 같으리라 하신 말씀", 즉 메시아언약을 믿고 의롭다함을 얻었다고 말씀합니다.

㉮ 갈라디아서에서는 이 "언약"을, "또 하나님이 이방을 믿음으로 말미암아 의로 정하실 것을 성경이 미리 알고 먼저 아브라함에게 복음(福音)을 전하되 모든 이방인이 너로 말미암아 복을 받으리라 하였느니라"(8) 하고, "복음"이라고 말씀합니다.

㉯ 또한 "이 약속들은 아브라함과 그 자손에게 말씀하신 것인데 여럿을 가리켜 그 자손들이라 하지 아니하시고 오직 한 사람을 가리켜 네 자손(子孫)이라 하셨으니 곧 그리스도라"(갈 3:16) 합니다.

복음의 심장을 잃어버림

다시 상기시키면서 강조합니다만 복음의 핵심(核心)은 하나님께 "의롭다함을 얻는 것"이라는 점을 힘을 주어 강조하는 바입니다.

㉠ 신약성경은, "그런즉 육신으로 우리 조상인 아브라함이 무엇을 얻었다 하리요"(롬 4:1) 하고 묻고 있습니다. "고향과 친척과 아버지의 집을 떠나", 아브라함이 얻은 것이 무엇인가? "의롭다함" 입니다.

㉮ "그를 위하여 모든 것을 잃어버리고 배설물로 여긴" 바울은 무엇을 얻었는가? "내가 가진 의는 율법에서 난 것이 아니요 오직 그리스도를 믿음으로 말미암은 것이니 곧 믿음으로 하나님께로부터 난 의라"(빌 3:8,9) 한, "의롭다함" 입니다.

㉯ 하나님께서 "네 자손으로 말미암아 천하 만민이 복을 얻으리라" 하신, "복"이 무엇인가? "하나님이 이방을 믿음으로 말미암아 의로 정하실 것"이라한, "의롭다함" 입니다. "의롭다함"은 이처럼 복음의 핵심인 것입니다.

㉰ 왜냐하면 하나님 앞에 설 수 있느냐? 없느냐 하는 사활이 걸려 있는 문제이기 때문입니다. 그러면 형제는 무엇을 얻었습니까? 성도들에게 "의롭다함"을 얻었다는 확신을 심어주었느냐 하고 묻고 있는 것입니다.

㉡ 아브라함도 행함으로가 아니라 하나님으로부터 복음을 듣고, 메시아언약을 믿음으로 의롭다함을 얻었다는 말씀을 듣게 된다는 것은 경이로운 일입니다. 이를 창세기 3:21절의 표현대로 하면 하나님께서 아브

라함에게도 "가죽옷"을 지어 입혀주심으로 벌거벗은 몸을 가려주셨다는 것이 되는 것입니다.

㉮ 그렇습니다. 신구약을 막론하고 죄인이 의롭다함을 얻는 방도는 오직 복음을 듣고 믿는 믿음뿐인 것입니다.

㉯ "그러므로 믿음으로 말미암은 자는 믿음이 있는 아브라함과 함께 복을 받느니라"(갈 3:9) 합니다. 그래서 아브라함을 "믿음의 조상"이라 하는 것입니다. 다시 형제에게 묻고 싶은 말이 있습니다. 이처럼 복음의 핵심이 되는 칭의교리에 대한 설교를 들은, 또는 설교를 한 가장 최근(最近)의 기억이 언제입니까?

현대교회는 주님께서 죽으시고 다시 사심을 통해서 이루어주셨고, 바울이 목숨을 걸고 증언한 "칭의"(稱義)교리가 실종을 하고 있는 실정입니다. 이는 복음의 심장(心臟)은 잃어버리고 외형만 붙들고 있다는 명백한 증거가 되는 것입니다.

㉰ 우리가 의롭다함을 얻는 믿음은, "저에게 의로 여기셨다 기록된 것은 아브라함만 위한 것이 아니요 의로 여기심을 받을 우리도 위함이니 곧 예수 우리 주를 죽은 자 가운데서 살리신 이를 믿는 자니라"(롬 4:23-24) 한 믿음이요,

㉮ 우리가 의롭다함을 얻는 근거(根據)는, "예수는 우리 범죄함을 위하여 내어줌이 되고 또한 우리를 의롭다 하심을 위하여 살아나셨느니라"(25) 한, 그리스도의 구속에 있습니다. 형제는 이 "근거와, 믿음" 위에 확고하게 서 있습니까?

쪼갠 고기 사이로 지나간 횃불

"또 그에게 이르시되 나는 이 땅을 네게 주어 소유를 삼게 하려고 너를 갈대아인의 우르에서 이끌어 낸 여호와니라"(창 15:7) 하십니다.

㉠ 그러자 아브라함은, "주 여호와여 내가 이 땅을 소유로 받을 것을 무엇으로 알리이까"(8) 하고, 무슨 보증(保證)같은 것을 요구합니다.

㉮ 4절에서는 "네 몸에서 날 자가 네 상속자가 되리라", 즉 "자손(子孫)을 주리라" 말씀하시고,

㉯ 7절에서는 "이 땅을 네게 주어 소유를 삼게 하려고" 하고, "땅을 주리라" 하시니까, 아브라함은 "내가 무엇으로 알리이까"(8) 하고 보증을 요구한 것입니다.

㉡ "여호와께서 그에게 이르시되 나를 위하여 삼 년 된 암소와 삼 년 된 암염소와 삼 년 된 숫양과 산비둘기와 집비둘기 새끼를 가져올 지니라"(9) 하십니다. 그러자 "아브람이 그 모든 것을 가져다가 그 중간을 쪼개고 그 쪼갠 것을 마주 대하여 놓았다"(10) 한 것은, 하나님의 의도를 인식했음을 나타냅니다. 왜냐하면 이는 고대 근동지방 유목민들의 언약을 체결하는 방법(렘 34:18)이었기 때문입니다.

㉢ "해가 져서 어두울 때에 연기 나는 화로가 보이며 타는 횃불이 쪼갠 고기 사이로 지나더라"(17) 합니다. 언약을 체결할 때는 쌍방이 지나가는 법인데 그러나 아브라함은 아니었습니다. 왜냐하면 하나님께서 아브라함에게 세워주신 메시아언약은 하나님의 일방적(一方的)이요, 주권적인 은혜(恩惠)언약이었기 때문입니다.

㉮ "타는 횃불"이란 하나님의 현현(顯現)을 상징하는데, "쪼갠 고기 사이로 지나갔다"는 것은 문자대로 말한다면 만일 내가 네게 세워준 언약을 지키지 않는다면 나를 쪼개도 좋다는 뜻이 되는 것입니다. 이 말씀을 대하는 형제의 마음은 어떠하십니까?

㉯ 그런데 "땅을 주리라" 하심이 당장에 이루어지는 것이 아니라, "여호와께서 아브람에게 이르시되 너는 반드시 알라 네 자손이 이방에서 객이 되어 그들을 섬기겠고 그들은 사백 년 동안 네 자손을 괴롭히리니 그들이 섬기는 나라를 내가 징벌할지며 그 후에 네 자손이 큰 재물을 이끌고 나오리라"(13-14) 하고, 400년 후에 이루어질 것이라 하십니다.

㉮ 여기서 "출애굽" 사건이 임기응변으로 되어진 일이 아니라, 하나님 속에 계획되어진 경륜(經綸)임을 깨닫게 됩니다.

㉯ 아브라함이나 제자들, 그리고 우리는 "하나님의 나라가 당장에 나타날 줄로"(눅 19:11) 생각하나 하나님께서는 심판을 당할 "아모리 족속의 죄악이 아직 가득 차지 아니함이니라"(창 15:16) 하십니다. 그러니까 주님의 재림으로 시행이 될 최후심판도 "죄악이 아직 가득 차지 아니했기" 때문에 미뤄지고 있다고 볼 수도 있습니다.

인간의 거짓 됨

그런데 이어지는 16장에서는, "사래가 아브람에게 이르되 여호와께서 내 출산을 허락하지 아니하셨으니 원하건대 내 여종에게 들어가라 내가 혹 그로 말미암아 자녀를 얻을까 하노라 하매 아브람이 사래의 말을 들으니라"(16:2) 합니다.

㉠ 15장에서 하나님께서는 "네 몸에서 날 자가 네 상속자가 되리라"(4) 하시고, "타는 횃불이 쪼갠 고기 사이로 지나더라"(17) 했습니다. 그런데 16:2절에서는 "아브람이 사래의 말을 들으니라" 합니다. 아담도 그러했습니다. 솔로몬도 그러 했습니다. 그래서 사도 바울은 "사람은 다 거짓되되 하나님은 참되시다 할지어다"(롬 3:4) 한 것입니다.

㉡ 그런데 본문은, "아브람의 아내 사래가 그 여종 애굽 사람 하갈을 데려다가 그 남편 아브람에게 첩으로 준 때는 아브람이 가나안 땅에 거주한 지 십년 후였더라"(3) 합니다. 이를 통해서 무엇을 우리에게 각성케 하시려는 것인가? "10년이면 강산이 변한다"는 말이 있는데, 아브라함도 10년은 기다렸다는 것이 됩니다.

㉮ 이를 통해서 각성하게 되는 것은, 나 자신이 복음에 대한 열정과 순수성이 변질(變質)이 된 것은 몇 년 후인가를 생각하게 합니다.

㉢ 16장의 마지막 말씀과, 17장의 첫 말씀을 대조해보시기 바랍니다. 16장은 "하갈이 아브람에게 이스마엘을 낳았을 때에 아브람이 팔십육 세였더라"(16:16) 하고 끝나고, 17장은 "아브람이 구십구 세 때에 여호와께서 아브람에게 나타나서" 하고 시작이 됩니다.

㉯ 이처럼 연대를 밝혀주고 있는 의도가 무엇인가? 하갈 사건으로 인하여 하나님과 아브라함 사이에 13년이라는 단절이 있었다는 점을 보여주고 있는 것입니다.

하나님의 주권적인 은혜

"아브람이 구십구 세 때에 여호와께서 아브람에게 나타나서 그에게 이르시되 나는 전능한 하나님이라 너는 내 앞에서 행하여 완전하라"(17:1) 하십니다.

㉠ "나는 전능(全能)한 하나님이라" 하심은, "10년 후이었더라"(16:3), 즉 이제는 더 기다릴 수가 없다는 초조감에 대한 답변이요, "너는 내 앞에서 행하여 완전(完全)하라" 하심은 "하갈을 첩으로" 맞이한, 즉 떳떳하지 못한 사건을 책망하시는 말씀인 것입니다.

㉡ 이렇게 말씀하신 후에 하나님께서는, "내가 내 언약을 나와 너 사이에 두어 너를 크게 번성하게 하리라"(2) 하고, 메시아언약을 네 번째로 세워주시는 것이 아닌가? 17:2-8절 안에는 하나님의 주격(主格)을 가리키는 "내가, 또는 나"라 하신 말이 12번, "언약"이라는 말도 4번, 17장 전체로는 12번이나 강조되어 있습니다.

㉢ 그리고 하나님께서 "번성케 하리라(2), 언약을 세우리니(4), 열국의 아비가 될지라(4), 되게 함이라"(5) 하고 하나님께서 주권(主權)적으로 이루어주시겠다는 말씀이 구구절절이 강조되어 있습니다. 성실하지 못한 아브라함, 그리고 우리에게 이처럼 은혜언약을 다짐해주시는 하나님의 말씀을 대하는 형제의 마음은 어떠하십니까?

㉮ 하나님께서는 아예 "이제 후로는 네 이름을 아브람이라 하지 아니하고 아브라함이라 하리니 이는 내가 너를 여러 민족의 아버지가 되게 함이니라(5).

㉯ 네 아내 사래는 이름을 사래라 하지 말고 사라라 하라 내가 그에게 복을

주어 그가 네게 아들을 낳아 주게 하며 내가 그에게 복을 주어 그를 여러 민족의 어머니가 되게 하리니" (15-16) 하고, 이름을 "열국의 아버지와, 열국의 어머니"로 바꿔주시고, "언약"을 망각하지 않도록 표징으로 "할례"를 행하라(10-11) 명하십니다.

㉰ 이런 점을 가리켜 사도 바울은 "그러나 죄가 더한 곳에 은혜가 더욱 넘쳤나니" (롬 5:20) 하고, 표현했던 것입니다. 만일 파상(波狀)적으로 공격해오는 "죄"의 세력을, 하나님께서 그때마다 "은혜"로 대처(對處)해 주시지 않으셨다면 하나님의 구원계획은 벌써 중단이 되고 말았을 것입니다.

제가 성경강해를 펴낸 순서는 저의 신앙 이정표(里程標)라 할 수가 있습니다. 저는 처음에 로마서를 통해서 복음을 만나 "로마서 강해"를 썼고, 에베소서를 통해서 교회의 영광스러움을 깨닫고는 "영광스러운 교회"라 한 에베소서를 강해하게 되었습니다. 그러다가 현실 교회가 성경이 말씀하는 교회 상을 닮지 않음을 인하여 낙망하고 있을 때에, 창세기를 통해서 하나님의 주권(主權)을 만나게 되었던 것입니다.

하나님께서는 제게 "모든 짐을 네가 다 짊어진 양, 그리고 하나님의 나라건설을 네가 하는 양 낙심하고 있느냐? 하나님의 나라는 네가 이루는 것이 아니라 내가 이루는 것이라"는 깨달음을 주셨던 것입니다. 이처럼 하나님의 주권(主權)이 가장 강조되어 있는 곳이 창세기 17장입니다.

구원과 심판의 두 소식

18장에는 기쁜 소식과 나쁜 소식이라는 상반(相反)된 두 가지 소식이 있습니다. 그것은 명년 이 때에 이삭이 태어나리라는 소식과, 소돔 고모라를 심판하시리라는 소식입니다. 전도자는 "복음과, 심판"이라는 두 가지 소식을 함께 전해주어야 하는 것입니다. 왜 복음(福音)이 필요한가? 심판(審判)이 있기 때문입니다.

㉠ "여호와께서 마므레의 상수리나무들이 있는 곳에서 아브라함에게 나타나시니라"(창 18:1). 그리하여 "내년 이맘때 내가 반드시 네게로 돌아오리니 네 아내 사라에게 아들이 있으리라"(10) 하십니다.

㉮ 이 말씀을 듣고 믿지 못해하는 사라에게, "여호와께 능하지 못한 일이 있겠느냐 기한이 이를 때에 내가 네게로 돌아오리니 사라에게 아들이 있으리라"(14) 하고 거듭 말씀하십니다. 얼마나 사모하며 고대하던 후사인가! 이것이 기쁜 소식입니다. 그런데 구속사의 맥락에서 이런 일이 또 있었습니다. 왜냐하면 이는 예표였기 때문입니다.

㉡ 보냄을 받은 천사가, "마리아여 무서워하지 말라 네가 하나님께 은혜를 입었느니라 보라 네가 잉태하여 아들을 낳으리니 그 이름을 예수라 하라 그가 큰 자가 되고 지극히 높으신 이의 아들이라 일컬어질 것이요 주 하나님께서 그 조상 다윗의 왕위를 그에게 주시리니 영원히 야곱의 집을 왕으로 다스리실 것이며 그 나라가 무궁하리라"(눅 1:30-33) 하고, 바라고 기다리던 메시아 탄생의 기쁜 소식을 전합니다.

㉮ 이를 믿지 못해하는 마리아에게 천사는, "대저 하나님의 모든 말씀은 능하지 못하심이 없느니라"(37) 하고 2천년 전 사라에게 하셨던 동일

한 말씀을 하시면서, "성령이 네게 임하시고 지극히 높으신 이의 능력이 너를 덮으시리니 이러므로 나실 바 거룩한 이는 하나님의 아들이라 일컬어지리라"(35) 합니다.

구원의 방도

"여호와께서 또 이르시되 소돔과 고모라에 대한 부르짖음이 크고 그 죄악이 심히 무거우니 내가 이제 내려가서 그 모든 행한 것이 과연 내게 들린 부르짖음과 같은지 그렇지 않은지 내가 보고 알려 하노라"(창 18:20-21) 하고, 아브라함에게 심판의 소식을 알려주십니다.

㉠ 보냄을 받은 사자들은, "롯에게 이르되 이 외에 네게 속한 자가 또 있느냐 네 사위나 자녀나 성 중에 네게 속한 자들을 다 성 밖으로 이끌어 내라 그들에 대한 부르짖음이 여호와 앞에 크므로 여호와께서 이 곳을 멸하시려고 우리를 보내셨나니 우리가 멸하리라"(12-13) 하고 심판의 경고를 합니다.

㉮ "롯이 나가서 그 딸들과 결혼할 사위들에게 말하여 이르기를 여호와께서 이 성을 멸하실 터이니 너희는 일어나 이 곳에서 떠나라 하되 그의 사위들은 농담으로 여겼더라"(14) 합니다.

㉯ 주님께서는 "노아의 때에 된 것과 같이 인자의 때에도 그러하리라 노아가 방주에 들어가던 날까지 사람들이 먹고 마시고 장가들고 시집가더니 홍수가 나서 그들을 다 멸망시켰으며 또 롯의 때와 같으리니 사람들이 먹고 마시고 사고팔고 심고 집을 짓더니 롯이 소돔에서 나가던 날에 하늘로부터 불과 유황이 비 오듯 하여 그들을 멸망시켰느니라 인자가

나타나는 날에도 이러하리라"(눅 17:26-30) 하고, 홍수심판과 유황불 심판이 최후심판에 대한 예표임을 말씀하셨습니다.

ⓒ 그런데 성경의 중심주제는 심판에 있는 것이 아니라 "구원"에 있다는 점을 강조해야만 합니다. 그렇다면 최후심판의 날에 구원 얻는 방도가 무엇인가?

㉮ 홍수심판의 예표를 통해서 계시하신 구원의 방도는, "그러나 너와는 내가 내 언약을 세우리니 너는 네 아들들과 네 아내와 네 며느리들과 함께 그 방주로 들어가라"(창 6:18) 하신, "언약 안으로 들어감"이 구원의 방도입니다.

㉯ 그런데 소돔 고모라의 심판을 통한 구원의 방도는, "네 사위나 자녀나 성 중에 네게 속한 자들을 다 성 밖으로 이끌어 내라(창 19:12), 너희는 일어나 이 곳에서 떠나라(14), 롯의 손과 그 아내의 손과 두 딸의 손을 잡아 인도하여 성 밖에 두니 여호와께서 그에게 자비를 더하심이었더라"(16) 한, 멸망할 도성으로부터 "떠나라"는 것이 구원의 방도입니다.

㉰ 계시록 18장에서도, "또 내가 들으니 하늘로부터 다른 음성이 나서 이르되 내 백성아, 거기서 나와 그의 죄에 참여하지 말고 그가 받을 재앙들을 받지 말라 그의 죄는 하늘에 사무쳤으며 하나님은 그의 불의한 일을 기억하신지라"(계 18:4-5) 하고, "거기서 나오라" 하고 외칩니다.

ⓒ 이사야서에서도, "너희는 떠날 지어다 떠날 지어다 거기서 나오고 부정한 것을 만지지 말지어다 그 가운데에서 나올 지어다 여호와의 기구를 메는 자들이여 스스로 정결하게 할지어다"(사 52:11) 합니다.

㉮ 신약성경은 이를 인용하여, "그러므로 너희는 그들 중에서 나와서 따로 있고 부정한 것을 만지지 말라 내가 너희를 영접하여 너희에게 아버지가 되고 너희는 내게 자녀가 되리라 전능하신 주의 말씀이니라 하셨느니라"(고후 6:17-18) 하고 경고합니다. 세상에서는 떠나서, 언약 안으로 들어가는 것, 이것이 최후심판 날의 유일한 구원의 방도입니다.

빼앗기게 된 생명의 어미

"아브라함이 거기서 네게브 땅으로 옮겨가 가데스와 술 사이 그랄에 거류하며 그의 아내 사라를 자기 누이라 하였으므로 그랄 왕 아비멜렉이 사람을 보내어 사라를 데려갔더니"(창 20:1-2) 합니다.

㉠ 본문의 시점(時點)은 "내 언약은 내가 내년(來年) 이 시기에 사라가 네게 낳을 이삭과 세우리라"(17:21) 하신 시점이라는 점입니다. 내년이면 언약의 아들 이삭을 생산할 "열국의 어머니"(17:16)를 그랄 왕, 즉 블레셋 왕에게 빼앗길 위기에 처한 것입니다.

㉮ 12장에서는 애굽 왕에게 빼앗길 뻔했는데, "애굽과, 블레셋"이 무엇인가? 대대로 하나님을 대적한 세력들입니다. 이런 맥락에서 이 사건은 "언약의 자손"을 태어나게 하시려는 하나님의 계획에 대한 마지막 저항이라 할 수가 있습니다.

㉡ "그 밤에 하나님이 아비멜렉에게 현몽하시고 그에게 이르시되 네가 데려간 이 여인으로 말미암아 네가 죽으리니 그는 남편이 있는 여자임이라"(3) 하고 개입을 하셔서 막아주십니다. "네가 죽으리니" 하신 언

사는 애굽 왕 때보다 강경한 말씀입니다.

㉮ 변명하는 아비멜렉에게 하나님께서는, "네가 온전한 마음으로 이렇게 한 줄을 나도 알았으므로 너를 막아 내게 범죄하지 아니하게 하였나니 여인에게 가까이 하지 못하게 함이 이 때문이니라"(6) 하십니다. 그러면 누가 "온전하지 못한 마음"으로 한 것이 되는가? 아브라함입니다.

㉯ 그런 아브라함을 하나님께서는, "이제 그 사람의 아내를 돌려보내라 그는 선지자(先知者)라" 부르시면서 "그가 너를 위하여 기도하리니 네가 살려니와 네가 돌려보내지 아니하면 너와 네게 속한 자가 다 반드시 죽을 줄 알지니라"(7) 하고 경고하십니다.

㉰ 이제도 변변치 못한 우리들을 하나님께서는 "자녀로 대우하시고"(히 12:7), 주님께서는 "형제라 부르시기를 부끄러워 아니하시고"(히 2:11), "왕 같은 제사장"이라고 불러주시는데 우리는 무엇 때문에 하나님을 자랑하지 못하고 주님을 증언하지 못하고 있는가? 이 말씀을 듣는 형제의 마음은 어떠하십니까?

㉢ 그렇다면 이제도 자기 아내를 누이라고 속이면 막아주신단 말인가? 아닙니다. 이는 아브라함의 자손으로 그리스도를 보내셔서 천하 만민을 구원하시려는 계획을 이루시기 위해서였던 것입니다.

㉮ 이점에서 하나님의 주권적인 은혜와, 아브라함의 성실하지 못함이 대조(對照)되어 나타나는데, 이는 인간의 행위로는 의롭다함을 얻을 수 없다는 구제불능의 모습을 보여주고 있는 것입니다.

말씀하신 대로

육적으로는 불가능한 사라에게, "여호와께서 말씀하신 대로 사라를 돌보셨고 여호와께서 말씀하신 대로 사라에게 행하셨으므로 사라가 임신하고 하나님이 말씀하신 시기가 되어 노년의 아브라함에게 아들을 낳으니"(21:1-2) 하고, 드디어 아브라함에게 상속자를 주신 것입니다.

㉠ 무엇이 강조되어 있는가? ㉮ "여호와께서 말씀하신 대로 사라를 돌보셨고, ㉯ 여호와께서 말씀하신 대로 사라에게 행하셨으므로, ㉰ 하나님이 말씀하신 시기가 되어" 하고 "말씀", 즉 언약(言約)이 강조되어 있습니다.

㉡ 인간의 상식으로는 불가능한 처녀 마리아가 잉태하여 아들을 낳았다는 것이 어떻게 가능하여졌는가? "이 모든 일이 된 것은 주께서 선지자로 하신 말씀을 이루려 하심이니 이르시되 보라 처녀가 잉태하여 아들을 낳을 것이요 그의 이름은 임마누엘이라 하리라 하셨으니 이를 번역한즉 하나님이 우리와 함께 계시다 함이라"(마 1:22-23) 합니다.

㉮ 사도 바울은 증언합니다. "내가 받은 것을 먼저 너희에게 전하였노니 이는 성경대로 그리스도께서 우리 죄를 위하여 죽으시고 장사 지낸 바 되셨다가 성경대로 사흘 만에 다시 살아나사 게바에게 보이시고 후에 열두 제자에게와 그 후에 오백여 형제에게 일시에 보이셨나니 그 중에 지금까지 대다수는 살아 있고 어떤 사람은 잠들었으며 그 후에 야고보에게 보이셨으며 그 후에 모든 사도에게와 맨 나중에 만삭되지 못하여 난 자 같은 내게도 보이셨느니라"(고전 15:3-8).

㉯ 주님께서는 언약하신 대로 "때가 차매 하나님이 그 아들을 보내사 여자에게서 나게 하시어"(갈 4:4) 초림(初臨)하셨고, 약속하신 대로 "때가 찬 경륜"(엡 1:9) 가운데 재림하실 것입니다.

웃는 자와 이를 가는 자

"사라가 이르되 하나님이 나를 웃게 하시니 듣는 자가 다 나와 함께 웃으리로다"(창 21:6) 했습니다. 그런데 "함께 웃지 못한, 즉 기뻐하지 않은 자들이 있었던 것입니다.

㉠ "아이가 자라매 젖을 떼고 이삭이 젖을 떼는 날에 아브라함이 큰 잔치를 베풀었더라 사라가 본즉 아브라함의 아들 애굽 여인 하갈의 아들이 이삭을 놀리는지라"(8-9) 합니다.

　㉮ 이점을 신약성경에서는, "형제들아 너희는 이삭과 같이 약속의 자녀라 그러나 그 때에 육체를 따라 난 자가 성령을 따라 난 자를 박해한 것 같이 이제도 그러하도다"(갈 4:28-29) 합니다.

　㉯ "그러나 성경이 무엇을 말하느냐 여종과 그 아들을 내쫓으라 여종의 아들이 자유 있는 여자의 아들과 더불어 유업을 얻지 못하리라 하였느니라 그런즉 형제들아 우리는 여종의 자녀가 아니요 자유 있는 여자의 자녀니라"(30-31) 합니다.

㉡ 주님께서는 말씀하십니다. "세상이 너희를 미워하면 너희보다 먼저 나를 미워한 줄을 알라 너희가 세상에 속하였으면 세상이 자기의 것을 사랑할 것이나 너희는 세상에 속한 자가 아니요 도리어 내가 너희를 세상에서 택하였기 때문에 세상이 너희를 미워하느니라"(요 15:18-19).

㉠ 사도 베드로는 증언합니다. "사랑하는 자들아 너희를 연단하려고 오는 불 시험을 이상한 일 당하는 것 같이 이상히 여기지 말고 오히려 너희가 그리스도의 고난에 참여하는 것으로 즐거워하라 이는 그의 영광을 나타내실 때에 너희로 즐거워하고 기뻐하게 하려 함이라 너희가 그리스도의 이름으로 치욕을 당하면 복 있는 자로다 영광의 영 곧 하나님의 영이 너희 위에 계심이라",

㉯ "너희 중에 누구든지 살인이나 도둑질이나 악행이나 남의 일을 간섭하는 자로 고난을 받지 말려니와 만일 그리스도인으로 고난을 받으면 부끄러워하지 말고 도리어 그 이름으로 하나님께 영광을 돌리라"(벧전 4:12-16). 그러므로 고난을 당하는 것이 이상한 것이 아니라 나에게 "고난"이 없다는 것을 근심해야할 것입니다. 왜냐하면 너무 세상과 짝을 하고 있기 때문인지도 모르기 때문입니다.

아브라함의 시험과 교훈적 의미

"그 일 후에 하나님이 아브라함을 시험하시려고 그를 부르시되 아브라함아 하시니 그가 이르되 내가 여기 있나이다 여호와께서 이르시되 네 아들 네 사랑하는 독자 이삭을 데리고 모리아 땅으로 가서 내가 네게 일러 준 한 산 거기서 그를 번제로 드리라"(창 22:1-2) 하십니다.

㉠ 22장은 "그 일 후에" 라는 접속사(接續詞)로 이제까지의 말씀을 받고 있는 문맥입니다. 그런데 많은 분들이 구속사(救贖史)라는 맥락은 보지를 못하고 점으로 취급하여, 아브라함 개인의 믿음을 시험하신 양 접근을 합니다.

㉮ 이점에서 언급해야할 점은 성경의 모든 기사에는 신학적(神學的)인 면과 교훈적(敎訓的)인 면이 있다는 점입니다. "네 사랑하는 독자 이삭을 번제로 드리라" 하신 말씀도 교훈적으로 적용(適用)을 하여 "순종"을 강조할 수가 있습니다.

㉯ 그럴 경우는 본문을 22장을 택할 것이 아니라 "우리 조상 아브라함이 그 아들 이삭을 제단에 바칠 때에 행(行)함으로 의롭다 하심을 받은 것이 아니냐"(약 2:21) 한, 야고보서를 텍스트로 삼아야 옳습니다. 왜냐하면 창세기 22장에서 계시(啓示)하시려는 주제(主題)는 교훈적인 것이 아니라, 신학적(神學的)인 주제이기 때문입니다.

㉡ 그러면 22장을 통해서 말씀하시려는 신학적인 의미가 무엇인가? 이점이 첫째로, "네 아들 네 사랑하는 독자 이삭을 데리고 모리아 땅으로 가서 내가 네게 일러 준 한 산 거기서" 번제로 드리라 하고, 번제할 장소를 지정(指定)하시는 데서 드러납니다. 만일 아브라함 개인의 신앙을 시험하시려는 것이라면 "내가 네게 일러 준 한 산 거기서" 번제로 드리라 할 이유가 없는 것입니다. 교훈적으로는 이를 설명할 길이 없습니다.

㉢ 그러면 "일러준 한 산 거기"가 어딘가? 훗날 하나님께서는 다른 언약의 당사자인 다윗에게도 "오르난의 타작마당에서 번제를 드리라"(대상 21:18) 하고, 번제할 장소를 지정(指定)해주십니다.

㉮ 그리고 훗날 "솔로몬이 예루살렘 〈모리아 산에〉 여호와의 전 건축하기를 시작하니 그 곳은 전에 여호와께서 그의 아버지 다윗에게 나타나신 곳이요 여부스 사람 오르난의 타작마당에 다윗이 〈정한 곳〉이라"(대

하 3:1) 하고 지정해주신 "그 터"에 성전을 건축했던 것입니다. 구속사의 맥락에서 "성전과, 그 터"는 예수 그리스도에 대한 모형인 것입니다.

㉣ 성경이 이 "터"에 대해서 얼마나 중요하게 말씀하는가를 보십시오. 신명기는 모세가 죽기 전에 행한 유언과 같은 말씀인데 약속의 땅에 들어가서는, "유월절 제사를 네 하나님 여호와께서 네게 주신 각 성에서 드리지 말고 오직 네 하나님 여호와께서 자기의 이름을 두시려고 택하신 곳에서"(신 16:5-6) 드리라 하고 명합니다.

㉮ 신명기 12장에는 "택하신 곳"이란 말이 6번(5, 11, 14, 18, 21)이나 강조되어 있습니다. 그곳이 바로 예루살렘이요, 예루살렘 중에서도 아브라함과 다윗에게 정해주신 "모리아 산, 오르난의 타작마당"이었던 것입니다.

아브라함의 시험과 신학적 의미

신학적인 둘째 의미는, "네 사랑하는 독자 이삭을 번제로 드리라" 하신, 말씀에 나타납니다.

㉠ 창세기 12장에서 아브라함을 부르신 하나님께서 이제까지 무엇을 이루어 오셨는가를 생각해야만 합니다. 하나님께서는 이제까지 여자의 후손(그리스도)을 아브라함의 자손으로 보내셔서 천하 만민이 복을 받게 하리라는 점을 4차에 걸쳐서 언약을 세워주셨습니다. "여자의 후손"이 아브라함의 자손으로 오시게 된다는 점은 이제 확실해진 것입니다.

㉮ 그런데 그리스도께서 아브라함의 자손으로 오셔서 어떤 방도에 의해

서 천하 만민이 복을 받게 되는가 하는 점, 즉 그가 왜 오셔야만 하는가 하는 점은 아직 계시(啓示)하시지 않으셨던 것입니다. 이 진전(進展)된 계시를 하시려는데 아브라함이 과연 감당할 수 있을까 하는 점을 "시험"이라 한 것입니다.

ⓒ 이런 맥락에서 22장의 중심점은 6번(2, 3, 6, 7, 8, 13)이나 강조되어 있는 "번제"에 있다는 점을 유념해야만 합니다. 결론부터 말씀을 드린다면 아브라함의 자손으로 오시게 될 그리스도께서 드려주실 "번제"(燔祭)에 의해서 천하 만민이 구원의 복을 얻게 된다는 점을 계시하시려는 것입니다

핵심은 번제할 어린양

신학적인 셋째 의미는, "불과 나무는 있거니와 번제할 어린양은 어디 있나이까"(7) 한, 이삭의 물음을 통해서 나타납니다.

㉠ 22장의 중심점은 "번제"요, 핵심은 제물인 "어린양"에 있다는 점을 놓쳐서는 아니 됩니다. "번제할 어린양"이 두 번이나 강조되어 있습니다. 아브라함은 "내 아들아 〈번제할 어린 양〉은 하나님이 자기를 위하여 친히 준비하시리라"(8) 하고, 대답합니다.

  ㉮ 이는 아브라함의 궁색한 변명이 아닙니다. 20:7절에서 아브라함을 "선지자"라 하심을 기억하시기를 바랍니다. 원죄 하에 있는 자들의 구원은 오직 "번제할 어린양"의 대속(代贖)을 통해서만 가능하여지고,

  ㉯ "번제할 어린양"은 "하나님께서 친히 준비하신다"는 것이 22장을 통

해서 계시하시려는 핵심입니다. 아브라함과 이삭은 이를 예표하는 역할을 감당하는 것으로 쓰임을 받고 있을 뿐입니다.

ⓒ "아브라함이 이에 번제 나무를 가져다가 그의 아들 이삭에게 지우고 자기는 불과 칼을 손에 들고 두 사람이 동행하더니"(6) 한 장면은, 마치 독생자 예수 그리스도께서 십자가를 지시고 갈보리 산을 오르시는 모습을 연상하기에 족합니다.

㉮ "하나님이 그에게 일러 주신 곳에 이른지라 이에 아브라함이 그 곳에 제단을 쌓고 나무를 벌여 놓고 그의 아들 이삭을 결박하여 제단 나무 위에 놓고 손을 내밀어 칼을 잡고 그 아들을 잡으려 하니"(9-10),

㉯ 사랑하는 독자 이삭을 결박하여 번제단에 올려놓고 칼을 들어 내려치려 한 것은 아버지 아브라함이었습니다. 신약성경은 말씀합니다. "이 예수를 하나님이 그의 피로써 믿음으로 말미암는 화목제물로 세우셨으니"(롬 3:25), 자기 아들을 화목제물로 갈보리 십자가에 세우신 이는 아버지 하나님이셨습니다.

ⓒ 아브라함이 "손을 내밀어 칼을 잡고 그 아들을 잡으려 하자"(10) 하늘로부터, "그 아이에게 네 손을 대지 말라 그에게 아무 일도 하지 말라"(12) 하는, 급한 음성이 들려왔습니다.

㉮ 그러나 주님께서 십자가상에서, "엘리 엘리 라마 사박다니"(마 27:46) 하셨을 때에는 아무 음성이 들려오지 않았습니다. 왜냐하면 이삭은 예표였고, 그리스도는 실체(實體)였기 때문입니다. 하나님의 아들을 십자가에서 내려놓고 "대신"하여 드릴 다른 제물이 없었던 것입니다.

㉯ 그러면 "번제로 드리라" 하신 말씀은 폐하셨단 말인가? 아닙니다. 예표 속에 또 예표가 등장하는데, 1차는 이삭이 그리스도의 예표였고, 2차적으로는 "아브라함이 눈을 들어 살펴본즉 한 숫양이 뒤에 있는데 뿔이 수풀에 걸려 있는지라 아브라함이 가서 그 숫양을 가져다가 아들을 대신하여 번제로 드렸더라"(13) 한, "숫양"이 예표로 등장합니다. 그리하여 "대신하여 드렸더라" 하는 대속(代贖)교리가 계시되기에 이릅니다.

친히 준비하실 번제할 어린양

"번제할 어린양은 하나님이 친히 준비하시리라"는 점에 대해 신약성경은 해설해주기를, "그러므로 주께서 세상에 임하실 때에 이르시되 하나님이 제사와 예물을 원하지 아니하시고 오직 나를 위하여 한 몸을 예비하셨도다"(히 10:5) 하고 말씀합니다.

㉠ 이 말씀은 하나님께로부터 메시아언약을 세움 받은 두 당사자(當事者)들인 "아브라함과, 다윗"이 증언한 두 마디의 결합(結合)으로 되어 있습니다.

㉮ 먼저 "하나님이 제사와 예물을 원하지 아니하시고" 한 언급은, 다윗이 시편 40:6절에서 "주께서 내 귀를 통하여 내게 들려주시기를 제사와 예물을 기뻐하지 아니하시며 번제와 속죄제를 요구하지 아니하신다 하신지라"(시 40:6) 한 말씀이고,

㉯ "오직 나를 위하여 한 몸을 예비하셨도다" 한 언급은, 아브라함이 이삭에게, "번제할 어린양은 하나님이 자기를 위하여 친히 준비하시리라"

한 말씀입니다.

ⓒ 그러니까 아브라함과 다윗은, 구약시대에 드려진 "번제, 속죄제"가 참 것의 그림자라는 점을 알았다는 것입니다.

㉠ 그래서 주님께서는 "너희 조상 아브라함은 나의 때 볼 것을 즐거워하다가 보고 기뻐하였느니라"(요 8:56) 말씀하셨고,

㉡ 오순절에 강림하신 성령께서는 다윗을 가리켜, "그는 선지자라 하나님이 이미 맹세하사 그 자손 중에서 한 사람을 그 위에 앉게 하리라 하심을 알고 미리 본 고로 그리스도의 부활을 말하되"(행 2:30-31) 하고, 증언하셨던 것입니다.

ⓒ "이 뜻을 따라 예수 그리스도의 몸을 단번에 드리심으로 말미암아 우리가 거룩함을 얻었노라"(히 10:10) 합니다. 하나님께서는 아브라함에게 이삭을 번제로 드리라 하시는 "시험"을 통해서 이를 계시하시려는 것입니다.

㉠ 그러므로 22장에는 "네 아들 네 사랑하는 독자"(2, 12, 16)라는 말이 강조되어 있습니다. 사실 이삭은 독자가 아니라 아브라함에게는 이미 이스마엘이라는 아들이 있었습니다. 그런데 어찌하여 "독자"라 하시는가? 언약적인 면으로 볼 때 이삭은 독자였기 때문입니다. 이점이 "독생자 예수 그리스도"를 예표합니다.

㉡ 그리고 "네가 네 아들 네 독자까지도 내게 아끼지 아니하였으니"(12) 한 말씀의 실상은, 하나님께서 "자기 아들을 아끼지 아니하시고 우리 모든 사람을 위하여 내주실"(롬 8:32) 것에 대한 예표가 되는 것입니다.

대속교리와 승리

이삭을 대신하여 숫양을 번제를 드린 후에, "여호와의 사자가 하늘에서부터 두 번째 아브라함을 불러 이르시되"(창 22:15),

㉠ "내가 나를 가리켜 맹세하노니 네가 이같이 행하여 네 아들 네 독자도 아끼지 아니하였은즉 내가 네게 큰 복을 주고 네 씨가 크게 번성하여 하늘의 별과 같고 바닷가의 모래와 같게 하리니 네 씨가 그 대적의 성문을 차지하리라 또 네 씨로 말미암아 천하 만민이 복을 받으리니 이는 네가 나의 말을 준행하였음이니라"(16-18) 하고, 다섯 번째이자 최종적으로 메시아언약을 세워주십니다.

㉡ 이 말씀은 3번 등장하는 "씨"에 의하여 3마디로 요약이 되는데,

　㉮ 첫째가 "네 씨가 크게 번성하여 하늘의 별과 같고 바닷가의 모래와 같게 하리니" 하신, "번성(繁盛)한다"는 점이고,

　㉯ 둘째는 "네 씨가 그 대적의 성문을 차지하리라" 하신, 승리(勝利)인데, 이는 "뱀의 머리를 상하게 하리라"는 의미이고,

　㉰ 셋째이자 결론은, "네 씨로 말미암아 천하 만민이 복을 받으리라" 하신, "천하 만민의 구원"(救援)입니다.

㉢ 최종적인 언약에는 이제까지 말씀하지 않으신 진전(進展)된 계시가 나타나는데 그것은 "네 씨가 그 대적(對敵)의 성문을 차지하리라" 하신 승리(勝利)입니다. 이 시점에 이르러 승리를 언급하시는 의도가 무엇인가? 승리가 "네 아들 네 사랑하는 독자를 번제로 드리라" 하신 "번제"와 결부가 되기 때문입니다.

㉮ 그리스도께서 뱀의 머리를 상하게 하신 승리는, 죽으시고 다시 사신, "번제"를 통해서 가능하여진 것입니다.

㉯ 이점을 신약성경에서는, "자녀들은 혈과 육에 속하였으매 그도 또한 같은 모양으로 혈과 육을 함께 지니심은 죽음을 통하여 죽음의 세력을 잡은 자 곧 마귀를 멸하시며 또 죽기를 무서워하므로 한평생 매여 종노릇 하는 모든 자들을 놓아 주려 하심이니"(히 2:14-15) 합니다.

㉮ 만일 그리스도의 죽으심이 끝이라면 승리가 아닌 패배(敗北)한 것이 되고 맙니다. 사망의 세력을 잡은 자 마귀를 멸하시고 부활하심으로 승리를 하신 것입니다. 그래서 이삭을 번제로 드리라 하시는 문맥에서, "대적(對敵)의 문을 얻으리라" 하고, 뱀의 머리를 상하게 할 승리를 말씀하시는 것입니다.

언약과 맹세

또 하나의 진전(進展)된 계시는 하나님께서 "내가 나를 가리켜 맹세하노니"(16) 하신, "맹세"입니다.

㉠ 하나님께서 아브라함에게 4차에 걸쳐서 언약을 세워주셨지만 "맹세"라는 말은 없었습니다. 5번째이자 최종적인 언약(言約)에서 비로소 "내가 나를 가리켜 맹세하노니" 하십니다.

㉮ 하나님께서는 "네 씨로 말미암아 천하 만민이 복을 받으리라" 하고 언약을 세워주시고,

㉯ "내가 나를 가리켜 맹세하노니"(16) 하고, "맹세"로 보증을 하여주신

것입니다.

㉡ 이점에서 형제에게 묻고 싶은 말이 있습니다. 15장에서 "횃불이 쪼갠 고기 사이로 지나더라"(17) 한 표적과, 본문에서 "내가 나를 가리켜 맹세하노니" 하신 말씀 중 어느 것이 더 확증(確證)이 된다고 생각하십니다.

㉮ 간사한 인간들은 "횃불이 쪼갠 고기 사이로 지나더라" 한 환상 같은 것을 보기를 원합니다. 그러나 주님께서는 "너는 나를 본 고로 믿느냐 보지 못하고 믿는 자들은 복되도다"(요 20:29) 하십니다. "본다"는 것은 주관적입니다. 그러므로 착오가 따르게 되는 것입니다. 그러면 보지도 못한 분을 어떻게 믿는단 말인가? "기록하였으되" 한, 기록된 성경에 의해서입니다. 그렇습니다. 하나님께서 기대하시는 믿음은 "본 고로 믿는" 믿음이 아니라 하나님의 말씀, 즉 언약을 믿는 믿음이요, 이 믿음이 구원에 이르는 믿음인 것입니다.

㉯ 그래서 주님께서는 "악하고 음란한 세대가 표적을 구하나 요나의 표적 밖에는 보여 줄 표적이 없느니라"(마 16:4) 하십니다. 주님께서는 나 같은 죄인을 위하여 죽어주심으로 그 사랑을 "확증"(롬 5:8)하여주셨고, 죽은 자 가운데서 살아나심으로 믿을만한 "증거"(행 17:31)를 주신 것입니다. 이는 하나님께서 맹세로 보증하여주신 "언약"의 성취였던 것입니다. 사실 보았기 때문에 믿는다는 것은 "믿음"이 아닌 것입니다.

㉢ 신약성경은 "언약과, 맹세"를 가리켜 "이는 하나님이 거짓말을 하실 수 없는 이 두 가지 변하지 못할 사실"(히 6:18)이라고 말씀합니다. 그

래도 부족합니까? 그래도 믿지를 못한다면, 증거가 부족해서가 아니라 저들의 마음이 완악하기 때문입니다.

죽은 자를 살리시는 하나님

22장을 마치기 전에 부언할 점이 남았습니다. 아브라함이 "독자 이삭을 번제로 드리라" 하신 청천벽력과 같은 명령에 어떻게 순종할 수가 있었는가 하는 점입니다. 이점은 우리에게 "너는 복음을 위하여 죽을 수 있느냐" 하고 적용이 될 수가 있는 문제이기도 합니다.

㉠ 이삭은 언약을 계승할 자입니다. 그런 이삭을 번제로 드리라 하시면 하나님의 언약(言約)은 폐하여졌단 말인가 하는 갈등을 유발하게 됩니다.

㉮ 이점을 "믿음 장"에서는, "아브라함은 시험을 받을 때에 믿음으로 이삭을 드렸으니 그는 약속들을 받은 자로되 그 외아들을 드렸느니라" (히 11:17) 말씀하면서,

㉯ 그러나 아브라함은, "하나님이 능히 이삭을 (언약 때문에) 죽은 자 가운데서 다시 살리실 줄로 생각한지라 비유컨대 그를 죽은 자 가운데서 도로 받은 것이니라" (19) 하고 해설해줍니다.

㉡ 그래서 "기록된바 내가 너를 많은 민족의 조상으로 세웠다 하심과 같으니 그가 믿은바 하나님은 죽은 자를 살리시며 없는 것을 있는 것으로 부르시는 이시니라" (롬 4:17) 하고 말씀하는 것입니다.

㉢ 바울 사도는, "형제들아 우리가 아시아에서 당한 환난을 너희가 모

르기를 원하지 아니하노니 힘에 겹도록 심한 고난을 당하여 살 소망까지 끊어지고 우리는 우리 자신이 사형선고를 받은 줄 알았으니 이는 우리로 자기를 의지하지 말고 오직 죽은 자를 다시 살리시는 하나님만 의지하게 하심이라"(고후 1:8-9) 하고 고백합니다.

㉮ 또 말하기를, "기록된바 내가 믿었으므로 말하였다 한 것 같이 우리가 같은 믿음의 마음을 가졌으니 우리도 믿었으므로 또한 말하노라" 하면서, "주 예수를 다시 살리신 이가 예수와 함께 우리도 다시 살리사 너희와 함께 그 앞에 서게 하실 줄을 아노라"(고후 4:13-14) 하고, 확신을 나타냅니다.

㉯ 그러면 묻습니다. 형제의 "믿은바 하나님"은 어떤 하나님입니까? 우리도 "믿었으므로 또한 말하노라" 하고 화답하십시다.

소망을 심은 사람들

"사라가 백이십 칠세를 살았으니 이것이 곧 사라가 누린 햇수라 사라가 가나안 땅 헤브론 곧 기랏아르바에서 죽으매 아브라함이 들어가서 사라를 위하여 슬퍼하며 애통하다가"(창 23:1-2), 이 문제는 우리가 사랑하는 자를 떠나보내게 되었을 때에 어떻게 대처해야하는가 하는 점으로 적용이 됩니다.

㉠ "일어나 나가서 헷 족속에게 말하여 이르되 나는 당신들 중에 나그네요 거류하는 자이니 당신들 중에서 내게 매장할 소유지를 주어 내가 나의 죽은 자를 내 앞에서 내어다가 장사하게 하시오"(3-4) 하고 요청합니다. 이점에서 주목할 점은 "소유지"(所有地)가 되게 해달라는 말입니다.

㉡ 23장 안에는 "소유"(所有)라는 말이 4번(4, 9, 18, 20)이나 강조되어 있는데, 이는 묘 자리를 하나 달라는 말이 아니라, 값을 주고 사서 자기 소유로 삼겠다는 뜻입니다. 그리하여 그냥 쓰라는 저들과 세 번의 실랑이 끝에 기어코 은 400세겔을 주고, "성 문에 들어온 모든 헷 족속이 보는 데서 아브라함의 소유(所有)로 확정된지라"(18) 합니다.

㉢ 그리하여 "아브라함이 그 아내 사라를 가나안 땅 마므레 앞 막벨라 밭 굴에 장사하였더라 (마므레는 곧 헤브론이라) 이와 같이 그 밭과 거기에 속한 굴이 헷 족속으로부터 아브라함이 매장할 소유지로 확정되었더라"(19-20) 합니다.

㉮ 후에 야곱은 임종 머리에서, "아브라함과 그의 아내 사라가 거기 장사되었고 이삭과 그의 아내 리브가도 거기 장사되었으며 나도 레아를 그곳에 장사하였노라"(49:31) 하면서 자신도 그곳에 장사하라고 유언을 합니다.

㉣ 아브라함은 능력이 있었음에도, "그러나 여기서 발붙일 만한 땅도 유업으로 주지 아니하시고"(행 7:5) 합니다. 그런데 어찌하여 매장지만은 기어코 자기 소유(所有)로 삼고자 집착을 한 이유가 무엇인가? 지금은 분명 "나그네요 우거하는 자"(23:4)이지만 하나님께서 언약하신 대로 언젠가는 이 땅의 소유주가 될 것을 믿었기 때문입니다.

㉤ 그렇다면 족장들은 시신을 묻은 것이 아니라, 언젠가는 싹이 날 "소망"을 심은 것이 되는 것입니다. 이점을 "믿음 장"에서는, "이 사람들은 다 믿음을 따라 죽었으며 약속을 받지 못하였으되 그것들을 멀리서 보

고 환영하며 또 땅에서는 외국인과 나그네임을 증언하였으니"(히 11:13) 하고 말씀합니다. 묻습니다. 형제에게도 자손들에게 물려줄 "막벨라 굴"이 있습니까?

아브라함의 마지막 임무

아브라함은 충실한 늙은 종에게, "내가 너에게 하늘의 하나님, 땅의 하나님이신 여호와를 가리켜 맹세하게 하노니 너는 내가 거주하는 이 지방 가나안 족속의 딸 중에서 내 아들을 위하여 아내를 택하지 말고 내 고향 내 족속에게로 가서 내 아들 이삭을 위하여 아내를 택하라"(창 24:3-4) 하고 분부합니다.

㉠ 왜 그래야만 하는가? 이삭은 메시아언약의 상속자(相續者)이기 때문입니다. 그래서 우상을 숭배하는 음란한 "이 지방 가나안 족속의 딸 중에서" 택하지 말라 하는 것입니다.

㉮ 이 말씀은 우리로 하여금, "솔로몬 왕이 바로의 딸 외에 이방의 많은 여인을 사랑하였으니 곧 모압과 암몬과 에돔과 시돈과 헷 여인이라 여호와께서 일찍이 이 여러 백성에 대하여 이스라엘 자손에게 말씀하시기를 너희는 그들과 서로 통혼하지 말며 그들도 너희와 서로 통혼하게 하지 말라 그들이 반드시 너희의 마음을 돌려 그들의 신들을 따르게 하리라 하셨으나 솔로몬이 그들을 사랑하였더라"(왕상 11:1-2) 한 말씀을 생각하게 합니다.

㉡ 다윗은 많은 업적을 이루었으나 메시아언약을 계승할 솔로몬에게 하나님의 말씀에 합한 배필을 맞이하게 하지를 못했던 것입니다. 그리

하여 솔로몬은 바로의 딸 외에 많은 이방 여인들을 아내로 맞이하게 되었고, 급기야는 그들이 솔로몬의 마음을 돌이키게 하여 우상을 숭배하는 데까지 타락하게 했던 것입니다.

㉮ 그 영향이 솔로몬의 왕위를 계승한 르호보암도 암몬 여자를 어머니로 하여 태어난(왕상 14:21) 아들이고 그 결과는 다윗의 아들, "솔로몬, 손자 르호보암, 증손자 아비얌" 까지도 그 마음이 다윗의 마음과 같지 아니하여 하나님 앞에 온전하지 못한(왕상 15:3) 자가 되었던 것입니다. 이런 맥락에서 창세기 24장은 우리에게 모본이 된다 하겠습니다.

㉰ 하란에 이른 노종은 하나님께서 이미 22:23절에서 예비해놓으셨던 "리브가"를 순조롭게 만나게 됩니다. 그리고 자신이 온 임무를 말하자 아버지, "라반과 브두엘이 대답하여 이르되 이 일이 여호와께로 말미암았으니 우리는 가부(可否)를 말할 수 없노라 리브가가 당신 앞에 있으니 데리고 가서 여호와의 명령대로 그를 당신의 주인의 아들의 아내가 되게 하라" (50-51) 하고 쾌히 승낙을 합니다.

㉱ 그러자 하룻밤을 유숙하고 아침에 일어난 노종은, "나를 보내어 내 주인에게로 돌아가게 하소서" 하고, 오늘 떠나겠다하는 것이 아니가? 리브가의 오라버니와 그의 어머니는 "며칠 또는 열흘을 우리와 함께 머물게 하라 그 후에 그가 갈 것이니라" 합니다. 충실한 종은 "나를 만류하지 마소서 여호와께서 내게 형통한 길을 주셨으니 나를 보내어 내 주인에게로 돌아가게 하소서" (54-58) 합니다. 이것이 주의 종 된 자의 자세입니다.

㉮ 결국 장본인에게 의향을 묻게 되었는데 리브가는, "가겠나이다" 하는 것이 아닌가! 시편에는 이를 해설해주는 좋은 노래가 있는데, 이것이 그리스도의 신부된 자가 사모해야할 자세입니다.

딸이여 듣고 보고 귀를 기울일 지어다
네 백성과 네 아버지의 집을 잊어버릴 지어다
그리하면 왕이 네 아름다움을 사모하실 지라
그는 네 주인이시니 너는 그를 경배할 지어다(시 45:10-11).

㉯ "그들이 그 누이 리브가와 그의 유모와 아브라함의 종과 그 동행자들을 보내며 리브가에게 축복하여 이르되 우리 누이여 너는 천만인의 어머니가 될지어다 네 씨로 그 원수의 성문을 얻게 할지어다"(59-60) 하는 것이 아닌가?

㉮ "너는 천만인의 어머니가 될지어다" 한 축복은, 하나님께서 사라에게 "내가 그에게 복을 주어 그를 여러 민족의 어머니가 되게 하리니"(17:16) 하신 것과 병행하고,

㉯ "네 씨로 그 원수의 성문을 얻게 할지어다" 한 축복은, 하나님께서 아브라함에게, "네 씨가 그 대적의 성문을 차지하리라"(22:17) 하신 말씀과 일치하고 있는 것입니다. 참으로 성경은 한 성령의 감동으로 그리스도를 증언케 하기 위한 동일한 목적 하에 기록이 되었다는 점을 절실하게 깨닫게 됩니다.

부정할 수 없는 예정 교리

"이삭은 사십 세에 리브가를 맞이하여 아내를 삼았으니 리브가는 밧단 아람의 아람 족속 중 브두엘의 딸이요 아람 족속 중 라반의 누이였더라"(창 25:20).

㉠ 그런데 "이삭이 그의 아내가 임신하지 못하므로 그를 위하여 여호와께 간구하매 여호와께서 그의 간구를 들으셨으므로 그의 아내 리브가가 임신하였더니 그 아들들이 그의 태속에서 서로 싸우는지라 그가 이르되 이럴 경우에는 내가 어찌할꼬 하고 가서 여호와께 묻자온대"(21-22) 합니다.

㉮ "여호와께서 그에게 이르시되 두 국민이 네 태중에 있구나 두 민족이 네 복중에서부터 나누이리라 이 족속이 저 족속보다 강하겠고 큰 자가 어린 자를 섬기리라"(23) 하시는 것이 아닌가? 이 말씀은 3:15절에서 이제 후로는 "여자의 후손과, 뱀의 후손" 두 부류로 나누어지게 되리라 하신 말씀과 결부가 되는 것입니다. 우리는 노아의 한 방주(方舟) 안에서도 두 줄기로 갈라지는 것을 상고한 바입니다.

㉯ 이점을 신약성경은 해설해주기를, "그뿐 아니라 또한 리브가가 우리 조상 이삭 한 사람으로 말미암아 임신하였는데 그 자식들이 아직 나지도 아니하고 무슨 선이나 악을 행하지 아니한 때에 이 행위로 말미암지 않고 오직 부르시는 이로 말미암아 서게 하려 하사 리브가에게 이르시되 큰 자가 어린 자를 섬기리라 하셨나니 기록된바 내가 야곱은 사랑하고 에서는 미워하였다 하심과 같으니라"(롬 9:10-13) 합니다.

㉡ 핵심은 "택하심을 따라 되는 하나님의 뜻"에 있습니다. 이삭은 택

하시고 이스마엘은 유기를 당하는 것을 보았습니다. 그런데 이스마엘의 경우는 어머니가 여종이라는 다른 점을 이유로 들 수도 있으나, "에서와 야곱"은 아버지와 어머니도 같고, 에서는 형이었습니다.

ⓒ 그런데 그들이 "아직 나지도 아니하고 무슨 선이나 악을 행하지 아니한 때에, 큰 자가 어린 자를 섬기리라" 하신다면 이는 "택하심을 따라 되는 하나님의 뜻"이라고 밖에는 달리는 설명할 길이 없는 것입니다.

㉮ 이 예정교리에 중요한 요점이 있는데, 아담 안에서 모든 인류는 "뱀의 후손"이 될 수밖에 없었습니다. 그런데 하나님께서는, "여자의 후손과, 뱀의 후손" 두 부류로 갈라지리라 말씀하신 것입니다. 어떻게 해서 "여자의 후손"의 줄기가 나타나게 되는가? 그것은 오직 "택하심을 따라 되는 하나님의 은혜"로만이 가능하여 진다는 것입니다. 그런데 예정교리를 부정하게 되면, 원 복음이 세워질 수가 없다는 사실입니다.

㉯ 이 예정(豫定)교리는 그 안에 하나님의 영이 없는 불신자들이 가장 미워하는 교리이기도 합니다. 불신자들만이 아니라 교회 내에 있는 자들까지도 거부감을 나타내는 교리입니다. 그러면 누구에 대한 적개심인가? 어찌하여 누구는 택하고 나는 택하지 않았느냐 하는 하나님께 대한 적개심인 것입니다.

㉰ 반면 그 안에 하나님의 영이 거하는 그리스도인들에게는 나를 택하셨다는 예정교리는 하나님께서 나를 사랑하신다는 가장 큰 표징이요, 구원의 확신을 주는 최종적인 교리인 것입니다. 바울 사도는 "그런즉 이와 같이 지금도 은혜로 택하심을 따라 남은 자가 있느니라"(롬 11:5) 합

니다.

㉮ 이점에서 조심해야할 점이 있는데 예정교리는, "너는 택하시지 않았나 보다" 하는 식으로 판단하라고 주신 교리가 아니라는 점입니다. 성경에 나타난 예정교리가 어떤 문맥에서 주어졌는가를 주목해보시기를 바랍니다. 최종적으로 구원의 확신을 주는 문맥입니다.

㉯ 이로 보건대 이삭과 리브가를 짝지어 주시고, 리브가가 20년간이나 잉태하지 못하다가, 잉태하였는데 쌍태였다는 점, 그들이 복중에서부터 싸웠다는 점, 두 국민, 두 민족이 네 복중에 있다 하신 점 등은 예정교리에 대한 논난(論難)이 많을 것을 아신 하나님께서 이를 깨우치시기 위한 섭리하심이라 할 것입니다.

특성이 나타남

성경은 택함을 받은 자와 그렇지 아니한 자의 특성(特性)이 어떻게 다르게 나타나는가를 보여주고 있습니다.

㉠ "야곱이 죽을 쑤었더니 에서가 들에서 돌아와서 심히 피곤하여 야곱에게 이르되 내가 피곤하니 그 붉은 것을 내가 먹게 하라 한지라 그러므로 에서의 별명은 에돔이더라"(창 25:29-30) 합니다.

㉡ 그런데 "야곱이 이르되 형의 장자(長者)의 명분을 오늘 내게 팔라"(31) 하는 것이 아닌가! 이는 야곱이 장자의 직분에 대해서 오매불망 얼마나 사모하고 있었는가를 나타냅니다. 이는 아버지의 유산(遺産)과 결부되는 교훈적인 의미가 아니라, 메시아언약의 상속자가 되기를 열망한

신학적인 문제라는 점을 놓치지 마시기를 바랍니다.

㉮ 그렇습니다. 태어날 때에 야곱이, "에서의 발꿈치를 잡았으므로 그 이름을 야곱이라"(26) 하였다면 이는 장자가 되지 못한 것이 분해서 그런 것이 아니었겠는가? 이것이 택함 받은 자의 특성입니다.

㉰ 이와는 반대로 에서는 어떠했는가? "에서가 이르되 내가 죽게 되었으니 이 장자의 명분이 내게 무엇이 유익(有益)하리요 야곱이 이르되 오늘 내게 맹세하라 에서가 맹세하고 장자의 명분을 야곱에게 판지라 야곱이 떡과 팥죽을 에서에게 주매 에서가 먹으며 마시고 일어나 갔으니 에서가 장자의 명분을 가볍게 여김이었더라"(32-34) 합니다.

㉮ "에서가 먹으며 마시고 일어나 갔으니" 하는데, 36:6절을 보십시오. 야곱이 하란에서 돌아오자, "에서가 자기 아내들과 자기 자녀들과 자기 집의 모든 사람과 자기의 가축과 자기의 모든 짐승과 자기가 가나안 땅에서 모은 모든 재물을 이끌고 그의 동생 야곱을 떠나 다른 곳으로 갔으니" 합니다. 두 부류로 갈라지고, 떠나는 것을 보게 됩니다.

㉯ 형제는 "그러나 성경이 무엇을 말하느냐 여종과 그 아들을 내쫓으라 여종의 아들이 자유 있는 여자의 아들과 더불어 유업을 얻지 못하리라 하였느니라"(갈 4:30) 한 말씀을 기억하실 것입니다. 마지막 날에도 그러할 것입니다.

㉰ 주님께서는 "그 때에 두 사람이 밭에 있으매 한 사람은 데려가고 한 사람은 버려둠을 당할 것이요 두 여자가 맷돌질을 하고 있으매 한 사람은 데려가고 한 사람은 버려둠을 당할 것이니라"(마 24:40-41) 하고 말씀

하십니다.

㉣ 야곱은 장자의 직분을 갈망한 반면 에서는, "장자의 명분을 가볍게 여겼다"는 점을 신약성경에서는, "음행하는 자와 혹 한 그릇 음식을 위하여 장자의 명분을 판 에서와 같이 망령된 자가 없도록 살피라"(히 12:16) 합니다.

하나님의 백성들의 두 가지 위험

"아브라함 때에 첫 흉년이 들었더니 그 땅에 또 흉년이 들매 이삭이 그랄로 가서 블레셋 왕 아비멜렉에게 이르렀더니"(창 26:1) 하고, 아버지 아브라함이 두 번이나 범했던 잘못을 이삭 대에 가서도 되풀이 되고 있다는 점을 본다는 것은, 끔찍한 일입니다. 왜냐하면 나 자신도 이 악순환의 고리를 끊지를 못하고 되풀이 하고 있기 때문입니다.

㉠ "여호와께서 이삭에게 나타나 이르시되 애굽으로 내려가지 말고 내가 네게 지시하는 땅에 거주하라 이 땅에 거류하면 내가 너와 함께 있어 네게 복을 주고 내가 이 모든 땅을 너와 네 자손에게 주리라"(2) 하십니다. 다시 상기시킵니다만 선민 이스라엘에게는 항상 두 가지 위험이 따랐는데,

㉮ 약속의 땅을 떠날 위험과,

㉯ 이방인들과 혼합될 위험입니다. "성도"란 거룩하게 구별된 자라는 뜻입니다. 우리도 "그리스도의 복음"에서 이탈(離脫)할 위험과, 세속화될 염려가 항상 따르고 있다는 점을 명심해야만 합니다.

㉡ "내가 네 아버지 아브라함에게 맹세한 것을 이루어 네 자손을 하늘

의 별과 같이 번성하게 하며 이 모든 땅을 네 자손에게 주리니 네 자손으로 말미암아 천하 만민이 복을 받으리라" (3-4) 하고, 아브라함에게 세워주셨던 메시아언약을 이삭에게 계승(繼承)시켜주십니다. 언약(言約)은 변함이 없이 "네 자손(子孫)으로 말미암아 천하 만민(萬民)이 복을 받으리라"는 말씀입니다.

야곱에게 계승 된 메시아언약

"이삭이 나이가 많아 눈이 어두워 잘 보지 못하더니 맏아들 에서를 불러 이르되 내 아들아 하매 그가 이르되 내가 여기 있나이다 하니"(창 27:1),

㉠ "이삭이 이르되 내가 이제 늙어 어느 날 죽을는지 알지 못하니 그런즉 네 기구 곧 화살통과 활을 가지고 들에 가서 나를 위하여 사냥하여 내가 즐기는 별미를 만들어 내게로 가져와서 먹게 하여 내가 죽기 전에 내 마음껏 네게 축복하게 하라" (2-4) 합니다.

㉮ "네게 축복하리라" 하는 축복은 장자(長者)의 축복, 즉 메시아언약을 에서에게 계승시켜주겠다는 그런 뜻입니다.

㉯ 이삭도 하나님께서, "두 국민이 네 태중에 있구나 두 민족이 네 복중에서부터 나누이리라, 큰 자가 어린 자를 섬기리라" (25:23) 하신 말씀을 알고 있었을 터인데 어찌 이를 거역할 수가 있단 말인가? 이점이 "이삭이 나이가 많아 눈이 어두워 잘 보지 못하더니" 하는 묘사 속에 암시적으로 나타나는데 분별력(分別力)이 흐려졌음을 나타냅니다.

㉰ 이런 묘사는 "아이 사무엘이 엘리 앞에서 여호와를 섬길 때에는 여호와

의 말씀이 희귀하여 이상이 흔히 보이지 않았더라 엘리의 눈이 점점 어두워 가서 잘 보지 못하는 그 때에"(삼상 3:1-2) 한 말씀에도 나타납니다. 하나님께서 엘리 대제사장 가문을 징벌하실 것을 말씀하시는데, "이는 그가 자기의 아들들이 저주를 자청하되 금하지 아니하였음이니라"(13) 하고, 역시 분별력이 약화되었음을 나타냅니다.

ⓒ 이삭이 에서에게 하는 말을 들은 리브가는, "내 아들아 너의 저주는 내게로 돌리리니 내 말만 따르고 가서 가져오라"(13) 하고, 야곱을 에서로 가장하여 장자의 축복을 받게 합니다. 이 때도 이삭은 "그의 손이 형에서의 손과 같이 털이 있으므로 분별하지 못하고 축복하였더라"(23) 합니다.

㉮ 이삭이 야곱에게 행한, "만민이 너를 섬기고 열국이 네게 굴복하리니 네가 형제들의 주가 되고 네 어머니의 아들들이 네게 굴복하며 너를 저주하는 자는 저주를 받고 너를 축복하는 자는 복을 받기를 원하노라"(29) 한 축복은, 하나님께서 아브라함에게 하신 메시아축복(12:2-3)이었던 것입니다.

ⓒ 뒤늦게 이를 안, "에서가 아버지에게 이르되 내 아버지여 아버지가 빌 복이 이 하나 뿐이리이까 내 아버지여 내게 축복하소서 내게도 그리하소서 하고 소리를 높여 울었다"(38) 하고 말씀합니다.

㉮ 그렇습니다. 구원을 이루어나가시는 메시아언약은 "한 줄기" 뿐이지 두 줄기로 나누어 가질 수 있는 것이 아닙니다. 이점을 신약성경은, "너희가 아는 바와 같이 그가 그 후에 축복을 이어받으려고 눈물을 흘리며

구하되 버린 바가 되어 회개할 기회를 얻지 못하였느니라"(히 12:17) 하고 말씀합니다.

고난을 받게 된 택함 받은 자

이 일로 인하여 야곱은 죽이려는 에서의 낯을 피하여 하란에 있는 외가(外家)로 피신을 하게 됩니다.

㉠ 리브가는 사랑하는 아들을 떠나보내면서, "네 형의 노가 풀리기까지 몇 날 동안 그와 함께 거주하라"(창 27:44) 하고, "몇 날 동안"이라고 말하였으나, 이것이 리브가와 야곱의 마지막 이별이 될 줄은 몰랐던 것입니다.

㉮ 왜냐하면 야곱을 하란에 20년 동안 머물게 하시어 자손을 번성케 하시려는 하나님의 섭리하심이 있으셨기 때문인데, 근시안적인 인간은 알 길이 없었던 것입니다.

㉯ 이점에서 생각하게 합니다. 야곱이 팥죽 한 그릇으로 장자의 직분을 빼앗은 일, 리브가가 야곱을 에서로 가장하여 축복을 받게 한 일 등을 생각할 때 그 방법이 옳았다고 말할 수는 없을 것입니다. 그런데 성경은 교훈집이 아니라, 우리를 구원하시기 위한 하나님의 구원계획이 어떻게 이루어져 내려왔는가를 말씀하는 구속사(救贖史)임을 유념해야만 합니다.

㉡ "야곱이 브엘세바에서 떠나 하란으로 향하여 가더니 한 곳에 이르러는 해가 진지라 거기서 유숙하려고 그 곳의 한 돌을 가져다가 베개로

삼고 거기 누워 자더니 꿈에 본즉 사닥다리가 땅 위에 서 있는데 그 꼭대기가 하늘에 닿았고 또 본즉 하나님의 사자들이 그 위에서 오르락내리락 하고"(28:10-12) 합니다.

ⓒ 12-13절 안에는 "본즉"이라는 말이 3번이나 반복적으로 나타납니다. 우리가 하나님의 뜻을 깨달을 수 있는 것은 보여주심, 즉 계시(啓示)하심으로만이 가능하여지는 것입니다.

㉮ 야곱이 본 "사닥다리"는 끊어진 두 사이를 연결을 시켜주는 기구인데, 특히 낮은 곳으로부터 높은 곳으로 오르게 해주는 역할을 합니다.

㉯ 이점을 "그 꼭대기가 하늘에 닿았고 또 본즉 하나님의 사자들이 그 위에서 오르락내리락 하고" 한 말씀에 나타납니다.

㉰ 주님께서는 이를 염두에 두시고, "진실로 진실로 너희에게 이르노니 하늘이 열리고 하나님의 사자들이 인자 위에 오르락내리락 하는 것을 보리라"(요 1:51) 하십니다. 이런 맥락에서 "사닥다리" 계시를, "예수께서 이르시되 내가 곧 길이요 진리요 생명이니 나로 말미암지 않고는 아버지께로 올 자가 없느니라"(요 14:6) 하신 말씀과 결부시킨다는 것은 합당한 일입니다.

㉱ "또 본즉 여호와께서 그 위에 서서 이르시되 나는 여호와니 너의 조부 아브라함의 하나님이요 이삭의 하나님이라 네가 누워 있는 땅을 내가 너와 네 자손에게 주리니 네 자손이 땅의 티끌 같이 되어 네가 서쪽과 동쪽과 북쪽과 남쪽으로 퍼져나갈 지며 땅의 모든 족속이 너와 네 자손으로 말미암아 복을 받으리라"(13-14) 하십니다.

㉮ 하나님께서 선수적으로 야곱을 찾아오셔서, ㉯ "땅의 모든 족속이 너와 네 자손으로 말미암아 복을 받으리라" 하신 말씀은 "아브라함과, 이삭" 에게 세워주신 메시아언약을 야곱에게 계승(繼承)시켜주신 것입니다. 야곱은 형으로부터 장자의 축복을 샀고, 아버지로부터 축복을 받았고, 이제 최종적으로 하나님으로부터 메시아언약을 계승받은 것입니다. 이렇게 해서 하나님은 "아브라함의 하나님, 이삭의 하나님, 야곱의 하나님" 이 되신 것입니다.

㉰ 언약을 계승시켜주신 후에 보증하여주시기를, ㉮ "내가 너와 함께 있어, ㉯ 네가 어디로 가든지 너를 지키며, ㉱ 너를 이끌어 이 땅으로 돌아오게 할지라, ㉲ 내가 네게 허락한 것을 다 이루기까지 너를 떠나지 아니하리라"(15) 하십니다. 이는 야곱에게 그럴만한 자격이 있어서가 아니라 메시아언약을 이루시려는 하나님의 의지(意志)의 표현입니다.

이 보증은 "택하신 족속이요 왕 같은 제사장들이요 거룩한 나라요 그의 소유가 된 백성"(벧전 2:9)인 형제에게도 적용이 된다는 점을 믿으시기 바랍니다. 하나님께서는 야곱의 평생에 이 약속을 지켜주셨던 것입니다.

하나님의 기이한 섭리

하란에 이른 야곱은 "그의 외삼촌 라반의 딸 라헬"(창 29:10)을 만나게 됩니다.

㉠ 그리고 그를 아내로 맞이하기 위해서 7년을 봉사합니다. 그런데 "야곱이 아침에 보니"(25), 신부는 라헬이 아닌 언니 레아가 아닌가? 그리하

여 야곱은 라헬을 아내로 맞이하기 위해서 또다시 7년을 봉사합니다.

㉮ 그런데 레아는 "르우벤, 시므온, 레위, 유다"를 생산하는 동안, "라헬은 무자(無子)하였더라"(31) 합니다.

㉯ 라헬이 질투하여 여종 빌하를 통해서 "단과 납달리"를 얻게 됩니다.

㉰ 그러자 레아도 여종 실바를 통해서 "갓과 아셀"을 얻습니다.

㉱ "하나님이 라헬을 생각하신지라 하나님이 그의 소원을 들으시고 그의 태를 여셨으므로 그가 임신하여 아들을 낳고 이르되 하나님이 내 부끄러움을 씻으셨다 하고 그 이름을 요셉이라"(30:22-24) 합니다. 이렇게 해서 야곱은 11 아들을 얻게 되었고,

ⓒ 가나안으로 돌아오는 노중에 라헬은 "베냐민"을 난산한 끝에 죽고 맙니다. 이렇게 해서 홀홀 단신으로 떠났던 야곱은 12아들을 거느리고 돌아오게 되는데, 이는 하나님의 기이한 섭리하심이었던 것입니다.

야곱이 이스라엘이 되다

"여호와께서 야곱에게 이르시되 네 조상의 땅 네 족속에게로 돌아가라 내가 너와 함께 있으리라 하신지라"(창 31:3).

㉠ "야곱은 그 거취를 아람 사람 라반에게 말하지 아니하고 가만히 떠났더라"(20), 이를 안 라반이 7일을 추격 끝에 야곱에게 미쳤더니, "밤에 하나님이 아람 사람 라반에게 현몽하여 이르시되 너는 삼가 야곱에게 선악(善惡)간에 말하지 말라"(24) 하고, 막아주십니다.

ⓒ "야곱이 길을 가는데 하나님의 사자들이 그를 만난지라 야곱이 그

들을 볼 때에 이르기를 이는 하나님의 군대라 하고 그 땅 이름을 마하나임이라 하였더라"(32:1-2) 합니다. 하나님께서는 벧엘에서 약속하신 대로 돌아오는 야곱을 라반의 추격으로부터도 막아주시고, 그를 호위할 "하나님의 군대"(軍隊)를 보내주신 것입니다.

ⓒ 가나안이 가까워지자 야곱은, "심히 두렵고 답답하여(7), 내가 주께 간구하오니 내 형의 손에서, 에서의 손에서 나를 건져내시옵소서 내가 그를 두려워함은 그가 와서 나와 내 처자들을 칠까 겁이 나기 때문이니이다 주께서 말씀하시기를 내가 반드시 네게 은혜를 베풀어 네 씨로 바다의 셀 수 없는 모래와 같이 많게 하리라 하셨나이다"(11-12) 하고 간구합니다.

㉮ 야곱은 하나님께서 세워주신 언약을 "알고"는 있었으나, "내가 너와 함께 있어, 네가 어디로 가든지 너를 지키며" 하신 말씀을 믿지는 못했던 것입니다. 이것이 우리의 신앙상태이기도 하니 어찌 하리요.

㉯ "그들을 인도하여 시내를 건너가게 하며 그의 소유도 건너가게 하고 야곱은 홀로 남았더니 어떤 사람이 날이 새도록 야곱과 씨름하다가 자기가 야곱을 이기지 못함을 보고 그가 야곱의 허벅지 관절을 치매 야곱의 허벅지 관절이 그 사람과 씨름할 때에 어긋났더라"(23-25) 하고, "천사와 씨름" 하는 장면이 등장합니다.

㉮ 다시 말씀드립니다만 성경의 기사에는 "교훈적인 면과 신학적인 면"이 있다는 점입니다. 야곱이 천사와 씨름을 한 기사를 가지고 "기도"(祈禱)라는 교훈을 설교하려 한다면 "야곱은 모태에서 그의 형의 발뒤

꿈치를 잡았고 또 힘으로는 하나님과 겨루되 천사와 겨루어 이기고 울며 그에게 간구하였으며 하나님은 벧엘에서 그를 만나셨고 거기에서 우리에게 말씀하셨나니" 한, 호세아 12:3-4절을 본문으로 택하는 것이 옳습니다. 왜냐하면 창세기 28장을 통해서 말씀하시려는 주제는 기도가 아닌 신학적(神學的)인 문제이기 때문입니다.

㉣ 이점이 씨름을 걸은 편은 야곱이 아니라 "어떤 사람", 즉 하나님 편에서 걸어왔다는 점이 말해줍니다. 이는 씨름의 목적(目的)이 하나님 편에 있다는 점을 나타냅니다. 그 목적이 무엇인가? "그가 이르되 네 이름을 다시는 야곱이라 부를 것이 아니요 이스라엘이라 부를 것이니"(28) 하신, "이스라엘"이라는 축복입니다. 구속사에 있어서 이 축복이 얼마나 엄청난 의미를 내포하고 있는지 형제는 인식하고 있습니까?

㉥ 이 축복으로 말미암아 출생의 근본(根本)은 자랑할 것이 못되는 12아들들이 선민 이스라엘의 영광스러운 12족장(族長)이 되는 엄청난 복을 받게 된 것입니다. 만일 하나님께서 야곱에게 "이스라엘"이라는 축복을 주시지 아니하셨다면 야곱의 열두 아들 중 한 아들만이 택함을 받고 11아들은 유기를 당해야 했을 것입니다.

㉮ 단신(單身)으로 떠났던 야곱을 12아들을 거느리고 돌아오게 하시고,

㉯ 야곱으로 떠났다가 "이스라엘"이 되어 돌아오게 하시려는 것이 하나님의 섭리하심이었던 것입니다.

㉰ 이는 "아브라함, 이삭, 야곱"이라는 한 가문(家門)에서, 이스라엘이라는 한 민족(民族)으로 번성케 하시려는 전환점인 것입니다.

현재의 고난과 장래의 영광

장자의 축복을 빼앗은 연고로 약속의 땅을 떠났던 야곱은 이스라엘이 되어 12아들을 거느리고, "아브라함과 이삭이 거류하던 헤브론"(창 35:27)으로 돌아왔습니다.

㉠ 야곱이 돌아오자 "에서가 자기 아내들과 자기 자녀들과 자기 집의 모든 사람과 자기의 가축과 자기의 모든 짐승과 자기가 가나안 땅에서 모은 모든 재물을 이끌고 그의 동생 야곱을 떠나 다른 곳으로 갔으니"(36:6) 하고, 두 편으로 갈라지는 것을 보게 됩니다.

㉮ 떠난 그들은 어떻게 살았는가? 이점에서 유념해야할 점은 "선민으로 택함을 받았다"는 데는 먼저는 고난(苦難)이요, 영광(榮光)은 나중이라는 점을 인식해야만 합니다.

㉯ "이스라엘 자손을 다스리는 왕이 있기 전에 에돔(에서) 땅을 다스리던 왕들은 이러하니라" 하고, 35:31절 이하에는 에돔 왕들의 계보가 등장합니다. 무슨 뜻인가? 선민 이스라엘이 애굽으로 내려가서 400년 동안 종노릇하는 기간에, 에돔 족속들은 왕국을 이루고 떵떵거리며 살았다는 것입니다.

㉡ 출애굽 당시 "모세가 가데스에서 에돔 왕에게 사신을 보내며 이르되 당신의 형제 이스라엘의 말에 우리가 당한 모든 고난을 당신도 아시거니와"(민 20:14) 하면서, "우리가 큰길로만 지나가겠고 우리나 우리 짐승이 당신의 물을 마시면 그 값을 낼 것이라 우리가 도보로 지나갈 뿐인즉 아무 일도 없으리이다 하나"(19),

㉮ "그는 이르되 너는 지나가지 못하리라 하고 에돔 왕이 많은 백성을 거

느리고 나와서 강한 손으로 막으니, 에돔 왕이 이같이 이스라엘이 그의 영토로 지나감을 용납하지 아니하므로 이스라엘이 그들에게서 돌이키니라"(20-21) 합니다. 선민 이스라엘이 얼마나 초라해 보이는가?

㉰ 성경은 말씀합니다. "우리가 그와 함께 영광을 받기 위하여 고난도 함께 받아야 할 것이니라"(롬 8:17), 형제여 먼저는 고난입니다.

선발대

"야곱이 가나안 땅 곧 그의 아버지가 거류하던 땅에 거주하였으니"(창 37:1),

㉠ 야곱에게 비극적인 소식이 들려옵니다. 양을 치는 형들에게 보냄을 받은 요셉이 짐승에게 찢겨 죽임을 당했다는 소식입니다. 그런데 실상은 형들이 요셉을 시기하여 애굽으로 내려가는 "미디안 사람 상인들에게 팔고"(28), 아버지에게 거짓말을 한 것입니다.

㉮ 이 사건을 인간(人間)중심으로 표면에 나타난 교훈만을 본다면 아버지의 편애(偏愛)로 인하여 형들이 동생을 시기해서 팔아버린 것이 되지만,

㉯ 주권적으로 이루어나가시는 하나님중심의 구속사라는 관점으로 보면 어떻게 다른가? "그가 한 사람을 앞서 보내셨음이여 요셉이 종으로 팔렸도다 그의 발은 차꼬를 차고 그의 몸은 쇠사슬에 매였으니 곧 여호와의 말씀이 응할 때까지라 그의 말씀이 그를 단련하였도다"(시 105:17-19) 하는 증언이 되는 것입니다. 얼마나 큰 차이인가?

㉡ 그러면 하나님께서는 왜 한 사람을 선발대(先發隊)로 애굽으로 내

려 보내셨는가? 이스라엘이 되어 12아들을 거느리고 돌아온 야곱을 애굽으로 내려 보내셔서 번성케 하여 민족(民族)을 이루게 하시고, 후에 바로의 노예로 전락한 이스라엘 민족을 "출애굽" 시키시는 프로젝트를 통해서 영적 출애굽을 계시하시려는 것입니다. 하나님의 하시는 일은 얼마나 기이한 은혜인가!

ⓒ 오랜 세월이 흐른 후에 야곱은, "요셉이 지금까지 살아 있어 애굽 땅 총리가 되었더이다"(45:26) 하는 도저히 믿을 수 없는 말을 듣게 됩니다. "야곱이 그들의 말을 믿지 못하여 어리둥절하더니, 야곱은 요셉이 자기를 태우려고 보낸 수레를 보고서야 기운이 소생한지라"(27), 즉 왕들이나 타고 다니는 수레가 대문 앞에 대령하고 있는 것을 보고야 이것이 꿈이 아니라는 것을 실감하게 되었다는 것입니다.

㉮ 이 말씀을 대하는 우리도 그럴 날이 올 것입니다. 주님께서는 "가서 너희를 위하여 거처를 예비하면 내가 다시 와서 너희를 내게로 영접(迎接)하여 나 있는 곳에 너희도 있게 하리라"(요 14:3) 하십니다.

㉯ 그 날에는 "우리의 낮은 몸을 자기 영광의 몸의 형체와 같이 변하게 하시리라"(빌 3:21) 하신 말씀이 형제에게 실감이 납니까? "

㉰ "이스라엘이 이르되 족하도다 내 아들 요셉이 지금까지 살아 있으니 내가 죽기 전에 가서 그를 보리라"(45:28) 합니다.

애굽으로 내려가라

이렇게 해서 야곱이 애굽으로 내려가게 되었는데, "이스라엘이 모든 소유를 이끌고 떠나 브엘세바에 이르러 그의 아버지 이삭의 하나님께 희생 제사를 드리니"(창 46:1) 합니다.

㉠ 여기에는 두 가지 의미가 있다 하겠습니다.

 ㉮ 첫째는 애굽으로 내려가도 되는지를 묻는 뜻이요,

 ㉯ 둘째는 하나님을 의뢰하고 의탁하는 의미입니다.

㉡ 그런데 "하나님이 이르시되 나는 하나님이라 네 아버지의 하나님이니 애굽으로 내려가기를 두려워하지 말라 내가 거기서 너로 큰 민족을 이루게 하리라 내가 너와 함께 애굽으로 내려가겠고 반드시 너를 인도하여 다시 올라올 것이며 요셉이 그의 손으로 네 눈을 감기리라"(3-4) 하시는 것이 아닌가? 이를 요약을 하면,

 ㉮ "애굽으로 내려가라",

 ㉯ "내가 거기서 너로 큰 민족을 이루게 하리라",

 ㉰ "내가 너와 함께 애굽으로 내려가겠다",

 ㉱ "반드시 너를 인도하여 다시 올라오게 할 것이다" 하는 말씀이 됩니다.

㉢ 아브라함과 이삭에게는 약속의 땅을 떠나지 말라고 막으신 하나님이 아니셨던가? 그런데 "애굽으로 내려가기를 두려워하지 말라" 하시면서, "내가 너와 함께 애굽으로 내려가겠다" 하고 말씀하시다니! 여기에는 하나님의 계획하신 바가 있으시기 때문인데, "출애굽"을 통해서 영적 출애굽을 계시하시려는 것입니다. 하나님께서 하시는 일이란 얼마나 자상하시고 확실한 것인가!

㉣ 야곱은 애굽으로 내려가서 17년(47:28)을 머물렀는데, 임종 머리

에서 "나는 죽으나 하나님이 너희와 함께 계시사 너희를 인도하여 너희 조상의 땅으로 돌아가게 하시리라"(48:21) 하고, 하나님의 약속을 계승시켜주면서, "내가 내 조상들에게로 돌아가리니 나를 헷 사람 에브론의 밭에 있는 굴에 우리 선조와 함께 장사하라"(49:29) 하고 유언을 합니다. 야곱도 "약속을 받지 못하였으나 믿고 죽었음"을 나타냅니다.

⑩ 야곱이 임종 머리에서 행한 축복 중, "규가 유다를 떠나지 아니하며 통치자의 지팡이가 그 발 사이에서 떠나지 아니하기를 실로가 오시기까지 이르리니 그에게 모든 백성이 복종하리로다"(10) 한 의미는,

㉮ "규가 유다를 떠나지 아니하며" 한 것은, 왕권(王權)이 유다지파로 이어지게 될 것을 의미하고,

㉯ "실로가 오시기까지 이르리니" 한 "실로"는, "그에게 모든 백성이 복종하리로다" 한 것을 보면 그리스도를 가리키는 것이 분명합니다. 야곱의 마지막 임무는 그리스도께서 12지파 중, 유다지파를 통해서 오시리라는 점을 예언한 일입니다

하나님의 주권을 믿는 신앙

"요셉의 형제들이 그들의 아버지가 죽었음을 보고 말하되 요셉이 혹시 우리를 미워하여 우리가 그에게 행한 모든 악을 다 갚나 아니할까 하고"(창 50:15) 전전긍긍합니다.

㉠ "요셉이 그들에게 이르되 두려워하지 마소서 내가 하나님을 대신하리이까"(19) 합니다. 보복, 즉 심판은 하나님께 속한 것이요, 또한 자

신을 이곳을 보낸 것은 당신들이 아니라 하나님이시라는 뜻입니다.

ⓒ 요셉은 형들을 처음 만났을 때에도, "당신들이 나를 이 곳에 팔았다고 해서 근심하지 마소서 한탄하지 마소서 하나님이 생명을 구원하시려고 나를 당신들보다 먼저 보내셨나이다" (45:5) 하면서,

ⓒ "하나님이 큰 구원으로 당신들의 생명을 보존하고 당신들의 후손을 세상에 두시려고 나를 당신들보다 먼저 보내셨나니 그런즉 나를 이리로 보낸 이는 당신들이 아니요 하나님이시라 하나님이 나를 바로에게 아버지로 삼으시고 그 온 집의 주로 삼으시며 애굽 온 땅의 통치자로 삼으셨나이다" (7-8) 했습니다.

㉮ 핵심은 "나를 이리로 보낸 이는 당신들이 아니요 하나님이시라" 는데 있습니다. 이것이 하나님중심의 신앙입니다.

ⓔ 요셉이 "하나님이 큰 구원으로 당신들의 생명을 보존(保存)하고 당신들의 후손(後孫)을 세상에 두시려고" 한 언급을 주목하시기를 바랍니다.

㉮ "당신들의 생명을 보존" 하여 주시는 것은, 선민 이스라엘을 통해서 그리스도를 보내시려는 계획을 이루시기 위해서요,

㉯ 궁극적인 목적은 "하나님이 큰 구원으로", 즉 천하 만민을 구원하시려는 계획을 이루시기 위함이라는 뜻이 되는 것입니다.

ⓜ 이런 요셉의 마음을 몰라주고, 의심하면서 두려워하여, "우리 죄를 이제 용서하소서 하매 요셉이 그들이 그에게 하는 말을 들을 때에 울었더라" (17) 합니다. 요셉의 눈물의 의미가 무엇이겠습니까? 지난날의 감회

가 새로워서였을까요? 아닙니다. 자신의 진정을 몰라주기 때문입니다.

㉮ 이것이 "예루살렘아 예루살렘아 선지자들을 죽이고 네게 파송된 자들을 돌로 치는 자여 암탉이 제 새끼를 날개 아래에 모음 같이 내가 너희의 자녀를 모으려 한 일이 몇 번이냐 그러나 너희가 원하지 아니하였도다"(눅 13:34) 하시면서 흘리신 주님의 눈물의 의미이기도 합니다. 하나님의 사랑을 의심하는 것보다 그 분을 슬프시게 하는 일이란 달리는 없는 것입니다.

㉯ 또 있습니다. 하나님께서는 형제의 죄를 자기 아들의 구속으로 말미암아 다 사하시고, "죄와 불법을 내가 다시 기억(記憶)하지 아니하리라"(히 10:17) 하시는데, 정죄감에서 헤어나지를 못하는 경우를 보실 때입니다.

㉰ "요셉이 그의 형제들에게 이르되 나는 죽을 것이나 하나님이 당신들을 돌보시고 당신들을 이 땅에서 인도하여 내사 아브라함과 이삭과 야곱에게 맹세하신 땅에 이르게 하시리라, 하나님이 반드시 당신들을 돌보시리니 당신들은 여기서 내 해골을 메고 올라가겠다 하라"(24-25) 하고 유언을 합니다.

㉮ 신약성경은, "이 사람들은 다 믿음을 따라 죽었으며 약속을 받지 못하였으되 그것들을 멀리서 보고 환영하며 또 땅에서는 외국인과 나그네 임을 증언하였으니 그들이 이같이 말하는 것은 자기들이 본향 찾는 자임을 나타냄이라 그들이 나온바 본향을 생각하였더라면 돌아갈 기회가 있었으려니와 그들이 이제는 더 나은 본향을 사모하니 곧 하늘에 있

는 것이라 이러므로 하나님이 그들의 하나님이라 일컬음 받으심을 부끄러워하지 아니하시고 그들을 위하여 한 성을 예비하셨느니라" (히 11:13-16) 하고 증언합니다.

악을 선으로 바꾸시는 하나님

이제까지 상고한 대로 창세기에는 하나님의 구원계획의 모든 기원과 원리들이 다 들어 있습니다. 그러므로 창세기를 바로 파악한 형제는 구속사의 절반은 깨달은 것이라 해도 과언이 아닙니다. 반면 창세기가 바로 세워지지 않는다면 하나님의 구원계획은 위협을 당하게 되는 것입니다. 이것이 현대교회의 실정이기도 합니다.

㉠ 요셉의 증언 중에 절정은, "당신들은 나를 해(害)하려 하였으나 하나님은 그것을 선(善)으로 바꾸사 오늘과 같이 많은 백성의 생명(生命)을 구원하게 하시려 하셨나니" (20) 한 진술입니다. 이는 창세기를 요약해주는 결론적인 말이기도 합니다.

㉮ 사탄은 일류의 시조에게 거짓말을 하여 넘어뜨리는 악을 행하였으나, 하나님께서는 "원 복음"이라는 선으로 바꾸어주셨습니다.

㉯ 사탄은 여인의 후손의 줄기를 끊으려고 아벨을 죽였으나, 하나님께서는 "다른 씨"를 주셨습니다.

㉰ 사탄은 두 부류가 성을 통해서 합쳐지게 하려 하였으나, 하나님께서는 "의의 상속자"를 남겨주심으로 선으로 바꾸셨습니다.

㉱ 바벨탑을 쌓는 악으로 대항하였으나, 하나님께서는 아브라함을 택하셔서 메시아언약을 세워주심으로 선으로 바꾸어주셨습니다.

㉲ 생명의 어미를 탈취하려 하였으나, 하나님께서는 주권적으로 막으시

어 언약의 자손이 태어나게 하셨습니다.

ⓒ 종래 사탄은 하나님의 아들 그리스도를 십자가에 못을 박아 죽일 것이나, 그러나 하나님께서는 이를 선으로 바꾸사 만민을 구원하실 복음을 이루셨던 것입니다. "내가 말하였은즉 반드시 이룰 것이요 계획하였은즉 반드시 시행하리라"(사 46:11) 하십니다.

㉓ 하나님께서는 구속사(救贖史)만을 이렇게 이루어 오신 것이 아니라 개개인의 신앙여정도, "우리가 알거니와 하나님을 사랑하는 자 곧 그의 뜻대로 부르심을 입은 자들에게는 모든 것이 합력하여 선을 이루느니라"(롬 8:28) 하십니다. 형제 안에 "착한 일을 시작하신 이가 그리스도 예수의 날까지 이루실 줄을 확신"(빌 1:6)할 수가 있다는 말씀입니다. 아멘.

Old Testament

출애굽기

    출애굽기는 바로의 노예로 전락을 한 야곱의 자손 곧 이스라엘 백성들이 고역으로 인하여 탄식하며 부르짖는 것으로 시작이 됩니다. 이들이 어떤 방도로 바로의 속박(束縛)으로부터 해방(解放)이 될 수가 있는가? 하나님께서는 이를 통해서 사탄의 노예로 전락한 아담의 후예들이 어떤 방도로 구원을 얻을 수 있는가 하는 본질적인 문제에 대한 해답을 계시하시려는 것이 출애굽기입니다.

    그러므로 "출애굽"은 임기응변으로 되어진 일이 아니라 하나님께서 아브라함에게, "너는 반드시 알라 네 자손이 이방에서 객이 되어 그들을 섬기겠고 그들은 사백 년 동안 네 자손을 괴롭히리니 그들이 섬기는 나라를 내가 징벌할지며 그 후에 네 자손이 큰 재물을 이끌고 나오리라" (창 15:13-14) 하고 예언하신 하나님의 프로젝트라는 사실입니다. 출애굽기는 크게 두 부분으로 나눌 수가 있는데,

    ㉠ 1-19장까지는 애굽을 탈출하여 시내 산까지 도착하는 여정이고,

ⓒ 20-40장까지는 시내 산에 1년을 머물면서 율법을 받고, 성막을 완성하는 내용으로 되어 있습니다. 그렇다면 출애굽기의 주제들인, "출애굽, 십계명, 성막, 번제, 제사장" 등의 구속사적 의미가 무엇인가?

한 가문에서 민족으로

출애굽기는 "야곱과 함께 각각 자기 가족을 데리고 애굽에 이른 이스라엘 아들들의 이름은 이러하니"(출 1:1) 하고 한 가족(家族)이 내려가, "이스라엘 자손은 생육하고 불어나 번성하고 매우 강하여 온 땅에 가득하게 되었더라"(7) 한, 민족(民族)으로 번성하는 것으로 시작이 됩니다. 이는 하나님께서 아브라함에게 말씀하신 400년이 지난 시점임을 나타냅니다.

㉠ 이처럼 번성할 수 있었던 것은 하나님께서 야곱에게, "애굽으로 내려가기를 두려워하지 말라 내가 거기서 너로 큰 민족을 이루게 하리라"(창 46:3) 하신 약속의 성취였던 것입니다. 이스라엘 백성들의 번성에 위협을 느낀 바로는 고역을 더욱 무겁게 하나, "그러나 학대를 받을수록 더욱 번성하여 퍼져나가니"(12),

㉮ 산파들을 명하여 "아들이거든 그를 죽이고 딸이거든 살려두라"(16) 하나, 실효를 거두지 못하게 되자,

㉯ "그러므로 바로가 그의 모든 백성에게 명령하여 이르되 아들이 태어나거든 너희는 그를 나일 강에 던지고 딸이거든 살려두라"(22) 하는, 잔인한 명을 내리기에 이릅니다.

ⓒ "그 때에 모세가 났는데 하나님 보시기에 아름다운지라 그의 아버지의 집에서 석 달 동안 길리더니 버려진 후에 바로의 딸이 그를 데려다

가 자기 아들로 기르매 모세가 애굽 사람의 모든 지혜를 배워 그의 말과 하는 일들이 능하더라"(행 7:20-22) 합니다.

ⓒ 바로의 공주는 유모(乳母)가 된 모세의 생모 요게벳(6:20)에게, "이 아기를 데려다가 나를 위하여 젖을 먹이라 내가 그 삯을 주리라"(출 2:9) 하고 말합니다. 어머니 요게벳이 젖을 먹인 기간은 얼마나 되었을까? 학자들은 5살을 넘지 않았으리라 는데 공감합니다. 과연 요게벳은 누구를 위하여 젖을 먹일 것인가?

그리스도를 위한 고난

이점을 시험할 날이 왔는데, "모세가 장성한 후에 한번은 자기 형제들에게 나가서 그들이 고되게 노동하는 것을 보더니 어떤 애굽 사람이 한 히브리 사람 곧 자기 형제를 치는 것을 본지라"(11) 합니다.

㉠ 애굽 사람이 히브리 사람을 치는 중간에 모세가 서있는 구조(構造)입니다. 이럴 경우 모세는 누구 편을 들 것인가?

 ㉮ 창세기 3장도 하나님과 사탄의 중간(中間)에 아담 하와가 서 있는 구조요,

 ㉯ 욥기도 욥을 중심으로 하나님과 사탄이 대결하는 구조요,

 ㉰ 다니엘서 3장도 세 친구가 신상에게 절을 하고 영화를 누릴 것인가? 아니면 죽음을 택할 것인가 하는 구조요,

 ㉱ 이제도 나 자신을 중심으로 먼저 그 나라와 그의 의를 구할 것인가? 아니면 자신의 유익을 구할 것인가 하는 선택의 기로(岐路)가, 때마다 일

마다 일어나고 있는 구조라는 점을 명심해야만 합니다.

ⓒ "좌우를 살펴 사람이 없음을 보고 그 애굽 사람을 쳐 죽여 모래 속에 감추니라"(12) 합니다. 이점을 신약성경은 해설해주기를, "믿음으로 모세는 장성하여 바로의 공주의 아들이라 칭함 받기를 거절하고 도리어 하나님의 백성과 함께 고난 받기를 잠시 죄악의 낙을 누리는 것보다 더 좋아하고 그리스도를 위하여 받는 수모를 애굽의 모든 보화보다 더 큰 재물로 여겼으니 이는 상 주심을 바라봄이라"(히 11:24-26) 합니다.

㉮ 모세가 애굽 사람을 쳐 죽이는 순간, 모세는 "바로의 공주의 아들"이라는 신분, 애굽의 모든 보화와 명예를 포기하고 하나님의 백성과 함께 고난 받는 길을 택한 것이 되는 것입니다.

ⓒ 특히 주목하게 되는 것은 "그리스도를 위하여 받는 수모를 애굽의 모든 보화보다 더 큰 재물로 여겼다"는 표현입니다. 어떻게 모세가 받은 고난이 그리스도를 위하여 받은 고난이 되는가?

㉮ 모세가 받은 고난은 사사로운 것이 아니라 하나님의 나라건설을 위한 고난이요, 신구약을 막론하고 구속 주는 오직 예수 그리스도 한 분뿐이기 때문입니다. 결론은 모세의 어머니 요게벳은 "그의 나라와 그의 의를 위하여", 즉 예수 그리스도를 위하여 젖을 먹인 것이 되는 것입니다.

언약을 지켜주시는 하나님

이 무렵의 이스라엘 백성들의 형편은 어떠했는가? "여러 해 후에 애굽 왕은 죽었고 이스라엘 자손은 고된 노동으로 말미암아 탄식하며 부르짖으니 그 고된 노동으로 말미암아 부르짖는 소리가 하나님께 상달된지라"(출 2:23) 합니다.

이것이 "또 죽기를 무서워하므로 한평생 매여 종노릇 하는 모든 자들" (히 2:15)의 모습이기도 한 것입니다. 그러므로 출애굽기를 통해서 계시하시려는 핵심적인 주제는 이들이 어떤 방도로 해방이 되는 것이 가능하여지는가에 있다는 점을 명심해야만 합니다. 왜냐하면 이것이 우리가 사탄의 노예에서 해방이 되는 예표이기 때문입니다.

㉠ "하나님이 그들의 고통 소리를 들으시고 하나님이 아브라함과 이삭과 야곱에게 세운 그의 언약(言約)을 기억하사 하나님이 이스라엘 자손을 돌보셨고 하나님이 그들을 기억하셨더라" (24-25) 합니다. 이스라엘 백성들이 출애굽 할 수 있었던 근거는 "부르짖었기" 때문이 아니라 "그의 언약을 기억하사" 한, 하나님의 선수적인 "언약"(言約)이 먼저임을 명심해야만 합니다.

㉮ 하나님께서는 일찍이 아브라함에게, "너는 반드시 알라 네 자손이 이방에서 객이 되어 그들을 섬기겠고 그들은 사백 년 동안 네 자손을 괴롭히리니 그들이 섬기는 나라를 내가 징벌할지며 그 후에 네 자손이 큰 재물을 이끌고 나오리라" (창 15:13-14) 하고 말씀하셨으며,

㉯ 야곱에게도 "애굽으로 내려가기를 두려워하지 말라 내가 거기서 너로 큰 민족을 이루게 하리라 내가 너와 함께 애굽으로 내려가겠고 반드시 너를 인도하여 다시 올라올 것이며" (46:3-4) 하신 약속을 지켜주시려는 것입니다.

모세의 하나님

"여호와의 사자가 떨기나무 가운데로부터 나오는 불꽃 안에서 그(모세)에게 나타나시니라 그가 보니 떨기나무에 불이 붙었으나 그 떨기나무가 사라지지 아니하는지라"(출 3:2) 합니다.

㉠ "떨기나무에 불이 붙었으나" 한 것은 고난 중에 있는 이스라엘의 형편을 상징하고, 그럼에도 불구하고 "그 떨기나무가 사라지지 아니하는지라" 한 것은, 하나님께서 그들과 함께 계시기 때문임을 나타냅니다. 하나님께서 애굽으로 내려가는 야곱에게, "내가 너와 함께 애굽으로 내려가겠다" (창 46:4) 하신 점을 기억하시기 바랍니다.

㉡ 하나님께서는 떨기나무 불꽃 가운데서 "또 이르시되 나는 네 조상의 하나님이니 아브라함의 하나님, 이삭의 하나님, 야곱의 하나님이니라"(6) 하십니다. 이는 "아브라함, 이삭, 야곱"에게 언약하신, 언약(言約)의 하나님이심을 가리킵니다.

㉮ "내가 애굽에 있는 내 백성의 고통을 분명히 보고",

㉯ "그들이 그들의 감독자로 말미암아 부르짖음을 듣고",

㉰ "그 근심을 알고",

㉱ "내가 내려가서 그들을 애굽인의 손에서 건져내고",

㉲ "그들을 그 땅에서 인도하여 아름답고 광대한 땅, 젖과 꿀이 흐르는 땅 곧 가나안 족속, 헷 족속, 아모리 족속, 브리스 족속, 히위 족속, 여부스 족속의 지방에 데려가려 하노라"(7-8) 하십니다.

㉡ 이렇게 말씀하신 후에, "이제 내가 너를 바로에게 보내어 너에게 내

백성 이스라엘 자손을 애굽에서 인도하여 내게 하리라"(10) 하십니다. 여기에 하나님이 역사하시는 방도가 나타납니다.

㉮ 우리가 믿는 하나님은 자기 백성의 처지와 형편을 "보고, 듣고, 알고",

㉯ 그리하여 "내가 내려가서 그들을 애굽인의 손에서 건져내고", 즉 구원하시는 하나님이십니다.

㉰ 그런데 하나님은, "너를 바로에게 보내어" 하십니다. 하나님이 하시는 일에 "내가 너를 들어 쓰시겠다" 하십니다. 이것이 하나님께서 역사하시는 방도입니다.

㉢ 그런데 모세는 자신의 능력으로 하는 양, "내가 누구이기에 바로에게 가며 이스라엘 자손을 애굽에서 인도하여 내리이까"(11) 합니다. 이는 모세만 못하는 것이 아니라 그 누구도 할 수가 없는 것입니다. 또한 모세가 "내가 누구이기에" 한 말을 문맥적으로 보면,

㉮ 첫째로 자신은 바로에게 지명수배를 당한 자라는 것과,

㉯ 둘째는 동족 두 사람의 분쟁도 해결하지를 못하고, "누가 너를 우리를 다스리는 자와 재판관으로 삼았느냐"(2:14) 하고, 배척을 당한 자임을 염두에 두고 하는 말이었을 것입니다.

㉣ 그러자 하나님께서는, "내가 반드시 너와 함께 있으리라"(12) 하십니다. 이렇게 해서 "모세의 하나님"이 되신 것입니다. 성경에 등장하는 모든 믿음의 용사들의 능력은 모두가 "내가 반드시 너와 함께 있으리라" 하심으로부터 나온다는 점을 명심해야만 합니다.

㉮ 주님께서는 "볼지어다 내가 세상 끝 날까지 너희와 항상 함께 있으리

라"(마 28:20) 하십니다. 그럼에도 형제는 "내가 누구이기에" 할 것입니까?

보내신 증표

"모세가 대답하여 이르되 그러나 그들이 나를 믿지 아니하며 내 말을 듣지 아니하고 이르기를 여호와께서 네게 나타나지 아니하셨다 하리이다"(출 4:1) 하고 변명합니다.

㉠ "여호와께서 그에게 이르시되 네 손에 있는 것이 무엇이냐 그가 이르되 지팡이니이다"(2).

㉮ 그리하여 "지팡이가 뱀이 되었다가, 그의 손에서 지팡이가 되는" 표적

㉯ "손에 나병이 생겨 눈 같이 되었다가, 본래의 살로 되돌아온" 표적,

㉰ "하수가 피로 변하는" 표적 등을 행하게 하십니다.

㉡ 그런데 이점에서 우리가 분명해야할 점은, 저들이 출애굽하게 된 것이 이런 표적으로 말미암아 되어진 일이 아니라는 점입니다. 주님께서도 "물로 포도주가 되게 하시고, 나병 환자를 고치시고, 심지어 죽은 나사로를 살리시는" 표적을 행하셨습니다. 그러나 우리의 구원은 이런 표적으로 되어진 일이 아닌 것입니다.

㉮ 이는 백성들로 하여금 "그들의 조상의 하나님 곧 아브라함의 하나님, 이삭의 하나님, 야곱의 하나님 여호와"가 모세에게 나타난 줄을 믿게 하려는(5) 표적이었고, 예수님이 하나님께서 보내신 그리스도이심을 믿게 하려는 표적이었던 것입니다.

㉢ 그런 후에도 모세는, "주여 나는 본래 말을 잘 하지 못하는 자니이

다 주께서 주의 종에게 명령하신 후에도 역시 그러하니 나는 입이 뻣뻣하고 혀가 둔한 자니이다"(10) 하고 변명합니다. "여호와께서 그에게 이르시되 누가 사람의 입을 지었느냐 누가 말 못 하는 자나 못 듣는 자나 눈 밝은 자나 맹인이 되게 하였느냐 나 여호와가 아니냐 이제 가라 내가 네 입과 함께 있어서 할 말을 가르치리라"(11-12) 하십니다.

㉮ 그러나 이스라엘 백성들이 출애굽하게 된 것은 모세나 아론의 말 수단으로 되어진 일이 아니었습니다. 주님께서도 "산상수훈, 잃은 양의 비유, 탕자의 비유" 등 주옥같은 말씀을 하셨습니다. 그러나 형제여, 우리가 구원을 얻은 것은 그런 교훈으로 되어진 일이 아니라는 점입니다. 그러면 어떤 방도에 의해서 출애굽을 하게 되는가?

한 가지 표징

"그 후에 모세와 아론이 바로에게 가서 이르되 이스라엘의 하나님 여호와께서 이렇게 말씀하시기를 내 백성을 보내라 그러면 그들이 광야에서 내 앞에 절기를 지킬 것이니라 하셨나이다"(출 5:1) 하고 선포합니다.

㉠ 바로의 반응이 어떠했는가? "바로가 이르되 여호와가 누구이기에 내가 그의 목소리를 듣고 이스라엘을 보내겠느냐 나는 여호와를 알지 못하니 이스라엘을 보내지 아니하리라"(2) 하고 단호히 거부합니다. 5장-11장 안에는,

㉮ "내 백성을 보내라" 하는 말이 7번(5:1, 6:11, 8:1, 20, 9:1, 13, 10:3) 등장하고,

㉯ 재앙으로 치시는 것이 9번 등장합니다. 이점에서 생각하게 되는 것은 하나님께서 일개 바로를 굴복시키기 위해서 10가지 재앙을 동원(動員)하셔야만 했는가 하는 점입니다. 아닙니다. 홍수심판이나 유황불 심판은 단 번으로 시행이 된 것입니다.

㉴ 하나님께서는 바로에게, "내가 손을 펴서 돌림병으로 너와 네 백성을 쳤더라면 네가 세상에서 끊어졌을 것이나"(9:15), 즉 단번으로 굴복시킬 수가 있으셨다고 말씀하십니다.

　㉮ 그러나 "내가 이제 〈한 가지 재앙〉을 바로와 애굽에 내린 후에야 그가 너희를 여기서 내보내리라"(11:1) 하십니다. 하나님께서는 이를 아셨습니다. 그러면 하나님께서 보여주시려는 "한 가지 재앙"이 무엇인가?

㉳ 이점이 "여호와께서 모세에게 이르시되 바로에게로 들어가라 내가 그의 마음과 그의 신하들의 마음을 완강하게 함은 나의 표징을 그들 중에 보이기 위함이며 네게 내가 애굽에서 행한 일들 곧 내가 그들 가운데서 행한 표징을 네 아들과 네 자손(子孫)의 귀에 전(傳)하기 위함이라 너희는 내가 여호와인 줄을 알리라"(10:1-2) 하신 말씀에 나타납니다.

　㉮ "나의 표징(表徵)을 그들 중에 보이기 위함이며",

　㉯ 이 "표징을 네 아들과 네 자손(子孫)의 귀에 전(傳)하기 위함"에서 이렇게 하셨다는 것입니다.

　㉰ 이스라엘 백성들이 출애굽하게 된 것은, 1-9가지 재앙으로 된 것이 아니라, 한 가지 "표징"(表徵)으로 말미암아 가능하여졌다는, 이 표징을 극대화(極大化)시켜서, 이를 망각하지 않도록 자손 대대로 전해주게

하시려는 의도에서였다는 말씀입니다.

유월절 어린양의 피

그러면 하나님께서 이처럼 뜸을 들이듯 하시면서 보여주시기를 원하시는 "한 가지 표징"이 무엇인가?

㉠ "너희는 이스라엘 온 회중에게 말하여 이르라 이 달 열흘에 너희 각자가 어린양을 취할지니 각 가족대로 그 식구를 위하여 어린 양을 취하되(3), 이달 열 나흗날까지 간직하였다가 해 질 때에 이스라엘 회중이 그 양을 잡고 그 피를 양을 먹을 집 좌우 문설주와 인방에 바르라"(6-7) 하신, "어린양의 피" 입니다.

㉡ "내가 애굽 땅을 칠 때에 그 피가 너희가 사는 집에 있어서 너희를 위하여 표적(表迹)이 될지라 내가 피를 볼 때에 너희를 넘어가리니 재앙이 너희에게 내려 멸하지 아니하리라"(출 12:13) 하십니다.

㉮ 다시 강조합니다만, 하나님께서 보여주시려는 "한 가지 표징"(10;1)은 "유월절 어린양의 피" 였던 것입니다.

㉢ "내가 너(바로)를 세웠음은" 하십니다. 그러면 바로는 무엇을 위하여 세움을 받았는가? "나의 능력을 네게 보이고 내 이름이 온 천하에 전파되게 하려 하였음이니라"(9:16) 하십니다. 무슨 뜻인가? 바로가 강퍅하여 이스라엘 백성들을 보내지 않은 것을 통해서 한 가지 재앙 곧 "유월절 어린양의 피"를 드러내기 위해서 바로를 "세우셨다"는 뜻입니다.

㉮ 만일 바로가 그 전에 보냈다면 계시하시려는 "유월절 어린양의 피"

를 보여주지 못했을 것이 아닌가? 그래서 바로의 "마음을 완강하게 함은 나의 표징을 그들 중에 보이기 위함이며" 하시는 것입니다. 이는 "한 가지 표징"을 보여주시기를 얼마나 원하시는가를 드러냅니다.

㉣ 그렇다면 모세는 무엇을 위하여 세움을 받았는가? "모세는 장래에 말할 것을 증언하기 위하여"(히 3:5)라고 말씀합니다. 무슨 뜻인가? 이스라엘 백성들을 출애굽시킨 것을 예표로 하여, "장래에 말할 것", 즉 영적 출애굽이 어떻게 가능하여지는가를 증언(證言)케 하기 위해서 세움을 받았다고 말씀합니다. 얼마나 놀라운 말씀인가!

㉮ 모든 초점이 "유월절(逾越節) 어린양의 피"에 맞춰져 있다는 점을 확인하게 되셨습니까? 왜냐하면 신구약을 막론하고 구원은 오직 "세상 죄를 지고 가는 하나님의 어린양" 예수 그리스도의 구속으로 말미암기 때문입니다.

㉲ "여호와께서 애굽 땅에서 모세와 아론에게 일러 말씀하시되 이 달을 너희에게 달의 시작 곧 해의 첫 달이 되게 하고"(출 12:1-2) 하십니다. 계시하시려는 "한 가지 표징"이 얼마나 중요한 내용인가 하는 점이 월력(月曆)을 바꿔주시는 것을 통해서도 나타나는데, 이렇게 해서 이스라엘 백성들은 "민간력과, 종교력"이라는 두 가지 월력을 갖게 된 것입니다.

복음서의 초점

이점에서 복음서(福音書)의 초점(焦點)이 어디에 맞춰져 있는가를 확인한다는 것은 사활적으로 중요합니다.

㉠ 왜냐하면 복음서를 설교한다고 하면서도 증언(證言)케 하시려는 핵심적인 주제는 놓치고 있는 실정이기 때문입니다.

㉮ 마태복음 : "예수께서 이 말씀을 다 마치시고 제자들에게 이르시되 너희가 아는 바와 같이 이틀이 지나면 유월절(逾越節)이라 인자가 십자가에 못 박히기 위하여 팔리리라 하시더라"(마 26:1-2),

㉯ 마가복음 : "이틀이 지나면 유월절(逾越節)과 무교절이라 대제사장들과 서기관들이 예수를 흉계로 잡아 죽일 방도를 구하며 이르되 민란이 날까 하노니 명절에는 하지 말자 하더라"(막 14:1-2),

㉰ 누가복음 : "유월절(逾越節)이라 하는 무교절이 다가오매 대제사장들과 서기관들이 예수를 무슨 방도로 죽일까 궁리하니 이는 그들이 백성을 두려워함이더라"(눅 22:1-2),

㉱ 요한복음 : "유월절(逾越節) 전에 예수께서 자기가 세상을 떠나 아버지께로 돌아가실 때가 이른 줄 아시고 세상에 있는 자기 사람들을 사랑하시되 끝까지 사랑하시니라"(요 13:1) 합니다.

㉡ 확인을 하셨습니까? 네 개의 복음서의 초점이 공통적으로 "유월절"(逾越節)에 맞춰져 있는 것입니다. 그리고 주님은 유월절 양이 되셔서 죽으심으로 십자가상에서 비로소 "다 이루었다" 선언하셨습니다. 그 때에 비로소 1500년 동안이나 가로막혀 있던 휘장이 열려졌던 것입니다. 그리하여 영적 출애굽은 가능하여진 것입니다. 얼마나 분명하고 확실하고 명백한 계시인가? 이 이상 어떻게 더 보여주실 수가 있단 말인가?

마지막 유월절, 첫 성찬

형제는 마지막 유월절(逾越節)이 언제였는가를 아십니까?

㉠ "때가 이르매 예수께서 사도들과 함께 앉으사 이르시되 내가 고난을 받기 전에 너희와 함께 이 유월절 먹기를 원하고 원하였노라"(눅 22:14-15) 하십니다. 주님께서 그토록 "원하고 원하신" 의도가 무엇인가?

㉮ 이 밤은 1500년 동안 예표로 지켜 내려오던 유월절이 실체(實體)로 개혁(改革)이 되는(히 9:10), 마지막 유월절이요, 첫 성찬(聖餐)의 밤이었던 것입니다.

㉡ 이 밤에 주님께서는, "또 떡을 가져 감사기도 하시고 떼어 그들에게 주시며 이르시되 이것은 너희를 위하여 주는 내 몸이라 너희가 이를 행하여 나를 기념(記念)하라 하시고 저녁 먹은 후에 잔도 그와 같이 하여 이르시되 이 잔은 내 피로 세우는 새 언약이니 곧 너희를 위하여 붓는 것이라"(눅 22:19-20) 하고, "기념하라" 하셨습니다.

㉢ 그리하여 신약의 성도들도, "너희가 이 떡을 먹으며 이 잔을 마실 때마다 주의 죽으심을 그가 오실 때까지 전해야"(고전 11:26) 하는 것입니다.

㉮ 구약의 성도들은 그리스도가 초림하실 때까지 "유월절 어린양의 피"를 전해야만 했고,

㉯ 신약의 성도들이 주님께서 재림하실 때까지 전해야할 복음의 핵심은 그리스도의 "죽으시고 다시 사심" 입니다.

㉰ 명심할 점은, "주의 죽으심을 그가 오실 때까지 전하는 것"이란 전도(傳道)를 가리키는 것이 아니라는 점입니다. 왜냐하면 성찬과 결부되는 말씀이요, 성찬은 교회 내에서 행하는 성례이기 때문입니다.

㉮ 이는 "내가 그들 가운데에서 행한 표징을 네 아들과 네 자손(子孫)의 귀에 전(傳)하기 위함이라" 하신, 복음을 자녀들에게 계승시키라는 말씀인 것입니다. 그러면 "너희는 내가 여호와인 줄을 알리라" 하십니다.

㉯ 그런데 사사시대에, "그 후에 일어난 다른 세대는 여호와를 알지 못하며 여호와께서 이스라엘을 위하여 행하신 일도 알지 못하였더라"(삿 2:10) 함과 같이, 젊은 세대들은 점점 복음을 망각해가고 있다는 것은, 사사시대같이 혼란한 시대가 되리라는 경종이 되는 것입니다.

구속하여 내 백성을 삼고

이점에서 짚고 넘어가야 할 요점이 있는데 그것은 다른 재앙(災殃)들은, "이스라엘 자손들이 있는 그곳 고센 땅에는 우박이 없었더라(출 9:26), 온 이스라엘 자손들이 거주하는 곳에는 빛이 있었더라"(10:23) 하고 구별(區別)이 되었는데, 그렇다면 장자(長者)를 치는 재앙도, "이스라엘 집에서는 죽음이 없었더라" 하면 되었을 것인데 어찌하여 양을 잡아 그 피를 대문에 뿌리라 하셨는가 하는 점입니다.

㉠ 이에 대한 해답이 6장에 있는데, "내가 애굽 사람의 무거운 짐 밑에서 너희를 빼내며 그들의 노역에서 너희를 건지며 편 팔과 여러 큰 심판들로써 너희를 속량(구속)하여 너희를 내 백성으로 삼고"(6:6, 7) 하신 말씀입니다. 해답이 무엇인지 이해를 하셨습니까? "구속"(救贖)입니다.

㉮ 하나님 앞에 죄인인 것은 애굽 사람들만이 아니라 이스라엘 백성들도 죄인들이며, 동일하게 "심판 아래" 있는 자라는 점을 인식해야만 합니다. 그리고 죄 값에 팔린 자들이 자유함을 얻어 하나님의 백성이 되는 방도는 "구속"(救贖) 외에는 없기 때문입니다. "피 흘림이 없은즉 사유함이 없느니라" 하십니다.

㉯ 그러므로 만일 유월절 어린양의 피를 보심이 없이 넘어가셨다면, 신약의 성도들도 그리스도의 보혈의 공로 없이도 구원을 얻을 수 있다는 것이 되는 것입니다. 아닙니다. 1-9가지 재앙은 "여호와가 누구관대, 보내겠느냐"(5:2)에 대한 답변으로 주어진 징벌이었고, 한 가지 "표징"인 유월절 어린양의 피는 "구속하여 내 백성을 삼고"에 대한 예표였던 것입니다.

㉮ 신약성경에서도, "그가 우리를 대신하여 자신을 주심은 모든 불법에서 우리를 속량(구속)하시고 우리를 깨끗하게 하사 선한 일을 열심히 하는 자기 백성이 되게 하려 하심이라"(딛 2:14) 하고 말씀합니다.

대속할 지니라

그러므로 유념해야할 점은 이스라엘 집에서도 "죽음"은 있었다는 점입니다. 그 점을 대문에 뿌려진 피가 말해주고 있는 것입니다. 심판자가 어느 대문에 이르렀을 때에 피가 뿌려진 것을 보게 되었을 때에, "이 집은 이미 심판이 시행이 되었구나, 저 피를 보라 또 들어갈 필요가 있는가?", 그래서 "내가 피를 볼 때에 너희를 넘어가리라" 하신 것입니다.

㉠ 이점이 대 속죄일의 규례에서도 나타나는데, 대제사장은 "백성을

위한 속죄제 염소를 잡아 그 피를 가지고 휘장 안(지성소)에 들어가서 그 수송아지 피로 행함 같이 그 피로 행하여 속죄소 위와 속죄소 앞에 뿌릴지니"(레 16:15) 하십니다. 이것이 무심한 것이 아니어서,

㉮ "속죄소 위에 뿌리라" 하심은, 위에서 우리를 보실 때에, 위에 뿌려진 피를 통해서 보신다는 뜻이요,

㉯ "앞에 뿌리라" 하심은 지성소 안에서 밖에 있는 우리를 보실 때에, 앞에 뿌려진 피를 통해서 보신다는 점을 나타냅니다.

㉰ 이점을 신약성경에서는 "너희가 법아래 있지 아니하고 은혜(피) 아래 있음이라"(롬 6:14) 하고 말씀합니다. 만일 피를 보심이 없이 넘어가신다면 하나님의 공의가 용납이 되지 않는 것입니다.

㉡ 출애굽기 12장의 "유월절 어린양의 피"와, 13장의 "여호와께서 모세에게 일러 이르시되 이스라엘 자손 중에서 사람이나 짐승을 막론하고 태에서 처음 난 모든 것은 다 거룩히 구별하여 내게 돌리라 이는 내 것이니라"(13:1) 하시는, 문맥을 주목해보시기를 바랍니다.

㉮ 어찌하여 "처음 난 자"는 내 것이라 하시는가? 유월절 어린양의 피로 대속(代贖), 즉 값을 주고 사셨기 때문입니다. "너희는 너희 자신의 것이 아니라 값으로 산 것이 되었으니 그런즉 너희 몸으로 하나님께 영광을 돌리라"(고전 6:19-20) 하십니다.

㉯ 또 말씀하시기를, "나귀의 첫 새끼는 다 어린양으로 대속할 것이요 그렇게 하지 아니하려면 그 목을 꺾을 것이며 네 아들 중 처음 난 모든 자는 대속할 지니라"(13) 하십니다.

㉮ "나귀"는 부정한 동물을 나타내는데 우리는 다 부정한 "나귀 새끼"와 같은 자들인 것입니다. 그러므로 어린양으로 대속함을 받아야만 살아남을 수가 있다는 것입니다. 만일 이를 믿지 않는다면 "그 목을 꺾을 것이라", 즉 멸망이라는 말씀입니다.

주의 길이 바다에 있었다

"바로가 백성을 보낸 후에 블레셋 사람의 땅의 길은 가까울지라도 하나님이 그들을 그 길로 인도하지 아니하셨으니 이는 하나님이 말씀하시기를 이 백성이 전쟁을 하게 되면 마음을 돌이켜 애굽으로 돌아갈까 하셨음이라 그러므로 하나님이 홍해의 광야 길로 돌려 백성을 인도하시매"(출 13:17-18) 합니다.

㉠ "홍해" 길로 인도하시는 것을 보고 바로는 저들이, "광야에 갇힌바 되었다 하리라"(14:3), 즉 독 안에 든 쥐라 말하리라는 것입니다. 그리하여 앞에는 홍해가 가로 막고 뒤에서는 바로가 추격해 오자, "이스라엘 자손이 눈을 들어 본즉 애굽 사람들이 자기들 뒤에 이른지라 이스라엘 자손이 심히 두려워하여 여호와께 부르짖고 그들이 또 모세에게 이르되 애굽에 매장지가 없어서 당신이 우리를 이끌어 내어 이 광야에서 죽게 하느냐 어찌하여 당신이 우리를 애굽에서 이끌어 내어 우리에게 이같이 하느냐"(10-11) 하고, 원망을 했던 것입니다.

㉮ 그런데 성경은, "여호와께서 애굽 왕 바로의 마음을 완악하게 하셨으므로 그가 이스라엘 자손의 뒤를 따르니"(14:8) 하고, "바로의 마음을 완악하게 하시어 추격하게 하셨다"고 말씀합니다. 이는 이 사건을 통해서 보여주시려는 계시가 있으셨음을 나타냅니다.

ⓛ "여호와께서 모세에게 이르시되 너는 어찌하여 내게 부르짖느냐 이스라엘 자손에게 명령하여 앞으로 나아가게 하고 지팡이를 들고 손을 바다 위로 내밀어 그것이 갈라지게 하라 이스라엘 자손이 바다 가운데서 마른 땅으로 행하리라"(14:15-16), 즉 길이 열리게 되리라는 말씀입니다. 시편(詩篇)에는 이에 대한 감동적인 노래가 있습니다.

하나님이여 물들이 주를 보았나이다
물들이 주를 보고 두려워하며 깊음도 진동하였고
구름이 물을 쏟고 궁창이 소리를 내며
주의 화살도 날아갔나이다
회오리바람 중에 주의 우뢰소리가 있으며
번개가 세계를 비추며 땅이 흔들리고 움직였나이다
주의 길이 바다에 있었고 주의 곧은길이
큰물에 있었으나 주의 발자취를 알 수 없었나이다
주의 백성을 양 떼 같이 모세와 아론의 손으로 인도하셨나이다 (시 77:16-20) 합니다.

ⓒ 주의 길이 바다에 있었다는 것은 홍해가 갈라졌음을 나타내는 말씀인데, "물들이 주를 보았나이다" 하는 표현은 무슨 뜻인가? 이를 "하나님"을 보았다는 뜻으로만 여긴다면 이는 성경을 점으로 보는 것이 됩니다. 이를 구속사라는 맥락(脈絡)으로 보아야만 영광스러움을 보게 됩

니다.

㉮ 왜냐하면 하나님께서 진군하는 대열(隊列)의 "선두"(先頭)로 유다 자손 진기"(민 10:14)가 진행(進行)하라고 명하셨기 때문입니다. 그렇다면 물들이 주를 보았다는 표현은, 유다 지파를 통해서 오실 "그리스도"를 보았다는 것이 되는 것입니다.

㉣ "하나님이여 물들이 주를 보았나이다 물들이 주를 보고 두려워하며 깊음도 진동하였다"(16) 하고, "보았다"는 말을 두 번(16)이나 강조하고 있습니다.

㉮ 물들(홍해와 요단강)은 "주를 보았다"고 말씀하고 있는데, 하나님의 백성들은 주(主)는 보지를 못하고, 추격해오는 바로나 넘실대는 홍해만을 바라보고 근심하며 불안해한다면 얼마나 한심한 일인가?

㉯ 구약의 성도들도 이처럼 영광스러움을 보고 있는데, 복음이 밝히 드러난 후에 세움 받은 신약의 증인들이 보지 못하고 있다는 것은 얼마나 부끄러운 일입니까?

마음에 시온의 대로가 있는 자

"부르짖음"(1)으로 시작한 시편 77편은 결론에 이르러, "주의 길이 바다에 있었고 주의 첩경이 큰물에 있었으나 주의 종적(踪迹)을 알 수 없었나이다"(19) 하고, "길"로 마치고 있습니다.

㉠ 근심하고 불안(不安)해하는 이유는 "길"을 모르기 때문인데, "길이 있다"는 것입니다. 그런데 그 "길이 바다에 있었고, 큰물에 있었다"

는 것입니다. 이점에서 하나님께서 자기 백성들을 홍해 길로 인도하신 의도가 어디에 있는가를 생각하게 합니다. 만일 홍해가 아니었다면 하나님의 백성들이 어떻게 되었을 것인가를 생각해보십시오.

ⓒ 말을 타고 추격해 오는 바로의 군사들에게 죽임을 당했거나, 다시 사로잡혀 갔을 것입니다. 그러면 앞에는 홍해가 가로막고, 뒤에서는 바로의 군사가 추격해오는 진퇴양난의 경우를 당했을 때에 하나님의 백성들은 어떻게 반응해야만 하는가?

㉮ 애굽이라는 큰 세력으로부터 유월절 어린양의 피로 구원하여주셨다면, "홍해"라는 난관에서도 "더욱" 구원하여 주실 것을 확신하는 신뢰(信賴)를 나타내야 마땅한 것입니다.

㉯ "자기 아들을 아끼지 아니하시고 우리 모든 사람을 위하여 내주신 이가 어찌 그 아들과 함께 모든 것을 우리에게 주시지 아니하겠느냐"(롬 8:32) 하고 반문하십시오.

㉰ 어찌하여 믿음이 필요한가? "주의 종적(踪迹)을 알 수 없었나이다"(19) 한, 하나님의 뜻은 인간의 뜻과 달라서 하늘이 땅보다 높음같이 하나님의 뜻은 측량할 수가 없기 때문입니다.

ⓒ 그렇다면 신약의 성도들에게는 "길"이 어디에 있는가 하는 점입니다. 제자들도 주님에게, "주여 주께서 어디로 가시는지 우리가 알지 못하거늘 그 길을 어찌 알겠사옵나이까" 하고 물었습니다.

㉮ 이제도 "주의 길을 바다", 즉 기사와 이적에서 찾고 있는 사람들이 있습니다. 주님께서는 "내가 곧 길이요 진리요 생명이니 나로 말미암지 않

고는 아버지께로 올 자가 없느니라"(요 14:5-6) 하고 대답하십니다.

㉯ 보십시오, 시편 기자는, "주께 힘을 얻고 그 마음에 시온의 대로가 있는 자는 복이 있나이다"(시 84:5) 하고, 길이 "마음"에 있다고 말씀합니다. 형제는 "길" 되시는 그리스도를 마음에 영접하여 모시고 있는 그리스도인입니다.

하늘에서 내린 만나

"이스라엘 자손의 온 회중이 엘림에서 떠나 엘림과 시내 산 사이에 있는 신 광야에 이르니 애굽에서 나온 후 둘째 달 십오일이라 이스라엘 자손 온 회중이 그 광야에서 모세와 아론을 원망하여"(출 16:1-2), 또 원망이 일어났다 합니다.

㉠ "이스라엘 자손이 그들에게 이르되 우리가 애굽 땅에서 고기 가마 곁에 앉아 있던 때와 떡을 배불리 먹던 때에 여호와의 손에 죽었더라면 좋았을 것을 너희가 이 광야로 우리를 인도해 내어 이 온 회중이 주려 죽게 하는도다"(3) 하고 원망했습니다.

㉮ 목적지 약속의 땅에 이르기 위해서는 "광야"(曠野)를 통과해야만 합니다. 그러면 광야를 통과해야하는 하나님의 백성들에게 없어서는 아니 될 것이 무엇인가? 그것은 "먹을 양식과, 마실 물"입니다. 이는 옛날 이야기가 아니라 광야 같은 세상을 살아가는 오늘의 그리스도인들의 이야기이기도 합니다. 하나님께서는 이 문제를 어떻게 해결해주셨는가?

㉡ "그 때에 여호와께서 모세에게 이르시되 보라 내가 너희를 위하여 하늘에서 양식을 비 같이 내리리니 백성이 나가서 일용할 것을 날마다

거둘 것이라 이같이 하여 그들이 내 율법을 준행하나 아니하나 내가 시험하리라"(4) 하십니다.

ⓒ "이스라엘 족속이 그 이름을 만나라 하였으며 깟씨 같이 희고 맛은 꿀 섞은 과자 같았더라"(31) 합니다. 하나님께서는, "이것을 오멜에 채워서 너희의 대대 후손을 위하여 간수하라 이는 내가 너희를 애굽 땅에서 인도하여 낼 때에 광야에서 너희에게 먹인 양식을 그들에게 보이기 위함이니라"(32) 하고 명하십니다. "

㉮ 유월절"을 대대로 지키라 하심 같이, "너희의 대대 후손을 위하여 간수하라" 하심은, 이 "만나"를 통해서 대대로 계시하시려는 바가 있으시기 때문인 것입니다.

㉣ 그렇습니다. 주님께서는 이를 들어서, "내가 곧 생명의 떡이니라 너희 조상들은 광야에서 만나를 먹었어도 죽었거니와 이는 하늘에서 내려오는 떡이니 사람으로 하여금 먹고 죽지 아니하게 하는 것이니라"(요 6:48-50) 하고, 그리스도에게서 성취될 예표임을 말씀하십니다.

㉮ "살아 계신 아버지께서 나를 보내시매 내가 아버지로 말미암아 사는 것 같이 나를 먹는 그 사람도 나로 말미암아 살리라 이것은 하늘에서 내려온 떡이니 조상들이 먹고도 죽은 그것과 같지 아니하여 이 떡을 먹는 자는 영원히 살리라"(요 6:57-58) 하고, 거듭 말씀하십니다.

㉤ 그러면 신령한 만나를 먹는 것이 어떻게 해서 가능하게 되었는가? "말씀이 육신이 되어" 이 땅에 오신 것만으로 주어진 것이 아닙니다. "또 떡을 가져 감사기도 하시고 떼어 그들에게 주시며 이르시되 이것은

너희를 위하여 주는 내 몸이라"(눅 22:19) 하신, 대속적인 죽으심으로 가
능하여졌다는 점을 명심해야만 합니다.

㉮ 형제의 사역 현장에 "갓씨 같이 희고 맛은 꿀 섞은 과자 같았더라"(31)
한 모세 때 내린 만나가 매일 같이 내린다면 어떤 반응이 일어날 것인
가? 그런데 형제가, "진실로 진실로 너희에게 이르노니 믿는 자는 영생
을 가졌나니 내가 곧 생명의 떡이니라"(요 6:47-48) 하신 십자가 복음을
증언한다면, 받아먹는 자마다 영생하게 하는 신령한 만나가 내린다는
점을 확신하는데 거하시게 되기를 바랍니다.

반석에서 솟은 생수

"이스라엘 자손의 온 회중이 여호와의 명령대로 신 광야에서 떠나 그 노정대로 행하
여 르비딤에 장막을 쳤으나 백성이 마실 물이 없는지라 백성이 모세와 다투어 이르
되 우리에게 물을 주어 마시게 하라"(출 17:1-2) 하고, 또 모세를 원망합니다.

㉠ "여호와께서 모세에게 이르시되 백성 앞을 지나서 이스라엘 장로
들을 데리고 나일 강을 치던 네 지팡이를 손에 잡고 가라 내가 호렙 산에
있는 그 반석 위 거기서 네 앞에 서리니 너는 그 반석을 치라 그것에서 물
이 나오리니 백성이 마시리라"(5-6) 하십니다.

㉮ 말씀 중에서 주목해야할 점은, "내가 호렙 산에 있는 그 반석 위 거기서
네 앞에 서리니 너는 그 반석을 치라" 하신 말씀에 대한 해석입니다. 이
에 대한 세 방면의 해석이 있습니다.

① "네 앞에 서리니", 즉 내가 지켜보는 앞에서 행하라는 뜻으로,

② 물은 내가 나오게 하리니 너는 반석을 치기만 하라는 뜻으로,

　　③ 내가 반석 위에 서리니 "그 반석을 치라", 즉 하나님 자신을 치라는 뜻으로,

　ⓛ 위에 제시한 세 가지 해석 중 ①-②번은 교훈적인 관점이고, ③번이 신학적(神學的)인 관점이라 할 수가 있습니다. ①-②번의 해석이 잘못이라고 말할 수는 없다 하여도 분명한 것은,

　　㉮ 그것은 육적인 목마름에 대한 해답은 되어도,

　　㉯ "이 물을 마시는 자마다 다시 목마르려니와 내가 주는 물을 마시는 자는 영원히 목마르지 아니하리니 내가 주는 물은 그 속에서 영생하도록 솟아나는 샘물이 되리라"(요 4:13-14) 하신, 영혼(靈魂)의 갈증은 해결해 줄 수가 없다는 점입니다. 궁극적인 해답(解答)은 "그 반석을 치라" 하신, 그리스도께서 치심을 당하심으로 만이 주어질 수가 있다는 점에 확고하시기를 바랍니다.

　ⓒ 이점에서 주목해야할 점은 하나님께서는 그냥 반석이라 하시지 않고 "그 반석"(磐石)이라 말씀하신다는 점입니다. "그 반석"을 구속사라는 넓은 지평(地平)으로 보면 어떤 의미가 되는가?,

　　㉮ 위로 신명기 32장에는 하나님을 "반석"으로 표현한 것이 9번이나 등장하면서, "그런데 여수룬이 기름지매 발로 찼도다 네가 살찌고 비대하고 윤택하매 자기를 지으신 하나님을 버리고 자기를 구원(救援)하신 반석을 업신여겼도다"(신 32:15) 말씀하고,

　　㉯ 아래로 신약성경에서는, "다 같은 신령한 음료를 마셨으니 이는 그들

을 따르는 신령한 반석으로부터 마셨으매 그 반석(磐石)은 곧 그리스도라" (고전 10:1-4) 하고 증언합니다. 그렇다면 구약의 "그 반석이, 임마누엘" 하신 그리스도가 되는 것입니다.

㉣ "그 반석을 치라" 하신 말씀이 선지서에서는, "만군의 여호와가 말하노라 칼아 깨어서 내 목자, 내 짝 된 자를 치라" (슥 13:7) 하고, "내 목자, 내 짝 된 자를 치라" 하시는 말씀으로 나타납니다. 이처럼 "내 짝 된 자"를 치면, "그 날에 죄와 더러움을 씻는 샘이 다윗의 족속과 예루살렘 주민을 위하여 열리리라" (슥 13:1) 하십니다. "죄와 더러움을 씻는 샘"이란 그리스도의 보혈 외에는 달리는 없는 것입니다.

㉮ 주님께서는 이 예언을 인용하셔서, "오늘 밤에 너희가 다 나를 버리리라 기록된바 내가 목자를 치리니 양의 떼가 흩어지리라 하였느니라" (마 26:31) 하고, 자신에게서 성취되었다 하십니다.

신령한 만나와 생수

주님께서는 "명절 끝날 곧 큰 날에 예수께서 서서 외쳐 이르시되 누구든지 목마르거든 내게로 와서 마시라 나를 믿는 자는 성경에 이름과 같이 그 배에서 생수의 강이 흘러나오리라 하시니 이는 그를 믿는 자들이 받을 성령을 가리켜 말씀하신 것이라" (요 7:37-39) 하십니다.

㉠ 다시 강조합니다만 "누구든지 목마르거든 내게로 와서 마시라" 하고 초청을 하시는데, 마시게 하시기 위해서는 그냥 되어지는 것이 아니라, 반석 되시는 그리스도께서 치심을 당하심으로 만이 가능하여진다는 점입니다. 그래서 본문은 "(예수께서 아직 영광을 받지 않으셨으므로

성령이 아직 그들에게 계시지 아니하시더라)" 하는 것입니다.

㉮ 이런 맥락에서 "주려 죽게 하느냐(16장), 목말라 죽게 하느냐" 하고 제기된 문제는 신학적인 문제에 대한 예표였던 것입니다. 만일 교훈적인 의미라면 "반석"을 치라 하시지 않고 땅을 치라 하셨을 것입니다.

㉡ 이 두 가지 문제(만나와, 생수)가 신약성경에 이르러 하나로 귀결이 되는데 출애굽기 16장의 "주려 죽게 하느냐" 하는 문제에 대한 해답은 요한복음 6장에서 "하늘에서 내려온 떡"으로 주어졌고, 출애굽기 17장의 "목말라 죽게 하느냐" 한 문제에 대한 해답은 요한복음 7장에서 생수로 주어졌는데, 이는 주님의 "몸과, 피"에 대한 상징으로 둘이 아니라 하나인 것입니다.

㉢ 이점을 사도 바울은, "형제들아 나는 너희가 알지 못하기를 원하지 아니하노니 우리 조상들이 다 구름 아래에 있고 바다 가운데로 지나며 모세에게 속하여 다 구름과 바다에서 세례를 받고 다 같은 〈신령한 음식〉을 먹으며 다 같은 〈신령한 음료〉를 마셨으니 이는 그들을 따르는 신령한 반석으로부터 마셨으매 그 반석(磐石)은 곧 그리스도시라"(고전 10:1-4) 하고 증언합니다.

㉣ 이점에서 "만나와, 생수"가 주어진 지점(地點)이 어디인가 하는 점도 의미가 있다 하겠습니다. 왜냐하면 출애굽 하여 시내산에 이르기 전 "신 광야"에서 주어졌기 때문입니다. 이점이 왜 중요하냐 하면 시내산에서 율법이 주어지기 이전에, "유월절 어린양의 피, 만나, 생수" 등 그리스도의 구속을 상징하는 은혜가 먼저 주어졌다는 점 때문입니다. 이

제 분명합니까?

시내산에 강림하신 하나님

"이스라엘 자손이 애굽 땅을 떠난 지 삼 개월이 되던 날 그들이 시내 광야에 이르니라 그들이 르비딤을 떠나 시내 광야에 이르러 그 광야에 장막을 치되 이스라엘이 거기 산 앞에 장막을 치니라"(출 19:1-2) 합니다.

㉠ 출애굽 하여 "시내 산"이 있는 광야까지 온 것입니다. 형제는 구약교회가 어디서 창립(創立)이 되었는지 알고 있습니까? "여호와께서 두 돌판을 내게 주셨나니 그 돌판의 글은 하나님이 손으로 기록하신 것이요 너희의 총회 날에 여호와께서 산상 불 가운데서 너희에게 이르신 모든 말씀이니라"(신9:10) 하고, 십계명을 받은 그 때를 "총회(總會)의 날"이라고 말씀합니다.

    ㉮ 그래서 하나님께서는 모세에게, "내가 반드시 너와 함께 있으리라 네가 그 백성을 애굽에서 인도하여 낸 후에 너희가 이 산에서 하나님을 섬기리니 이것이 내가 너를 보낸 증거니라"(3:12) 하고 말씀하셨던 것입니다.

㉡ 그러면 신약교회는 언제 결성이 되었는가? 오순절 성령강림하신 때입니다. 이를 대조해보면,

    ㉮ 총회의 날에 구약교회에는 "십계명"이 주어졌는데, 이것이 하나님의 백성들이 지켜야할 헌법(憲法)과 같은 것입니다.

    ㉯ 신약교회에는 "성령" 곧 은혜가 주어진 것입니다. 이점을 "율법은 모

세로 말미암아 주어진 것이요 은혜와 진리는 예수 그리스도로 말미암아 온 것이라" (요 1:17) 합니다. 그러면 신약교회가 지켜야할 법이 무엇인지 아십니까?

ⓓ "새 계명(誡命)을 너희에게 주노니 서로 사랑하라 내가 너희를 사랑한 것 같이 너희도 서로 사랑하라 너희가 서로 사랑하면 이로써 모든 사람이 너희가 내 제자인 줄 알리라" (요 13:34-35) 하신, 단 한 가지 "사랑" 입니다. 그리고 성경은, "간음하지 말라, 살인하지 말라, 도둑질하지 말라, 탐내지 말라 한 것과 그 외에 다른 계명이 있을지라도 네 이웃을 네 자신과 같이 사랑하라 하신 그 말씀 가운데 다 들었느니라 사랑은 이웃에게 악을 행하지 아니하나니 그러므로 사랑은 율법의 완성(完成)이니라" (롬 13:9-10) 합니다. 그런데 우리는 이 사랑의 법을 지키고 있는가?

ⓒ 총회의 날에 하나님께서는, "세계가 다 내게 속하였나니 너희가 내 말을 잘 듣고 내 언약을 지키면 너희는 모든 민족 중에서 내 소유가 되겠고 너희가 내게 대하여 제사장(祭司長) 나라가 되며 거룩한 백성이 되리라" (19:5-6) 하십니다. 이는 선민 이스라엘을 통해서 그리스도를 보내셔서 천하 만민을 구원하시려는 계획을 의미합니다.

㉮ 이 예표가 예수 그리스도 안에서 성취가 되어 이제는 신약교회가, "너희는 택하신 족속이요 왕 같은 제사장(祭司長)들이요 거룩한 나라요 그의 소유가 된 백성이니 이는 너희를 어두운 데서 불러내어 그의 기이한 빛에 들어가게 하신 이의 아름다운 덕을 선포하게 하려 하심이라 너희가 전에는 백성이 아니더니 이제는 하나님의 백성이요 전에는 긍휼

을 얻지 못하였더니 이제는 긍휼을 얻은 자니라"(벧전 2:9-10) 하고 말씀합니다.

하나님의 백성답게 사는 법

"여호와께서 모세에게 이르시되 너는 백성에게로 가서 오늘과 내일 그들을 성결하게 하며 그들에게 옷을 빨게 하고 준비하게 하여 셋째 날을 기다리게 하라 이는 셋째 날에 나 여호와가 온 백성의 목전에서 시내 산에 강림할 것임이니"(출 19:10-11) 하십니다.

㉠ 하나님께서 왜 시내 산에 강림하시는가? 그곳에 "구속하여 내 백성"(6:6)을 삼으신 자기 백성이 있기 때문입니다. 그런데 어찌하여 "너는 백성을 위하여 주위에 경계를 정하고 이르기를 너희는 삼가 산에 오르거나 그 경계(境界)를 침범하지 말지니 산을 침범하는 자는 반드시 죽임을 당할 것이라"(12) 하시는가? 한마디로 "죄" 때문입니다.

㉮ 이는 "유월절 어린양의 피"는 예표일 뿐, 죄를 온전히 구속(救贖)할 수가 없었다는 점을 나타냅니다.

㉡ "하나님이 이 모든 말씀으로 말씀하여 이르시되 나는 너를 애굽 땅, 종 되었던 집에서 인도하여 낸 네 하나님 여호와니라"(20:1-2) 하십니다. 이는 총회의 날에 세우신 십계명의 서문(序文)인데, 이는 십계명을 지킴으로 하나님의 백성이 될 수 있다는 뜻이 아니라, 구속하여 하나님의 백성들이 되었기 때문에 하나님의 백성답게 살아가게 하기 위해서 주신 법도였던 것입니다.

㉮ 십계명은 출애굽한지, 즉 태어난 지 3개월 정도 된 어린아이에게 주어

진 계명이라는 점도 유념해야만 합니다. 그래서 "―하라"는 것보다는, "―하지 말라"는 금령이 주를 이루고 있습니다.

㉔ "너희는 지켜 행하라 이것이 여러 민족 앞에서 너희의 지혜요 너희의 지식이라 그들이 이 모든 규례를 듣고 이르기를 이 큰 나라 사람은 과연 지혜와 지식이 있는 백성이로다 하리라"(신 4:6), 즉 과연 하나님의 백성은 다르구나 하고 말하게 되리라 하십니다. 그래서 유대인들은 이방인들을 "법 없는 자"(행 2:23)라 한 것입니다.

십계명과 번제

"십계명"을 주신 후에 무엇이라 명하셨는가? 출애굽기 20장의 문맥을 주목해보시기 바랍니다.

㉠ "내게 토단(土壇)을 쌓고 그 위에 네 양과 소로 네 번제(燔祭)와 화목제를 드리라 내가 내 이름을 기념하게 하는 모든 곳에서 네게 임하여 복(福)을 주리라"(출 20:24) 하고, "번제와 화목제를 드리라" 명하십니다.

㉮ 창세기에 등장하는 "번제"는 율법이 주어지기 이전에 비정기적(非定期的)으로 특정인들에 의하여 드려진 번제였는데, 하나님께서 정식으로 "번제와, 화목제를 드리라" 하고 명하심은 여기가 처음입니다.

㉯ 그런데 이 명을 율법을 주시면서 말씀하셨다는 것과, 특히 "화목제"라는 말은 구약성경에서 여기가 첫 언급이라는 점을 유념하시기를 바랍니다. 그렇다면 "율법과, 번제, 화목제"가 어떤 관계가 있는가 하는 점입니다.

㉠ 이를 구속사라는 맥락으로 보면 의미는 분명해집니다. "율법"으로는 죄를 깨닫고, "번제"를 통해서 사함을 얻으라는 말씀이 됩니다. 그래서 율법을 그리스도께로 인도하는 "초등교사"(갈 3:24)라고 한 것입니다. 그러니까 죄라는 문제에 대한 해답으로 "번제"가 주어졌다는 말씀입니다.

㉡ 이점이 계속되는 말씀에 더욱 분명하게 계시되어 있는데, "네가 내게 돌로 제단을 쌓거든 다듬은 돌로 쌓지 말라 네가 정으로 그것을 쪼면 부정하게 함이니라"(출 20:25) 하신 말씀입니다. 무슨 뜻인가?

㉮ 그렇게 쌓은 단(壇) 위에서 드려지는 "번제"가 누구의 무엇에 대한 예표인가를 생각하시기를 바랍니다. 우리의 구원은 그리스도께서 단독적(單獨的)으로 단번(單番)에 이루신 것입니다. 그러므로 "정으로 그것을 쪼듯" 인위적(人爲的)인 것을 첨부(添附)한다면 "부정하게 함이니라", 즉 다른 복음이 된다는 말씀입니다.

㉯ 십계명(율법)과 함께 "번제를 드리라" 하신 하나님을 찬양하십시다. 왜냐하면 이것은 의문에 가려 있는 복음이요, 번제를 "드리라" 하심은 받으시기 위해서가 아니라, 내 아들을 대속제물로 "주리라"는 말씀이 되기 때문입니다.

준행과 번제

24장의 문맥도 주목해보시기를 바랍니다.

㉠ "모세가 와서 여호와의 모든 말씀과 그의 모든 율례를 백성에게 전

하매 그들이 한 소리로 응답하여 이르되 여호와께서 말씀하신 모든 것을 우리가 준행하리이다"(출 24:3) 합니다. 그리하여 언약식을 거행하는데,

㉮ "언약서를 가져다가 백성에게 낭독하여 듣게 하니 그들이 이르되 여호와의 모든 말씀을 우리가 준행(遵行)하리이다"(7) 하고, 서약을 합니다.

㉯ 그러자 "모세가 그 피를 가지고 백성에게 뿌리며 이르되 이는 여호와께서 이 모든 말씀에 대하여 너희와 세우신 언약의 피니라"(8) 합니다. 그러면 이때에 "뿌린 피"가 무슨 피인가?

㉡ 주목할 점은 "준행하리이다" 하는 말이 5절과, 7절 두 번 나오는데, 그 사이에 있는 4-6절에 무슨 말씀이 있는가를 보십시오.

㉮ 모세가 "산 아래에 제단(祭壇)을 쌓고 이스라엘 열두 지파대로 열두 기둥을 세우고 이스라엘 자손의 청년들을 보내어 여호와께 소로 번제(燔祭)와 화목제를 드리게 했다"는, "번제와 화목제"가 드려지고 있는 것입니다.

㉯ 그리고 백성들에게 "뿌려진 피"는 바로 번제의 피였던(6) 것입니다. 그러면 구원은 율법을 준행함으로인가? 번제의 피로 말미암음인가?

㉢ 그렇습니다. 구원은 인간이 율법을 준행함으로 가능하여지는 것이 아니라, 번제의 피가 뿌려짐으로 가능하여진다는 것을 계시해주고 있는 것입니다.

㉮ 이점을 신약성경에서는 그리스도인들을, "예수 그리스도의 피 뿌림을 얻기 위하여 택하심을 받은 자들"(벧전 1:2)이라 말씀합니다. 다른 점

은 구약의 성도들은 생축의 피 뿌림을 받았으나, 신약의 성도들은 "예수 그리스도의 피 뿌림"을 얻었다는 점입니다.

㉯ 이점을 "너희가 알거니와 너희 조상이 물려 준 헛된 행실에서 대속함을 받은 것은 은이나 금 같이 없어질 것으로 된 것이 아니요 오직 흠 없고 점 없는 어린양 같은 그리스도의 보배로운 피로 된 것이니라"(18-19) 하고 말씀합니다.

㉰ 이제 한 가지 확인(確認)할 점만이 남았습니다. 그것은 백성들이 한 목소리로, "모든 말씀을 우리가 준행(遵行)하리이다" 했는데, 과연 저들이 율법을 다 준행할 수가 있단 말인가 하는 점입니다. "준행하리이다" 한 말이 교훈적으로는 옳았으나, 신학적으로는 불가능하다는 점이 곧 드러나게 될 것입니다.

깨어진 돌 판

보십시오. "백성이 모세가 산에서 내려옴이 더딤을 보고 모여 백성이 아론에게 이르러 말하되 일어나라 우리를 위하여 우리를 인도할 신을 만들라 이 모세 곧 우리를 애굽 땅에서 인도하여 낸 사람은 어찌 되었는지 알지 못함이니라"(출 32:1) 합니다.

㉠ 그리하여 "아론이 그들의 손에서 금 고리를 받아 부어서 조각칼로 새겨 송아지 형상을 만드니 그들이 말하되 이스라엘아 이는 너희를 애굽 땅에서 인도하여 낸 너희의 신이로다 하는지라"(4).

㉮ "아론이 보고 그 앞에 제단을 쌓고 이에 아론이 공포하여 이르되 내일은 여호와의 절일이니라 하니"(5),

㉮ "이튿날에 그들이 일찍이 일어나 번제를 드리며 화목제를 드리고 백성이 앉아서 먹고 마시며 일어나서 뛰놀더라"(6) 합니다.

ⓒ 같은 점과, 다른 점이 무엇인지 알아차리셨습니까? "하나님이, 금송아지"로 바뀌었을 뿐 예배(禮拜)의식이 꼭 같다는 점입니다. 복음(福音)이 살아지고 그 자리에 자기중심적인 기복신앙이 자리를 잡게 되면 이는 금송아지를 숭배하는 것이나 다름이 없고, 그들이 부르는 "하나님"은 동명이인(同名異人)과 같은 인조(人造) 하나님이 될 수가 있다는 점에 대해서 형제의 생각은 어떠합니까?

ⓒ "여호와께서 모세에게 이르시되 너는 내려가라 네가 애굽 땅에서 인도하여 낸 네 백성이 부패하였도다"(7) 하십니다. 하나님께서는 "내 백성"이라 하시지 않고 "네 백성"이라 하십니다. 그리고 "그들이 내가 그들에게 명령한 길을 속히 떠나 자기를 위하여 송아지를 부어 만들고 그것을 예배하며 그것에게 제물을 드리며 말하기를 이스라엘아 이는 너희를 애굽 땅에서 인도하여 낸 너희 신이라 하였도다"(8) 하십니다.

㉡ 모세가 "진에 가까이 이르러 그 송아지와 그 춤추는 것들을 보고 크게 노하여 손에서 그 판들을 산 아래로 던져 깨뜨리니라"(19) 합니다.

㉮ 저들은 이구동성으로, "여호와의 모든 말씀을 우리가 준행(遵行)하리이다"(24:3,7) 한 자들입니다. 그런데 그 자리에서, 입에 침이 마르기도 전에 그 언약을 파한 것입니다.

㉯ 언약의 "돌 판"이 깨졌다는 것은 무엇을 의미하는가? "보라 날이 이르리니 내가 이스라엘 집과 유다 집에 새 언약을 맺으리라 이 언약은 내가

그들의 조상들의 손을 잡고 애굽 땅에서 인도하여 내던 날에 맺은 것과 같지 아니할 것은 내가 그들의 남편이 되었어도 그들이 내 언약을 깨뜨렸음이라"(렘 31:31-32) 하신, "옛 언약", 즉 율법의 행위로는 구원에 이를 수 없다는 불가능성을 나타냅니다.

㉤ 그렇다면 하나님께서 율법을 주신 의도가 무엇인가? 두 가지로 말씀드릴 수가 있는데,

㉮ 첫째는 "그런즉 율법은 무엇이냐 범법(犯法)하므로 더하여진 것이라"(갈 3:19), 즉 법이 없으면 무법천지(無法天地)가 되고 맙니다. 그래서 죄를 억제하기 위하여 주신 것이요,

㉯ 둘째는, "이같이 율법이 우리를 그리스도께로 인도하는 초등교사가 되어 우리로 하여금 믿음으로 말미암아 의롭다 함을 얻게 하려 함이라"(갈 3:24), 즉 율법으로 죄를 깨닫고 그리스도에게로 가서 믿음으로 의롭다함을 얻게 하는 "초등교사"의 기능으로 주어졌다고 말씀합니다.

㉰ 그럼에도 불구하고 주님 당시의 유대인들은 어떠했는가? "내가 증언하노니 그들이 하나님께 열심이 있으나 올바른 지식(知識)을 따른 것이 아니니라 하나님의 의를 모르고 자기 의를 세우려고 힘써 하나님의 의에 복종하지 아니 하였느니라"(롬 10:2-3) 합니다. 열심은 있으나 "올바른 지식(知識)을 따른 것이 아니라" 하는데, 현대교회의 "열심"은 과연 "올바른 지식"을 따른 것이라 할 수가 있는가?

얼굴의 광채와 수건

"여호와께서 모세에게 이르시되 너는 돌판 둘을 처음 것과 같이 다듬어 만들라 네가 깨뜨린 처음 판에 있던 말을 내가 그 판에 쓰리니 아침까지 준비하고 아침에 시내 산에 올라와 산꼭대기에서 내게 보이되"(출 34:1-2) 하십니다.

㉠ 그리하여 두 번째로 "모세가 그 증거의 두 판을 모세의 손에 들고 시내 산에서 내려오니", 이번에는 어떤 일이 일어났는가?

㉮ "아론과 온 이스라엘 자손이 모세를 볼 때에 모세의 얼굴 피부에 광채(光彩)가 남을 보고 그에게 가까이 하기를 두려워하더니"(30) 하고, 첫 번과는 정반대의 일이 이러난 것입니다. 문제는 모세의 얼굴에 발하는 "광채"(光彩)가 무엇을 의미하느냐 하는 점입니다.

㉯ 이 "광채"가, "여호와와 말하였음으로 얼굴 피부에 광채"(29)가 났다는 것이 전부라면 이상하지 않은가? 그렇다면 1차 때에도 광채가 났었어야 마땅합니다. 그러나 그런 언급이 전연 없는 것입니다.

㉡ 이점을 복음이 밝히 드러난 신약성경에서는, "우리는 모세가 이스라엘 자손들에게 장차 없어질 것의 결국을 주목하지 못하게 하려고 수건을 그 얼굴에 쓴 것 같이 아니하노라"(고후 3:13) 합니다. 무슨 뜻인가? 바울 사도는 모세의 얼굴에 발한 "광채"를 통해서 "복음의 빛"을 보고 있는 것입니다.

㉮ 그런데 모세가 수건으로 광채를 가린 것같이, "그들의 마음이 완고하여 오늘까지도 구약(舊約)을 읽을 때에 그 수건이 벗겨지지 아니하고 있으니 그 수건은 그리스도 안에서 없어질 것이라"(14), 즉 복음(福音)

의 광채(光彩)를 가리고 있는 자들이 있다고 통탄해합니다.

㉡ 바울은 "오늘까지도" 그렇게 하고 있다고 말씀하는데, "오늘"이 언제인가? 그리스도께서 십자가상에서 "다 이루었다" 하고 선언하셨을 때에, "이에 성소 휘장(揮帳)이 위로부터 아래까지 찢어져 둘이 되고" (마 27:51) 한, 활짝 열어놓으신 오늘까지를 가리킵니다. "이 비밀은 만세와 만대로부터 감추어졌던 것인데 이제는 그의 성도들에게 나타났고"(골 1:26) 한, 오늘까지 그렇게 하고 있다는 것입니다.

㉢ "오늘까지 모세의 글을 읽을 때에 수건이 그 마음을 덮었도다 그러나 언제든지 주께로 돌아가면 그 수건이 벗겨지리라"(16) 합니다. 그로부터 2000년이 지난 "오늘까지도" 구약성경에서 "축복이나, 교훈"은 보면서 "그리스도"를 증언하지 못하고 있다면, 이는 그 마음에서 수건이 벗어지지 않았다는 증거입니다.

㉮ 그러면 비결(秘訣)이 무엇인가? "그 수건은 그리스도 안에서 없어질 것이라(14), 그러나 언제든지 주께로 돌아가면 그 수건이 벗겨지리라" (16) 한, 복음으로 돌아가는 일입니다.

율법과 성막

그러므로 시내 산에 강림하신 하나님께서는 율법만을 주신 것이 아니라, "내가 그들 중에 거할 성소(聖所)를 그들이 나를 위하여 짓되 무릇 내가 네게 보이는 모양(式樣)대로 장막을 짓고 기구들도 그 모양을 따라 지을 지니라"(출 25:8–9) 하고, "성막(聖幕)"을 주셨다는 점을 명심해야만 합니다. 왜냐하면 "성막"에 해답이 있기 때문입니다.

㉠ 20장에서 율법과 함께 "번제, 화목제"를 주셨는데, 어디서 번제를 드리라 하시는가? 성막입니다.

  ㉮ "성막"은, "말씀이 육신이 되어 우리 가운데 거하시매"(요 1:14) 한, 임마누엘의 모형이요,

  ㉯ "번제"는, "보라 세상 죄를 지고 가는 하나님의 어린 양이로다"(요 1:29)에 대한 예표였던 것입니다. 얼마나 확실한 계시요, 망극하신 은혜인가!

㉡ 그래서 성막을 짓되 "내가 네게 보이는 식양(式樣)대로 지으라" 하시는 것입니다. "식양"에 나타난 신학적(神學的)인 의미는 분명합니다. 하나님 앞에 나아가기 위해서는, "번제단의 구속을 힘입어, 물두멍에서 씻고" 성막에 들어갈 수 있다는 구조(構造)로 되어 있습니다.

  ㉮ 이점을 신약성경에서는, "우리가 마음에 뿌림을 받아 악한 양심으로부터 벗어나고 몸은 맑은 물로 씻음을 받았으니 참 마음과 온전한 믿음으로 하나님께 나아가자"(히 10:22) 하고 해설해주고 있습니다.

  ㉯ 그러므로 "번제단, 물두멍, 향단, 진설병, 일곱 촛대" 등은 예수 그리스도에게서 성취될 구속의 일면을 계시하신 것으로, 의문(儀文)에 쌓여 있는 복음(福音)이었던 것입니다.

㉢ 그러므로 중요한 요점이 대두되는데 만일 율법만 주시고, 성막을 주시지 않으셨다면 어떻게 되는가 하는 점입니다. 극단적으로 말하면 구약의 성도들은 한 사람도 구원에 이를 수가 없었다고 말할 수 있는 것입니다. 왜냐하면 "율법의 행위로 그의 앞에 의롭다하심을 얻을 육체가

없나니 율법으로는 죄를 깨달음이니라"(롬 3:20) 하고 말씀하기 때문입니다. 이 불가능성을 우리보다 하나님께서 더 잘 아십니다.

㉮ 이점이 "여호와께서 모세를 통하여 너희에게 명령한 모든 것을 여호와께서 명령한 날 이후부터 너희 대대(代代)에 지키지 못하여 회중이 부지중에 범죄하였거든"(민 15:23-24), 한 말씀에 나타납니다. "대대로 지키지 못하면" 어떻게 하라 하시는가?

㉯ "제사장은, 여호와 앞에 범한 죄를 위하여 속죄(贖罪)하여 그 죄를 속할지니 그리하면 사함을 얻으리라"(29) 하십니다.

㉰ 그런데 만일 율법만을 주시고 "성막 식양"을 주시지 않으셨다면 문제(問題)만 있고 해답(解答)은 없는 셈입니다. 그래서 율법을 주시면서 "번제를 드리라"(출 20:24) 명하셨던 것입니다. 성막 식양을 주신 하나님을 찬양해야만 합니다.

중간이 막혀 있는 성막

그런데 성막 식양(式樣)이 어떻게 되어 있는가? 중간(中間)을 막으라 하십니다.

㉮ 하나님께서 이스라엘 백성들을 애굽에서 인도하여 내신 목적(目的)은, "그들은 내가 그들의 하나님 여호와로서 그들 중에 거하려고 그들을 애굽 땅에서 인도하여 낸 줄을 알리라 나는 그들의 하나님 여호와니라"(29:46) 하십니다.

㉮ 하나님께서는 시내 산에 임하셨다가, 또 세일산에 임하시는 그렇게 하시려는 것이 아니라, "그들 중에 거하기를" 원하셨던 것입니다. 왜냐하

면 이것이 계시록에서 완성이 될(계 21:3) 하나님의 나라 모형이기 때문입니다.

㉯ 그런데 시내 산에는 "경계"(境界)가 정해졌고, 성막 식양은 중간이 휘장으로 막혀 있었습니다. 1500년 내내 막혀 있었습니다. 이것이 "함께 거하시는" 것이란 말인가?

㉡ 이점을 신약성경에서는, "성령(聖靈)이 이로써 보이신 것은 첫 장막이 서 있을 동안(구약시대)에는 성소에 들어가는 길이 아직 나타나지 아니한 것이라"(히 9:8) 하고 말씀합니다. 즉 하나님께 나아가는 길이 막혀 있었다는 것입니다.

㉮ 1500동안이나 막혀있었던 것을, "그러므로 형제들아 우리가 예수의 피를 힘입어 성소에 들어갈 담력을 얻었나니 그 길은 우리를 위하여 휘장 가운데로 열어 놓으신 새로운 살 길이요 휘장은 곧 그의 육체니라"(히 10:19-20) 하고, 주님께서 육체를 찢으심으로 휘장을 열어주셨던 것입니다.

㉯ 그리고 하나님께서 백성들과 함께 거하심은, 현재는 "교회"를 통하여 이루어지고 있으나 궁극적인 성취는, "내가 들으니 보좌에서 큰 음성이 나서 이르되 보라 하나님의 장막이 사람들과 함께 있으매 하나님이 그들과 함께 계시리니 그들은 하나님의 백성이 되고 하나님은 친히 그들과 함께 계셔서 모든 눈물을 그 눈에서 닦아 주시니 다시는 사망이 없고 애통하는 것이나 곡하는 것이나 아픈 것이 다시 있지 아니하리니 처음 것들이 다 지나갔음이러라"(계 21:3-4)에서 완성이 될 것입니다.

제사장 직분

"성막을 지으라, 번제를 드리라" 하고 명하신 하나님께서는, "너는 이스라엘 자손 중 네 형 아론과 그의 아들들 곧 아론과 아론의 아들들 나답과 아비후와 엘르아살과 이다말을 그와 함께 네게로 나아오게 하여 나를 섬기는 제사장(祭司長) 직분을 행하게 하되"(출 28:1) 하고, 섬길 "제사장"을 세워주십니다.

㉠ 성막이 있고, 번제물이 있다 하여도 이를 드려줄 제사장이 없다면 무슨 소용이 있단 말인가? 죄로 말미암아 하나님 앞에서 추방을 당한 죄인은, "대속제물과, 이를 드려줄 제사장"을 통해서만 하나님과 교제할 수가 있었기 때문입니다.

 ㉮ 그러므로 제사장의 좌우 어깨에는 12지파의 이름을 쓴 보석을 각각 6개씩 달라 하시고,

 ㉯ 흉패에는 12지파의 이름을 색인 12보석을 붙이라 명하셨던 것입니다.

㉡ 구약의 예표가, "그리스도께서는 장래 좋은 일의 대제사장으로 오사 손으로 짓지 아니한 것 곧 이 창조에 속하지 아니한 더 크고 온전한 장막으로 말미암아 염소와 송아지의 피로 하지 아니하고 오직 자기의 피로 영원한 속죄를 이루사 단번에 성소에 들어가셨느니라"(히 9:11-12) 하고, 그리스도로 성취되었음을 말씀합니다.

 ㉮ 그리스도께서 참 대제사장으로 오셔서,

 ㉯ 생축의 피가 아니라 자기 피로 영원한 속죄를 이루사,

 ㉰ 반복적으로가 아닌 단번(單番)에,

 ㉱ 땅에 있는 지성소가 아닌 참 하늘 성소에 들어가셨기 때문에,

ⓒ "그러므로 자기를 힘입어 하나님께 나아가는 자들을 온전히 구원하실 수 있으니 이는 그가 항상 살아 계셔서 그들을 위하여 간구하심이라", 즉 죽으실 뿐 아니라 다시 살아나신 이는 그리스도 예수시니 그는 하나님 우편에 계신 자요 우리를 위하여 간구하시는 자시니라"(롬 8:34) 하십니다.

㉮ "이러한 대제사장은 우리에게 합당하니 거룩하고 악이 없고 더러움이 없고 죄인에게서 떠나 계시고 하늘보다 높이 되신 이라"(히 7:25-26) 하고 말씀합니다.

ⓔ 그러므로 "지금 우리가 하는 말의 요점(중요한 것)은 이러한 대제사장이 우리에게 있다는 것이라 그는 하늘에서 지극히 크신 이의 보좌 우편에 앉으셨으니(히 8:1), 그러므로 우리에게 큰 대제사장이 계시니 승천하신 이 곧 하나님의 아들 예수시라 우리가 믿는 도리를 굳게 잡을지어다"(히 4:14) 하는 것입니다.

㉮ 이러한 대제사장을 모신 자들은 참으로 복을 받은 자들입니다. "성막, 번제"와 함께 드려줄 제사장을 세워주신 하나님을 찬양해야 합니다.

성막에 충만한 영광

"여호와께서 모세에게 명령하신 대로 이스라엘 자손이 모든 역사를 마치매 모세가 그 마친 모든 것을 본즉 여호와께서 명령하신 대로 되었으므로 모세가 그들에게 축복(祝福)하였더라"(출 39:42-43) 합니다.

㉠ 성막은 각기 은사대로 분담해서 만들었습니다. 39장은 분담해서

만든 것을 모세가 점검(點檢)하는 내용인데, "명하신 대로 되었다"는 말이 10번이나 등장합니다. "명령하신 대로 되었으므로 모세가 그들에게 축복(祝福)하였더라" 합니다. 명하신 대로 되지 않았어도 "축복"을 했겠는가?

㉮ 그러면 "축복"의 반대는 무엇인가? 어찌하여 주님 당시의 종교지도자들이 "화 있을진저 외식하는 서기관들과 바리새인들이여 너희는 천국문을 사람들 앞에서 닫고 너희도 들어가지 않고 들어가려 하는 자도 들어가지 못하게 하는도다"(마 23:13) 하고 저주를 받은 줄 아십니까? 오직 한 가지 이유, "명하신 대로 하지 않았기" 때문입니다.

㉡ 40장은 성막을 조립해서 세우는 내용입니다. "그는 또 성막과 제단 주위 뜰에 포장을 치고 뜰 문에 휘장을 다니라 모세가 이같이 역사를 마치니 구름이 회막에 덮이고 여호와의 영광(榮光)이 성막에 충만하매"(40:33-34) 합니다.

㉢ 40장에는 "명하신 대로 하였다"는 말이 8번이나 강조되어 있습니다. 다시 묻습니다. 명하신 대로 하지 않았다 해도, "여호와의 영광이 성막에 충만" 하였겠는가? 얼마나 충만했으면, "모세가 회막에 들어갈 수 없었으니 이는 구름이 회막 위에 덮이고 여호와의 영광이 성막에 충만함이었으며"(35) 했겠는가?

㉮ 이점에서 "모세가 회막에 들어갈 수 없었다"는 점을 주목하게 됩니다. 솔로몬의 성전 낙성식 때에도, "솔로몬이 기도를 마치매 불이 하늘에서부터 내려와서 그 번제물과 제물들을 사르고 여호와의 영광이 그 성

전에 가득하니 여호와의 영광이 여호와의 전에 가득하므로 제사장들이 여호와의 전으로 능히 들어가지 못하였고" (대하 3:1-2) 합니다.

성막이 지금은 어디에 있는가

이 성막 계시는, "말씀이 육신이 되어 우리 가운데 거하시매 우리가 그의 영광을 보니 아버지의 독생자의 영광이요 은혜와 진리가 충만하더라"(요 1:14) 한, 임마누엘에 대한 모형이었던 것입니다.

㉠ 그리고 이제는 성전이 주님의 몸 된 교회로 주어졌는데, 이점에서 구약과, 신약이 어떤 차이인가? "마치 불의 혀처럼 갈라지는 것들이 그들에게 보여 각 사람 위에 하나씩 임하여 있더니 그들이 다 성령의 충만함을 받고 성령이 말하게 하심을 따라 다른 언어들로 말하기를 시작하니라" (행 2:3-4) 합니다.

㉮ 성령은 다락방에 충만하고 성도들은 밖에서 들어가지 못한 것이 아닙니다. 각 사람에게 충만하게 임한 것입니다. 이는 그리스도의 구속으로 말미암아 그리스도인들의 몸이 성령의 전(殿)이 되었기 때문에 가능하여진 것입니다.

㉡ 그러면 성막 계시가 현대교회에는 어떻게 적용이 되는가?

㉮ "너희는 너희가 하나님의 성전인 것과 하나님의 성령이 너희 안에 계시는 것을 알지 못하느냐" (고전 3:16) 하신, 교회가 하나님의 성전이요,

㉯ "너희 몸은 너희가 하나님께로부터 받은바 너희 가운데 계신 성령의 전인 줄을 알지 못하느냐" (고전 6:19) 하신, 성도 개개인의 몸이 성령의

전이라고 말씀합니다.

ⓒ 그러면 우리에게 주어진 성막 "식양"(式樣)은 무엇인가? "내가 속히 네게 가기를 바라나 이것을 네게 쓰는 것은 만일 내가 지체하면 너로 하여금 하나님의 집에서 어떻게 행하여야 할지를 알게 하려 함이니 이 집은 살아 계신 하나님의 교회요 진리의 기둥과 터니라"(딤전 3:14-15) 한, 성경(聖經)인 것입니다.

㉮ 오늘날도 "하나님의 집"인 교회를 성경대로 섬기기만 한다면 교회는 "하나님의 모든 충만하신 것으로 충만" 할 것이요, "교회 안에서와 그리스도 예수 안에서 영광이 대대로 영원무궁"(엡 3:19, 21)하게 될 것입니다.

레위기

  레위기의 내용은 역사적(歷史的)인 기사(記事)가 아니라 출애굽기(시내 산)에서 완성한 성막(聖幕)에 대한 규례가 주 내용을 이루고 있습니다. 즉, 성막을 어떻게 사용해야하는가를 말씀하는 내용입니다. 레위기는 크게 두 부분으로 나누어지는데 첫째 부분(1-10장)의 주제는 죄인이 의로우신 하나님 앞에 나아가는 것이 어떻게 가능하여지는가를 말씀해주는데, "대속제물"과, 이를 드려줄 "제사장"을 통해서만 가능하다는 내용입니다.

  둘째 부분(11-27장)의 주제는, 거룩하신 하나님과 교제를 지속(持續)해나가는 방도를 말씀해주고 있는데, "내가 거룩하니 너희도 거룩할 지어다" 하신, 성별된 삶을 살아야 한다는 내용입니다.

5대 제사

  시내 산에서 말씀하시던 하나님께서는, "여호와께서 회막에서 모세를 부르시고 그에게 말씀하여 이르시되"(레 1:1) 하고, 이제부터는 성막에서 말씀하십니다. 그런데 어찌하여 성막을 "회막"(會幕)이라 하시는가? "거기서 내가 너와 만나고 속죄소 위 곧 증거궤 위에 있는 두 그룹 사이에서 내가 이스라엘 자손을 위하여 네게 명령할 모든 일을 네게 이르리라"(출 25:22) 하신, "만남의 장소"이기 때문입니다.

㉠ "이스라엘 자손에게 말하여 이르라 너희 중에 누구든지 여호와께 예물을 드리려거든 가축 중에서 소나 양으로 예물을 드릴 지니라 그 예물이 소의 번제이면 흠 없는 수컷으로 회막 문에서 여호와 앞에 기쁘게 받으시도록 드릴 지니라" (1:2-3) 하십니다.

 ㉮ 우리는 창세기에서 "아벨의 번제, 노아의 번제, 아브라함의 번제"를 상고한 바가 있습니다. 그런데 창세기의 번제는 율법이 주어지기 이전에 행해진 일이었습니다. 제사제도가 확립이 된 것은, "유월절 어린양의 피"로 말미암아 출애굽을 한 이후에야 계시되었습니다. 이런 맥락에서 제사제도는 "유월절 어린양"에 대한 확대(擴大)라 할 수가 있습니다.

㉡ 1장-6장 안에는 5대 제사인 "번제, 소제, 화목제, 속죄제, 속건제"에 대한 규례가 있습니다. 이는 "복음서"가 네 개가 있듯이 모두가 유월절 어린양 되시는 그리스도에게서 성취될 구속사역의 일면을 예표하고 있습니다. 그래서 "흠이 없는 것"으로 드리라 하십니다.

 ㉮ 주님은 "인자가 온 것은 섬김을 받으려 함이 아니라 도리어 섬기려 하고 자기 목숨을 많은 사람의 대속물로 주려 함이니라"(마 20:28) 하신 우리의 속죄(贖罪)제물이 되어 주셨고,

 ㉯ "이 예수를 하나님이 그의 피로써 믿음으로 말미암는 화목(和睦)제물

로 세우셨으니"(롬 3:25) 한, 화목제물이 되어주셨으며,

㉰ "우리에게 있는 대제사장은 우리의 연약함을 동정하지 못하실 이가 아니요 모든 일에 우리와 똑같이 시험을 받으신 이로되 죄(罪)는 없으시니라"(히 4:15) 한, "소제"의 삶을 사셨습니다.

㉱ 그리고 "나의 원대로 마옵시고 아버지의 원대로 하옵소서"(마 26:39) 하신, 번제(燔祭)로 드려진 것입니다.

㉡ 그런데 "번제"(1:3)를 제일 먼저 언급하고 있는 것은 기본(基本)이 되는 제사이기 때문이요, 이를 순서적으로 우리에게 적용을 시킨다면,

㉮ 먼저는 속죄제(贖罪祭)와 속건제를 통해서 죄 해결함을 받고,

㉯ 다음은 "화목(和睦)제와 소제"를 통해서 하나님과의 관계가 회복이 되고,

㉰ 마지막으로 "번제"(燔祭)의 삶을 살아가므로 온전히 헌신(獻身)하는 것이 순서입니다.

㉢ "그는 번제물의 머리에 안수할지니"(4) 하는데 이는 연합을 의미합니다. 즉 죄 값으로 내가 죽어야할 것을 제물이 내 죄를 짊어지고 대신 죽는다는 뜻입니다. 이점이 16:21절에서는, "아론은 그의 두 손으로 살아 있는 염소의 머리에 안수하여 이스라엘 자손의 모든 불의와 그 범한 모든 죄를 아뢰고 그 죄를 염소의 머리에 두어 미리 정한 사람에게 맡겨 광야로 보낼지니" 합니다.

㉣ "그는 여호와 앞에서 그 수송아지를 잡을 것이요"(5) 합니다. 형제가 이렇게 제물을 드린다고 생각해 보십시오. "안수하고, 잡을 때에 피

를 흘리며 죽어가는 양"을 보면서 형제의 마음이 어떠하겠습니까? 틀림없이 눈물을 펑펑 쏟으면서 행할 것입니다. "율법은 장차 올 좋은 일의 그림자일 뿐이요 참 형상이 아니라"(히 10:1) 하십니다. 하나님께서는 제사제도라는 "그림자"를 통해서 "세상 죄를 지고 가는 하나님의 어린 양"을 바라보기를 원하셨던 것입니다.

죄의 영향력의 경중

죄가 미치는 영향력의 경중(輕重)이 속죄제를 드리는 방도에 나타나고 있다는 점을 주목하게 됩니다.

㉠ "만일 기름 부음을 받은 제사장이 범죄하여 백성의 허물이 되었으면 그가 범한 죄로 말미암아 흠 없는 수송아지로 속죄제물을 삼아 여호와께 드릴지니"(레 4:3) 하고, "제사장"(祭司長)이 범한 죄에 대한 속죄제 규례를 말씀하시는데,

㉮ "기름 부음을 받은 제사장은 그 수송아지의 피를 가지고 회막에 들어가서 그 제사장이 손가락에 그 피를 찍어 여호와 앞 곧 성소의 휘장 앞에 일곱 번 뿌릴 것이며"(5-6) 하고, 속죄 피를 가지고 "회막 안에 들어가라" 하십니다.

㉡ "만일 이스라엘 온 회중(會衆)이 여호와의 계명 중 하나라도 부지중에 범하여 허물이 있으나 스스로 깨닫지 못하다가 그 범한 죄를 깨달으면" 하고, "회중"의 죄에 대한 속죄제 규례를 말씀하는데,

㉮ "기름 부음을 받은 제사장은 그 수송아지의 피를 가지고 회막에 들어가

서"(13-16) 하고, 역시 속죄한 피를 가지고 "회막에 들어가라" 하십니다. 이처럼 "제사장"의 경우와, "온 회중"이 죄를 범한 경우의 속죄하는 방도가 같다는 것은, 제사장은 백성을 대표하는 자이기 때문에, 죄의 무게가 동일함을 나타냅니다.

ⓒ 그런데 "만일 평민(平民)의 한 사람이 여호와의 계명 중 하나라도 부지중에 범하여 허물이 있었는데 그가 범한 죄를 누가 그에게 깨우쳐 주면 그는 흠 없는 암염소를 끌고 와서 그 범한 죄로 말미암아 그것을 예물로 삼아 그 속죄제물의 머리에 안수하고 그 제물을 번제물을 잡는 곳에서 잡을 것이요"(27-29).

㉮ "제사장은 손가락으로 그 피를 찍어 번제단 뿔들에 바르고 그 피 전부를 제단 밑에 쏟으라"(30) 하십니다. 즉 속죄한 피를 가지고 회막 안에 들어가는 것이 아니라, "번제 단 밑에 쏟으라" 하십니다. 어떤 의미가 있는가? 성도 개인의 죄는 조용히 처리하되, "제사장"이 범한 죄의 영향력은 온 회중에게 미친다는 점을 나타냅니다.

ⓔ 이런 점이 "자기의 형제 중 관유로 부음을 받고 위임되어 그 예복을 입은 대제사장은 그의 머리를 풀지 말며 그의 옷을 찢지 말며 어떤 시체에든지 가까이 하지 말지니 그의 부모로 말미암아서도 더러워지게 하지 말며"(21:10-11) 하고 명하신 데서도 나타납니다. 왜냐하면 "관유"가 그 머리에 있기 때문인데, 제사장은 사사로운 일에 얽매일 신분이 아니라는 뜻입니다.

㉮ 하나님을 섬기는 제사장이 옷을 찢는다, 즉 낙망을 한다는 것은 자신이

섬기는 하나님을 부인하는 것과 같은 것입니다. 또한 백성을 대표하는 제사장이 옷을 찢는다면 백성들은 어떻게 하란 말인가?

㉴ 그래서 제사장의 에봇은 "두 어깨 사이에 머리 들어갈 구멍을 내고 그 주위에 갑옷 깃 같이 깃을 짜서 찢어지지 않게 하고"(출 28:32), 즉 실수(失手)로라도 찢어지지 않게 "갑옷" 같이 튼튼하게 하라 명하십니다.

㉵ 이 말씀이 신약의 성도들에게는 어떻게 적용이 되는가? 우리들의 정체성을 일깨워주고 있는데, 형제는 "왕 같은 제사장"이요, 홀몸이 아니라, "관유", 즉 성령이 내주하고 계시다는 점을 잊지 마시기를 바랍니다.

대 속죄일

16장은 1년에 1차 있는 대 속죄(贖罪)일의 규례인데, "여호와께서 모세에게 이르시되 네 형 아론에게 이르라 성소의 휘장 안 법궤 위 속죄소 앞에 아무 때나 들어오지 말라 그리하여 죽지 않도록 하라"(레 16:2), 즉 지성소에 들어오는 것이 1년에 1차만 허용이 된다는 말씀입니다. 그것도 실은 대제사장 되시는 그리스도를 예표하기 때문에 가능한 것입니다.

㉠ 이점이 아론은 먼저 "자기를 위한 속죄제의 수송아지를 드리되 자기와 집안을 위하여 속죄하고"(6) 한 말씀에 나타납니다. 먼저 자기를 위한 속죄제를 드리라 하심은, 아론도 죄인임을 나타냅니다.

㉮ 그런 후에, 준비된 두 염소 중 하나는, "백성을 위한 속죄제 염소를 잡아 그 피를 가지고 휘장 안에 들어가서 그 수송아지 피로 행함 같이 그 피로 행하여 속죄소 위와 속죄소 앞에 뿌릴지니"(15) 하십니다. 앞에서 언급한 대로 "속죄소 위에 뿌리라" 하심은, 하나님께서 우리를 보실 때

에 피를 통하여 보시는 "은혜 아래" 있다는 점을 나타내고,

㉯ 속죄소 앞에 뿌리라 하심은, 마치 유월절 어린양의 피를 대문에 뿌리라 하심과 같은 논리로, 우리를 보실 때 피를 통하여 보신다는 점을 나타냅니다.

㉰ "피"는 생명을 의미하지만 "흘린 피"는 죽음을 가리키고, "뿌린 피"는 효험(效驗)을 나타냅니다. 그래서 사도 베드로는 그리스도인들을 가리켜서, "예수 그리스도의 피 뿌림을 얻기 위하여 택하심을 받은 자들"(벧전 1:2)이라고 말씀합니다. 그래서 정죄함이 없는 것입니다.

ⓛ 다른 한 마리 염소는, "아론은 그의 두 손으로 살아 있는 염소의 머리에 안수하여 이스라엘 자손의 모든 불의와 그 범한 모든 죄를 아뢰고 그 죄를 염소의 머리에 두어 미리 정한 사람에게 맡겨 광야로 보낼지니 염소가 그들의 모든 불의를 지고 접근하기 어려운 땅에 이르거든 그는 그 염소를 광야에 놓을 지니라" (21-22) 합니다.

㉮ 이점을 시편에서는 "동이 서에서 먼 것 같이 우리의 죄과를 우리에게서 멀리 옮기셨으며" (시 103:12) 말씀하고,

㉯ 신약성경에서는 "보라 세상 죄를 지고 가는 하나님의 어린 양이로다"(요 1:29) 하고 증언합니다. 오직 이 대속(代贖)만이 죄를 해결하는 방도요, 의로우신 하나님 앞에 나아갈 수 있는 유일한 길이라는 말씀입니다.

ⓒ 하나님께서는 노아에게 이미 "고기를 그 생명 되는 피 채 먹지 말라" (창 9:4) 하고 금하셨는데, 레위기에서도 "피 먹는 사람에게 진노하여 그를 백성 중에서 끊으리니" (17:10) 하십니다. 17장에는 "피를 먹지

말라" 하시는 말씀이 5-6번이나 등장합니다.

㉮ 그런데 이어지는 말씀은, "내가 이 피를 너희에게 주어 제단에 뿌려 너희의 생명을 위하여 속죄하게 하였나니 생명이 피에 있으므로 피가 죄를 속하느니라"(17:11) 하시는 것이 아닌가! 여기에 "피를 금하신" 의도가 무엇인가 하는 하나님의 마음이 나타나 있는 것입니다.

㉯ 그러므로 "이 피를 너희에게 주어" 라는 말씀이 구약시대에는 생축의 피를 실제로 주시는 것으로 이루어졌으나 이는 그림자일 뿐, 주님께서는 "내 피를 마셔라 그래야 너희 속에 생명이 있느니라" 하고, "복음" 으로 주어지는 것입니다. 생축의 피를 아끼신 하나님께서는 자기 아들의 생명을 우리에게 주심으로 성취하여 주셨던 것입니다. 얼마나 망극하신 은혜인가!

3대 절기

레위기 23장에는 "여호와께서 모세에게 말씀하여 이르시되 이스라엘 자손에게 말하여 이르라 이것이 나의 절기들이니 너희가 성회로 공포할 여호와의 절기들이니라"(레 23:1-2) 하신 여러 가지 절기들이 있는데, "유월절, 오순절, 초막절"을 3대 절기라고 합니다.

3대 절기는 각 성에서 지키는 것이 아니라, 모든 남자들은 여호와의 이름을 두시려고 택하신 한 곳, 즉 예루살렘으로 올라와 지키라 하십니다. 이는 3대 절기에 망각(忘却)해서는 아니 될 중요한 의미가 있기 때문인 것입니다. 그것이 무엇인가?

유월절

㉠ "첫째 달 열 나흗날 저녁은 여호와의 유월절이요 이 달 열 닷샛날은 여호와의 무교절이니 이레 동안 너희는 무교병을 먹을 것이요" (5-6) 하십니다. "유월절"에 관해서는 충분하리만치 말씀을 드렸습니다. 그런데 유월절은 단 하루 저녁뿐입니다. 여기에도 단번(單番)에 성취하실 그리스도의 구속사역이 나타나 있습니다.

㉮ 그리고 누룩 없는 떡을 먹는 "무교절"로 이어집니다. 이는 구속함을 얻은 자는 누룩 없는 삶을 살아야 할 것을 가리킵니다.

㉯ 이점을 신약성경에서는, "너희는 누룩 없는 자인데 새 덩어리가 되기 위하여 묵은 누룩을 내버리라 우리의 유월절 양 곧 그리스도께서 희생(犧牲)되셨느니라" (고전 5:7) 하고 말씀합니다.

초실절

㉠ 유월절과 오순절 사이에는, "이스라엘 자손에게 말하여 이르라 너희는 내가 너희에게 주는 땅에 들어가서 너희의 곡물을 거둘 때에 너희의 곡물의 〈첫 이삭〉 한 단을 제사장에게로 가져갈 것이요" (10) 한, "초실절"(初實節)이라는 것이 끼어 있습니다.

㉮ 이는 무심한 일이 아니라 이 예표가, "그러나 이제 그리스도께서 죽은 자 가운데서 다시 살아나사 잠자는 자들의 첫 열매가 되셨도다" (고전 15:20) 한, 첫 열매가 되신 그리스도로 성취가 되었던 것입니다.

㉯ 그런데 "첫 이삭"을, "제사장은 너희를 위하여 그 단을 여호와 앞에 기

쁘게 받으심이 되도록 흔들되 안식일 이튿날에 흔들 것이며"(11) 하십니다. 이것도 무심한 것이 아니라, 우리 주님은 "안식일이 다 지나고 안식 후 첫날이 되려는 새벽에"(마 28:1) 부활하심으로 성취가 되었던 것입니다. 얼마나 분명한 계시인가!

오순절

㉠더욱 분명한 것은, "안식일 이튿날 곧 너희가 요제로 곡식단을 가져온 날부터 세어서 일곱 안식일(7x7)의 수효를 채우고 일곱 안식일 이튿날(7x7+1=50)까지 합하여 오십 일을 계수하여 새 소제를 여호와께 드리되"(15-16) 하십니다. 이것이 "오순절"인데, 오순절은 "첫 이삭"을 드린 날부터 50일되는 날인 것입니다.

㉮ 이 오순절에 대한 계시가 주님께서 부활하신 후 50일이 되는 날 성령께서 강림하심으로 성취가 되었는데,

㉯ 그 때에 "새 소제를 드리라"(16) 하신, 신약교회는 탄생했던 것입니다.

㉰ 그런데 "떡 두개를 가져다가 흔들지니"(17) 하십니다. 그 동안 하나님 앞에 드린 "진설병"은 12지파를 상징하는 12개의 떡이었습니다. 그런데 "떡 두개"를 드리라 하시는 뜻이 무엇인가? 신약성경은, "이는 그로 말미암아 우리 둘이 한 성령 안에서 아버지께 나아감을 얻게 하려 하심이라"(엡 2:18), 즉 "유대인과 이방인" 둘이 하나님 앞에 함께 나아가게 되었다고 해설해주고 있습니다.

초막절

㉠ "이스라엘 자손에게 말하여 이르라 일곱째 달 열 닷샛날은 초막절이니 여호와를 위하여 이레 동안 지킬 것이라"(34) 합니다. 그런데 "이레 동안에 너희는 여호와께 화제를 드릴 것이요 여덟째 날에도 너희는 성회로 모여서 여호와께 화제를 드릴지니"(36) 하십니다.

㉮ 절기는 통상적으로 7일 동안 지킵니다. 그런데 초막절은 "여덟째 날"도 성회(聖會)로 모이라 하십니다.

㉯ 이점을 신약성경에서는 "명절 끝날 곧 큰 날에 예수께서 서서 외쳐 이르시되 누구든지 목마르거든 내게로 와서 마시라"(요 7:37) 하고, "큰 날"(最大之日)이라고 말씀합니다. 왜냐하면 광야생활을 끝마치고 드디어 약속의 땅에 입성하게 되었기 때문입니다. 이 예표는 그리스도의 재림(再臨)으로 성취될 말씀입니다.

㉡ 또한 초막절을 수장절(收藏節)이라고도 하는데 이는, "너희가 토지소산 거두기를 마치거든 일곱째 달 열 닷샛날부터 이레 동안 여호와의 절기를 지키되 첫 날에도 안식하고 여덟째 날에도 안식할 것이요"(39) 하고, 추수를 끝마치고 지키는 절기이기 때문입니다.

㉮ 그렇습니다. 지금은 추수(秋收) 때요, 우리는 하나 남은 초막절의 기간을 살아가고 있는 것입니다. 이처럼 3대 절기를 하나님의 이름을 두신 곳 예루살렘에 올라와 지키라 하심은 백성들을 힘들게 하시려는 것이 아니라, 복음을 망각하지 않게 하시기 위해서요,

㉯ 또한 받으시기 위해서가 아니라 자기 아들을 대속 물로 "주시려"는 것

이 하나님의 마음인 것입니다. "유월절과 오순절"을 성취하여주신 하나님께서 하나 남은 초막절도 성취하여주심으로 완성하실 것을 확신할 수가 있는 것입니다.

깨어 있는 제사장

"여호와께서 모세에게 말씀하여 이르시되 이스라엘 자손에게 명령하여 불을 켜기 위하여 감람을 찧어낸 순결한 기름을 네게로 가져오게 하여 계속해서 등잔불을 켜 둘지며"(레24:1-2) 하십니다.

㉠ "아론은 회막 안 증거궤 휘장 밖에서 저녁부터 아침까지 여호와 앞에 항상 등잔불을 정리할지니 이는 너희 대대로 지킬 영원한 규례라"(3) 하십니다.

　㉮ "등잔불을 정리(整理)할지니" 하신 뜻은 불똥이 앉게 되면 불이 작아지다가 꺼질 우려가 있기 때문에 꺼지지 않도록 살피라는 말씀입니다. 이 점에서 시편 134편을 음미코자 합니다.

　　보라 밤에 여호와의 성전에 서 있는 여호와의 모든 종들아
　　여호와를 송축하라
　　성소를 향하여 너희 손을 들고 여호와를 송축하라
　　천지를 지으신 여호와께서 시온에서 네게 복을 주실 지어다(시 134편).

㉡ 이것이 전문(全文)입니다. 해설을 하면, "밤에 여호와의 성전에 서

있는 여호와의 모든 종들"이란 누구들이며, 무엇을 위하여 남들이 다 잠을 자는 밤에 불침번을 서듯이 깨어 있는 것인가? 여호와의 종들이란 "제사장들"이며, 첫째는 하나님께서 명하신 "등잔불을 정리(整理)하기" 위해서 깨어 있었을 것입니다.

㉮ 그러면 "등잔불"은 무엇에 대한 상징이며, 언제까지 정리해야 하는가? "참 빛 곧 세상에 와서 각 사람에게 비추는 빛이 있었나니"(요 1:9) 하는 그리스도께서 오실 때까지인 것입니다.

㉯ 그래서 솔로몬이 타락하였을 때에도, "그의 아들에게는 내가 한 지파를 주어서, 내 종 다윗이 항상 내 앞에 등불을 가지고 있게 하리라"(왕상 11:36) 하고, 남겨주실 한 지파를, "한 등불"이라고 말씀하셨던 것입니다.

㉡ 둘째로 내일 아침 드릴 상번제를 준비하고 있었을 것입니다. 그러면 상번제는 무엇에 대한 상징이며, 언제까지 드려야만 하는가?

㉮ 이점을 복음이 밝히 드러난 신약성경에서는, "제사장마다 매일 서서 섬기며 자주 같은 제사를 드리되 이 제사는 언제나 죄를 없게 하지 못하거니와"(히 10:11) 합니다. 구약시대 제사장들은 "서서, 반복적으로" 드렸는데 이는 "죄" 문제가 완결(完決)이 되지 않았기 때문이요,

㉯ "서서"란 "파수꾼이 아침을 기다림보다 내 영혼이 주를 더 기다리나니 참으로 파수꾼이 아침을 기다림보다 더 하도다"(시 130:6) 한, 기다리는 자세인 것입니다.

㉰ 그러나 "오직 그리스도는 죄를 위하여 한 영원한 제사를 드리시고 하나

님 우편에 앉으사"(히 10:12) 합니다. 그렇습니다. 주님께서는 "단번에 성취하시고, 하나님 우편에 앉으신" 것입니다.

㉣ 그러므로 134편의 결론은, "여호와께서 시온에서 네게 복을 주실지어다" 하는데, "시온의 복"이 무엇인가? "내가 나의 왕을 내 거룩한 산 시온에 세웠다 하시리로다(시 2:6), 이스라엘의 구원이 시온에서 나오기를 원하도다"(시 14:7) 한 메시아축복입니다.

㉤ 이 말씀이 신약의 성도들에게는 어떻게 적용이 되는가? "허리에 띠를 띠고 등불을 켜고 서 있으라 너희는 마치 그 주인이 혼인집에서 돌아와 문을 두드리면 곧 열어 주려고 기다리는 사람과 같이 되라 주인이 와서 깨어 있는 것을 보면 그 종들은 복이 있으리로다"(눅 12:35-37) 하십니다.

㉮ "허리에 띠를 띠고 등불을 켜고 서 있으라" 하심은 기다리는 자세입니다. 구약의 성도들은 초림의 주님을 기다렸고, 신약의 성도들은 손에 등불을 들고 마치 신랑을 기다리는 신부처럼 재림의 주님을, "기다리는" 사람들입니다.

㉯ "깨어 있으라, 기다리는 자가 복이 있다고 말씀하십니다. 그리고 성경 마지막 책에서는 "또 내가 보니 보라 어린 양이 시온 산에 섰고 그와 함께 십사만 사천이 서 있는데"(계 14:1) 하고 말씀합니다. 형제여, "그 주인이 혼인집에서 돌아와 문을 두드리면 곧 열어 주려고 기다리는 사람과 같이" 깨어 있으십시다.

너희도 거룩할 지어다

레위기의 두 번째 주제인 거룩하신 하나님과 교제를 지속하는 방도는, "나는 너희의 하나님이 되려고 너희를 애굽 땅에서 인도하여 낸 여호와 내가 거룩하니 너희도 거룩할 지어다"(레 11:45) 하신 말씀에 다 들어 있습니다.

㉠ 이렇게 말씀하시는 11장에는, "부정" 하다는 말이 무려 33번이나 등장하고, "가증하다" 는 말도 11번이나 강조되어 있습니다. "돼지는 굽이 갈라져 쪽발이로되 새김질을 못하므로 너희에게 부정하니" (7) 합니다.

 ㉮ 이는 당시의 눈높이에서 하신 말씀인데 신약의 성도들에게는 어떤 의미가 있으며, 어떻게 적용이 되는가? 한마디로 성별(聖別)된 삶을 살라는 말씀입니다. 그렇지 않으면 "부정하고, 가증" 하다는 것입니다.

 ㉯ "깨끗한 자들에게는 모든 것이 깨끗하나 더럽고 믿지 아니하는 자들에게는 아무 것도 깨끗한 것이 없고 오직 그들의 마음과 양심이 더러운지라 그들이 하나님을 시인하나 행위로는 부인하니 가증(可憎)한 자요 복종하지 아니하는 자요 모든 선한 일을 버리는 자니라" (딛 1:15-16) 합니다.

㉡ 이점을 베드로 사도는, "오직 너희를 부르신 거룩한 이처럼 너희도 모든 행실에 거룩한 자가 되라 기록되었으되 내가 거룩하니 너희도 거룩할 지어다 하셨느니라 외모로 보시지 않고 각 사람의 행위대로 심판하시는 이를 너희가 아버지라 부른즉 너희가 나그네로 있을 때를 두려움으로 지내라" (벧전 1:15-17) 하십니다.

Old Testament

민수기

민수기는 시내산에 1년쯤 머물면서 10계명을 받고 성막을 완성한 후에 출발하는 것부터 시작하여, 요단 동편 모압 평지(요단강을 건너기 직전)까지 이르는 광야 40년의 기록입니다.

민수기는 양을 잡고, 피를 흘리고, 불사르는 레위기의 분위기와는 전혀 다릅니다. 군대가 4개진으로 편성이 되고, 각 진을 상징하는 깃발이 나부끼며, 군대를 통솔하기 위해 울려 퍼지는 나팔소리를 듣게 됩니다.

민수기는 크게 세 부분(1-13, 13-25, 26-36)으로 나눌 수가 있는데,

㉠ 1부는 출애굽한 1세대가 정탐꾼을 파송한 가데스 바네아까지 행군하는 내용이고,

㉡ 2부는 불순종한 군대들이 40년 동안 광야를 방황하는 동안 여호수아와 갈렙 외에는 다 죽는 내용이고,

㉢ 3부는 2세대들을 계수하여 모세의 후계자로 여호수아가 세움을 받아, 가나안에 입성할 준비를 하는 내용으로 되어있습니다.

군대를 계수하라

"이스라엘 자손이 애굽 땅에서 나온 후 둘째 해 둘째 달 첫째 날에 여호와께서 시내 광야 회막에서 모세에게 말씀하여 이르시되 너희는 이스라엘 자손의 모든 회중 각 남자의 수를 그들의 종족과 조상의 가문에 따라 그 명수대로 계수할지니"(민 1:1-2) 하고 명하십니다.

㉠이는 단순한 인구를 조사하라는 뜻이 아니라, "이스라엘 중 이십 세 이상으로 싸움에 나갈 만한 모든 자"(3), 즉 "여호와의 군대"(軍隊)를 계수하라는 명령입니다. 이를 통해서 하나님께서 우리에게 기대하시는 바가 무엇인가를 깨닫게 되는데,

㉮ 싸움에 나갈 만큼 성숙하고 훈련되어 있어야 한다는 것과(20세 이상),

㉯ 군대처럼 제 위치를 지키며 제 임무에 충성해야 한다는 것과,

㉰ 군대는 명령에 절대 순종해야 한다는 점입니다.

㉡이런 하나님의 기대하심이, "사백삼십 년이 끝나는 그 날에 여호와의 군대(軍隊)가 다 애굽 땅에서 나왔은즉"(출 12:41) 한 말씀이나, "생기가 그들에게 들어가매 그들이 곧 살아나서 일어나 서는데 극히 큰 군대(軍隊)더라"(겔 37:10) 한 말씀 등에 나타납니다.

㉮ 창세기 3장에서, "여자의 후손은 네 머리를 상하게 하리니" 하고 선언하신 영적 전쟁은 아직 끝난 것이 아니라, 주님 오시는 날까지 계속될 싸움입니다. 그러므로 현대교회에도 "여호와의 군대" 곧 "20세 이상으로 싸움에 나갈만한 자"가 절실한 것입니다.

㉯ 그러므로 신약성경에서는, "청년(靑年)들아 내가 너희에게 쓴 것은 너

희가 강하고 하나님의 말씀이 너희 안에 거하시며 너희가 흉악한 자를 이기었음이라"(요일 2:14) 하고 말씀합니다. 문제는 현대교회가 이런 기대하심에 부응하고 있는가 하는 점입니다.

ⓒ "계수된 자의 총계는 육십만 삼천오백오십 명이었더라"(민 1:46) 합니다. "여호와께서 모세와 아론에게 말씀하여 이르시되 이스라엘 자손은 각각 자기의 진영의 군기와 자기의 조상의 가문의 기호 곁에 진을 치되 회막을 향하여 사방(四方)으로 치라"(2:1-2) 하십니다.

㉮ 한 진영(陣營)에 3지파씩 4개 진영으로 편성하여 성막을 중심으로 사방(四方)에 진을 치라는 말씀입니다.

ⓔ "회막을 향하여 사방(四方)으로 치라" 하심은, 중앙에 성막이 있는 도형(圖形)인데 이는, "그의 이름은 임마누엘이라 하리라 하셨으니 이를 번역한즉 하나님이 우리와 함께 계시다 함이라"(마 1:23)에 대한 모형(模型)이었던 것입니다.

㉮ 에스겔서는 "그 성읍의 이름을 여호와삼마라 하리라"(겔 48:35), 즉 "여호와께서 거기 계시다" 하는 말씀으로 끝나고 있는데 이 비전이, "하나님의 장막이 사람들과 함께 있으매, 이루었도다"(계 21;3, 6) 하는 계시록에서 완성이 될 하나님의 나라인 것입니다.

ⓜ 그런데 진을 어떤 대형(隊形)으로 치라 명하시는가?

㉮ "동방 해 돋는 쪽에 진칠 자는 그 진영별로 유다의 진영의 군기에 속한 자라"(3),

㉯ "남쪽에는 르우벤 군대 진영의 군기가 있을 것이라"(10),

㉰ "서쪽에는 에브라임의 군대의 진영의 군기가 있을 것이라"(18),

㉱ "북쪽에는 단 군대 진영의 군기가 있을 것이라"(25) 하고 명하십니다.

㉲ 차이를 보셨습니까? 유별나게 "유다 진영"만은, "동방(東方) 해 돋는 쪽에 진칠 자는" 하는 설명이 부가되어 있다는 점입니다. 이를 무심한 말씀이라 할 수가 있겠는가? 이는 그리스도께서 유다지파를 통해서 오실 것임을 반영(反影)하고 있는 것입니다.

㉮ 그리고 이 말씀은 우리를, "내 이름을 경외하는 너희에게는 공의로운 해가 떠올라서 치료하는 광선(光線)을 비추리니 너희가 나가서 외양간에서 나온 송아지 같이 뛰리라"(말 4:2) 하신 말씀으로 인도해줍니다.

㉯ 그리고 이 예언이 "이는 우리 하나님의 긍휼로 인함이라 이로써 돋는 해가 위로부터 우리에게 임하여 어둠과 죽음의 그늘에 앉은 자에게 비치고 우리 발을 평강의 길로 인도하시리로다"(눅 1:78-79) 하고, 그리스도로 성취가 되었던 것입니다.

출발 전 유월절을 지킴

"애굽 땅에서 나온 다음 해 첫째 달에 여호와께서 시내 광야에서 모세에게 말씀하여 이르시되 이스라엘 자손에게 유월절을 그 정한 기일에 지키게 하라"(민 9:1-2) 명하십니다.

㉠ 그리하여 "시내 광야에서 유월절을 지켰으되 이스라엘 자손이 여호와께서 모세에게 명령하신 것을 다 따라 행하였더라"(5) 합니다. 하나님께서는 어찌하여 이 시점(時點)에 "유월절"을 지키라 명하시는가?

㉮ 바로의 노예였던 자신들이 출애굽하게 된 것도 "유월절 어린양의 피"로 말미암음이요, 하나님의 백성으로 삼아주심도, 그리고 약속의 땅을 향하여 진군(進軍)하게 된 것도 전적인 하나님의 은혜라는 점을 망각하지 말라는 뜻입니다.

㉯ 시내산을 출발(出發)하기에 앞서서 유월절을 지킨 하나님의 백성들은, 약 40년 후 약속의 땅에 입성(入城)하자 "또 이스라엘 자손들이 길갈에 진 쳤고 그 달 십사일 저녁에는 여리고 평지에서 유월절을 지켰다"(수 5:10) 하고 말씀하는 것을 대하게 됩니다.

㉡ 어떤 분들은 "우리는 복음(유월절)을 통과했다, 이제는 성장(成長)이요, 성화다" 하고 생각하는 분들이 있습니다. 아닙니다. 성화(聖化)도, 성장(成長)도 복음(유월절)의 능력으로만이 가능하여지는 것입니다.

㉮ 사도 바울은 "율법 안에서 의롭다 함을 얻으려 하는 너희는 그리스도에게서 끊어지고 은혜에서 떨어진 자로다"(갈 5:4) 하고 말씀하는데, 복음을 놓친다는 것은, "그리스도에게서 끊어지고 은혜에서 떨어지는" 것으로, 성화도 이룰 수 없다는 점을 명심해야만 합니다.

㉢ 유월절을 지킨 후에 "곧 그들이 여호와의 명령(命令)을 따라 진을 치며 여호와의 명령(命令)을 따라 행진하고 또 모세를 통하여 이르신 여호와의 명령(命令)을 따라 여호와의 직임을 지켰더라"(9:23) 합니다. 여호와의 군대가 "여호와의 명령"을 따라 행한다는 것은 너무나 당연한 것입니다. 계속적으로 이렇게 하였다면 얼마나 좋았겠는가?

시내산 출발

"둘째 해 둘째 달 스무날에 구름이 증거의 성막에서 떠오르매 이스라엘 자손이 시내 광야에서 출발(出發)하여 자기 길을 가더니 바란 광야에 구름이 머무니라"(민 10:11-12) 하고, 드디어 출발하라는 명령이 떨어진 것입니다.

㉠ "이와 같이 그들이 여호와께서 모세에게 명령하신 것을 따라 행진(行進)하기를 시작하였는데 선두(先頭)로 유다 자손의 진영의 군기에 속한 자들이 그들의 진영별로 행진하였으니"(13-14) 합니다. 물론 하나님의 명령에 의한 것입니다.

㉮ 유다지파는 "동방(東方) 해 돋는 쪽에 진을 치라, 선두(先頭)로 유다 자손의 진영" 이 서라 하심은, 모두가 그리스도와 결부시킬 때만이 그 의미를 구할 수가 있는 것입니다. 이로 보건대 출애굽 당시도 그리스도께서 선두(先頭)에서 인도해주셨음을 깨닫게 됩니다.

유다는 여호와의 성소

이에 대한 감동적인 노래가 시편 114편에도 있는데 이를 음미해보아야만 하겠습니다.

㉠ "이스라엘이 애굽에서 나오며 야곱의 집이 방언이 다른 민족에게서 나올 때에", 즉 출애굽 때에, "유다는 여호와의 성소(聖所)가 되고 이스라엘은 그의 영토가 되었도다"(1-2) 합니다.

㉮ "유다가 성소"가 되었다는 것은 하나님께서 유다 지파 안에 계셨다는 뜻인데, 그렇다면 이는 성자(聖子) 하나님을 가리키는 것이 됩니다.

ⓒ 그리고 하는 말이 "바다는 이를 보고 도망하며 요단은 물러갔으며" (3) 합니다. 그러면 "바다"는 누구를 보았기에 도망을 했다는 것이 되는가? 이를 구속사라는 맥락으로 보면 선두(先頭)에서 인도하시는 왕 중 왕 그리스도를 보았다는 것이 되는 것입니다.

 ㉮ 시편 기자는 홍해와, 요단이 갈라진 것을, 왕의 행차(行次)를 보고 길을 열어드린 것으로 묘사하고 있는 것입니다. 다시 말하면 유다지파를 통해서 오실 만왕의 왕 그리스도를 보고 길을 열어드렸다는 말씀입니다. 얼마나 감동적인 표현인가!

ⓒ 그런데 "바다야 네가 도망함은 어찌함이며 요단아 네가 물러감은 어찌함인가 너희 산들아 숫양들 같이 뛰놀며 작은 산들아 어린 양들 같이 뛰놂은 어찌함인가"(114:5-6) 하고 묻고 있는 것이 아닌가? 이는 "홍해나, 시내 산"을 향해서 묻는 말이 아닙니다. "너에게도 이런 감동이 있느냐" 하고 독자인 우리에게 묻고 있는 것입니다.

ⓔ 그리스도의 인도하심이, "그들이 여호와의 산에서 떠나 삼 일 길을 갈 때에 여호와의 언약(言約)궤가 그 삼일 길에 앞서 가며 그들의 쉴 곳을 찾았고 그들이 진영을 떠날 때에 낮에는 여호와의 구름이 그 위에 덮였었더라" 하고, "언약궤"가 앞서 행하고, "구름기둥, 불기둥"이 인도했다는 점을 통해서도 나타나고,

 ㉮ "궤(櫃)가 떠날 때에는 모세가 말하되 여호와여 일어나사 주의 대적들을 흩으시고 주를 미워하는 자가 주 앞에서 도망하게 하소서 하였고 궤가 쉴 때에는 말하되 여호와여 이스라엘 종족들에게로 돌아오소서"

(민 10:33-36) 한, 모세의 진술을 통해서도 나타납니다.

㉮ 형제여, 자기 아들의 피로 구속(救贖)하여주신 것이 끝이 아닙니다. "하나님이여 주의 백성 앞에서 앞서 나가사 광야에서 행진(行進)하셨을 때에 (셀라)" (시 68:7) 하고, 선두에서 구름기둥 불기둥으로 인도하시어, 약속의 땅에 들어가기까지 견인하시는 것입니다. 이점을 사도 바울은, "너희 안에서 착한 일을 시작하신 이가 그리스도 예수의 날까지 이루실 줄을 우리는 확신하노라" (빌 1:6) 합니다.

섞여 사는 무리

그런데 출발하자마자, "여호와께서 들으시기에 백성이 악한 말로 원망하매 여호와께서 들으시고 진노하사 여호와의 불을 그들 중에 붙여서 진영 끝을 사르게 하시매" (민 11:1) 합니다. 신약교회도 출범하자, "그 때에 제자가 더 많아졌는데 헬라파 유대인들이 자기의 과부들이 매일의 구제에 빠지므로 히브리파 사람을 원망하니"(행 6:1) 하고, 원망하는 것을 보게 됩니다.

㉠ 이점에서 유념해야할 점은, "그들 중에 섞여 사는 다른 인종들이 탐욕(貪慾)을 품으매 이스라엘 자손도 다시 울며 이르되 누가 우리에게 고기를 주어 먹게 하랴" (4) 하고, "섞여 사는 다른 인종들" 이 부축이고 있다는 점입니다.

㉮ 출애굽 당시 이스라엘 자손만이 아니라, "수많은 잡족" (출 12:38)도 섞여 있었다고 언급합니다. 이는 신약교회에도 경계가 됩니다.

㉡ 뭐라고 불평을 했는가? "우리가 애굽에 있을 때에는 값없이 생선과 오이와 참외와 부추와 파와 마늘들을 먹은 것이 생각나거늘 이제는 우

리의 기력이 다하여 이 만나 외에는 보이는 것이 아무 것도 없도다"(5-6) 하고 원망했습니다.

 ㉮ 구속사의 맥락으로 보면 "애굽"은 이 세상을 상징하고, "가나안"은 하늘에 있는 도성을 상징합니다. 그런데 하나님의 백성들이 "애굽"에 대한 미련을 버리지 못하고 이후에도 계속적으로 뒤를 돌아보는 것을 대하게 됩니다. 바로의 노예였던 생활이 지긋지긋하지도 않단 말인가?

 ㉯ 그리고 "만나"는 신령한 만나 곧 그리스도에 대한 예표인데 이를 거절하고 "생선과 오이와 참외와 부추와 파와 마늘" 같은 조미료와 기호식품을 요구했다는 것은 현대교회에도 경종이 됩니다.

 ㉰ 이점을 신약성경에서는, "때가 이르리니 사람이 바른 교훈을 받지 아니하며 귀가 가려워서 자기의 사욕을 따를 스승을 많이 두고 또 그 귀를 진리(眞理)에서 돌이켜 허탄한 이야기를 따르리라"(딤후 4:3-4) 하고 말씀합니다.

ⓒ 결과는 "고기가 아직 이 사이에 있어 씹히기 전에 여호와께서 백성에게 대하여 진노하사 심히 큰 재앙으로 치셨으므로 그 곳 이름을 기브롯 핫다아와(탐욕의 무덤)라 불렀으니 욕심을 낸 백성을 거기 장사함이었더라"(33-34) 합니다.

 ㉮ 근본적인 원인이 무엇인지 알아차리셨습니까? "탐욕을 품으매"(4) 한 탐심(貪心)입니다. 그리고 "탐심은 곧 우상숭배니라" 하는데, 이 탐심이 현대교회의 우상인 것입니다.

12 정탐꾼

"여호와께서 모세에게 말씀하여 이르시되 사람을 보내어 내가 이스라엘 자손에게 주는 가나안 땅을 정탐하게 하되 그들의 조상의 가문 각 지파 중에서 지휘관(족장) 된 자 한 사람씩 보내라"(민 13:1-2) 하십니다.

㉠ 이점을 모세가 죽기 전에 행한 유언과 같은 신명기에서는, "너희의 하나님 여호와께서 이 땅을 너희 앞에 두셨은즉 너희 조상의 하나님 여호와께서 너희에게 이르신 대로 올라가서 차지하라 두려워하지 말라 주저하지 말라" 했더니,

㉮ "너희가 다 내 앞으로 나아와 말하기를 우리가 사람을 우리보다 먼저 보내어 우리를 위하여 그 땅을 정탐하고 어느 길로 올라가야 할 것과 어느 성읍으로 들어가야 할 것을 우리에게 알리게 하자"(신 1:21-22) 해서, 정탐꾼을 보내게 되었다고 진술합니다. 이는 저들의 요구를 하나님께서 허용하셨다는 뜻이 됩니다. "정탐꾼"들은 족장들입니다. 모세는 그들이 백성들에게 용기를 주게 될 것을 기대했을 것입니다.

㉡ 그런데 "이스라엘 자손 앞에서 그 정탐한 땅을 악평(惡評)하여 이르되 우리가 두루 다니며 정탐한 땅은 그 거주민을 삼키는 땅이요 거기서 본 모든 백성은 신장이 장대한 자들이며 거기서 네피림 후손인 아낙 자손의 거인들을 보았나니 우리는 스스로 보기에도 메뚜기 같으니 그들이 보기에도 그와 같았을 것이니라"(32-33) 하고 불신앙적인 악평을 했던 것입니다.

㉢ "이스라엘 자손이 다 모세와 아론을 원망하며 온 회중이 그들에게

이르되 우리가 애굽 땅에서 죽었거나 이 광야에서 죽었으면 좋았을 것을 어찌하여 여호와가 우리를 그 땅으로 인도하여 칼에 쓰러지게 하려 하는가 우리 처자가 사로잡히리니 애굽으로 돌아가는 것이 낫지 아니하랴" 하면서, "우리가 한 지휘관(指揮官)을 세우고 애굽으로 돌아가자"(14:2-4) 했던 것입니다.

㉯ 이스라엘 백성들은 출애굽의 과정에서 두 번의 치명적인 죄를 범했는데 첫 번은 "금송아지" 우상을 만들어 놓고, "이는 너희를 애굽 땅에서 인도하여 낸 너희의 신이로다"(출 32:4) 한 반역행위였고,

㉰ 두 번째는 본문에서 "한 지휘관을 세우고 애굽으로 돌아가자"(4) 한 반역사건입니다.

㉣ 하나님께서는 두 번 다 "내가 그들에게 진노하여 그들을 진멸하고 너를 큰 나라가 되게 하리라"(출 32:10), "내가 전염병으로 그들을 쳐서 멸하고 네게 그들보다 크고 강한 나라를 이루게 하리라"(민 14:12) 하셨습니다. 이는 이스라엘의 선민(選民) 됨을 폐하시겠다는 뜻입니다.

㉯ 그러자 모세는 "주의 종 아브라함과 이삭과 이스라엘을 기억하소서 주께서 그들을 위하여 주를 가리켜 맹세하여 이르시기를 내가 너희의 자손을 하늘의 별처럼 많게 하고 내가 허락한 이 온 땅을 너희의 자손에게 주어 영원한 기업이 되게 하리라 하셨나이다"(출 32:13) 하고, 아브라함에게 "맹세로 보증하신 언약"을 붙잡고 탄원합니다.

㉰ 또한 "이제 주께서 이 백성을 하나 같이 죽이시면 주의 명성(名聲)을 들은 여러 나라가 말하여 이르기를 여호와가 이 백성에게 주기로 맹세한

땅에 인도할 능력이 없었으므로 광야에서 죽였다 하리이다"(민 14:15-16) 하고, 하나님의 이름과 영예를 들어 탄원을 합니다. 이럴 경우 하나님께서는 선민 됨을 폐하실 수가 없으신 것입니다.

10 족장의 불신

"여호와께서 이르시되 내가 네 말대로 사하노라 그러나, 내 영광과 애굽과 광야에서 행한 내 이적을 보고서도 이같이 열 번이나 나를 시험하고 내 목소리를 청종하지 아니한 그 사람들은 내가 그들의 조상들에게 맹세한 땅을 결단코 보지 못할 것이요 또 나를 멸시하는 사람은 한 사람도 그것을 보지 못하리라"(민 14:20-23) 하십니다.

㉠ 이점에서 "이스라엘 민족과, 개인"을 구분할 수 있어야만 합니다. 선민 됨은 폐하시지 않으셨으나 불신하고 반역한 개인은 심판을 하셨다는 점을 유념해야만 합니다. 이점을 신약성경에서는, "또 하나님이 누구에게 맹세하사 그의 안식에 들어오지 못하리라 하셨느냐 곧 순종하지 아니하던 자들에게가 아니냐 이로 보건대 그들이 믿지 아니하므로 능히 들어가지 못한 것이라"(히 3:18-19) 하고, 불순종이 곧 불신앙이라 하십니다.

㉯ 이점에서 유념할 점은 이는 10:2의 비율이 아니라, 603548:2라는 점입니다. 왜냐하면 계수함을 받은 자(603550명) 중에 여호수아와 갈렙 두 사람만이 들어가게 되고, 그 외에는 다 낙오하였기 때문입니다. 이는 영적 출애굽 도상에 있는 현대교회에 큰 경계가 된다 하겠습니다.

㉡ "너희는 그 땅을 정탐한 날 수인 사십 일의 하루를 일 년으로 쳐서 그 사십 년간 너희의 죄악(罪惡)을 담당할지니 너희는 그제 서야 내가

싫어하면 어떻게 되는지를 알리라 하셨다 하라"(14:34) 하십니다. 40년 간 "너희의 죄악을 담당할지니" 하셨는데, 이 기간은 불순종한 자들이 자기 죄악을 걸머지고 광야를 방황하면서 죽기를 기다린 기간이었던 것입니다.

㉯ 그러나 이것으로 완결(完決)이 되었던 것은 아닙니다. 우리 주님께서 어찌하여 40일 동안 광야에서 그 모진 시험을 당하셔야만 했는가? 이는 저들의 죄악을 담당하심과 무관하지 않은 것입니다.

합력하여 선을 이루심

그런데 하나님께서는 정탐했던 땅을, "그러나 내 종 갈렙은 그 마음이 그들과 달라서 나를 온전히 따랐은즉 그가 갔던 땅으로 내가 그를 인도하여 들이리니 그의 자손이 〈그 땅〉을 차지하리라"(민 14:24) 하십니다.

㉠ 온전히 따른 것은 갈렙만이 아니라 여호수아도 온전히 따랐는데 어찌하여 갈렙에게만 주시겠다 하시는가? 이점에서 유념해야할 점은 "갈렙"은 유다지파 족장이라는 점과, 가나안에 입성하여 땅을 분배할 때에 최대의 관심사는 유다지파가 어느 땅을 차지하느냐 하는 점입니다. 왜냐하면 그곳이 그리스도께서 탄생하실 곳이기 때문인데, 본문은 하나님께서 이를 지정(指定)해주시는 장면인 것입니다.

㉯ 훗날 땅을 분배할 때에 갈렙은 이 말씀에 근거하여, "그 날에 여호와께서 말씀하신 이 산지를 지금 내게 주소서" 합니다. 그리하여 "여호수아가 여분네의 아들 갈렙을 위하여 축복하고 헤브론을 그에게 주어 기업

을 삼게 하였다"(수 14:12-13) 합니다.

ⓒ 그러면 "헤브론"이 어떤 곳인가? "아브라함, 이삭, 야곱" 등이 믿고 잠들어 있는 곳(창 23:19)입니다. 그곳을 유다지파 "갈렙에게 주리라" 하심은 그리스도가 유다지파로 오실 것에 대한 재확인이었던 것입니다.

ⓒ 이렇게 해서 유다지파가 예루살렘, 베들레헴 등 그리스도의 주 무대가 될 가나안 남부를 분배 받게 되었고,

ⓒ 훗날 사울 왕이 죽자 다윗이, "여호와께 여쭈어 아뢰되 내가 유다 한 성읍으로 올라가리이까 여호와께서 이르시되 올라가라 다윗이 아뢰되 어디로 가리이까 이르시되 헤브론으로 갈지니라"(삼하 2:2) 하십니다. 그래서 다윗이 헤브론에서 7년 간 왕 노릇을 했습니다. 하나님께서는 10명의 정탐꾼이 범한 악을 통하여 선을 이루셨던 것입니다.

초등교사 모세

"첫째 달에 이스라엘 자손 곧 온 회중이 신 광야에 이르러 백성이 가데스에 머물더니 미리암이 거기서 죽으매 거기에 장사되니라 회중이 물이 없으므로 모세와 아론에게로 모여드니라"(민 20:1-2) 합니다. 이를 출애굽기 17장의 기사와 같은 것으로 보는 분들이 있는데 아닙니다.

㉠ 이스라엘 백성들은 40년 동안 광야를 방황하다가 원점(原點)으로 (신 광야) 돌아와, 출애굽 1세대들이 40년 전에 행한 그대로 "원망"을 하고 있는 것으로 보아야만 합니다. 두 기사를 대조해보면 차이점이 드러나는데 우선 "미리암이 거기서 죽으매" 한 시점이 다릅니다.

㉮ 또한 1차 때는 "반석을 치라" 하셨는데 2차 때는 "여호와께서 모세에게 말씀하여 이르시되 지팡이를 가지고 네 형 아론과 함께 회중을 모으고 그들의 목전에서 너희는 반석에게 명령하여 물을 내라 하라 네가 그 반석이 물을 내게 하여 회중과 그들의 짐승에게 마시게 할지니라"(20:7-8) 하신 점이 다른 것입니다.

㉯ 그러므로 1차 때의 강조점은 물을 내어 마시게 한 "백성"에게 맞춰져 있는 반면, 2차 때의 강조점은 불순종을 한 "모세"에 맞춰져 있다는 차이를 분별해야만 합니다.

㉰ 그리고 "치라" 한 것과, "명하라" 한 점을 교훈적으로 보면 별 문제가 아닌 것 같으나, 구속사적으로 보면 큰 문제가 되는 것입니다.

ⓒ "모세와 아론이 회중을 그 반석 앞에 모으고 모세가 그들에게 이르되 반역한 너희여 들으라 우리가 너희를 위하여 이 반석에서 물을 내랴 하고 모세가 그의 손을 들어 그의 지팡이로 반석을 두 번 치니 물이 많이 솟아나오므로 회중과 그들의 짐승이 마시니라"(10-11) 합니다.

㉮ 그렇다면 하나님께서는 "반석에게 명하여 물을 내라 하라" 하셨는데, 모세가 "반석을 친 것"이 어째서 잘못인가? 우선적으로 여기서도 그냥 "반석"이라 하지 않고, "그 반석"이라고 말씀한다는 점을 간과해서는 아니 됩니다. 그리고 "그 반석"은, "이는 그들을 따르는 신령한 반석으로부터 마셨으매 그 반석(磐石)은 곧 그리스도시라"(고전 10:4) 한, 그리스도의 모형이라는 점입니다.

㉯ 그렇다면 그리스도는 "한 번" 치심을 당함으로 족한 것입니다. 십자가

사건은 반복(反復)이 되는 것이 아닙니다. 그 후에는 "물을 내라", 즉 반석이 물을 내어 마시게 할 것을 믿기만 하면 되는 것입니다. 그런데 모세는 "그의 손을 들어 그의 지팡이로 반석을 두 번 치니"(11) 합니다.

ⓒ 다시 상기시킵니다만 성경의 기사에는 신학적(神學的)인 면과, 교훈적(教訓的)인 면이 있다는 점입니다.

㉮ 이 사건의 교훈적인 의미는, "그들이 또 므리바 물에서 여호와를 노하시게 하였으므로 그들 때문에 재난이 모세에게 이르렀나니 이는 그들이 그의 뜻을 거역함으로 말미암아 모세가 그의 입술로 망령되이 말하였음이로다"(시 106:32-33) 한 것이 됩니다. 그런데 교훈은 유익하고 필요하나 해답을 주지 못한다는 점입니다.

㉯ 그러면 신학적인 의미가 무엇인가? "이같이 율법이 우리를 그리스도께로 인도하는 초등교사가 되어 우리로 하여금 믿음으로 말미암아 의롭다 함을 얻게 하려 함이라"(갈 3:24) 한 말씀입니다. 모세는 율법의 대명사입니다. "율법"은 우리를 약속의 땅으로 인도하여 들이지를 못하고, "예수"(여호수아)에게까지 인도하는 것이 사명입니다.

㉰ 그래서 본문은 모세 개인에게 "너는 못 들어간다" 하시는 것이 아니라, "너희는 이 회중(會衆)을 내가 그들에게 준 땅으로 인도하여 들이지 못하리라"(12) 하시는 것입니다. 그런데 하나님께서는 무조건 "넌 안 된다" 하시는 것이 아니라, 이유를 들어서 유기적으로 역사하신다는 점입니다. 이것이 신학적인 의미입니다.

장대에 달린 놋뱀

"백성이 호르 산에서 출발하여 홍해 길을 따라 에돔 땅을 우회하려 하였다가 길로 말미암아 백성의 마음이 상하니라"(민 21:4) 합니다. 무슨 뜻이냐 하면 에돔 왕이 "왕의 대로"(大路)로 통과하겠다는 요청을 거절하고 대적함으로(20:20) 에돔 땅을 우회하게 되어 길이 험했기 때문입니다.

㉠ 그래서 "백성이 하나님과 모세를 향하여 원망하되 어찌하여 우리를 애굽에서 인도해 내어 이 광야에서 죽게 하는가 이 곳에는 먹을 것도 없고 물도 없도다 우리 마음이 이 하찮은 음식을 싫어하노라 하매"(5), ㉡ "여호와께서 불뱀들을 백성 중에 보내어 백성을 물게 하시므로 이스라엘 백성 중에 죽은 자가 많은지라"(6) 합니다. "죽게 하는가" 하고 원망하는 자들은 자신이 말한 대로 죽는 것을 보십시오. 왜 이렇게 하셨는가를 확인하시기를 바랍니다.

㉮ 저들은 원망만 한 것이 아니라, "어찌하여 우리를 애굽에서 인도해 내어 이 광야에서 죽게 하는가" 하고, 또 "출애굽" 한 것을 불평을 하면서 "죽게 한다" 말하고 있기 때문입니다.

㉯ 그리고 매일 공급해주시는 만나를 "하찮은 식물"이라고 무시했기 때문입니다. 이는 유월절 어린양의 피로 구속하신 출애굽 자체를 부정하는 신학적인 범죄, 즉 복음을 배척하는 것이기 때문입니다. 이는 현대 교회에 큰 경종이 됩니다.

㉢ 그러나 모세가 백성을 위하여 기도하매, "여호와께서 모세에게 이르시되 불뱀을 만들어 장대 위에 매달아라 물린 자마다 그것을 보면 살

리라 모세가 놋뱀을 만들어 장대 위에 다니 뱀에게 물린 자가 놋뱀을 쳐다본즉 모두 살더라" (21:8-9) 합니다.

㉮ 주님께서는 "모세가 광야에서 뱀을 든 것같이 인자도 들려야 하리니 이는 그를 믿는 자마다 영생을 얻게 하려 하심이니라" (요 3:14-15), "내가 땅에서 들리면 모든 사람을 내게로 이끌겠노라 하시니 이렇게 말씀하심은 자기가 어떠한 죽음으로 죽을 것을 보이심이러라" (요 12:32-33) 합니다.

㉯ 원죄 하에 있는 자들은 마치 불뱀에 물려 그 독이 온 몸에 퍼져가고 있는 것과 같은 것입니다. "물린 자마다 그것을 보면 살리라" 말씀하시는데 다 쳐다 보았겠는가? 이제도 다 바라보고 있는가?

적그리스도

민수기 21장에는 "아모리 왕 시혼(21)과, 바산 왕 옥"(33)이 약속의 땅이 바라다 보이는 요단 동편까지 진군(進軍)한 하나님의 백성들을 저지하려고 대적하는 기사가 있습니다. 그러면 이 사건의 구속사적 의미가 무엇인가?

㉠ 여리고성의 기생 라합은 정탐꾼들에게, "너희가 요단 저쪽에 있는 아모리 사람의 두 왕 시혼과 옥에게 행한 일 곧 그들을 전멸시킨 일을 우리가 들었음이니라 우리가 듣자 곧 마음이 녹았고 너희로 말미암아 사람이 정신을 잃었나니 너희의 하나님 여호와는 위로는 하늘에서도 아래로는 땅에서도 하나님이시니라" (수 2:10-11) 하고 말합니다.

㉡ "아모리 왕 시혼(21)과, 바산 왕 옥" 은 약속의 땅에 입성하려는 하

나님의 백성들을 최후(最後)로 저지하려는 세력이었던 것입니다. 만일 이들을 정복하지 못한다면 2세대들도 약속의 땅에 들어가는데 실패하게 됩니다. 그래서 시편 136:19-24절에서는 이를 높이 찬양하고 있는데,

아모리인의 왕 시혼을 죽이신 이에게 감사하라
그 인자하심이 영원함이로다
바산 왕 옥을 죽이신 이에게 감사하라
그 인자하심이 영원함이로다
그들의 땅을 기업으로 주신 이에게 감사하라
그 인자하심이 영원함이로다
곧 그 종 이스라엘에게 기업으로 주신 이에게 감사하라
그 인자하심이 영원함이로다
우리를 비천한 가운데에서도 기억해 주신 이에게 감사하라
그 인자하심이 영원함이로다
우리를 우리의 대적에게서 건지신 이에게 감사하라
그 인자하심이 영원함이로다 하고 찬양합니다.

이 사건을 구속사라는 맥락으로 보면, "아모리 왕 시혼(21)과, 바산 왕 옥"은 "적그리스도"의 세력이라 할 수가 있습니다.

거짓선지자의 출현

왜냐하면 이를 물리치자 등장한 것이 "발람"이라는 거짓선지자이기 때문입니다. 그리고 "적그리스도와, 거짓선지자"는 단짝으로 등장합니다.

㉠ 계시록 13장에서도 "내가 보니 바다에서 한 짐승이 나오는데 뿔이 열이요 머리가 일곱이라 그 뿔에는 열 왕관이 있고 그 머리들에는 신성모독 하는 이름들이 있더라" (계 13:1) 하고 적그리스도가 출현한 다음에,

㉮ "내가 보매 또 다른 짐승이 땅에서 올라오니 어린 양 같이 두 뿔이 있고 용처럼 말을 하더라" (11) 하고, 거짓선지자가 등장을 합니다. 사탄은 적그리스도의 권세(權勢)와, 거짓선지자의 미혹(迷惑)이라는 쌍칼을 가지고 교회를 공격하는 것입니다.

㉡ 왜 거짓선지자가 등장하는가? 모압 왕 발락은 여호와의 군대는 군사력(軍事力), 즉 권력으로는 당할 수 없다는 판단에서 거짓선지자 발람을 청하여 하나님의 군대는, "우리보다 강하니 청하건대 와서 나를 위하여 이 백성을 저주(咀呪)하라 내가 혹 그들을 쳐서 이겨 이 땅에서 몰아내리라 그대가 복을 비는 자는 복을 받고 저주하는 자는 저주를 받을 줄을 내가 앎이니라" (22:6) 합니다.

㉮ 하나님께서는 "발람에게 이르시되 너는 그들과 함께 가지도 말고 그 백성을 저주하지도 말라 그들은 복을 받은 자들이니라" (12) 하고 막아주십니다. 이점을 모세는 "네 하나님 여호와께서 너를 사랑하시므로 네 하나님 여호와께서 발람의 말을 듣지 아니하시고 네 하나님 여호와께서 그 저주를 변하여 복이 되게 하셨나니" (신 23:5) 합니다.

㉭ 그런데 막아주시던 하나님께서 어떤 의도에서, "밤에 하나님이 발람에게 임하여 이르시되 그 사람들이 너를 부르러 왔거든 일어나 함께 가라 그러나 내가 네게 이르는 말만 준행할 지니라" (민 22:20) 하고, 보내시는 것이 아닌가?

ⓒ 거짓선지자 발람에 관한 기사가 22장-24장까지 중요하게 다루어지고 있는데, 이렇게 하심은 이를 통해서 참 선지자들에게 경계하시고자 하는 바가 있으시기 때문에 이처럼 많은 지면을 할애하고 있다 하겠습니다. 한마디로 발람의 말은 우리를 곤혹스럽게 합니다. 또한 우리를 부끄럽게 합니다. 왜냐하면,

㉮ "발람이 발락의 신하들에게 대답하여 이르되 발락이 그 집에 가득한 은금을 내게 줄지라도 내가 능히 여호와 내 하나님의 말씀을 어겨 덜하거나 더하지 못하겠노라" (22:18).

㉯ "발람이 발락에게 이르되 내가 오기는 하였으나 무엇을 말할 능력이 있으리이까 하나님이 내 입에 주시는 말씀 그것을 말할 뿐이니이다" (38).

㉰ "발람이 대답하여 이르되 여호와께서 내 입에 주신 말씀을 내가 어찌 말하지 아니할 수 있으리이까" (23:12).

㉱ "가령 발락이 그 집에 가득한 은금을 내게 줄지라도 나는 여호와의 말씀을 어기고 선악 간에 내 마음대로 행하지 못하고 여호와께서 말씀하신 대로 말하리라 하지 아니하였나이까" (24:13) 하고, 하나님의 말씀만을 대언하고 있기 때문입니다.

㉣ 참 목회자라 자부하는 우리 중에 이런 마음 자세로 임하는 설교자

가 있을 것인가 싶기 때문에 이 말씀을 대하면서 부끄러움을 느끼게 되는 것입니다. 하나님께서 나귀의 입을 통해서 발람을 책망하시듯이, 거짓선지자를 들어서 현대교회 설교자들을 책망하시는 것입니다.

㉮ 보십시오. 하나님께서 발람의 눈을 열어 보게 하시니, "예언하여 이르기를, 눈을 감았던 자가 말하며, 엎드려서 눈을 뜬 자가 말하기를, 내가 그를 보아도 이 때의 일이 아니며 내가 그를 바라보아도 가까운 일이 아니로다 한 별이 야곱에게서 나오며 한 규가 이스라엘에게서 일어나서" (24:15, 16, 17) 하고, 이스라엘을 통해서 그리스도가 나실 것을 예언하고 있는 것입니다.

㉯ 이를 들어서 구약성경을 설교하면서도 눈이 열려지지 않아 그리스도를 보지 못하고 있는 현대교회 설교자들을 부끄럽게 하십니다.

㉰ 그런데 거짓선지자 발람의 정체는 그가 돌아간 후인 25장에서야 드러납니다. 왜냐하면, "이스라엘이 싯딤에 머물러 있더니 그 백성이 모압 여자들과 음행하기를 시작하니라" (25:1) 한 "음행" 이 발람이 돌아가면서 발락에게 알려주고 간 궤계였기 때문입니다.

㉮ 31장에 보면, "모세가 그들에게 이르되 너희가 여자들을 다 살려두었느냐 보라 이들이 발람의 꾀를 따라 이스라엘 자손을 브올의 사건에서 여호와 앞에 범죄하게 하여 여호와의 회중 가운데에 염병이 일어나게 하였느니라"(31:15-16) 하고, 이것이 " 발람의 꾀 "임을 지적합니다.

㉯ 그런데 계시록에서 주님은, "그러나 네게 두어 가지 책망할 것이 있나니 거기 네게 발람의 교훈을 지키는 자들이 있도다 발람이 발락을 가르

쳐 이스라엘 자손 앞에 걸림돌을 놓아 우상의 제물을 먹게 하였고 또 행음하게 하였느니라"(계 2:14) 하고, 책망하십니다.

이는 발람은 사탄의 하수인이요, "행음"은 윤리적인 면에서만이 아니라 영적인 행음, 즉 우상숭배라는 점에서 "발람의 교훈"은 신약교회에까지 영향을 미치고 있는 것입니다.

㉥ "그 염병으로 죽은 자가 이만 사천 명이었더라"(25:9) 말씀하는데 얼마나 애석하고 분한 일인가?

    ㉮ 이들은 약속의 땅 입구(入口)에서 낙오하고 만 것입니다.

    ㉯ 그리고 여호와의 군대는 군사 24,000명이나 잃은 것입니다. 적그리스도는 물리쳤으나 거짓선지자에게는 당하고 만 것입니다. 적그리스도보다 교회에 치명적인 해를 입히는 자는 "거짓선지자"임을 명심해야만 합니다.

제2차 군대편성

"염병 후에 여호와께서 모세와 제사장 아론의 아들 엘르아살에게 말씀하여 이르시되"(민 26:1),

㉠ "이스라엘 자손의 온 회중의 총수를 그들의 조상의 가문을 따라 조사하되 이스라엘 중에 이십 세 이상으로 능히 전쟁에 나갈 만한 모든 자를 계수하라"(2) 하십니다.

    ㉮ "이스라엘 자손의 계수된 자가 601,730명 이었더라"(26:51)고 합니다. 이 점에서 생각나는 바가 있지 아니합니까? 발람의 궤계로 말미암아

죽은 24,000명(25:9) 입니다. 601,730+24,000=625,730명이 되었을 하나님의 군대 입니다.

㉰ 그리고 "여호와께서 모세에게 이르시되 눈의 아들 여호수아는 그 안에 영이 머무는 자니 너는 데려다가 그에게 안수하고 그를 제사장 엘르아살과 온 회중 앞에 세우고 그들의 목전에서 그에게 위탁하여 네 존귀를 그에게 돌려 이스라엘 자손의 온 회중을 그에게 복종하게 하라"(27:18-20) 하심으로, 지휘권을 여호수아(예수)에게 인계(引繼)하게 하십니다.

㉡ 하나님의 군대가 하나님의 명령에 따라 믿고 순종하여 나갔다면 얼마나 좋았겠는가? 그러나 민수기는 원망과 불신앙으로 40년을 방황하다가 출애굽한 1세대들은 여호수아 갈렙 외에는 다 죽고 마는 역사가 되고 말았습니다.

㉮ 그러나 하나님께서는 구원계획을 중단하시거나 포기하심이 없이, 또 다시 2세대들을 들어서 묵묵히 추진해 나가고 계시는 것입니다. 이점을 사도 바울은 "어떤 자들이 믿지 아니하였으면 어찌 하리요 그 믿지 아니함이 하나님의 미쁘심을 폐하겠느뇨 그럴 수 없느니라 사람은 다 거짓되되 오직 하나님은 참되시다 할지어다"(롬 3:3-4) 하고 말씀합니다.

Old Testament

신명기

 신명기는 요단 동편 모압 평지에서 모세가 죽기 전에 행한 세 편의 설교로 되어 있습니다.

- ㉮ 첫 번 설교(1:6-4:43)는 출애굽한 1세대들이 40년 동안 광야에서 방황하다가 여호수아, 갈렙 외에는 다 죽게 된 실패의 역사를 회고하는 내용이고,
- ㉯ 두 번째 설교(4:44- 26:19)는 약속의 땅에 들어가지 못하게 된 모세가 2세대들에게, 약속의 땅에 들어가서 지켜야할 율법을 설명하며 권면하는 내용이고,
- ㉰ 세 번째 설교(27:1-34:12)는 제 2세대들을 하나님께서 세워주신 "언약과, 맹세"(29:12)에 참여시키는 내용입니다. 이로써 모세의 사명은 완수하게 됩니다.

"이는 모세가 요단 저쪽 숲 맞은편의 아라바 광야 곧 바란과 도벨과 라반과 하세롯

과 디사합 사이에서 이스라엘 무리에게 선포한 말씀이니라"(신 1:1).

1차 설교(1장-4:43)

㉠ "호렙산에서 세일 산을 지나 가데스 바네아까지 열 하룻 길이었더라"(2) 합니다. 어찌하여 시내산에서 "가데스 바네아"까지를 언급하는가? "가데스 바네아"는 12족장을 정탐꾼으로 파송한 지점이기 때문입니다. 그리고 "호렙산에서---가데스 바네아"까지가 불과 11일 간의 거리였다는 것입니다.

㉮ 그런데 다음 절은, "마흔째 해 열한째 달 그 달 첫째 날에"(3) 하고 시작이 됩니다. 그러니까 2절과, 3절 사이에는 40년이라는 간극(間隙)이 있는 것입니다. 이는 무엇을 의미하느냐 하면 11일이면 들어갈 수 있는 거리를 40년간을 방황했다는 것이 됩니다.

㉡ 그 원인이 무엇인가? 첫 설교 중 강조하는바 두 가지를 들 수가 있는데,

㉮ 첫째는, "너희의 조상 아브라함과 이삭과 야곱에게 맹세하여 그들과 그들의 후손에 게 주리라 한 땅이 너희 앞에 있으니"(1:8) 한, 하나님께서 족장들에게 세워주신 "언약"입니다.

㉯ 둘째는, "너희 조상의 하나님 여호와께서 너희에게 이르신 대로 올라가서 차지하라 두려워하지 말라 주저하지 말라"(21) 한, "차지하라"는 말씀입니다. 그러니까 "여호와께서 주리라 약속하셨으니, 너희는 들어가서 차지하라" 한 것입니다.

ⓒ 그런데 "너희가 다 내 앞으로 나아와 말하기를 우리가 사람을 우리보다 먼저 보내어 우리를 위하여 그 땅을 정탐하고 어느 길로 올라가야 할 것과 어느 성읍으로 들어가야 할 것을 우리에게 알리게 하자"(22) 하므로,

㉮ 모세가 "그 말을 좋게 여겨 너희 중 각 지파에서 한 사람씩 열둘을 택하여"(23) 보내게 되었다는 것입니다. 이점에서 모세가 "좋게 여겼다"는 것은, 정탐꾼들이 믿음이 견고한 "족장"들이라 그들의 회보(回報)가 백성들을 격려할 것으로 기대했기 때문일 것입니다.

ⓓ 그러나 결과는 도리어 악평함을 인하여, "우리가 방향을 돌려 여호와께서 내게 명령하신 대로 홍해 길로 광야에 들어가서 여러 날 동안 세일 산을 두루 다녔더니"(2:1) 하고, 방황하게 된 원인을 진술합니다. "모든 군인이 사망(死亡)하여 백성 중에서 멸망한 후에"(16), 즉 1세대 중 여호수아와 갈렙 외에 다 죽은 후에 라는 말입니다.

㉮ "헤스본 왕 시혼에게 사자를 보내어 평화의 말로 이르기를"(2:26),

㉯ "바산 왕 옥이 그의 모든 백성을 거느리고 나와서 우리를 대적하여"(3:1) 하고, 민수기 마지막 부분에서 상고한 바 있는 최후의 대적자 "시혼과, 옥"을 정복한 것까지를 진술합니다.

ⓔ 모세 자신도, "여호와께서 너희 때문에 내게도 진노하사 이르시되 너도 그리로 들어가지 못하리라" 하시면서, "네 앞에 서 있는 눈의 아들 여호수아는 그리로 들어갈 것이니 너는 그를 담대하게 하라 그가 이스라엘에게 그 땅을 기업으로 차지하게 하리라"(1:37-38) 하고 말씀하셨

음을 회상합니다.

㉮ 여기 중요한 요점이 있는데 모세는 첫 번 설교에서, "열조의 하나님"이라는 말을 7번(1:8, 11, 21, 35, 4:1, 31, 37)이나 언급하고 있다는 점입니다. 신명기 전체로는 34번 이상이 등장합니다.

㉯ 이는 모세가 하나님께서 자신을 부르실 때에, "나는 네 조상의 하나님이니 아브라함의 하나님, 이삭의 하나님, 야곱의 하나님이니라"(출 3:6) 하신, 즉 "아브라함, 이삭, 야곱"에게 세워주신 메시아언약을 계속적으로 붙잡고 있었다는 증거입니다.

㉰ 그리하여 신명기는 "너희의 조상 아브라함과 이삭과 야곱에게 맹세하여"(1:8)로 시작하여, "여호와께서 그에게 이르시되 이는 내가 아브라함과 이삭과 야곱에게 맹세하여"(34:4)로 마치는 구조(構造)로 되어 있습니다. 모세는 달려갈 길을 마칠 때까지 열조에게 세워주신 메시아언약을 믿는 믿음을 지킨 셈입니다.

2차 설교(4:44-26:19)

㉠ "모세가 이스라엘 자손에게 선포한 율법은 이러 하니라"(4:44) 하고 두 번째 설교가 시작이 됩니다. 두 번째 설교는 신명기의 중심적인 말씀인데 새로운 내용이 아니라, "이스라엘아 오늘 내가 너희의 귀에 말하는 규례와 법도를 듣고 그것을 배우며 지켜 행하라 우리 하나님 여호와께서 호렙산에서 우리와 언약을 세우셨나니"(5:1-2) 하고, 시내산에서 받은 율법을 전수(傳授)해주는 내용입니다.

㉡ "네 하나님 여호와께서 네 조상 아브라함과 이삭과 야곱을 향하여 네게 주리라 맹세하신 땅으로 너를 들어가게 하시고 네가 건축하지 아니한 크고 아름다운 성읍을 얻게 하시며"(6:10) 하고, 약속의 땅에 들어가게 되는 것이 자격이 있어서가 아니라 하나님께서 열조에게 세워주신 언약에 근거함임을 상기시키면서,

　　㉮ "너는 마음을 다하고 뜻을 다하고 힘을 다하여 네 하나님 여호와를 사랑하라 오늘 내가 네게 명하는 이 말씀을 너는 마음에 새기고 네 자녀에게 부지런히 가르치며 집에 앉았을 때에든지 길을 갈 때에든지 누워 있을 때에든지 일어날 때에든지 이 말씀을 강론할 것이며"(6:5-7) 합니다.

　　㉯ 주님께서도, "이것이 크고 첫째 되는 계명이라"(마 22:37-38) 말씀하셨습니다. 신구약을 막론하고 하나님의 사랑에 대한 인간의 응답은 "사랑"인 것입니다. 그래서 신명기에는 "마음"이 50회 이상 강조되어 있습니다.

　㉢ "네가 가서 그 땅을 차지함은 네 공의로 말미암음도 아니며 네 마음이 정직함으로 말미암음도 아니요 이 민족들이 악함으로 말미암아 네 하나님 여호와께서 그들을 네 앞에서 쫓아내심이라 여호와께서 이같이 하심은 네 조상 아브라함과 이삭과 야곱에게 하신 맹세를 이루려 하심이니라"(9:5) 합니다.

　　㉮ "그러므로 네가 알 것은 네 하나님 여호와께서 네게 이 아름다운 땅을 기업으로 주신 것이 네 공의로 말미암음이 아니니라 너는 목이 곧은 백성이니라"(6) 하고, 전적인 하나님의 은혜임을 말합니다.

㉣ 이를 잊지 않게 하시려고, "유월절 제사를 네 하나님 여호와께서 네게 주신 각(各) 성에서 드리지 말고 오직 네 하나님 여호와께서 자기의 이름을 두시려고 택(擇)하신 곳에서 네가 애굽에서 나오던 시각 곧 초저녁 해 질 때에 유월절 제물을 드리라" (16:5-6) 하고 분부합니다.

㉮ 12장에는 "택하신 곳" 이라는 말이 6번(5, 11, 14, 18, 21, 26)이나 강조되어 있습니다. 광야교회 때에는 집단생활을 했으니까 문제가 없었으나, 약속의 땅에 입성해서 분배 받은 지역에 흩어져 살게 될 것을 대비해서 하는 명령인 것입니다.

㉯ "유월절" 이 누구에게서 성취될 무엇에 대한 상징인가를 인식하는 분이라면 왜 이렇게 분부하는지 그 의도를 깨달을 것입니다. 구원의 근거는 여기에도 있고, 저기에도 있는 것이 아니라 오직 유월절 어린양의 실체이신 그리스도의 갈보리 십자가에만 있다는 점을 드러내고 있는 것입니다. 이는 복음을 보수하라는 뜻이 됩니다. 이것이 2차 설교의 요약입니다.

3차 설교(27장-34장)

㉠ 3차 설교가 시작이 되는 27장에는 "저주" 가 12번, 28장에는 "복" 이 11번 등장합니다. 그러니까 율법의 말씀을 지키면 "복을 받고", 지키지 않으면 "저주를 받는다" 는 말씀입니다.

㉡ 이를 분명하게 보여주기 위해서, "너희가 요단을 건넌 후에 시므온과 레위와 유다와 잇사갈과 요셉과 베냐민은 백성을 축복(祝福)하기 위

하여 그리심 산에 서고 르우벤과 갓과 아셀과 스불론과 단과 납달리는 저주(咀呪)하기 위하여 에발 산에 서고"(신 27:12-13), 이처럼 두 편으로 서서 "복과, 저주"를 선포하라 합니다.

㉮ 그리하여 "장색의 손으로 조각하였거나 부어 만든 우상은 여호와께 가증하니 그것을 만들어 은밀히 세우는 자는 저주를 받을 것이라 할 것이요 모든 백성은 응답하여 말하되 아멘 할지니라"(27:15) 하고, "저주"를 선언하고,

㉯ "네가 네 하나님 여호와의 말씀을 청종하면 이 모든 복이 네게 임하며 네게 이르리니 성읍에서도 복을 받고 들에서도 복을 받을 것이며 네 몸의 자녀와 네 토지의 소산과 네 짐승의 새끼와 소와 양의 새끼가 복을 받을 것이며 네 광주리와 떡 반죽 그릇이 복을 받을 것이며 네가 들어와도 복을 받고 나가도 복을 받을 것이니라"(28:2-6) 하고, "복"을 선언합니다.

㉡ 모세는 "내가 오늘 하늘과 땅을 불러 너희에게 증거를 삼노라 내가 생명(生命)과 사망(死亡)과 복(福)과 저주(咀呪)를 네 앞에 두었은즉 너와 네 자손이 살기 위하여 생명을 택하라"(30:19) 하고 촉구합니다. 그런데 우리 중에 율법을 행함으로 복을 받을 자가 있단 말인가 하는 점이 문제입니다. 그러므로 여기 중요한 요점이 등장하는데,

㉮ "이 율법의 말씀을 실행하지 아니하는 자는 저주를 받을 것이라 할 것이요 모든 백성은 아멘 할지니라"(27:26) 하고, 저주가 발해지는 "에발 산"에, "하나님 여호와를 위하여 제단 곧 돌단을 쌓되 그것에 쇠 연장을 대지 말지니라 너는 다듬지 않은 돌로 네 하나님 여호와의 제단을 쌓고

그 위에 네 하나님 여호와께 번제를 드릴 것이며"(27:4, 5-6) 하고, 번제단을 에발산에 쌓으라고 명하신다는 점입니다.

㉢ 어찌하여 저주가 발해지는 에발 산에 쌓으라 하시는가? 이점을 복음이 밝히 드러난 신약성경에서는, "그리스도께서 우리를 위하여 저주를 받은바 되사 율법의 저주에서 우리를 속량하셨으니"(갈 3:13) 하고 말씀합니다. 즉 "율법"을 온전히 지키지 못함으로 인하여 저주 하에 있는 우리의 저주(咀呪)를 주님께서 대신 담당하신다는 점을 나타냅니다. 이 말씀을 듣는 형제의 마음은 어떠하십니까?

㉣ 여호수아는 가나안에 입성한 후에 명하신 대로, "그 때에 여호수아가 이스라엘의 하나님 여호와를 위하여 에발 산에 한 제단을 쌓았으니 이는 여호와의 종 모세가 이스라엘 자손에게 명령한 것과 모세의 율법책에 기록된 대로 쇠 연장으로 다듬지 아니한 새 돌로 만든 제단이라 무리가 여호와께 번제물과 화목제물을 그 위에 드렸으며"(수 8:30-31) 합니다. 여호수아는 복음을 보수(保守)하였던 것입니다.

언약과 맹세에 참여시킴

"호렙에서 이스라엘 자손과 세우신 언약 외에 여호와께서 모세에게 명령하여 모압 땅에서 그들과 세우신 언약의 말씀은 이러 하니라"(신 29:1) 합니다.

㉠ 모세는 마지막 사명으로, "오늘 너희 곧 너희의 수령과 너희의 지파와 너희의 장로들과 너희의 지도자와 이스라엘 모든 남자와 너희의 유아들과 너희의 아내와 및 네 진중에 있는 객과 너를 위하여 나무를 패는

자로부터 물 긷는 자까지 다 너희의 하나님 여호와 앞에 서 있는 것은"
(10-11),

　㉮ "네 하나님 여호와의 언약에 참여하며",

　㉯ "또 네 하나님 여호와께서 오늘 네게 하시는 맹세에 참여"(12)시키기
　　위함이라고 말씀합니다.

ⓒ 그러면 참여시키려는 "언약과, 맹세"가 무엇인가 하는 점에 분명해야만 합니다. 이를 시내산 언약으로 한정하는 경우가 있는데,

　㉮ 2세대들이 약속의 땅에 들어가서 준행해야할 교훈적인 면으로는 시내
　　산 언약도 포함이 됩니다만, 모세가 죽기 전에 2세대들에게 참여(參與)
　　시키고자 하는 언약은 사활(死活)이 걸려 있는 "아브라함, 이삭, 야곱"
　　에게 세워주신 메시아언약이었던 것입니다. 이점이 "맹세에 참여시키
　　기" 위함이라는 말에 나타나는데, 시내산 언약은 맹세 없이 세워진 것
　　입니다.

ⓒ 이점이 이어지는 "여호와께서 네게 말씀하신 대로 또 네 조상 아브라함과 이삭과 야곱에게 맹세하신 대로 오늘 너를 세워 자기 백성을 삼으시고 그는 친히 네 하나님이 되시려 함이니라"(13) 한 말씀에서도 분명히 나타납니다.

　㉮ 이점을 신약성경에서는, "내가 이것을 말하노니 하나님께서 미리 정하
　　신 언약(言約)을 사백삼십 년 후에 생긴 율법(律法)이 폐기하지 못하고
　　그 약속을 헛되게 하지 못하리라"(갈 3:17) 하고 말씀합니다.

　㉯ 구속사에 있어서 아브라함에게 세워주신 메시아언약은 폐하여질 수

없는 헌법과 같은 모법(母法)이요, 기본이 되는 법이라는 뜻입니다. 그런데 본문의 "언약"을 모세 율법으로 한정을 한다면 메시아언약이 실종(失踪)하게 되는 것입니다. 이것은 우려가 아니라 현실이 그러합니다.

신명기의 중심주제

신명기의 중심적인 증언은, "내가 그들의 형제(兄弟) 중에서 너와 같은 선지자 하나를 그들을 위하여 일으키고 내 말을 그 입에 두리니 내가 그에게 명령하는 것을 그가 무리에게 다 말하리라"(신 18:18) 하신, "너와 같은 선지자"에 있다 하겠습니다.

㉠ "너와 같은 선지자"가 누구로 성취가 되었는가? 오순절에 강림하신 성령께서는 베드로의 입을 통하여, "모세가 말하되 주 하나님이 너희를 위하여 너희 형제 가운데서 나 같은 선지자 하나를 세울 것이니 너희가 무엇이든지 그의 모든 말을 들을 것이라 누구든지 그 선지자의 말을 듣지 아니하는 자는 백성 중에서 멸망 받으리라 하였다"(행 3:22-23) 하고, 그리스도로 성취가 되었음을 증언하고 있습니다.

㉮ 이점에서 두 가지 문제가 제기되는데 첫째는, "너와 같은 선지자"라 하셨는데 그러면 구약시대의 중보자는 모세요, 신약시대의 중보자는 "예수 그리스도"시라는 뜻인가 하는 점입니다. 아닙니다. 성경은 "하나님은 한 분이시요 또 하나님과 사람 사이에 중보자도 한 분이시니 곧 사람이신 그리스도 예수라"(딤전 2:5) 합니다. 모세는 이에 대한 예표의 인물이라는 뜻에서 "너와 같은 선지자"라 하신 것입니다.

㉯ 둘째는 "너희 형제 가운데서" 세우리라 하셨는데, 그러면 우리 중에 이

런 선지자가 있단 말인가 하는 점입니다. 없습니다. 그래서 하나님의 아들 그리스도께서 우리의 "형제"가 되시기 위해서 혈과 육을 입고 이 땅에 오신 것입니다.

너희 하나님 여호와

또 모세가 가서 온 이스라엘에게 이 말씀을 전하여 그들에게 이르되 이제 내 나이 백이십 세라. 내가 더 이상 출입하지 못하겠고 여호와께서도 내게 이르시기를 너는 이 요단을 건너지 못하리라 하셨느니라(31:1-2).

㉠ 끝으로 모세는 "여호와께서 이미 말씀하신 것과 같이 네 하나님 여호와께서 너보다 먼저 건너가사 이 민족들을 네 앞에서 멸하시고 네가 그 땅을 차지하게 할 것이며 여호수아는 네 앞에서 건너갈 지라"(31:3) 하고, 하나님을 "너희 하나님"이라고 말씀합니다. 신명기 전체로는 "너희 하나님"이라는 말이 278번이나 등장합니다.

㉡ 이것이 무엇을 의미하는가? 모세가 "내가 누구이기에 바로에게 가며 이스라엘 자손을 애굽에서 인도하여 내리이까" 하고 말하였을 때에 하나님께서는, "내가 반드시 너와 함께 있으리라"(출 3:11-12) 하심으로 "모세의 하나님"이 되신 것입니다.

㉢ 그리하여 출애굽을 이루게 하신 것입니다. 이제 모세는 구속사의 무대에서 떠나려 하고 있습니다. 그러나 모세와 함께 하셨던 하나님은 떠나시지 않으시고 "너희의 하나님"이라는 것입니다.

㉣ 그러므로 "너희는 강하고 담대하라 두려워하지 말라 그들 앞에서

떨지 말라 이는 네 하나님 여호와 그가 너와 함께 가시며 결코 너를 떠나지 아니하시며 버리지 아니하실 것임이라"(31:6),

㉮ "네가 나가서 적군과 싸우려 할 때에 말과 병거와 백성이 너보다 많음을 볼지라도 그들을 두려워하지 말라 애굽 땅에서 너를 인도하여 내신 네 하나님 여호와께서 너와 함께 하시느니라"(20:1) 하고, "너희 하나님 여호와" 임을 붙잡게 해줌으로 용기를 주고 있는 것입니다. 그 하나님은 오늘날 형제의 하나님이신 것입니다.

Old Testament

여호수아

여호수아서는 모세의 후계자 여호수아가 하나님의 백성을 이끌고 요단강을 건너 가나안 땅을 점령하고, 분배하는 내용입니다. 여호수아서는 크게 두 부분으로 나누어지는데,

㉮ 첫째 부분(1-12장)은 가나안 땅을 정복하는 전투적인 교회의 모형이고,

㉯ 둘째 부분(13-24장)은 선한 싸움을 싸운 후에 누리게 되는 안식하는 교회의 모형입니다.

여호수아의 하나님

"여호와의 종 모세가 죽은 후에 여호와께서 모세의 수종자 눈의 아들 여호수아에게 말씀하여 이르시되 내 종 모세가 죽었으니 이제 너는 이 모든 백성과 더불어 일어나 이 요단을 건너 내가 그들 곧 이스라엘 자손에게 주는 그 땅으로 가라"(수 1:1-2) 하십니다.

㉠ "네 평생에 너를 능히 대적할 자가 없으리니 내가 모세와 함께 있었

던 것 같이 너와 함께 있을 것임이니라 내가 너를 떠나지 아니하며 버리지 아니하리니"(5), 핵심은 "모세와 함께 있었던 것 같이 너와 함께 있을 것임이니라" 한 말씀입니다. 이렇게 해서 "여호수아의 하나님"이 되신 것입니다.

 ㉮ 그러므로 "강하고 담대하라 너는 내가 그들의 조상에게 맹세하여 그들에게 주리라 한 땅을 이 백성에게 차지하게 하리라"(5-6) 하고 격려하십니다. 이는 여호수아가 하는 것이 아니라, "여호수아와 함께 하시는 하나님"이 하신다는 뜻입니다.

 ㉯ 신약성경은 이 말씀을 받아서, "그가 친히 말씀하시기를 내가 결코 너희를 버리지 아니하고 너희를 떠나지 아니하리라 하셨느니라 그러므로 우리가 담대히 말하되 주는 나를 돕는 이시니 내가 무서워하지 아니하겠노라 사람이 내게 어찌하리요 하노라"(히 13:5-6) 합니다.

㉡ 이점에서 계속되는 말씀을 유념해야 하는데, "하나님의 말씀을 너희에게 일러 주고 너희를 인도하던 자들을 생각하며 그들의 행실의 결말을 주의하여 보고 그들의 믿음을 본받으라 예수 그리스도는 어제나 오늘이나 영원토록 동일하시니라"(7-8) 한 말씀입니다.

 ㉮ 베드로, 바울과 함께 하셨던 주님이 형제와 함께 하신다는 말씀입니다.

 ㉯ 그런데 문제는 저들에게 있던 "믿음"이 나에게 있느냐 이것이 문제라는 말씀입니다. 그래서 "그들의 믿음을 본받으라" 하는 것입니다.

생명의 어미의 구출작전

"눈의 아들 여호수아가 싯딤에서 두 사람을 정탐꾼으로 보내며 이르되 가서 그 땅과 여리고를 엿보라 하매 그들이 가서 라합이라 하는 기생의 집에 들어가 거기서 유숙하더니"(수 2:1) 합니다.

㉠ 여호수아가 "정탐꾼으로 보냈다"는 것은 얼른 이해가 되지 않습니다. 왜냐하면 정탐꾼을 보낸 사건으로 인한 엄청난 결과를 목격했기 때문입니다. 그런데 여기에는 여리고성의 기생 라합을 구출하여 "생명의 어머니"(창 3:20, 17:16, 24:60)를 삼으시고자 하는 하나님의 불가사의한 섭리하심이 있으셨던 것입니다.

㉮ 이점이 12명이 아니라, 주님께서 하신 방법인 "두 사람"을 짝을 지어 보냈다는 데서도 드러납니다. 사실 본문을 관찰해 보면 요단강을 건너간 정탐꾼이 한 일이라고는 라합의 집에 들어가 언약을 맺고 온 일 외에는 없는 것입니다.

㉡ 이점을 신약성경은 해설해주기를, "믿음으로 기생 라합은 정탐꾼을 평안히 영접하였으므로 순종하지 아니한 자와 함께 멸망하지 아니하였도다"(히 11:31) 하고 증언하는데, 그러면 라합은 어떤 믿음에서 정탐꾼을 영접하고 숨겨주었단 말인가? 이는 아무나 할 수 있는 일이 아니라 "죽으면 죽으리이다" 하고 행한 일사각오의 믿음이었던 것입니다.

㉯ 라합은 정탐꾼에게, "여호와께서 이 땅을 너희에게 주신 줄을 내가 아노라"(수 2:9) 합니다.

㉰ "너희가 애굽에서 나올 때에 여호와께서 너희 앞에서 홍해 물을 마르게

하신 일과 너희가 요단 저쪽에 있는 아모리 사람의 두 왕 시혼과 옥에게 행한 일 곧 그들을 전멸시킨 일을 우리가 들었음이니라" (10) 합니다.

㉰ 그리고 "너희의 하나님 여호와는 위로는 하늘에서도 아래로는 땅에서도 하나님이시니라" (11) 하고 고백을 합니다. 라합의 믿음은 "듣고, 알고, 믿고, 실천에 옮긴" 산 믿음이었던 것입니다.

㉱ 이 믿음이 있었기에 "여호와로 내게 맹세하고 내게 증표를 내라" (수 2:12) 한 것입니다. 이렇게 해서 이방인 라합은 "언약" 안으로 들어와 그리스도가 오실 상속자가 되는 영광을 얻게 된 것입니다.

㉢ 놀랍게도 야고보서에서는, "또 이와 같이 기생 라합이 사자들을 접대하여 다른 길로 나가게 할 때에 행함으로 의롭다 하심을 받은 것이 아니냐" (약 2:25) 하고, 의롭다함을 얻었다고 증언을 합니다. 이것이 어떻게 가능하여졌단 말인가? 정탐꾼은 사사로운 자가 아니요, 하나님의 나라건설을 위한 군사요, 그를 영접한 것을 그리스도를 영접한 것으로 여겨주셨기 때문에 가능하여진 것입니다.

㉮ 주님께서는 "누구든지 내 이름으로 이런 어린아이를 영접하면 곧 나를 영접함이요" (눅 9:48) 하십니다. 이처럼 여리고 성을 심판하시기 전에 먼저 "생명의 어미"를 보존해놓으셨던 것이 됩니다.

요단강을 건너감

관리들이 "백성에게 명령하여 이르되 너희는 레위 사람 제사장들이 너희 하나님 여호와의 언약궤(言約櫃) 메는 것을 보거든 너희가 있는 곳을 떠나 그 뒤를 따르라" (수 3:3) 합니다.

㉠ 왜냐하면 "그리하면 너희가 행할 길을 알리니 너희가 이전에 이 길을 지나보지 못하였음이니라"(4) 합니다. 참으로 중요한 교훈을 주는 말씀입니다.

㉮ 우리는 아브라함이 "여호와의 말씀을 따라 갔다"(창 12:4)는 점을 상고했습니다. 아브라함은 "여호와의 언약궤"를 따라간 셈입니다. 왜냐하면 아브라함도 "이 길을 지나보지 못하였음이니라", 즉 갈 바를 알지를 못하는 처음 가는 길이었기 때문입니다.

㉯ 신약성경은, "내가 이르노니 너희는 성령을 따라 행하라 그리하면 육체의 욕심을 이루지 아니하리라"(갈 5:16) 하고 말씀합니다.

㉡ 하나님께서는, "너는 언약궤를 멘 제사장들에게 명령하여 이르기를 너희가 요단 물가에 이르거든 요단에 들어서라 하라"(수 3:8) 하고 명하십니다.

㉮ "요단이 곡식 거두는 시기에는 항상 언덕에 넘치더라 궤를 멘 자들이 요단에 이르며 궤를 멘 제사장들의 발이 물가에 잠기자 곧 위에서부터 흘러내리던 물이 그쳐서 사르단에 가까운 매우 멀리 있는 아담 성읍 변두리에 일어나 한 곳에 쌓이고"(15-16), 즉 갈라진 것입니다.

㉯ "여호와의 언약궤를 멘 제사장들은 요단 가운데 마른 땅에 굳게 섰고 그 모든 백성이 요단을 건너기를 마칠 때까지 모든 이스라엘은 그 마른 땅으로 건너갔더라"(17) 합니다. 1세대들은 홍해가 갈라진 후에 건넜으나, 2세대들은 언약궤를 멘 제사장들이 들어가니까 갈라진 것입니다. 여기서 신앙의 진보를 보게 됩니다.

옛 사람은 장사지내고

하나님께서 이렇게 하신 의도는 요단 도하를 통해서 중요한 계시를 하시기 위함인데 그 계시가 무엇인가?

㉠ "여호수아가 또 요단 가운데 곧 언약궤를 멘 제사장들의 발이 선 곳에 돌 열둘을 세웠더니 오늘까지 거기에 있더라" (4:9) 한 것과,

㉮ "여호수아가 요단에서 가져온 그 열두 돌을 길갈에 세우고" (20) 한 행사를 통해서 나타납니다. 12돌은 이스라엘 12지파를 상징하는데, 애굽 쪽에 있던 12돌은 요단강 속에 세우고, 요단강 속에서 가져온 12돌은 약속의 땅 첫 지경(地境)인 "길갈"에 세웠다는 것입니다.

㉯ 이것이 무슨 뜻인가? 바로의 노예였던 옛 사람은 요단강 물 속에 장사지내고, 이제는 약속의 땅에 새사람으로 태어났다는 점을 나타냅니다.

㉡ 이점이 하나님께서, "내가 오늘 애굽의 수치를 너희에게서 떠나가게 하였다 하심으로 그 곳 이름을 오늘까지 길갈(굴러간다)이라 하느니라" (5:9) 한 말씀에 나타납니다.

㉮ 이에 대한 신령한 의미가 무엇인가? 사탄의 노예였던 우리 옛 사람은 죽어 장사지낸바 되고, 이제는 그리스도와 함께 일으키사 새사람이 되었다는 점을 말씀해줍니다. 그래서 사도 바울은 "그런즉 누구든지 그리스도 안에 있으면 새로운 피조물이라 이전 것은 지나갔으니 보라 새 것이 되었도다" (고후 5:17) 하는 것입니다.

㉢ 사도 바울은 로마서 6장에서 이에 대한 신령한 의미를 증언하고 있는데, "그러므로 우리가 그의 죽으심과 합하여 세례를 받음으로 그와 함

께 장사되었나니 이는 아버지의 영광으로 말미암아 그리스도를 죽은 자 가운데서 살리심과 같이 우리로 또한 새 생명 가운데서 행하게 하려 함이라"(롬 6:4) 합니다.

㉓ 그리고 결론적으로, "이와 같이 너희도 너희 자신을 죄에 대하여는 죽은 자요 그리스도 예수 안에서 하나님께 대하여는 살아 있는 자로 여길지어다"(롬 6:11) 합니다. 전에는 반대로 "하나님께 대하여는 죽고, 죄에 대하여는 산 자" 였었는데 이제는 사망에서 생명으로 옮겨졌다는 말씀인 것입니다. 참으로 놀랍고도 영광스러운 예표입니다.

첫 과업으로 할례와 유월절을 지킴

요단을 건너 약속의 땅에 첫 발을 디딘 "길갈"에서 "하나님의 일"을 하기 전에, 최우선적으로 행한 두 가지 일이 있습니다. 이는 현대교회가 깊이 새겨야할 점입니다. 그것이 무엇인가?

㉠ 첫째는 "그 때에 여호와께서 여호수아에게 이르시되 너는 부싯돌로 칼을 만들어 이스라엘 자손들에게 다시 할례를 행하라 하시매 여호수아가 부싯돌로 칼을 만들어 할례 산에서 이스라엘 자손들에게 할례를 행하니라"(수 5:2-3) 한, "할례" 입니다.

㉓ 왜냐하면 "여호수아가 할례를 시행한 까닭은 이것이니 애굽에서 나온 모든 백성 중 남자 곧 모든 군사는 애굽에서 나온 후 광야 길에서 죽었는데 그 나온 백성은 다 할례를 받았으나 다만 애굽에서 나온 후 광야 길에서 난 자는 할례를 받지 못하였기"(4-5) 때문이라는 것입니다.

㉯ 그러면 "할례"의 의미가 무엇인가? "너희는 포피를 베어라 이것이 나와 너희 사이의 언약의 표징(表徵)이니라"(창 17:11) 하신 "표징"인 것입니다. 다시 강조합니다만 할례를 행함으로 언약백성이 되는 것이 아니라, 언약백성이 되었기 때문에 그 표로 "할례"를 행하라 하셨다는 점입니다. 그런데 유대인들은 "언약"은 버리고 표징인 할례만을 붙잡고 있었던 것입니다. 그것은 마치 음행으로 인하여 파혼을 당한 자가 결혼반지를 자랑하는 것과 같은 것입니다.

㉰ 이 시점에서 할례를 명하시는 의도가 무엇인가? 가나안은 비어 있는 땅이 아니라 부패한 7족속이 거하고 있는 땅입니다. 이는 마치 전염병이 창궐하는 지역으로 들어가는 것과 같아서 감염될 우려가 있었던 것입니다. 그러므로 "구별됨", 즉 성별(聖別)의식으로 무장을 시키라 하신 것입니다.

㉡ 둘째는, "또 이스라엘 자손들이 길갈에 진 쳤고 그 달 십사일 저녁에는 여리고 평지에서 유월절을 지켰으며"(10) 한, "유월절"을 지킨 일입니다. 그러니까 시내산을 출발할 때에 유월절을 지켰고(민 9:5), 약속의 땅에 입성해서 유월절을 지킨 것입니다.

㉮ 이는 출애굽을 하게 된 것이나, 약속의 땅에 들어올 수 있었던 것이 자신들에게 능력이 있어서가 아니라, 전적인 하나님의 은혜(恩惠)임을 상기시키는 은총의식으로 무장을 시킨 것입니다.

㉯ 다시 강조합니다만 하나님께서는 약속의 땅에 입성한 자기 백성들에게 "하나님의 일", 즉 전투(戰鬪)를 명하시기 전에 "할례와, 유월절"을

지키라 명하셨다는 점입니다. 유대인들은 주님에게, "우리가 어떻게 하여야 하나님의 일을 하오리이까" 하고 물었습니다. 주님께서는, "하나님께서 보내신 이를 믿는 것이 하나님의 일이니라"(요 6:28-29) 하고 대답하십니다.

㉰ 그렇습니다. "은총의식과, 성별의식"은 하나님의 일을 하기에 앞서서 갖추어야할 정신무장이요, 현대교회가 회복해야할 선결문제(先決問題)인 것입니다. 왜냐하면 현대교회는 입교한 자들에게 "복음과, 성별"로 무장을 시키는 일을 우선시하는 것이 아니라, 교회생활을 가르쳐 일부터 시키려 하고 있기 때문입니다.

여리고를 정복함

이처럼 "성별의식과, 은총의식"으로 무장을 한 다음에 "여호와의 싸움"(삼상 25:28)을 싸우게 되는데, "이스라엘 자손들로 말미암아 여리고는 굳게 닫혔고 출입하는 자가 없더라"(수 6:1) 합니다.

㉠ "여호와께서 여호수아에게 이르시되 보라 내가 여리고와 그 왕과 용사들을 네 손에 넘겨 주었으니 너희 모든 군사는 그 성을 둘러 성 주위를 매일 한 번씩 돌되 엿새 동안을 그리하라"(2-3),

㉮ "제사장 일곱은 일곱 양각 나팔을 잡고 언약궤 앞에서 나아갈 것이요 일곱째 날에는 그 성을 일곱 번 돌며 그 제사장들은 나팔을 불 것이며"(4) 하고, 작전지시를 하십니다.

㉯ 요단강을 건널 때와 같이 "언약궤"를 앞세우고, 제사장들은 "나팔을 불

라" 하신 점 등은 우리에게 "말씀과, 기도"로 적용이 된다 하겠습니다.

ⓛ "이에 백성은 외치고 제사장들은 나팔을 불매 백성이 나팔 소리를 들을 때에 크게 소리 질러 외치니 성벽이 무너져 내린지라 백성이 각기 앞으로 나아가 그 성에 들어가서 그 성을 점령했다"(20)고 말씀합니다.

㉮ 이처럼 특이한 방법을 명하신 의도가 무엇인가? "은총의식과, 성별의식"에 입각한 전적인 신뢰와 복종을 요구하셨던 것입니다.

㉯ 이럴 경우 악평을 했던 10족장이라면 무엇이라 말했겠는가를 생각해 보시기 바랍니다. 이를 알았기에 여호수아는, "백성에게 명령하여 이르되 너희는 외치지 말며 너희 음성을 들리게 하지 말며 너희 입에서 아무 말도 내지 말라"(10) 하고, 함구령을 내린 것은 아니겠는가?

ⓒ 우리에게도 난공불락의 "여리고성"은 있습니다. 사도 바울은, "우리의 싸우는 무기는 육신에 속한 것이 아니요 오직 어떤 견고(堅固)한 진(陣)도 무너뜨리는 하나님의 능력이라"(고후 10:4) 합니다.

㉮ 한 심령을 사망에서 생명으로 옮기게 하는 작전은 여리고를 점령하는 것보다 더욱 어려운 것입니다. 그래서 주님께서는, "강한 자가 무장을 하고 자기 집을 지킬 때에는 그 소유가 안전하되 더 강한 자가 와서 그를 굴복시킬 때에는 그가 믿던 무장을 빼앗고 그의 재물을 나누느니라"(눅 11:21-22) 하고 말씀하셨던 것입니다.

㉯ 그런데 복음주의자들이 싸워야 하는 더욱 어렵고도 사활을 건 싸움은, "모든 이론(理論)을 무너뜨리며 하나님 아는 것을 대적(對敵)하여 높아진 것을 다 무너뜨리고 모든 생각을 사로잡아 그리스도에게 복종하

게 하니"(고후 10:5) 한, 사상전(思想戰)이라는 점을 명심해야만 합니다. 다시 말하면 복음을 보수하는 싸움입니다.

헤브론을 갈렙에게 줌

"이와 같이 여호수아가 여호와께서 모세에게 말씀하신 대로 그 온 땅을 점령하여 이스라엘 지파의 구분에 따라 기업으로 주매 그 땅에 전쟁이 그쳤더라"(수 11:23) 합니다.

㉠ 그런데 "이스라엘 자손의 땅에는 아낙 사람들이 하나도 남지 아니하였고 가사와 가드와 아스돗에만 남았더라"(22) 합니다.

㉮ 이점이 개역 본에는 "약간 남았었더라"로 되어 있는데 "약간 남은 자"가 훗날, "가사"에서는 "블레셋 사람들이 그를 붙잡아 그의 눈을 빼고 끌고 가사에 내려가 놋줄로 매고 그에게 옥에서 맷돌을 돌리게 하였더라"(삿 16:21) 하고, "삼손"을 삼키는 자가 되었고,

㉯ "가드"에서는, "블레셋 사람들의 진영에서 싸움을 돋우는 자가 왔는데 그의 이름은 골리앗이요 가드 사람이라"(삼상 17:4) 하고, "골리앗"으로 나타나고,

㉰ "아스돗"에서는 "블레셋 사람들이 하나님의 궤를 빼앗아 가지고 에벤에셀에서부터 아스돗에 이르니라"(삼상 5:1) 하고, "하나님의 법궤"를 빼앗는 것으로 나타나고 있다는 것을 대한다는 것은 가공(可恐)스러운 일입니다.

㉡ 땅을 분배하게 되자 갈렙은, "그 날에 여호와께서 말씀하신 이 산지

를 지금 내게 주소서 당신도 그 날에 들으셨거니와 그 곳에는 아낙 사람이 있고 그 성읍들은 크고 견고할지라도 여호와께서 나와 함께 하시면 내가 여호와께서 말씀하신 대로 그들을 쫓아내리이다" 합니다. 그래서 "여호수아가 여분네의 아들 갈렙을 위하여 축복하고 헤브론을 그에게 주어 기업을 삼게 하였다"(14:12-13) 하고 말씀합니다.

ⓒ그런데 내용을 관찰해보면 "헤브론"은 모두가 갖기를 원하는 산지가 아니라 "아낙 사람"이 있는 견고한 성읍이라 기피의 대상이라는 점을 알게 됩니다. 그러나 갈렙은, "이제 보소서 여호와께서 이 말씀을 모세에게 이르신 때로부터 이스라엘이 광야에서 방황한 이 사십오 년 동안을 여호와께서 말씀하신 대로 나를 생존하게 하셨나이다 오늘 내가 팔십 오세로되"(10) 하고, 하나님께서 말씀하신 "약속"을 45년 동안 가슴에 간직하고 있다가, "하나님의 뜻을 이루어드리려"(골 1:25)는 믿음에서 나온 요구임을 깨닫게 됩니다.

참 안식의 예표

"여호와께서 이스라엘의 조상들에게 맹세하사 주리라 하신 온 땅을 이와 같이 이스라엘에게 다 주셨으므로 그들이 그것을 차지하여 거기에 거주하였으니"(수 21:43),

㉠ "여호와께서 그들의 주위에 안식을 주셨으되 그 조상들에게 맹세하신 대로 하셨으므로 그들의 모든 원수들 중에 그들과 맞선 자가 하나도 없었으니 이는 여호와께서 그들의 모든 원수들을 그들의 손에 넘겨주셨음이니라"(44) 하고, 가나안 땅을 정복하고 분배하여 거하게 된 것

을, "안식(安息)을 주셨다" 하고 말씀합니다.

㉡ 그런데 신약성경에서는, "만일 여호수아가 그들에게 안식을 주었더라면 그 후에 다른 날을 말씀하지 아니하셨으리라 그런즉 안식할 때가 하나님의 백성에게 남아 있도다"(히 4:8-9) 하고, 참 안식에 대한 예표임을 말씀합니다.

㉮ 참 안식은 "수고하고 무거운 짐 진 자들아 다 내게로 오라 내가 너희를 쉬게 하리라"(마 11:28) 하신 그리스도 안에서 성취가 되어, "모든 눈물을 그 눈에서 닦아 주시니 다시는 사망이 없고 애통하는 것이나 곡하는 것이나 아픈 것이 다시 있지 아니하리니 처음 것들이 다 지나갔음이러라"(계 21:4)에서 완성이 될 것입니다.

도피성의 구속사적 의미

"여호와께서 여호수아에게 말씀하여 이르시되 이스라엘 자손에게 말하여 이르기를 내가 모세를 통하여 너희에게 말한 도피성들을 너희를 위해 정하라"(수 20:1-2) 하고, "도피성"(逃避城)이라는 특수한 제도를 명하십니다.

㉠ 그리하여 "이에 그들이 납달리의 산지 갈릴리 게데스와 에브라임 산지의 세겜과 유다 산지의 기럇 아르바 곧 헤브론과 여리고 동쪽 요단 저쪽 르우벤 지파 중에서 평지 광야의 베셀과 갓 지파 중에서 길르앗 라못과 므낫세 지파 중에서 바산 골란을 구별하였으니"(7-8) 하고, 6개의 도피성을 택정하게 됩니다.

㉮ 이점에서 기억해두어야 할 점은 레위인은 한 곳에 모여 살게 한 것이 아

니라, 각 지파에서 나눠준 "48성읍"에 분산시켜 살게 하셨는데 6개의 도피성이 그 안에 포함이 되었다는 점입니다. 이렇게 하신 의도가 무엇인가? 이는 사사시대의 통치체제를 이해하는데 중요한 요점이 되는데, 사사기에서 말씀드리기로 하겠습니다.

ⓒ 그러면 "도피성"을 택정하라 하신 의도가 무엇인가? "부지중에 실수로 사람을 죽인 자를 그리로 도망하게 하라 이는 너희를 위해 피의 보복 자를 피할 곳이니라"(3) 하십니다. 도피성은 아무나 피하기만 하면 살 수 있는 곳이 아니라 "부지중에 실수로 사람을 죽인 자"를 보호하는 장치였던 것입니다. 그렇습니다. "복음"은 죄를 옹호하거나 장려하는 그런 장치가 결코 아닙니다.

ⓒ 도피성의 구속사적 의미를 복음이 밝히 드러난 신약성경에서는, "이는 하나님이 거짓말을 하실 수 없는 이 두 가지 변하지 못할 사실로 말미암아 앞에 있는 소망을 얻으려고 〈피난처〉를 찾은 우리에게 큰 안위를 받게 하려 하심이라"(히 6:18) 하고, 그리스도에 대한 모형이라고 말씀합니다. 그렇습니다. 신앙이란, 저곳에 가면 살 수 있다고 전심전력으로 도피성을 향해서 달려가는 것과 같은 것입니다.

㉮ 그래서 도피성으로 가는 "길이 멀면"(신 19:6) 도중에 붙잡히게 될 것을 감안하셔서 6개나 주셨고,

㉯ 도피하기에 장애가 없도록 "그 도로를 닦으라"(신 19:3) 하셨던 것입니다.

㉰ 그리고 "도피성"은 6개 모두가 멀리서도 바라볼 수 있는 산지(山地)라

는 점입니다. 얼마나 자상하신 배려인가? 그러므로 구원을 얻지 못하는 것은 도피성이 멀기 때문도 아니요, 길을 몰라서도 아닌 것입니다.

㉰ 그래서 "그러면 무엇을 말하느냐 말씀이 네게 가까워 네 입에 있으며 네 마음에 있다 하였으니 곧 우리가 전파하는 믿음의 말씀이라"(롬 10:8) 하고 아주 "가까이 있다" 하는 것입니다.

㉱ 도피성의 예표가, "그 살인자는 회중 앞에 서서 재판을 받기까지 또는 그 당시 대제사장이 죽기까지 그 성읍에 거주하다가 그 후에 그 살인자는 그 성읍 곧 자기가 도망하여 나온 자기 성읍 자기 집으로 돌아갈 지니라"(수 20:6) 하신 말씀을 통해서도 드러납니다. 도피성으로 피신한 자는 언제나 자유 할 수가 있는가?

㉮ "대제사장이 죽기까지" 라고 말씀합니다. 대제사장이 죽었다는 슬픈 소식이 그에게는 집으로 돌아갈 수 있다는 기쁜 소식이 된다는 말씀입니다. 얼마나 망극한 복음 계시인가?

너희 하나님 여호와

"여호와께서 주위의 모든 원수들로부터 이스라엘을 쉬게 하신 지 오랜 후에 여호수아가 나이 많아 늙은지라"(수 23:1) 합니다. 이제 달려갈 길을 마치고 구속사의 무대에서 떠나려 하는 것입니다.

㉠ "여호수아가 온 이스라엘 곧 그들의 장로들과 수령들과 재판장들과 관리들을 불러다가 그들에게 이르되 나는 나이가 많아 늙었도다 너희의 하나님 여호와께서 너희를 위하여 이 모든 나라에 행하신 일을 너

희가 다 보았거니와 너희의 하나님 여호와 그는 너희를 위하여 싸우신 이시니라" (2-3) 합니다. 두 마디로 요약할 수가 있는데,

㉮ 이제 나는 떠나나 하나님은 떠나시지 않으시고 너희와 함께 하시는, "너희 하나님이시라"는 것과,

㉯ 그 하나님은 "너희를 위하여 싸워주신 하나님이시라"는 것입니다.

ⓒ 그러므로 "너희 중 한 사람이 천 명을 쫓으리니 이는 너희의 하나님 여호와 그가 너희에게 말씀하신 것 같이 너희를 위하여 싸우심이라" (10), 즉 과거에 싸워주신 하나님께서는 현재도, 그리고 미래에도 싸워 주시리라고 격려합니다. 이는 계시록을 이해하는데 중요한 요점이 됩 니다. 왜냐하면 계시록에서 주님은 우리와 함께 하셔서 우리를 위하여 싸워주시는 사령관으로 등장하시기 때문입니다.

㉮ "오직 너희의 하나님 여호와께 가까이 하기를 오늘까지 행한 것 같이 하라" (8),

㉯ "그러므로 스스로 조심하여 너희의 하나님 여호와를 사랑하라" (11) 합 니다.

ⓒ 24장은 여호수아의 마지막 설교인데 내용을 보면,

㉮ "옛적에 너희의 조상들 곧 아브라함의 아버지, 나홀의 아버지 데라가 강 저쪽에 거주하여 다른 신들을 섬겼으나 내가 너희의 조상 아브라함 을 강 저쪽에서 이끌어 내어 가나안 온 땅에 두루 행하게 하고 그의 씨 를 번성하게 하려고 그에게 이삭을 주었으며" (2-3) 하고, 아브라함을 택하셔서 "메시아언약"을 세워주신 것으로부터 시작하여,

㉯ "내가 또 너희가 수고하지 아니한 땅과 너희가 건설하지 아니한 성읍들을 너희에게 주었더니 너희가 그 가운데에 거주하며 너희는 또 너희가 심지 아니한 포도원과 감람원의 열매를 먹는다 하셨느니라"(13) 하고, 가나안 땅을 기업으로 주신 것까지를 진술합니다.

㉰ 결론으로, "그러므로 이제는 여호와를 경외하며 온전함과 진실함으로 그를 섬기라 너희의 조상들이 강 저쪽과 애굽에서 섬기던 신들을 치워 버리고 여호와만 섬기라"(14) 합니다.

㉮ "백성이 여호수아에게 말하되 우리 하나님 여호와를 우리가 섬기고 그의 목소리를 우리가 청종하리이다 하는지라 그 날에 여호수아가 세겜에서 백성과 더불어 언약을 맺고 그들을 위하여 율례와 법도를 제정하였더라"(24:24-25) 합니다.

㉯ 이는 모세가 떠날 때에 백성들을 "언약과 맹세에 참여" 시킴과 같은 맥락인데, 신학적으로는 하나님께서 아브라함에게 세워주신 "메시아언약"에 굳게 세워주고, 교훈적으로는 모세를 통하여 베푸신 "율례(律例)와 법도"를 지키라는 권면입니다. 이는 우리에게 복음을 보수하면서, 성별의 삶을 살라는 것으로 적용이 됩니다.

사사기

  사사기는 여호수아가 죽은 후부터 이스라엘의 초대 왕 사울이 세워지기까지의 약 300년 간 사사들이 활동했던 내용입니다. ㉠ 출애굽 1세대들은 불순종으로 인하여 광야에서 죽었고, ㉡ 가나안을 정복한 2세대들은 "다 열조에게로 돌아갔고, ㉢ 그 후에 일어난 다른 세대는 여호와를 알지 못하며 여호와께서 이스라엘을 위하여 행하신 일도 알지 못하였더라"(2:10) 말씀하고 있는데, 사사기는 바로 이들 3세대들에 대한 기록입니다.

  사사기는 크게 세 부분으로 나누어지는데,

  ① 첫째 부분(1:1-3:6절)은 사사시대가 혼란에 빠지게 된 원인을 말씀하는 원리적인 내용이고,

  ② 둘째 부분(3:7-16장)은 사사들이 활동한 기사들이고,

  ③ 셋째 부분(17-21장)은 부록과 같은 것으로, 레위인들의 타락상을 고발하는 내용입니다.

사사기는 한마디로, "그 때에는 이스라엘에 왕이 없으므로 사람마다 자기 소견에 옳은 대로 행하였더라"(17:6), 즉 자기 좋을 대로 행했다는 혼란기였습니다. 사사기가 우리에게 적실성이 있는 것은 현대교회가 "사람마다 자기 소견에 옳은 대로 행하였더라", 즉 자기 좋을 대로 행했다는 사사시대와 같은 상황이기 때문입니다.

혼란하게 된 3가지 원인

"여호와의 종 눈의 아들 여호수아가 백 십세에 죽으매 무리가 그의 기업의 경내 에브라임 산지 가아스 산 북쪽 딤낫 헤레스에 장사하였고 그 세대의 사람도 다 그 조상들에게로 돌아갔고 그 후에 일어난 다른 세대는 여호와를 알지 못하며 여호와께서 이스라엘을 위하여 행하신 일도 알지 못하였더라"(삿 2:8-10) 합니다. 이것이 사사시대의 신앙상태였습니다.

㉠ 이렇게 된 원인을 크게 세 가지를 들 수가 있는데,

㉮ 첫째로 1장에는 "베냐민 자손은 예루살렘에 거주하는 여부스 족속을 쫓아내지 못하였으므로"(1:21) 하고, "쫓아내지 못하였다"는 말이 9번이나 강조되어 있는데, 이것이 첫째 원인입니다.

㉯ 둘째로 쫓아내지 못하게 되자, "이스라엘 자손은 가나안 족속과 헷 족속과 아모리 족속과 브리스 족속과 히위 족속과 여부스 족속 가운데에 거주(居住)하면서 그들의 딸들을 맞아 아내로 삼으며 자기 딸들을 그들의 아들들에게 주고 또 그들의 신들을 섬겼더라"(3:5-6) 하고, 혼합(混合)이 되었기 때문입니다.

㉰ 셋째로 결과는 필연적으로, "다른 세대는 여호와를 알지 못하게"(2:10)

되었는데 이는, 모세가 "네 자녀에게 부지런히 가르치며 집에 앉았을 때에든지 길을 갈 때에든지 누워 있을 때에든지 일어날 때에든지 이 말씀을 강론할 것이며"(신 6:7) 하고, 그토록 분부한, 언약을 전수(傳授)시키는 일에 실패했음을 의미합니다.

ⓒ 이는 "하나님의 아들들이 사람의 딸들의 아름다움을 보고 자기들이 좋아하는 모든 여자를 아내로 삼는지라"(창 6:2) 한 노아 당시의 반복이요, 훗날 "그의 여인들이 왕의 마음을 돌아서게 하였더라"(왕상 11:3) 한 솔로몬이 타락하게 된 원인이기도 하고, 현대교회의 현상이기도 합니다.

ⓒ 근본적인 원인은, "애굽 땅에서 그들을 인도하여 내신 그들의 조상들의 하나님 여호와를 버리고", 즉 아브라함에게 세워주신 메시아언약을 버리고,

㉮ "다른 신들 곧 그들의 주위에 있는 백성의 신들을 따라 그들에게 절한"(2:12), 우상숭배에 있다는 점을 유념해야만 합니다. 만일 현대교회가 복음을 제쳐놓고 기복신앙에 몰입한다면 필연적으로 사사시대와 같이 혼란에 빠지게 될 것이기 때문입니다. 이것은 우려가 아니라 이미 우리 앞에 전개되고 있는 현실인 것입니다.

7번의 악순환

이스라엘 민족은 목축을 하는 자들이었는데 가나안에 정착하여 농업에 종사하게 되자, 쫓아내지 못한 본토인들이 농경(農耕) 신으로 섬기는 바알과 아세라 우상을 섬기기에 이르렀던 것입니다.

㉠ 이점에서 구약교회가 범한 치명적인 죄가 우상숭배인데 이를 십계명을 범한 것쯤으로 여겨서는 아니 됩니다. 하나님께서는 "메시아언약" 안에서 복을 주시려는데 저들은 우상을 통해서 복을 받으려한, "메시아언약"을 배신하고 망각한 죄라는데 분명해야만 합니다. 신구약 시대를 막론하고 그리스도를 배척하게 되면 멸망을 당하게 되는 것입니다.

㉡ 사사기에는 7번이나 되풀이 되는 악순환이 나타나는데,

㉮ "하나님 여호와를 잊어버리고 바알들과 아세라들을 섬긴지라"(3:7),

㉯ "여호와께서 이스라엘에게 진노하사 그들을 메소보다미아 왕 구산 리사다임의 손에 파신지라"(8), 즉 대적에게 내어주셔서 징벌을 당하게 하셨다는 것입니다.

㉰ "이스라엘 자손이 여호와께 부르짖으매",

㉱ "여호와께서 이스라엘 자손을 위하여 한 구원(救援)자를 세워 그들을 구원하게 하시니"(9),

㉲ "그 땅이 평온한 지 사십 년에"(11),

㉳ "이스라엘 자손이 또 여호와의 목전에 악을 행하니라",

㉴ "여호와께서 모압 왕 에글론을 강성하게 하사 그들을 대적하게 하시매"(12) 한, 이러한 악순환이 2:12, 3:7, 12, 4:1, 6:1, 10:6, 13:1절 등 7번이나 반복이 됩니다.

이런 악순환은 교회역사(敎會歷史)만이 그러한 것이 아니라, 개인의 신앙여정도, "이번만 용서해주시면 다시는" 하고는, 또 되풀이하는 악

순환인 것입니다.

ⓒ 이처럼 반복적으로 배은망덕한 자들을 구원하시기 위하여 세워주신 사사들을, "한 구원(救援)자를 세워 그들을 구원하게 하시니"(3:9) 하고, "구원자"라 말씀하십니다. "믿음 장"에는 "기드온, 바락, 삼손, 입다"(히 11:32) 같은 사사들의 이름이 올라 있습니다.

    ㉮ 그러나 "기드온" 같은 사사도 처음은 좋았으나, "기드온이 그 금으로 에봇 하나를 만들어 자기의 성읍 오브라에 두었더니 온 이스라엘이 그것을 음란하게 위하므로 그것이 기드온과 그의 집에 올무가 되니라"(8:27) 하고 나중은 나빴고,

    ㉯ "삼손"도 처음은 좋았으나, "삼손이 가사에 가서 거기서 한 기생을 보고 그에게로 들어갔더니"(16:1) 하고 나중은 타락하는 것을 보게 됩니다.

ⓔ 이는 인간 중에는 참 구원자가 없고, "아들을 낳으리니 이름을 예수라 하라 이는 그가 자기 백성을 그들의 죄에서 구원(救援)할 자이심이라"(마 1:21) 하신, 예수 그리스도를 대망(待望)하게 했던 것입니다.

사사시대의 통치체제

사사기에는 "그 때에 이스라엘에 왕이 없었다"는 말이 후렴처럼 4번(17:6, 18:1, 19:1, 21:25)이나 등장하는데, 그렇다면 하나님의 백성들에게 "왕"이 없었던 때가 있었단 말인가 하는 점과, 왕이 없었다면 사사시대의 통치체제가 무엇인가 하는 점이, 사사기를 해석하는데 가장 중요한 요점이 됩니다.

㉠ 첫째로 사사시대의 통치(統治)체제입니다. 이를 이해하기 위해서

는 하나님께서 "레위인들"을 한 곳에 모여 살도록 하신 것이 아니라, "너희가 레위인에게 줄 성읍은 살인자들이 피하게 할 도피성으로 여섯 성읍이요 그 외에 사십이 성읍이라"(민 35:6) 하고, 흩어져서 살도록 명하신 하나님의 의도를 깨닫는 것입니다.

㉮ 가나안에 입성하여 땅을 분배할 때에 각 지파는 레위인에게 십일조를 바치듯이 분배받은 땅에서 조금씩 떼어서 레위인들의 거주지로 주었는데 그것이 48성읍이요, 그 중에는 6개의 도피성이 포함되어 있었던 것입니다. 이렇게 하신 하나님의 의도가 무엇인가?

㉯ 이점이 6개의 도피성을 주신데서 드러나는데 "보복하는 자의 마음이 복수심에 불타서 살인자를 뒤쫓는데 그가 길이 멀면 그를 따라 잡아 죽일까 하노라"(신 19:6) 해서, 6개의 도피성을 주셨다는 것입니다.

㉰ 그렇다면 레위인을 48성읍에 분산시켜서 살도록 하신 의도는 분명해 집니다. 레위인들을 12지파 가까이에 거주하게 하시어 백성들로 하여금 "레위인"의 지도(指導)하에 살아가게 하신 것, 이것이 사사시대의 통치(統治) 체제였던 것입니다.

㉡ 이는 고도(高度)의 통치체제인데 어찌하여 왕을 세우시지 않으셨는가? "너희를 다스릴 왕의 제도는 이러 하니라 그가 너희 아들들을 데려다가 그의 병거와 말을 어거하게 하리니 그들이 그 병거 앞에서 달릴 것이며(삼상 8:11), 그가 또 너희의 딸들을 데려다가 향료 만드는 자와 요리하는 자와 떡 굽는 자로 삼을 것이며"(13) 하십니다.

㉮ 무슨 뜻이냐 하면, "인자가 온 것은 섬김을 받으려 함이 아니라 도리어

섬기려 하고 자기 목숨을 많은 사람의 대속물로 주려 함이니라"(마 20:28) 하신, 그리스도의 예표로 세움을 받은 왕들이 백성들을 섬기는 왕이 아니라, 착취하는 왕이 되리라는 것입니다.

㈏ 그리하여 종래는, "너희의 양 떼의 십분의 일을 거두어 가리니 너희가 그의 종이 될 것이라"(삼상 8:17), 그래서 왕을 세우시지 않으셨다는 것입니다. 역사서를 보십시오. 대부분의 왕들이 그렇게 했던 것입니다. 이 말씀은 지도자들에게 경종이 되는 것입니다.

㉢ 그런데 악순환이 7번이나 계속되는 혼란시대에 제사장 레위인들은 도대체 어디서 무엇을 하고 있었단 말인가? 사사시대의 역사를 말씀하는 1장-16장 안에는 레위인이 단 한번도 등장을 하고 있지 않는 것입니다. 이는 "제사장, 레위인"이 없었기 때문이 아니라, 그들이 사명을 감당하지 못했다는 증거입니다. 부록과 같은 17장 이하에 가서야 두 번 나타나는데,

㉮ 17장의 레위인은, "유다 가족에 속한 유다 베들레헴에 한 청년이 있었으니 그는 레위인으로서 거기서 거류하였더라"(1), 그가 먹고 살기 위하여 떠돌아다니다가, "미가가 그에게 이르되 네가 나와 함께 거주하며 나를 위하여 아버지와 제사장이 되라 내가 해마다 은 열과 의복 한 벌과 먹을 것을 주리라 하므로 그 레위인이 들어갔더라"(17:10), 즉 미가의 집 사신 우상의 제사장이 되는 것을 보여주십니다.

㉯ 그리고 19장에 등장하는 레위인은, "이스라엘에 왕이 없을 그 때에 에브라임 산지 구석에 거류하는 어떤 레위 사람이 유다 베들레헴에서 첩

을 맞이하였더니"(19:1), 그 첩으로 인하여 동족상잔을 일으키게 되어 베냐민지파가 멸절이 되다 싶게 하는 원인제공자로 등장을 합니다.

왕이 없던 때에

둘째로 사사시대에 왕이 없었던 것이 결코 아닙니다. 이점이 기드온을 왕으로 삼으려하자, "기드온이 그들에게 이르되 내가 너희를 다스리지 아니하겠고 나의 아들도 너희를 다스리지 아니할 것이요 여호와께서 너희를 다스리시리라"(8:23) 한 언급에서 드러납니다.

㉠ 그러므로 장로들이 사무엘에게 왕을 구하자 하나님께서는, "이는 그들이 너를 버림이 아니요 나를 버려 자기들의 왕이 되지 못하게 함이니라"(삼상 8:7) 하고 말씀하셨던 것입니다.

㉡ 이점에서 "그 때에 왕이 없었다"는 말이 어느 대목에 등장하는가를 주목할 필요가 있습니다. 4번 모두가 레위인들의 타락과 결부하여 나타나고 있다는 점입니다. 그러니까 지도자로 세움을 받은 레위인들이 "왕이 없는 양" 제 멋대로 행한 것이 사사시대라는 뜻이 되는 것입니다.

㉮ 이처럼 레위인들이 하나님의 뜻대로 백성들을 지도한 것이 아니라, 도리어 타락하고 부패하는데 선봉이 되었다는 점은 옛날이야기가 아닌 것입니다. 왜냐하면 신약시대의 통치체제가 그리스도인들을, "왕 같은 제사장"으로 삼으셔서, "너희는 세상의 소금이라, 세상의 빛이라" 하신 사사시대와 같기 때문입니다. 그렇다면 사사기는 현대교회의 거울이 되고 경종이라 할 것입니다.

㉯ 사사기는 "그 때에 이스라엘에 왕이 없으므로 사람이 각기 자기의 소견

에 옳은 대로 행하였더라"(21:25) 하고 마치고 있습니다. 이는 문제(問題)만 있고 해답(解答)이 없는 것으로 끝을 맺고 있는데, 그 해답을 룻기서에서 보게 될 것입니다.

㉰ 현대교회도 문제만 있고 해답이 없는 것 같이 보입니다. 그 원인이 어디 있는가? 주님께서는 "나는 문이다. 나는 길이다" 하십니다. 문제에 대한 해답은 그리스도 입니다. 그래서 복음을 망각한 현대교회는 문제만 있고 해답이 없는 것입니다. 그러나 그리스도께서 재림하시는 날, 하나님의 구원계획은 완성이 되고, 풀리지 않았던 모든 문제에 대한 해답이 주어지게 될 것입니다.

룻기

룻기는 역사서가 아니라, "사사들이 치리하던 때에"(룻 1:1) 있었던 또 하나의 부록(附錄)입니다. 그렇다면 룻기서의 구속사적 의미가 무엇인가? 성경은 문제에 대한 해답으로 주어진 것입니다. 앞에 놓여 있는 사사기는, "그 때에 이스라엘에 왕이 없으므로 사람이 각기 자기의 소견에 옳은 대로 행하였더라"(삿 21:25) 하고, 문제(問題)만 있을 뿐 해답(解答)이 주어지지 않았습니다. 그 해답을 룻기서가 제시해주고 있습니다.

그러므로 짧은 룻기서지만 척추 사이에 연골이 끼어있듯이 사사기와 사무엘서 사이에 끼어 있어서, 구속사의 맥을 연결해주는 중요한 역할을 해주고 있습니다. 연골이 잘못 되면 고통을 당하듯이 룻기서를 잘못 이해하면 구속사의 맥이 끊어지게 되고 맙니다.

왕을 예비하신 하나님

"사사들이 치리하던 때에 그 땅에 흉년이 드니라 유다 베들레헴에 한 사람이 그의

아내와 두 아들을 데리고 모압 지방에 가서 거류하였는데"(룻 1:1),

㉠ 이점에서 주목할 점은 룻기서는, "유다 베들레헴에 한 사람이" 하고, "베들레헴" 사람이라는 말로 시작이 됩니다. 그런데 사사기에 등장하는 두 레위인도,

　㉮ "유다 가족에 속한 유다 베들레헴에 한 청년이 있었으니 그는 레위인으로서 거기서 거류하였더라"(17:7) 하고 "베들레헴" 거주자임을 말씀하고,

　㉯ "이스라엘에 왕이 없을 그 때에 에브라임 산지 구석에 거류하는 어떤 레위 사람이 유다 베들레헴에서 첩을 맞이하였더니"(19:1) 하고, 역시 "베들레헴"과 결부되어 등장합니다.

　㉰ 또한 룻기서의 여자 주인공(主人公)인 룻도 "베들레헴에 이르렀더라"(1:22) 말씀하고,

　㉱ 남자 주인공인 보아스도, "마침 보아스가 베들레헴에서부터 와서"(2:4) 하고, 베들레헴 사람임을 밝혀주고 있습니다.

㉡ 그리하여 룻기는 베들레헴에서 다윗이 탄생하는 것으로 마치고 있습니다. 이처럼 룻기서의 무대(舞臺)는 "베들레헴" 입니다. 이는 무심한 것이 아니라, "베들레헴"에서 탄생하실 그리스도에게로 인도하는 배경 설정인 것입니다.

㉢ 이처럼 축복받은 베들레헴에 거주하던 "엘리멜렉"은 흉년이라는 시련을 만나자 가족을 이끌고 베들레헴을 떠나 모압으로 내려갔다가 본인과 두 아들도 죽고, 시어머니 과부와 두 며느리 과부만이 남게 된다는

데서 룻기의 이야기는 전개됩니다.

㉣ 이런 룻기서를 통해서 계시하시려는 주제(해답)는 두 가지인데 첫째로, 왕을 예비하시는 하나님입니다. 룻기는 "오벳은 이새를 낳고 이새는 다윗을 낳았더라"(4:22) 하고 마치고 있는데, 이상하다는 생각이 들지 않습니까?

㉮ 왜냐하면 "다윗"이 이새의 아들임은 분명하지만 막내아들입니다. 그런데 어찌하여 1-7째 아들은 언급함이 없이 마치 다윗이 이새의 외아들이라도 되는 듯이, "이새는 다윗을 낳았더라" 말씀하는 의도가 무엇인가? 이는 "이스라엘에 왕이 없던" 때에 하나님께서 왕을 준비하셨는데 그가 "다윗"이라는 것입니다.

㉯ 이점을 사무엘상 16:1절에서는, "여호와께서 사무엘에게 이르시되 내가 이미 사울을 버려 이스라엘 왕이 되지 못하게 하였거늘 네가 그를 위하여 언제까지 슬퍼하겠느냐 너는 뿔에 기름을 채워 가지고 가라 내가 너를 베들레헴 사람 이새에게로 보내리니 이는 내가 그의 아들 중에서 한 왕을 (예선)보았느니라" 하십니다.

㉰ 그런데 4장에 등장하는 다윗의 족보는, "유다가 다말을 통해서 낳은 베레스"(12, 18-22)까지 소급해서 밝혀주고 있습니다. 이렇게 하는 의도는 다윗의 혈통이, "홀이 유다를 떠나지 않으리라"(창 49:10) 하고 예언된 유다지파 자손임을 드러내기 위해서인 것입니다. 이는 무엇을 말씀해주느냐 하면 하나님께서 예선해놓으신 왕이 1차적으로는 "다윗"이라 하여도, 궁극적으로는 그리스도시라는 점을 깨닫기를 원하시는 것

입니다. 이것이 사사기의 문제에 대한 첫째 해답입니다.

기업 무를 자를 예비하신 하나님

룻기서의 두 번째 주제는 "기업 무를 자"(Goel)라는 주제입니다. 전체가 4장에 불과한 룻기서에 무려 12번이나 등장합니다.

㉠ "기업 무를 자" 란, "만일 네 형제가 가난하여 그의 기업 중에서 얼마를 팔았으면 그에게 가까운 기업 무를 자가 와서 그의 형제가 판 것을 무를 것이요"(레 25:25) 한, 형제의 잃어버린 기업을 회복시켜주는 자요,

㉮ 형제 중 아들이 없이 죽으면 "계대(繼代)결혼"을 통해서, "그 여인이 낳은 첫 아들이 그 죽은 형제의 이름을 잇게 하여 그 이름이 이스라엘 중에서 끊어지지 않게 할"(신 25:5-6) 자를 가리킵니다.

㉯ 이런 뜻에서 기업 무를 자는 능력이 있어야 했고, 자원(自願)을 해야만 가능했던 것입니다.

㉡ 낭패와 실망을 안고 돌아온 나오미는, ㉮ 기업도 다 잃었고, ㉯ 대를 이을 후사도 없는 처지입니다. 이런 처지가 된 나오미의 유일한 소망은 ㉰ 오직 "기업 무를 자" 뿐인 것입니다. 그리고 이는 나오미의 이야기가 아니라, 하나님께서 베푸신 축복을 잃어버리고 사탄의 노예로 전락한 바로 우리들의 문제라는 점입니다. 룻기는 이 궁극적인 문제에 대한 해답(解答)을 제시해주고 있는 것입니다.

생명의 어미를 데리고 오게 하심

유대 땅 베들레헴으로 돌아가고자 하는 나오미는 두 자부에게 동족(同族)에게 돌아가라 합니다. 그런데 "오르바는 그의 시어머니에게 입 맞추되 룻은 그를 붙좇았더라"(룻 1:14) 합니다.

㉠ 그러면서 룻은, "내게 어머니를 떠나며 어머니를 따르지 말고 돌아가라 강권하지 마옵소서 어머니께서 가시는 곳에 나도 가고 어머니께서 머무시는 곳에서 나도 머물겠나이다 어머니의 백성이 나의 백성이 되고 어머니의 하나님이 나의 하나님이 되시리니 어머니께서 죽으시는 곳에서 나도 죽어 거기 묻힐 것이라 만일 내가 죽는 일 외에 어머니를 떠나면 여호와께서 내게 벌을 내리시고 더 내리시기를 원하나이다"(16-17) 하고 말합니다.

㉡ 이는 룻이 시어머니를 좇아왔다는 이야기가 아닙니다.

- ㉮ "어머니의 백성이 나의 백성이 되고 어머니의 하나님이 나의 하나님이 되시리니" 한 것은, 이방인이었던 모압 여자 룻이 세상 영화를 버리고 "언약" 안으로 들어오는 신앙고백이었던 것입니다. 이점을 2:12절에서는, "여호와의 날개 아래 보호를 받으러 왔다" 하고 말씀합니다.

- ㉯ 이점이 15절과의 대조에 나타나는데, "보라 네 동서는 그의 백성과 그의 신(神)들에게로 돌아가나니 너도 너의 동서를 따라 돌아가라" 합니다. 오르바는 "그의 백성과 그의 신들에게로 돌아가고", 룻은 "하나님의 백성과 하나님께로 돌아오는", 여기가 "룻과, 오르바"의 갈림길입니다.

ⓒ 나오미는 "내가 풍족하게 나갔더니 여호와께서 내게 비어 돌아오게 하셨다"(21) 하고 말하나, 하나님께서는 이를 선으로 바꾸셔서 "생명의 어미"를 데리고 돌아오게 하셨던 것입니다. 왜냐하면 룻이 그리스도가 탄생하실 상속자로 족보에 이름이 올라 있기 때문입니다.

㉮ 베들레헴으로 돌아온 룻은, "나오미의 남편 엘리멜렉의 친족으로 유력한 자가 있으니 그의 이름은 보아스더라"(2:1) 한, 보아스를 만나게 됩니다. 보아스가, "여호와께서 그의 날개 아래에 보호를 받으러 온 네게 온전한 상 주시기를 원하노라" 하고 축복을 하자,

㉯ 룻은 보아스에게, "나는 당신의 여종 룻이오니 당신의 옷자락을 펴 당신의 여종을 덮으소서 이는 당신이 기업을 무를 자가 됨이니이다"(3:9) 하고 말합니다. 이점에서 보아스는 우리를 날개 아래 품어주실 그리스도를 예표하는 인물로 등장합니다.

㉰ 그러므로 나오미는, "내 딸아 이 사건이 어떻게 될지 알기까지 앉아 있으라 그 사람이 오늘 이 일을 성취하기 전에는 쉬지 아니하리라"(18) 하는데, 그렇습니다. 우리 주님은, "죽으실 뿐 아니라 다시 살아나셨으며, 하나님 우편에서 우리를 위하여 간구하시는 자시니라"(롬 8:34) 하고, 지금도 쉬지 아니하시는 분이십니다.

우리의 기업 무를 자 그리스도

그리하여 보아스가 "그 죽은 자의 기업과, 그의 이름이 그의 형제 중에서 끊어지지 아니하게"(4:10) 하는 기업 무를 자로 자원하게 되는데 이를 보고 여인들은, "찬송할지로다 여호와께서 오늘 네게 기업 무를 자가 없게 하지 아니하셨도다"(4:14) 하고,

여호와 하나님을 찬양합니다. 왜 그런가?

㉠ 마태복음 1장에 등장하는 예수 그리스도의 족보를 보십시오. "보아스는 룻에게서 오벳을 낳고"(마 1:5) 하고, "룻과, 보아스"의 이름이 그리스도의 족보에 올라 있는 것을 보게 됩니다. 그렇다면 룻기는 나오미의 기업 무를 자에 대한 이야기가 아니라, 그리스도가 태어날 후사(後嗣)를 잇게 하시어 천하 만민을 구원하시려는, "우리들의 기업 무를 자"에 대한 이야기가 되는 것입니다.

㉡ 이점을 신약성경에서는, "자녀들은 혈과 육에 속하였으매 그도 또한 같은 모양으로 혈과 육을 함께 지니심은"(히 2:14), 즉 우리의 기업 무를 자가 되시기 위해서 우리와 같은 "혈과 육" 곧 육신을 입고 오셔서 우리를, "형제라 부르시기를 부끄러워하지 아니하셨다"(11) 하고 말씀합니다.

㉮ 어떤 처지에 있는 자들을 "형제라 부르시기를 부끄러워하지 아니하셨다"는 것인가? 죄 값에 팔려 "죽기를 무서워하므로 한평생 매여 종노릇하는 모든 자들"(15)을 형제라 부르시기를 부끄러워하지 않으셨다는 것입니다.

㉯ 그렇다면 이는 체면(體面)의 문제가 아니라, 우리들의 기업 무를 자가 되어서 죄 값을 대신 청산하시겠다는 책임(責任)의 문제인 것입니다.

㉰ "그러므로 그가 범사에 형제들과 같이 되심이 마땅하도다 이는 하나님의 일에 자비하고 신실한 대제사장이 되어 백성의 죄를 속량(구속)하려 하심이라"(17) 말씀합니다. 그러므로 우리들도 "찬송할지로다 여

호와께서 오늘 우리에게 기업 무를 자가 없게 하지 아니하셨도다" (4:14) 하고, 찬양할 것밖에는 없는 자들입니다.

ⓒ 그런데 나오미에게는 기업 무를 자 1순위의 인물이 있었습니다. 그러나 그는, "나는 내 기업에 손해가 있을까 하여 나를 위하여 무르지 못하겠노라"(4:6) 합니다. 기업 무를 자가 되어준다는 것은 희생을 의미합니다. 그는 나오미를 "형제라 부르기를 부끄러워" 한 것입니다. 성경도 그의 이름을 부끄러워하여 "아무여"(4:1) 하고 말 할뿐 이름이 없습니다. 주님의 재림의 날에도 "나는 너를 도무지 알지 못하노라" 하시는 일이 일어날 것입니다.

ⓔ 룻기서는 이를 예표로 보여주고 있으나 실체(實體)이신 예수 그리스도께서는, 금이나 은으로가 아니라 우리 대신 "죽으심"으로 기업 무를 자가 되어 주신 것입니다.

㉮ 잠언 19:7절에서는, "가난한 자는 그의 형제들에게도 미움을 받거든 하물며 친구야 그를 멀리 하지 아니하겠느냐 따라가며 말하려 할지라도 그들이 없어졌으리라" 합니다. 이것이 인심(人心)입니다. 그런데 하나님의 아들 그리스도께서 형제의 기업 무를 자로 자원하여주셔서, 죽으시고 다시 사심을 통해서 잃어버렸던 기업을 회복시켜주셨음을 깨닫게 된 형제의 마음은 어떠하십니까?

㉯ 그러므로 룻기서의 두 주제인 "왕과, 기업 무를 자"는 둘이 아니라, 그리스도에게서 성취될 하나인 것입니다. 이것이 사사기에서 제기된 문제에 대한 해답(解答)입니다.

Old Testament

사무엘상

사무엘상에서는 하나님이 친히 다스리시던 신정체제(神政體制)에서, 하나님의 대리자로 왕(王)을 세우셔서 다스리시는 신정왕국(神政王國) 체제로의 전환을 보여주는데, 이는 메시아왕국의 모형으로 세워진 것입니다.

그런데 사무엘상의 내용은 신정왕국이 아니라 "인본주의"(人本主義) 왕국이 세워집니다. 왜냐하면 장로들이 "열방(列邦)과 같은 왕"(8:5)을 요구하여, "사울"이 끼어들었기 때문입니다.

하나님께서 이루시려는 것은 메시아왕국이요, 그러므로 왕은 유다지파에서 나오게 될 것이 예정(창 49:10)이 되어 있었는데, 사무엘상에서는 유다지파가 아닌 베냐민지파 사울이 "열방과 같은 왕"으로 등장하고 있는 것입니다. 그렇다면 무엇을 계시하시려고 장로들의 요구를 허용하시어 사울을 왕으로 세우셨는가?

끼어든 왕 사울

사무엘상은, "한나가 임신하고 때가 이르매 아들을 낳아 사무엘이라 이름하였으니 이는 내가 여호와께 그를 구하였다 함이더라"(삼상 1:20) 하고, 사무엘이 태어나는 것으로 시작이 됩니다.

㉠ 사무엘은 마치 세례 요한과 같은 왕이 오실 "길 예비자"로 등장합니다. 이점이 한나의 기도를 통해서 나타나는데, "여호와를 대적하는 자는 산산이 깨어질 것이라 하늘에서 우뢰로 그들을 치시리로다 여호와께서 땅 끝까지 심판을 내리시고 자기 왕(王)에게 힘을 주시며 자기의 기름 부음을 받은 자의 뿔을 높이시리로다"(2:10) 하고, 왕이 없던 시대에 "자기 왕(王)에게 힘을 주시며" 한 것이 이에 대한 증거입니다.

㉡ 이 시기의 영적 상태는 대제사장, "엘리의 아들들(제사장)은 행실이 나빠(불량자) 여호와를 알지 못하더라"(12) 하는 말씀에 나타납니다. 제사장이 이런 상태니 백성들은 오죽했겠는가? 그러나 "하나님의 등불은 아직 꺼지지 아니하였으며 사무엘은 하나님의 궤 있는 여호와의 전 안에 누웠더니"(3:3) 하고, 그러나 하나님께서는 "등불을 끄지 않으셨다" 하고 말씀합니다.

㉢ 이런 배경에서 "이스라엘 모든 장로가 모여 라마에 있는 사무엘에게 나아가서 그에게 이르되 보소서 당신은 늙고 당신의 아들들은 당신의 행위를 따르지 아니하니 모든 나라와 같이 우리에게 왕을 세워 우리를 다스리게 하소서"(8:4-5) 하고, 왕을 요구했다는 것은 놀라운 일이 아닙니다. 그러면 이럴 줄 알고 "내가 왕을 예선해 놓았다" 하고, 룻기에서

예선해놓으신 다윗을 세우시면 될 것이 아닌가?

㉮ 아닙니다. 하나님께서는 메시아왕국의 예표가 되는 왕국을 세우시려는데 저들은 "모든 나라"(열방)와 같은 잘 먹고 잘살게 해줄 세속적(世俗的)인 왕을 요구했던 것입니다. 이는 장로와 백성들이 아브라함, 이삭, 야곱에게 세워주신 "메시아언약"을 망각했다는 증거입니다. 그런데 주님 당시도 그러했고, 현대교회도 더욱 그러합니다.

㉰ 이에 대해 하나님은 무엇이라 말씀하셨는가? "이는 그들이 너를 버림이 아니요 나를 버려 자기들의 왕이 되지 못하게 함이니라"(7) 하십니다.

㉮ 이점을 12:17절에서는, "너희가 왕을 구한 일 곧 여호와의 목전에서 범한 죄악이 큼을 너희에게 밝히 알게 하시리라" 합니다.

㉲ 이렇게 해서 세워진 왕이 "사울"인데 그는 베냐민지파 출신(9:1)이었고 그를 가리켜서, "이제 너희가 구한 왕, 너희가 택한 왕을 보라 여호와께서 너희 위에 왕을 세우셨느니라"(13) 합니다.

㉮ 그러면 하나님께서 사울을 왕으로 허용하신 의도가 무엇인가? "너희 힘으로 잘 먹고 잘 살수 있는가 해 보아라" 하는, 자력구원의 불가능성을 깨닫게 하기 위해서입니다.

㉱ 그러므로 사울의 불순종이 드러나자, "왕이 여호와의 말씀을 버렸으므로 여호와께서도 왕을 버려 왕이 되지 못하게 하셨나이다"(15:23) 하고 폐하셨던 것입니다.

㉮ 이점을 호세아서에서는, "내가 분노하므로 네게 왕을 주고 진노하므로

폐하였노라"(호 13:11) 합니다. 그래서 사울은 "끼어든 왕"이었던 것입니다. 그러면 다윗은 죄를 범했음에도 폐하시지 않은 이유가 무엇인가?

㉯ 인간이 택한 왕은 자신의 죄를 자신이 책임질 수밖에 없으나, 하나님께서 택하신 왕은 다윗에게 세워주신 메시아언약 안에서 덮어주셨기 때문입니다. 그래서 율법의 행위로는 의롭다함을 얻을 자가 없다 한 것입니다.

실로에서 벧세메스로 돌아온 법궤

이점이 법궤를 빼앗기는 것을 허용하시는 사건을 통해서도 나타납니다. 저들은 죄에 대한 징벌로 블레셋에게 패하자 회개하려 한 것이 아니라, "여호와께서 어찌하여 우리에게 오늘 블레셋 사람들 앞에 패하게 하셨는고 여호와의 언약궤를 실로에서 우리에게로 가져다가 우리 중에 있게 하여 〈그것으로〉 우리를 우리 원수들의 손에서 구원하게 하자"(삼상 4:3) 하고 말했던 것입니다.

㉠ 저들은 사시는 하나님을 의뢰한 것이 아니라 법궤라는 "그것"을 의지했다가 법궤마저 빼앗기고 만 것입니다. "블레셋 사람들이 하나님의 궤를 빼앗아 가지고 에벤에셀에서부터 아스돗에 이르니라 블레셋 사람들이 하나님의 궤를 가지고 다곤의 신전에 들어가서 다곤 곁에 두었더니"(5:1-2), 즉 자신들이 섬기는 신이 이긴 것으로 여긴 것입니다.

㉮ 그런데 이때로부터 법궤가 이르는 곳마다 큰 재앙이 일어납니다. 왜 그렇게 역사하셨는가? 백성들이 더럽힌 하나님의 거룩하신 이름을 하나님 자신이 아끼셔서 보존하셨기 때문입니다.

㉡ 결국 저들은 감당할 수가 없어서 꾀를 내어 법궤를 수레에 실어 송

아지가 달린 암소 두 마리로 끌도록 했습니다. 그런데 송아지를 떼어놓은 암소가, "벧세메스 길로 바로 행하여 대로로 가며 갈 때에 울고 좌우로 치우치지 아니하였고 블레셋 방백들은 벧세메스 경계선까지 따라 가니라"(6:12) 합니다. 재앙이 법궤로 말미암은 것임이 입증(立證)이 된 것입니다.

ⓒ 그런데 주목해야할 점이 있습니다. 법궤가 돌아간 곳은 본래에 있던 "실로"가 아니라 "벧세메스"로 돌아왔다는 점입니다. 어떤 차이인가? 실로는 에브라임지파에 분배(수 16:5-6)된 곳이고, 벧세메스는 유다지파에 분배(수 21:16)된 지경이라는 점이 다릅니다. 그러니까 에브라임지파에 있던 법궤가 유다지파로 돌아온 것입니다. 이점을 시편에서는,

사람 가운데 세우신 장막 곧 실로의 성막을 떠나시고
또 요셉의 장막을 버리시며
에브라임 지파를 택하지 아니하시고(시 78:60, 67) 합니다.

㉮ 교훈적으로 보면 법궤를 빼앗긴 것이 되지만, 하나님의 주권을 앞세우는 구속사의 관점으로는 "실로의 성막을 떠나셨다, 요셉의 장막을 버리셨다" 하는 것이 되는 것입니다.

㉯ 왜냐하면 "에브라임지파를 택하지 아니하시고", 즉 법궤로 상징이 된 그리스도는 에브라임지파를 통해서 오시도록 작정이 된 것이 아니라는 말씀입니다. 그래서

오직 유다 지파와 그가 사랑하시는 시온 산을 택하시며

또 그의 종 다윗을 택하시되 양의 우리에서 취하시며(시 78:68, 70) 하는 것입니다.

㉣ 백성들이 하나님의 법궤를 빼앗겼다는 것은 악(惡)입니다. 그런데 하나님께서는 이를 통해서 구원은 오직 "다윗을 택하셨다" 한, 유다지파 다윗의 자손으로 시온에 오실 그리스도를 통해서만 가능하여진다는 "선"(善)을 계시하셨던 것입니다.

기름 부음을 받은 다윗

"여호와께서 사무엘에게 이르시되 내가 이미 사울을 버려 이스라엘 왕이 되지 못하게 하였거늘 네가 그를 위하여 언제까지 슬퍼하겠느냐 너는 뿔에 기름을 채워 가지고 가라 내가 너를 베들레헴 사람 이새에게로 보내리니 이는 내가 그의 아들 중에서 한 왕을 (예선) 보았느니라"(삼상 16:1) 하십니다.

㉠ 사무엘이 "엘리압을 보고 마음에 이르기를 여호와의 기름 부으실 자가 과연 주님 앞에 있도다 하였더니"(6), 하나님께서는 "그의 용모와 키를 보지 말라 내가 이미 그를 버렸노라 내가 보는 것은 사람과 같지 아니하니 사람은 외모를 보거니와 나 여호와는 중심을 보느니라"(7) 하십니다.

㉮ 그러면 하나님께서는 어찌하여 "다윗"이라 지명(指名)하시지를 않고 "이새의 아들 중에서 한 왕을 예선해 놓으셨다" 하시는가? 이는 예선해 놓으신 왕이 1차적으로는 다윗이지만 궁극적으로는 "이새의 줄기에

서 한 싹이 나며 그 뿌리에서 한 가지가 나서 결실할 것이요"(사 11:1) 한, 그리스도임을 깨닫기를 원하셨기 때문입니다.

㉯ "사무엘이 기름 뿔병을 가져다가 그의 형제 중에서 그에게 부었더니 이 날 이후로 다윗이 여호와의 영에게 크게 감동되니라"(삼상 16:13) 합니다.

㉡ 이제 이스라엘에는 "사람이 택한 왕과, 하나님이 택하신 왕", 두 명의 왕을 갖게 된 셈입니다. 하나님께서는 누가 백성을 구원할 진짜 왕인가 하는 점을 명명백백하게 드러내실 것입니다.

대표자 간의 싸움

이점이 블레셋 군의 싸움을 돋우는 자 골리앗이, "너희는 〈한 사람〉을 택하여 내게로 내려 보내라 그가 나와 싸워서 나를 죽이면 우리가 너희의 종이 되겠고 만일 내가 이겨 그를 죽이면 너희가 우리의 종이 되어 우리를 섬길 것이니라"(17:8-9) 하고, 대표자(代表者) 간에 싸워 결판을 내자는 제의를 통해서 드러납니다.

㉠ "사울과 온 이스라엘이 블레셋 사람의 이 말을 듣고 놀라 크게 두려워하니라"(11) 합니다. 이스라엘 진영에서는 대표자(代表者)로 나설 자가 없었던 것입니다. 이때에 다윗이 아버지의 보냄을 받아 등장을 합니다. 이는 이스라엘과 블레셋 간의 싸움 이야기가 아니라 영적 전쟁의 예표가 됩니다.

㉮ 계시록에 보면, "그 두루마리를 펴거나 보거나 하기에 합당한 자가 보이지 아니하기로 내가 크게 울었더니 장로 중의 한 사람이 내게 말하되 울지 말라 유대 지파의 사자 다윗의 뿌리가 이겼으니 그 두루마리와 그

일곱 인을 떼시리라"(계 5:4-5) 하고, 말하는 장면이 있습니다.

㉭ 본문을 들어 표현한다면 골리앗의 말을 듣고 백성들이 대표자가 없어서 크게 울었더니, "울지 말라 유대 지파의 사자 다윗의 뿌리가 이겼다" 하고 말씀하는 셈입니다.

㉡ 그러면 다윗은 어떻게 이겼는가? "다윗이 블레셋 사람에게 이르되 너는 칼과 창과 단창으로 내게 나아오거니와 나는 만군의 여호와의 이름 곧 네가 모욕하는 이스라엘 군대의 하나님의 이름으로 네게 나아가노라"(삼상 17:45) 하면서, "전쟁(戰爭)은 여호와께 속한 것인즉 그가 너희를 우리 손에 넘기시리라"(47) 합니다.

㉮ 역대하 20:15절에서도, "이 전쟁(戰爭)은 너희에게 속한 것이 아니요 하나님께 속한 것이니라" 하고 말씀합니다. 이는 구원계획에는 하나님의 이름과 명예가 걸려있다는 것과, 자신은 "여호와의 전쟁을 싸우고 있다"(25:28)는 뜻입니다.

㉢ 다윗이 "손을 주머니에 넣어 돌을 가지고 물매로 던져 블레셋 사람의 이마를 치매 돌이 그의 이마에 박히니 땅에 엎드러지니라 다윗이 이같이 물매와 돌로 블레셋 사람을 이기고 그를 쳐죽였으나 자기 손에는 칼이 없었더라"(49-50), 즉 칼이나 창으로 이긴 것이 아니라, "만군의 여호와의 이름으로 이겼다"는 뜻입니다.

㉮ 이점에서 기억해야할 점은, 사무엘이 기름을 다윗에게 부었더니, "이 날 이후로 다윗이 여호와의 영에게 크게 감동되니라"(16:13) 한 점을 잊어서는 아니 됩니다. 기름 부음, 즉 성령으로 이긴 것입니다.

⑭ "블레셋 사람들이 자기 용사의 죽음을 보고 도망하는지라"(51), "이스라엘과 유다 사람들이 일어나서 소리 지르며 블레셋 사람들을 쫓아 가이와 에그론 성문까지 이르렀고"(52) 합니다.

⑮ 그러면 누가 백성을 구원하여준 진짜 왕임이 입증이 되었는가? 형제여, 우리는 대표자 간에 싸워서 이겨놓으신 싸움을 싸운다는 점을 잊지 마시기를 바랍니다.

그 마지막은 사망이라

구속사에 있어서 "대표성"을 이해한다는 것은 중요한 요점이 됩니다. .

㉠ 로마서 5:12-21절 안에는 "한 사람"이라는 말이 12번이나 등장합니다. "한 사람이 순종하지 아니함으로 많은 사람이 죄인 된 것 같이 한 사람이 순종하심으로 많은 사람이 의인이 되리라"(롬 5:19) 합니다. 불순종한 "한 사람"은 아담이고, 순종한 "한 사람은"은 그리스도를 가리킵니다.

㉡ 그리고 "아담은 오실 자의 모형이라"(14), 즉 예표라고 말합니다. 오실 자란 그리스도를 가리키는데 어떤 점에서 예표가 되는가?

  ㉮ 대표성에서 예표가 된다는 것입니다. 그러나 끼친 영향은 다릅니다. 아담은 원죄(原罪)를 끼쳤고, 그리스도께서는 (원)복음을 끼치셨던 것입니다.

  ㉯ 아담이 "오실 자의 예표"가 된다는 원죄교리에 확고하지 못하면, 대속교리에도 불확실하게 됩니다. 이는 우려가 아니라 자유주의 신학자들

이 안고 있는 암과 같은 치명적인 병폐입니다.

ⓒ 인간이 택한 왕의 종말이 어떻게 되었는가를 보십시오. "무기를 든 자가 사울이 죽음을 보고 자기도 자기 칼 위에 엎드러져 그와 함께 죽으니라 사울과 그의 세 아들과 무기를 든 자와 그의 모든 사람이 다 그 날에 함께 죽었더라"(삼상 31:5-6) 하고, 모두 죽었다는 "사망"으로 끝나고 있습니다.

ⓔ 하나님께서는 어찌하여 열방과 같은, "왕을 세워 우리를 다스리게 하소서"(8:4-5) 한 요구를 허용하셨는가? 첫째는 인간의 자력으로는 구원의 가망이 없음을 명백하게 보여주기 위해서입니다. 이를 보여주기 위해서 "율법이 가입"(롬 5:20) 됨과 같이, "사울"은 가입(加入)이 된 왕입니다. 그러므로 정치적으로는 "사울"이 이스라엘의 초대 왕이라 하나, 구속사에 있어서는 다윗이 초대 왕이 되는 것입니다.

㉮ 신약성경은 "너희가 그 때에 무슨 열매를 얻었느냐 이제는 너희가 그 일을 부끄러워하나니 이는 그 마지막이 사망임이라"(롬 6:21) 하고, 마지막이 다르다고 말씀합니다.

㉯ 둘째는 다윗이 골리앗을 물리치는 사건을 통해서 "여자의 후손" 곧 그리스도께서 우리의 대표자가 되셔서 사탄을 정복하게 하신다는 점을 계시하시기 위해서였던 것입니다.

Old Testament

사무엘하

사무엘하는 하나님이 택하시고 기름 부어 세우신 다윗이 왕위에 올라 신정왕국이 세워지는 내용입니다. 그렇다면 사울 왕국과, 다윗 왕국의 차이점이 무엇인가? 다윗 왕국은 메시아언약 위에 세워진(7장) 왕국이고, 사울은 인본주의적인 왕국이었다는 점이 다릅니다.

이점이 왕위에 오르자 우선적으로 언약궤를 운반해온 다윗과, 40년간이나 왕위에 있으면서도 사울은 이를 방치한 데서 나타납니다. 그러므로 다윗 왕국은 언약 안에서 은혜가 왕 노릇 하는 은혜의 왕국이었던 것입니다. 그래서 다윗이 범죄 했을 때에도 징계하실지언정 폐하시지 않음이 가능했던 것입니다.

예루살렘 정복과 법궤를 운반

"다윗이 나이가 삼십 세에 왕위에 올라 사십 년 동안 다스렸으되 헤브론에서 칠년 육 개월 동안 유다를 다스렸고 예루살렘에서 삼십삼 년 동안 온 이스라엘과 유다를 다스렸더라"(삼하 5:4-5) 합니다.

㉠ 통일왕국의 왕이 된 다윗은 예루살렘을 정복하였는데 이점을, "다윗이 시온 산성을 빼앗았으니 이는 다윗 성이더라" (7) 합니다. 이는 구속사에 있어서 중요한 의미가 있습니다.

㉮ 왜냐하면 하나님께서 아브라함에게, "네 아들 네 사랑하는 독자 이삭을 데리고 모리아 땅으로 가서 내가 네게 일러 준 한 산 거기서 그를 번제로 드리라" (창 22:2) 명하셨는데 그곳이 예루살렘이요,

㉯ 모세는 유언을 통해서, "유월절 제사를 네 하나님 여호와께서 네게 주신 각 성에서 드리지 말고 오직 네 하나님 여호와께서 자기의 이름을 두시려고 택하신 곳에서, 유월절 제물을 드리라" (신 16:5-6) 하고 명했는데, 그곳이 예루살렘이었기 때문입니다.

㉡ 그런 예루살렘을 여호수아 이후 다윗 때까지도 정복하지를 못하였던 것입니다. 왜냐하면 "왕과 그의 부하들이 예루살렘으로 가서 그 땅 주민 여부스 사람을 치려하매 그 사람들이 다윗에게 이르되 네가 결코 이리로 들어오지 못하리라 맹인과 다리 저는 자라도 너를 물리치리라" (삼하 5:6) 한, 난공불락의 요새였기 때문입니다.

㉮ 그런 예루살렘을 메시아 왕국의 예표가 되는 다윗 왕국 때에 가서야 비로소 정복하여, "시온 산성" 이라 한 것은 의미심장하다 하겠습니다.

㉢ 다윗이 왕위에 올라 두 번째로 한 것이, "우리가 우리 하나님의 궤를 우리에게로 옮겨오자 사울 때에는 우리가 궤 앞에서 묻지 아니하였느니라" (대상 13:3) 한, 언약궤를 시온 산성, 즉 예루살렘으로 메어다가 안치한 일입니다. 이때에 지은 것으로 여겨지는 시편 24편은,

문들아 너희 머리를 들지어다 영원한 문들아 들릴지어다

영광의 왕이 들어가시리로다

영광의 왕이 누구시냐 강하고 능한 여호와시오

전쟁에 능한 여호와시로다

문들아 너희 머리를 들지어다 영원한 문들아 들릴지어다

영광의 왕이 들어가시리로다

영광의 왕이 누구시냐

만군의 여호와께서 곧 영광의 왕이시로다 (셀라) 합니다.

이는 눈에 보이는 왕은 자신이나 진정한 왕은 하나님 곧 법궤로 상징이 된 그리스도시라는 고백이었던 것입니다.

㉣ 그런데 다윗은 하나님의 궤를 "새 수레"에 싣고 운반하는 것이 하나님을 영화롭게 하는 것으로 생각하였으나, "소들이 뛰므로 웃사가 손을 들어 하나님의 궤를 붙들었다가" (6:6-7) 영광스러운 날에 직사(直死)하는 불상사가 일어나고 말았던 것입니다.

㉮ 여기에 인간의 우둔과 연약성이 드러납니다. 이는 신정왕국의 하나님은 소들에 의해서가 아니라, 구속함을 얻은 자기 백성에 의하여 섬김받으시기를 기뻐하신다는 것을 나타냅니다.

내가 너를 위하여 집을 세우리라

"여호와께서 주위의 모든 원수를 무찌르사 왕으로 궁에 평안히 살게 하신 때에 왕이 선지자 나단에게 이르되 볼지어다 나는 백향목 궁에 살거늘 하나님의 궤는 휘장 가운데에 있도다"(삼하 7:1-2) 하고, 황송한 심기를 말합니다.

㉠ 그러자 나단 선지자는, "여호와께서 왕과 함께 계시니 마음에 있는 모든 것을 행하소서"(3), 즉 소원대로 성전을 지어드리라 하고 말합니다. 그러나 "그 밤에 여호와의 말씀이 나단에게 임하여 이르시되 가서 내 종 다윗에게 말하기를 여호와께서 이와 같이 말씀하시되 네가 나를 위하여 내가 살 집을 건축하겠느냐"(4-5) 하시는 것이 아닌가?

㉮ 이 말씀을 "여호와가 또 네게 이르노니 여호와가 너를 위하여 집을 짓고"(11하) 하신 말씀과 결부시켜 생각해 보시기를 바랍니다. 구원계획이란 인간이 하나님을 위하여 "건축"하는 것이 아니라, 하나님께서 "너를 위하여", 즉 우리를 위하여 "집을 지어주시는 것"이라는 말씀입니다.

㉯ "여호와가 너를 위하여 집을 지어주겠다" 하신 말씀은, 다윗의 왕위를 보존하시어, "보라 네가 잉태하여 아들을 낳으리니 그 이름을 예수라 하라 그가 큰 자가 되고 지극히 높으신 이의 아들이라 일컬어질 것이요 주 하나님께서 그 조상 다윗의 왕위를 그에게 주시리니 영원히 야곱의 집을 왕으로 다스리실 것이며 그 나라가 무궁하리라"(눅 1:31-33) 하실 것을 뜻합니다.

㉰ 나아가 "여호와가 너를 위하여 집을 짓고" 하신 말씀은, 교회가 "하나님의 성전"인 것과, "너희 몸은 너희가 하나님께로부터 받은바 너희 가운데 계신 성령의 전(殿)인 줄을 알지 못하느냐" 한 말씀으로 적용이 됩

니다. 우리의 몸이 "성전"이 될 수가 있었던 것도 전적으로 하나님께서 자기 아들의 구속을 통해서 이루어주신 것임을 잊어서는 아니 됩니다.

ⓒ 왜냐하면 "내가 이스라엘 자손을 애굽에서 인도하여 내던 날부터 오늘까지 집에 살지 아니하고 장막(帳幕)과 성막 안에서 다녔나니"(삼하 7:6) 하신 말씀과 결부되어 우리의 정체성을 일깨워주기 때문입니다. "집과, 장막"이 대조(對照)되어 있는데 다른 점이 무엇인가? "집"은 부동산이나, "장막"은 이동식(移動式) 천막입니다.

㉮ 하나님은 건물에서 안식하는 하나님이 아니라 "일을 행하시는 여호와, 그것을 만들며(계획) 성취하시는 여호와"(렘 33:2), 즉 야전군(野戰軍) 사령관이 되셔서 우리를 위하여 친히 싸우시는 하나님이시라는 것과,

㉯ 또한 "장막 안에" 거하며 행하였다(6하) 하심은, 성막(聖幕)에 거하셨다는 물리적(物理的)인 뜻만이 아니라, "모세, 여호수아"와 같은 장막(帳幕)에 거하시면서 행하셨다는 의미인 것입니다. 형제의 몸을 성전으로 지어주신 하나님께서는, 이제도 형제의 장막 안에서 행하시는 하나님이신 것입니다.

메시아언약을 세워주심

이런 맥락에서 "여호와가 너를 위하여 집을 지어주겠다"(11하) 하심은 "메시아언약"을 세워주시고 이루실 것을 가리킵니다. 아브라함에게 메시아언약을 세워주신 하나님께서는 또한 다윗에게 언약을 세워주시는데 그 계보가, "아브라함—이삭—야곱—유다—유다지파 다윗"으로 이어져 내려왔습니다. 그래서 신약성경은 "아브라함과 다윗의 자손 예수 그리스도의 계보라"(마 1:1) 하고 시작이 되는 것입니다.

㉠ "네 수한이 차서 네 조상들과 함께 누울 때에 내가 네 몸에서 날 네 씨를 네 뒤에 세워 그의 나라를 견고하게 하리라"(삼하 7:12) 하십니다. 핵심은 "네 씨"라 하신 자손(子孫)에 있는데,

    ㉮ 하나님께서는 아브라함에게도 "또 네 씨로 말미암아 천하 만민이 복을 받으리나"(창 22:18) 하고 메시아언약을 세워주셨던 것입니다.

    ㉯ 이점을 신약성경에서는, "여럿을 가리켜 그 자손들이라 하지 아니하시고 오직 한 사람을 가리켜 네 자손(씨)이라 하셨으니 곧 그리스도라" (갈 3:16) 하고 말씀합니다.

㉡ "그는 내 이름을 위하여 집을 건축할 것이요 나는 그의 나라 왕위를 영원히 견고하게 하리라"(삼하 7:13) 하십니다. 이 말씀이 1차적으로는 솔로몬이 성전을 건축하는 것으로 응하여졌으나, 하나님의 집은 솔로몬이나 어떤 사람이 건축하는 것이 아니라 다윗의 자손으로 오실 그리스도에 의하여 건설이 된다는 말씀입니다.

    ㉮ 주님께서는, "내가 이 반석 위에 내 교회를 세우리니 음부의 권세가 이기지 못하리라"(마 16:18) 말씀하시고,

    ㉯ 에베소서에서는 "그(그리스도)의 안에서 건물마다 서로 연결하여 주 안에서 성전이 되어 가고 너희도 성령 안에서 하나님이 거하실 처소가 되기 위하여 그리스도 예수 안에서 함께 지어져 가느니라"(엡 2:21-22) 하고 증언합니다.

㉢ "나는 그에게 아버지가 되고 그는 내게 아들이 되리니 그가 만일 죄(罪)를 범하면 내가 사람의 매와 인생의 채찍으로 징계하려니와 내가 네

앞에서 물러나게 한 사울에게서 내 은총을 빼앗은 것처럼 그에게서 빼앗지는 아니하리라"(14-15) 하십니다.

㉮ 메시아언약은 하나님의 주권적인 은혜언약이기 때문에 폐하여져서도 안 되고, 폐하여질 수도 없는 언약이었던 것입니다. 이점을 시편에서는,

만일 그의 자손이 내 법을 버리며 내 규례대로 행하지 아니하며

내 율례를 깨뜨리며 내 계명을 지키지 아니하면

내가 회초리로 그들의 죄를 다스리며 채찍으로

그들의 죄악을 벌하리로다

그러나 나의 인자함을 그에게서 다 거두지는 아니하며

나의 성실함도 폐하지 아니하며

내 언약을 깨뜨리지 아니하고 내 입술에서 낸 것은

변하지 아니하리로다

내가 나의 거룩함으로 한 번 맹세하였은즉

다윗에게 거짓말을 하지 아니할 것이라(시 89:30-35) 하십니다.

㉯ 그러므로 다윗에게 세워주신 "메시아언약" 안에는, "네 집과 네 나라가 내 앞에서 영원히 보전되고 네 왕위가 영원히 견고하리라"(삼하 7:16) 하고, "영원"(永遠)이 강조되어 있는 것입니다. 세상 나라에는 영원이란 없습니다.

㉮ 메시아언약 세워주심을 받은 다윗은, "여호와 앞에 들어가 앉아서 이

르되 주 여호와여 나는 누구이오며 내 집은 무엇이기에 나를 여기까지 이르게 하셨나이까 주 여호와여 주께서 이것을 오히려 적게 여기시고 또 종의 집에 있을 먼 장래(將來)의 일까지도 말씀하셨나이다"(18-19) 하고 감격해합니다. 이것이 우리들이 고백해야할 감사이기도 합니다.

구속사의 두 거봉

"아브라함과, 다윗"은 구속사에 있어서 우뚝 솟은 두 거봉(巨峰)과 같은 존재들입니다. 왜냐하면 하나님께서 친히 메시아언약을 세워주신 언약 당사자(當事者)들이요, "그리스도의 영광의 복음의 광채"(고후 4:4)가 가장 찬란하게 빛을 발한 시기였기 때문입니다.

㉠ 그렇다고 아브라함, 다윗에게 무슨 자격이 있었던 것은 아닙니다. 아브라함은 우상을 섬기는 데라의 아들로 태어났고 다윗은, "나는 누구이오며 내 집은 무엇이기에" 한대로, 목동이요 막내아들이었습니다. 하나님께서 그런 "세상의 천한 것들과 멸시 받는 것들과 없는 것들을 택하사"(고전 1:28) 들어 쓰셨던 것입니다.

㉡ 아브라함으로부터 그리스도에 이르기까지의 2000년의 구약역사를 보십시오. 메시아언약, 즉 복음이 찬란하게 빛을 발한 시기는 극히 짧은 기간뿐이었는데, 아브라함과 다윗이 그 중심에 있었던 것입니다.

㉮ 아브라함은 하나님의 명에 복종하므로 그리스도께서 담당하실 갈보리 사건을 모리아산에서 자기의 사랑하는 아들 이삭을 번제로 드리는 것으로, 직접 실현(實現)을 해서 보여준 장본인입니다. 그리고 증언하기

를, "번제할 어린양은 하나님이 자기를 위하여 친히 준비하시리라"(창 22:8) 하고 말했던 것입니다. 이점을 주님께서는, "너희 조상 아브라함은 나의 때 볼 것을 즐거워하다가 보고 기뻐하였느니라"(요 8:56) 하셨습니다. 이처럼 복음을 밝히 드러낸 자가 또 누구인가?

ⓒ 다윗은 "나를 기가 막힐 웅덩이와 수렁에서 끌어올리시고" 한 은혜를 입은 후에 감사제를 드리려 하였으나, "주께서 내 귀를 통하여 내게 들려주시기를 제사와 예물을 기뻐하지 아니하시며 번제와 속죄제를 요구하지 아니하신다" 하시는 말씀을 듣고는, "그 때에 내가 말하기를 내가 왔나이다 나를 가리켜 기록한 것이 두루마리 책에 있나이다"(시 40:2, 6-7) 하고, 증언하였던 것입니다.

㉮ "제사와 예물을 기뻐하지 아니하시며 번제와 속죄제를 요구하지 아니하신다"는 깨달음은 당시로는 혁명적인 깨달음이었던 것입니다. 그리고 "나를 가리켜 기록한 것이 두루마리 책에 있나이다" 한 말은, 그리스도를 증언하는 것이었습니다. 왜냐하면 두루마리란 성경을 가리키는데 다윗이 아니라, "이 성경이 곧 내게 대하여 증언하는 것이라" 한 그리스도를 증언하는 것이기 때문입니다.

㉯ 그런데 다윗이 바울의 말대로 복음에 미친 사람이 되어서 "그리스도의 영광의 복음의 광채"를 증언하고 드러내게 된 계기는 다음 단원에서 보게 될 "죽을 죄", 즉 밧세바 사건이 있은 후였습니다. 참으로 하나님께서는 "죄가 더한 곳에 은혜가 더욱 넘치게"(롬 5:20) 하셨던 것입니다.

당신의 자식이 죽으리이다

"그 해가 돌아와 왕들이 출전할 때가 되매 다윗이 요압과 그에게 있는 그의 부하들과 온 이스라엘 군대를 보내니 그들이 암몬 자손을 멸하고 랍바를 에워쌌고 다윗은 예루살렘에 그대로 있더라"(삼하 11:1) 합니다.

㉠ 다윗은 왕들이 출전할 때가 되었는데도 부하들만을 보내고 예루살렘에 그대로 있다가 충신의 아내를 범하는 죄에 빠지게 됩니다. "다윗이 행한 그 일이 여호와 보시기에 악하였더라"(27) 합니다.

㉡ 하나님께서는 나단 선지자를 보내셔서, "당신이 그 사람이라"(12:7) 하고 책망케 하십니다. 다윗은 즉각적으로 "내가 여호와께 죄를 범하였노라 하매 나단이 다윗에게 말하되 여호와께서도 당신의 죄를 사하셨나니 당신이 죽지 아니하려니와 이 일로 말미암아 여호와의 원수가 크게 비방할 거리를 얻게 하였으니 당신이 낳은 아이가 반드시 죽으리이다"(13-14) 하고 말합니다.

㉢ 이 말씀 안에는 구원계획과 결부되는 중요한 요점들이 들어 있는데,

㉮ 첫째는 "여호와의 원수가 크게 비방할 거리를 얻게 하였다"는 말입니다. 사탄을 가리켜 "우리 하나님 앞에서 밤낮 참소하던 자"(계 12:10)라 말하는데 왜 참소하게 되었는가? 인간이 "비방할 거리"를 제공했기 때문입니다.

㉯ 둘째는 그래서 "당신이 낳은 아이가 반드시 죽으리이다" 하는 선언입니다. 하나님께서 죄 값은 사망이라고 선언을 하셨기 때문입니다. 그런데 죽어 마땅한 것은 다윗이 아닌가? 그런데 자식이 죽으리라 하심은

우리로 하여금, "하나님이 죄를 알지도 못하신 이를 우리를 대신하여 죄로 삼으신 것은 우리로 하여금 그 안에서 하나님의 의가 되게 하려 하심이라"(고후 5:21) 한 말씀으로 인도해줍니다.

㉰ 히브리서 9:15절에서는 "첫 언약 때에 범한 죄", 즉 구약시대에 범한 죄도 새 언약의 중보이신 그리스도의 대속(죽으심)으로 말미암아 해결이 가능하여진다고 말씀합니다.

㉣ 그런데 다윗은 이 사건을 통해서 두 가지 놀라운 교리를 깨닫게 되었는데 첫째는, "내가 죄악 중에서 출생하였음이여 어머니가 죄 중에서 나를 잉태하였나이다"(시 51:5) 한, 원죄교리입니다.

㉮ 다윗은 자신이 어쩌다 실수한 것으로 여기는 것이 아니라, 전적타락, 전적부패, 전적무능한 자임을 고백하고 있는 것입니다. 그러므로 이는 다윗에 국한 된 문제가 아닙니다. 왜냐하면 다윗만이 "죄악 중에 출생하였단" 말인가? 그러므로 이는 원죄 하에 있는 우리 모두의 문제인 것입니다.

㉤ 둘째는 "허물의 사함을 받고 자신의 죄가 가려진 자는 복이 있도다 마음에 간사함이 없고 여호와께 정죄를 당하지 아니하는 자는 복이 있도다"(시 32:1-2) 하고, "죄가 가려진 자", 즉 의롭다함을 얻은 자는 복이 있도다 하는, 칭의(稱義)교리를 깨달았던 것입니다.

㉮ 칭의(稱義)교리를 찬양하게 되는 것은, 자력구원의 불가능성을 깨달은 자만이 찬양하게 되는 자유요, 기쁨인 것입니다. 하나님께서는 다윗이 범한 "악"을 통해서 인류가 안고 있는 문제에 대한 해답, 즉 복음을 계

시하셨던 것입니다. 신구약을 막론하고 죄 사함은 그리스도의 구속을 통해서 뿐입니다.

㉴ "죄가 가려지는 복", 즉 칭의교리를 깨달은 다윗은, "내가 많은 회중 가운데에서 의의 기쁜 소식을 전하였나이다 여호와여 내가 내 입술을 닫지 아니할 줄을 주께서 아시나이다(시 40:9), 주여 내 입술을 열어 주소서 내 입이 주를 찬송하여 전파하리이다"(시 51:15) 하고, "의의 기쁜 소식" 곧 복음을 전파하며 찬양했던 것입니다. 이점이 찬양대 4000명으로 하여금 악기를 가지고 성호를 찬양하게 했다는 점이 단적으로 말해줍니다. 구약역사상 이렇게 한 자가 또 누구인가?

㉵ 하나님께서 다윗에게 세워주신 언약(言約)을 통해서 그리스도를 만나게 되고, 다윗의 타락(墮落)을 통해서 나 자신의 죄성을 보게 되고, 다윗의 찬양을 통해서 진리가 너희를 자유케 하리라 하신 복음을 만나게 됩니다.

다윗과 용사들

"이는 다윗의 마지막 말이라" 합니다. "이새의 아들 다윗이 말함이여 높이 세워진 자, 야곱의 하나님께로부터 기름 부음 받은 자, 이스라엘의 노래 잘 하는 자가 말하노라 여호와의 영이 나를 통하여 말씀하심이여 그의 말씀이 내 혀에 있도다"(삼하 23:1-2) 합니다.

이새의 막내아들로 태어나 목동(牧童)이었던 다윗이, 하나님의 택하심을 받아 신정왕국의 왕으로 세움을 받아, 대적을 물리치고 나라의 기틀을 견고하게 한 다윗의 "마지막" 말이 무엇인가?

㉠ "그는 돋는 해의 아침 빛 같고 구름 없는 아침 같고 비 내린 후의 광선으로 땅에서 움이 돋는 새 풀 같으니라 하시도다 내 집이 하나님 앞에 이 같지 아니하냐 하나님이 나와 더불어 영원한 언약(言約)을 세우사 만사에 구비하고 견고하게 하셨으니 나의 모든 구원(救援)과 나의 모든 소원을 어찌 이루지 아니하시랴"(4-5) 하고, 첫째로 찬양하는 것이 세워주신 "메시아언약"입니다.

㉡ 그런 후에 "다윗의 용사들의 이름은 이러 하니라" 하고, 메시아왕국을 위하여 충성한 "용사"(勇士)들을 거론하는데,

㉮ "다그몬 사람 요셉밧세벳이라고도 하고 에센 사람 아디노라고도 하는 자는 군 지휘관의 두목이라 그가 단번에 팔백 명을 쳐 죽였더라"(8) 합니다.

㉯ "그 다음은 아호아 사람 도대의 아들 엘르아살이니 다윗과 함께한 세 용사 중의 한 사람이라 블레셋 사람들이 싸우려고 거기에 모이매 이스라엘 사람들이 물러간지라 세 용사가 싸움을 돋우고 그가 나가서 손이 피곤하여 그의 손이 칼에 붙기까지 블레셋 사람을 치니라"(9-10) 합니다.

㉰ "그 다음은 하랄 사람 아게의 아들 삼마라 블레셋 사람들이 사기가 올라 거기 녹두나무가 가득한 한쪽 밭에 모이매 백성들은 블레셋 사람들 앞에서 도망하되 그는 그 밭 가운데 서서 막아 블레셋 사람들을 친지라 여호와께서 큰 구원을 이루시니라"(11-12) 합니다.

㉢ 그런 후에 용사들의 충성심이 어느 정도였는가를 보여주는 에피소드를 소개하고 있는데, "다윗이 소원하여 이르되 베들레헴 성문 곁 우물 물을 누가 내게 마시게 할까 하매 세 용사가 블레셋 사람의 진영을 돌파

하고 지나가서 베들레헴 성문 곁 우물물을 길어 가지고 다윗에게로 왔다"(15-16상), 즉 블레셋 군이 진을 치고 있는 포위망을 돌파하고 들어가서 물을 길어왔다는 것입니다.

 ㉮ "다윗이 마시기를 기뻐하지 아니하고 그 물을 여호와께 부어 드리며 이르되 여호와여 내가 나를 위하여 결단코 이런 일을 하지 아니 하리이다 이는 목숨을 걸고 갔던 사람들의 피가 아니니이까 하고 마시기를 즐겨 하지 아니 하니라 세 용사가 이런 일을 행하였더라"(16하-17) 합니다.

 ㉯ 이 사건을 기록하게 하신 의도가 무엇이며, 이를 구속사적으로 보면 어떤 의미가 되는가? 다윗이 "여호와여 내가 나를 위하여 결단코 이런 일을 하지 아니 하리이다" 하면서, "그 물을 여호와께 부어 드렸다"는 것은 세 용사의 충성이 다윗 자신을 위한 것이 아니라, 그리스도에 대한 충성의 예표라는 점을 암시해주고 있습니다.

 ㉰ 그렇습니다. 다윗은 그리스도를 예표하는 인물이요, 지금 사사로운 싸움을 하고 있는 것이 아니라 "여호와의 싸움"(삼상 25:28)을 싸우고 있고 신구약을 막론하고 구속 주는 오직 예수 그리스도 한 분이신 것입니다. 이런 뜻에서 "다윗의 마지막 말이라" 한 대목에서,

 ㉮ 첫째로 자신에게 세워주신 메시아언약을 찬양하고,

 ㉯ 둘째로 다윗과 함께 나라를 세우는데 충성한 용사들의 이름과 업적을 진술하고 있다는 것은, "보라 내가 속히 오리니 내가 줄 상이 내게 있어 각 사람에게 그가 행한 대로 갚아 주리라"(계 22:12) 하신, 계시록의 마지막 말씀으로 우리를 인도해주는 것입니다.

열왕기상

열왕기상은 통일왕국이 분열(分裂)왕국이 되는 내용입니다. 크게 두 부분으로 나누어지는데, 첫째 부분(1장-11장)은 솔로몬이 다윗의 왕위를 계승하여 성전을 건축하는 내용이고, 둘째 부분(12장-22장)은 통일왕국이 북이스라엘과, 남유다왕국으로 분열이 되는 내용입니다.

어찌하여 신정왕국이 분열이 되었는가? 일천 번제를 드리고, 성전을 건축한 솔로몬이 "메시아언약"을 버리고 우상을 숭배하는 데까지 타락했기 때문입니다. 그러면 북 왕국은 어떠했는가? "우리가 다윗과 무슨 관계가 있느냐 이새의 아들에게서 받을 유산이 없도다"(12:16) 하고, 다윗에게 세워주신 메시아언약을 배반하고, 왕국을 찢어서 나갔던 것입니다. 하나님의 구원계획은 풍전등화와 같이 된 것입니다. 이때에 하나님께서는 엘리야 선지자를 들어서 회개를 촉구하셨습니다.

솔로몬에게 지혜와 영화를 주신 하나님

"다윗이 그의 조상들과 함께 누워 다윗 성에 장사되니, 솔로몬이 그의 아버지 다윗의 왕위에 앉으니 그의 나라가 심히 견고하니라"(왕상 2:10, 12) 합니다.

㉠ "솔로몬이 애굽의 왕 바로와 더불어 혼인 관계를 맺어 그의 딸을 맞이하고 다윗 성에 데려다가 두고 자기의 왕궁과 여호와의 성전과 예루살렘 주위의 성의 공사가 끝나기를 기다리니라"(3:1) 한, 이것이 화근(禍根)이었던 것입니다. 다윗은 많은 업적을 이룩하였으나, 솔로몬에게 신실한 배필을 맞이하게 하지를 못했던 것입니다.

㉡ 하나님께서는 일천번제를 드리는 솔로몬에게, "내가 네게 무엇을 줄꼬 너는 구하라"(3:5) 하십니다. 솔로몬은 "누가 주의 이 많은 백성을 재판할 수 있사오리이까 듣는 마음을 종에게 주사 주의 백성을 재판하여 선악을 분별하게 하옵소서"(9) 합니다. 하나님께서는 솔로몬이 구한 지혜와, "또 네가 구하지 아니한 부귀(富貴)와 영광도 네게 주노니"(13) 하십니다.

㉢ "이스라엘 자손이 애굽 땅에서 나온 지 사백팔십 년이요 솔로몬이 이스라엘 왕이 된 지 사 년 시브월 곧 둘째 달에 솔로몬이 여호와를 위하여 성전 건축하기를 시작하였더라"(6:1) 합니다. 하나님께서는 성전을 건축하는 솔로몬에게 두 번이나 나타나셔서 경고하셨는데,

㉮ "네가 지금 이 성전을 건축하니 네가 만일 내 법도를 따르며 내 율례를 행하며 내 모든 계명을 지켜 그대로 행하면 내가 네 아버지 다윗에게 한 말을 네게 확실히 이룰 것이요"(6:12) 말씀하시고,

㉯ "만일 너희나 너희의 자손이 아주 돌아서서 나를 따르지 아니하며 내가 너희 앞에 둔 나의 계명과 법도를 지키지 아니하고 가서 다른 신을 섬겨 그것을 경배하면 내가 이스라엘을 내가 그들에게 준 땅에서 끊어 버릴 것이요 내 이름을 위하여 내가 거룩하게 구별한 이 성전이라도 내 앞에서 던져버리리니"(9:6-7) 하고 경고하셨던 것입니다. 이는 솔로몬이 타락할 것을 예견하시고 경고하셨다는 것이 됩니다.

솔로몬의 타락

"솔로몬 왕이 바로의 딸 외에 이방의 많은 여인을 사랑하였으니 곧 모압과 암몬과 에돔과 시돈과 헷 여인이라"(왕상 11:1).

㉠ "여호와께서 일찍이 이 여러 백성에 대하여 이스라엘 자손에게 말씀하시기를 너희는 그들과 서로 통혼하지 말며 그들도 너희와 서로 통혼하게 하지 말라 그들이 반드시 너희의 마음을 돌려 그들의 신들을 따르게 하리라 하셨으나 솔로몬이 그들을 사랑하였더라"(11:2) 합니다.

㉮ 이는 "하나님의 아들들이 사람의 딸들의 아름다움을 보고 자기들이 좋아하는 모든 여자를 아내로 삼는지라"(창 6:2) 한 노아의 때와,

㉯ "그들의 딸들을 맞아 아내로 삼으며 자기 딸들을 그들의 아들들에게 주고 또 그들의 신들을 섬겼더라"(삿 3:6) 한, 사사시대의 반복이요, 하나님의 백성들을 타락시키는 변함없는 사탄의 계략인 것입니다.

㉡ 솔로몬은 성전 낙성식 기도에서, "이스라엘의 하나님 여호와여 주께서 주의 종 내 아버지 다윗에게 말씀하시기를 네 자손이 자기 길을 삼

가서 네가 내 앞에서 행한 것 같이 내 앞에서 행하기만 하면 네게서 나서 이스라엘의 왕위에 앉을 사람이 내 앞에서 끊어지지 아니하리라 하셨사오니 이제 다윗을 위하여 그 하신 말씀을 지키시옵소서"(8:24-25) 했습니다.

㉢ 그런데 정작 자신은 하나님의 언약을 지키지 아니하고, "솔로몬의 나이가 많을 때에 그의 여인들이 그의 마음을 돌려 다른 신들을 따르게 하였으므로 왕의 마음이 그의 아버지 다윗의 마음과 같지 아니하여 그의 하나님 여호와 앞에 온전하지 못하였으니 이는 시돈 사람의 여신 아스다롯을 따르고 암몬 사람의 가증한 밀곰을 따름이라"(11:4-5) 하고, 우상을 숭배하는 데까지 타락하고 말았던 것입니다.

 ㉮ 이점에서 우상숭배가 십계명을 범했다는 차원이 아니라 "메시아언약"을 배신한 것임을 명심해야만 합니다.

 ㉯ 솔로몬의 행적은, "솔로몬이 칠 년 동안 성전을 건축하였더라"(6:38) 한 성전건축과, "솔로몬이 자기의 왕궁을 십 삼년 동안 건축하여 그 전부를 준공하니라"(7:1) 한, 왕궁건축이 주요 업적입니다.

 ㉰ 그런데 위대한 업적과 같았던, "성전과, 왕궁" 이 불에 타고 말았다는 역사적인 사실은 우리를, "각 사람의 공적이 나타날 터인데 그 날이 공적을 밝히리니 이는 불로 나타내고 그 불이 각 사람의 공적이 어떠한 것을 시험할 것임이라"(고전 3:13) 한 말씀으로 인도해줍니다.

한 지파를 남겨주신 하나님

하나님께서는, "네게 이러한 일이 있었고 또 네가 내 언약과 내가 네게 명령한 법도를 지키지 아니하였으니 내가 반드시 이 나라를 네게서 빼앗아 네 신하에게 주리라"(왕상 11:11) 하고 선언하십니다.

㉠ "그러나 네 아버지 다윗을 위하여 네 세대에는 이 일을 행하지 아니하고 네 아들의 손에서 빼앗으려니와 오직 내가 이 나라를 다 빼앗지 아니하고 내 종 다윗과 내가 택한 예루살렘을 위하여 한 지파를 네 아들에게 주리라"(11:12-13) 하십니다.

 ㉮ "내 종 다윗을 위하여"라 하심은, 다윗에게 세워주신 메시아언약을 가리키는 말씀이고,

 ㉯ "내가 택한 예루살렘을 위하여"라 하심은, 구원계획에는 하나님의 이름과 영예가 걸려있다는 뜻입니다. 그래서 "한 지파를 네 아들에게 주리라" 하시는데, 그 "한 지파"는 물론 그리스도가 오실 유다지파였던 것입니다.

㉡ 36절에서는 "내 종 다윗이 항상 내 앞에 등불을 가지고 있게 하리라" 하고, 한 지파를 "등불"이라고 말씀하십니다. 하나님께서는 "상한 갈대를 꺾지 아니하며 꺼져가는 등불을 끄지 아니하셨던"(사 42:3) 것입니다.

 ㉮ 이렇게 하신 것이 한 번만이 아닙니다. "그가 이스라엘 왕들의 길을 가서 아합의 집과 같이 하였으니 이는 아합의 딸이 그의 아내가 되었음이라 그가 여호와 보시기에 악을 행하였으나 여호와께서 그의 종 다윗을 위하여 유다 멸하기를 즐겨하지 아니하셨으니 이는 그와 그의 자손에

게 항상 등불을 주겠다고 말씀하셨음이더라"(왕하 8:18-19) 하고,

㉯ "여호아하스 왕의 시대에 아람 왕 하사엘이 항상 이스라엘을 학대하였으나 여호와께서 아브라함과 이삭과 야곱과 더불어 세우신 언약 때문에 이스라엘에게 은혜를 베풀며 그들을 불쌍히 여기시며 돌보사 멸하기를 즐겨하지 아니하시고 이때까지 자기 앞에서 쫓아내지 아니 하셨더라"(13:23) 하고, 이렇게 하시기를 그 몇 번인고(시 78:40).

만일 이렇게 행해주시지 않으셨다면 구원계획은 벌써 중단이 되거나 무산이 되고 말았을 것입니다.

왕국이 분열이 되다

"솔로몬이 그의 조상들과 함께 자매 그의 아버지 다윗의 성읍에 장사되고 그의 아들 르호보암이 대신하여 왕이 되니라"(왕상 11:43) 합니다.

㉠ 그런데 "르호보암이 세겜으로 갔으니 이는 온 이스라엘이 그를 왕으로 삼고자 하여 세겜에 이르렀음이더라"(12:1) 하고, 예루살렘이 아닌 에브라임지파 경내(境內)인 "세겜"으로 르호보암을 불러냈다는 것은 이미 반역의 조짐이 태동하고 있었다는 증거입니다.

㉡ 결국 "온 이스라엘이 자기들의 말을 왕이 듣지 아니함을 보고 왕에게 대답하여 이르되 우리가 다윗과 무슨 관계가 있느냐 이새의 아들에게서 받을 유산이 없도다 이스라엘아 너희의 장막으로 돌아가라 다윗이여 이제 너는 네 집이나 돌아보라 하고 이스라엘이 그 장막으로 돌아가니라"(16) 하고, 분열왕국이 되고 말았습니다.

㉮ 저들이 "우리가 다윗과 무슨 관계가 있느냐 이새의 아들에게서 받을 유산이 없도다" 한 말은, "이에 이스라엘이 다윗의 집을 배반하여 오늘까지 이르렀더라"(19) 한, 다윗에게 세워주신 메시아언약을 배신하는 말이었던 것입니다.

㉢ 북 이스라엘의 왕이 된 여로보암이, "만일 이 백성이 예루살렘에 있는 여호와의 성전에 제사를 드리고자 하여 올라가면 이 백성의 마음이 유다 왕 된 그들의 주 르호보암에게로 돌아가서 나를 죽이고 유다의 왕 르호보암에게로 돌아가리로다 하고"(27),

㉮ "이에 계획하고 두 금송아지를 만들고 무리에게 말하기를 너희가 다시는 예루살렘에 올라갈 것이 없도다 이스라엘아 이는 너희를 애굽 땅에서 인도하여 올린 너희의 신들이라 하고 하나는 벧엘에 두고 하나는 단에 둘지라"(28-29) 한 것은, 어디서 얻은 아이디어란 말인가?

㉯ "아론이 그들의 손에서 금 고리를 받아 부어서 조각칼로 새겨 송아지 형상을 만드니 그들이 말하되 이스라엘아 이는 너희를 애굽 땅에서 인도하여 낸 너희의 신이로다"(출 32:4) 한, 모방이라는 점을 유념해야만 합니다. 그 당시 백성들은 이를 거부한 것이 아니라, "그들이 일찍이 일어나 번제를 드리며 화목제를 드리고 백성이 앉아서 먹고 마시며 일어나서 뛰놀더라"(출 32:6) 하고, 좋아했기 때문입니다. 이는 오늘의 기복적인 설교를 좋아하는 것과 맥을 같이하는 것이라고 말하면 형제는 화를 낼 것입니까?

㉣ 역사서에 등장하는 열왕(列王)들을 평가하는 잣대가 무엇인가?

㉮ "요시야가 여호와 보시기에 정직히 행하여 그의 조상 다윗의 모든 길로 행하고 좌우로 치우치지 아니하였더라"(왕하 22:2, 18:3) 한, "다윗의 길"로 행하느냐,

㉯ "바아사가 여호와 보시기에 악을 행하되 여로보암의 길로 행하며 그가 이스라엘에게 범하게 한 그 죄 중에 행하였더라"(왕상 15:34, 16:2, 19, 26) 한, "여로보암의 길"로 행하느냐는 것입니다. 문도 둘이요, 길도 둘 중의 하나입니다.

㉰ 복음을 제쳐놓고 축복에 열을 올린다면 금송아지를 섬기는 여로보암의 길로 행하는 것이요, 복음보다 축복을 더 많이 말한다면 이것 또한 여로보암의 길로 치우쳐 있다는 증거입니다. 우리는 과연 어느 길로 행하고 있는가?

엘리야의 기도

금송아지 우상을 나라의 기간(基幹)으로 삼은 북 이스라엘이 바알 우상을 받아드렸다는 것은 자연스러운 순서였던 것입니다. 이때에 하나님께서는, "길르앗에 우거하는 자 중에 디셉 사람 엘리야가 아합에게 말하되 내가 섬기는 이스라엘의 하나님 여호와께서 살아 계심을 두고 맹세하노니 내 말이 없으면 수 년 동안 비도 이슬도 있지 아니하리라"(왕상 17:1) 하고, 엘리야를 들어 쓰셨습니다.

㉠ "여호와의 말씀이 엘리야에게 임하여 이르시되 너는 여기서 떠나 동쪽으로 가서 요단 앞 그릿 시냇가에 숨으라"(2-3) 하십니다. 이는 엘리야가 숨었다는 차원이 아닙니다. 엘리야는 하나님의 말씀의 대언(代言)자입니다. 그러므로 "말씀"이 숨은 것이 되는 것입니다.

㉮ 말씀이 숨게 되면 은혜의 단비도 내리지 않는 암흑 세상이 되고 마는 것입니다. 엘리야를 수년 동안 섬긴 사르밧 과부는, 죽었던 아들의 살아남을 통해서 "내가 이제야 당신은 하나님의 사람이시요 당신의 입에 있는 여호와의 말씀이 진실한 줄 아노라"(24) 하고 말합니다.

㉯ "주 여호와의 말씀이니라 보라 날이 이를지라 내가 기근을 땅에 보내리니 양식이 없어 주림이 아니며 물이 없어 갈함이 아니요 여호와의 말씀을 듣지 못한 기갈이라"(암 8:11) 하십니다.

ⓛ 북이스라엘을 향한 하나님의 마음이 무엇인가? 이점이 엘리야 선지자의 갈멜산 기도에 나타나는데,

㉮ "저녁 소제 드릴 때에 이르러 선지자 엘리야가 나아가서 말하되 아브라함과 이삭과 이스라엘의 하나님 여호와여"(18:36) 합니다. 절체절명의 순간에 엘리야는 "아브라함, 이삭, 야곱"에게 세워주신 메시아언약을 붙잡고 기도를 드립니다.

㉯ 그리고 "여호와여 내게 응답하옵소서 내게 응답하옵소서 이 백성에게 주 여호와는 하나님이신 것과 주는 그들의 마음을 되돌이키심을 알게 하옵소서"(37), 즉 저들의 마음이 우상을 숭배하는데서 돌아오기를 원하시는 하나님이심을 알게 하옵소서 합니다.

ⓒ "갈멜산 대결"을 통해서 계시하시고자 하는 바는, 바알이 아니라, 여호와가 하나님이 되심과, 하나님은 백성들의 마음이 "돌아오기를" 기다리신다는 점입니다. 불은 이에 대한 응답이었던 것입니다. 그러므로 불을 볼 것이 아니라, 우리에게 향하신 하나님의 마음을 깨달아야만 합

니다. 그러나 갈멜산 표징을 보고서도 그들은 돌아오지 않았습니다.

㉣ 엘리야는 "이스라엘 자손이 주의 언약을 버리고 주의 제단을 헐며 칼로 주의 선지자들을 죽였음이오며 오직 나만 남았거늘 그들이 내 생명을 찾아 빼앗으려 하나이다"(19:14) 하고, 절망적인 탄원을 합니다.

㉮ 그런데 하나님께서는 "그러나 내가 이스라엘 가운데에 칠천 명을 남기리니 다 바알에게 무릎을 꿇지 아니하고 다 바알에게 입 맞추지 아니한 자니라"(18) 하고, 남은 자가 있음을 말씀하십니다. 이는 하나님의 교회가 진멸을 당한 것 같은 절망적인 상황에서도 "음부의 권세가 결단코 이기지 못하리라" 하는 점을 말씀해줍니다.

㉯ 사도 바울이 안고 있던 난제(難題)는 선민 이스라엘은 버림을 당하고, 이방인들은 구원에 이르게 되었다는 점입니다. 바울은 이 난제를, "그에게 하신 대답이 무엇이냐 내가 나를 위하여 바알에게 무릎을 꿇지 아니한 사람 칠천 명을 남겨 두었다"(롬 11:4) 하신 "남은 자"를 통해서 해답을 얻었던 것입니다.

㉰ 다시 말하면 "하나님의 말씀이 폐하여진 것 같지 않도다 이스라엘에게서 난 그들이 다 이스라엘이 아니요"(롬 9:6), "남은 자"만 구원을 얻게 되리라는 것입니다. "그런즉 이와 같이 지금도 은혜로 택하심을 따라 남은 자가 있느니라"(롬 11:5) 합니다. 이제도 그러한 것입니다.

심판의 몽둥이 거짓선지자

하나님께서 아합을 심판하실 때에 사용하신 몽둥이가 무엇인지 아십니까? 거짓선지자라는 점을 명심해야합니다. 유다 왕 여호사밧은 선한 왕이었으나 치명적인 잘못은 아합 집과 통혼을 하고 군사적인 동맹(同盟)을 맺은 일입니다.

㉠ 아합이 "여호사밧에게 이르되 당신은 나와 함께 길르앗 라못으로 가서 싸우시겠느냐 여호사밧이 이스라엘 왕에게 이르되 나는 당신과 같고 내 백성은 당신의 백성과 같고 내 말들도 당신의 말들과 같으니이다" (왕상 22:4) 합니다.

㉮ 다윗에게 세워주신 메시아언약을 믿는 자가, 어떻게 금송아지와 바알 우상을 섬기는 자에게 "나는 당신과 같고 내 백성은 당신의 백성과 같다"고 말할 수가 있단 말인가?

㉡ 그래도 다른 점은 여호사밧이, "먼저 여호와의 말씀이 어떠하신지 물어 보소서" 합니다. 그리하여 아합이 "선지자 사백 명쯤 모으고 그들에게 이르되 내가 길르앗 라못에 가서 싸우랴 말랴" 하고 묻습니다. 그들이 한 입으로 말함과 같이, "올라가소서 주께서 그 성읍을 왕의 손에 넘기시리이다"(5-6) 하고, 영합하는 말을 합니다.

㉢ 마지막에 참 선지자 "미가야"가 홀로 등장합니다. 그리고 하나님의 말씀을 대언하는데, "왕은 여호와의 말씀을 들으소서 내가 보니 여호와께서 그의 보좌에 앉으셨고 하늘의 만군이 그의 좌우편에 모시고 서 있는데 여호와께서 말씀하시기를 누가 아합을 꾀어 그를 길르앗 라못에 올라가서 죽게 할꼬 하시니 하나는 이렇게 하겠다 하고 또 하나는 저렇게 하겠다 하였는데",

㉮ "한 영이 나아와 여호와 앞에 서서 말하되 내가 그를 꾀겠나이다 여호

와께서 그에게 이르시되 어떻게 하겠느냐 이르되 내가 나가서 〈거짓말 하는 영〉이 되어 그의 모든 선지자들의 입에 있겠나이다 여호와께서 이르시되 너는 꾀겠고 또 이루리라 나가서 그리하라 하셨은즉 이제 여호와께서 거짓말하는 영을 왕의 이 모든 선지자의 입에 넣으셨고 또 여호와께서 왕에 대하여 화를 말씀하셨나이다" (19-23) 합니다.

㉯ "너는 꾀겠고 또 이루리라" 하신 점을 유념하시기를 바랍니다. 다른 방법으로는 안 되도, 거짓 영의 조정을 받는 "거짓선지자"의 미혹하는 말에는 넘어가게 되리라는 뜻입니다. 아합은 미가야의 예언대로 그 전쟁에서 심판을 받아 죽고 말았던 것입니다.

㉰ 거짓선지자들은 자신이 "거짓말 하는 영"에 사로잡혀 있다는 점을 알고 있단 말인가? 모르고 있는 것입니다. 사도 바울은 거짓 선생들을 가리켜, "그들로 깨어 마귀의 올무에서 벗어나 하나님께 사로잡힌바 되어 그 뜻을 따르게 하실까 함이라" (딤후 2:26) 하고, 그들이 "마귀의 올무"에 사로잡혀, 최면에 걸린 자와 같다고 말씀합니다. 이점은 말씀을 맡은 사역자들에게 큰 경종이 아닐 수가 없습니다.

㉱ 그러면 하나님께서 어찌하여 "거짓말 하는 영"을 허용하시는가? "이러므로 하나님이 미혹의 역사를 그들에게 보내사 거짓 것을 믿게 하심은 진리(眞理)를 믿지 않고 불의를 좋아하는 모든 자들로 하여금 심판(審判)을 받게 하려 하심이라" (살후 2:11-12), 즉 거짓 믿음을 가려내는 방편이라는 말씀입니다. 얼마나 심각한 말씀인가?

Old Testament

열왕기하

열왕기하는 크게 두 부분으로 나누어지는데, 첫째 부분(1-17장)은 분열왕국이 계속되다가 먼저 북쪽 이스라엘이 앗수르에게 패망하는 내용입니다. 이 기간동안 하나님은 주로 엘리사 선지자를 들어서 회개를 촉구하셨습니다.

둘째 부분(18-25장)은 잔존왕국(유다)이 약 130년 간 계속되다가, 유다 왕국도 바벨론에 의하여 패망하는 내용입니다. 하나님께서는 북쪽 이스라엘을 먼저 심판하셨습니다. 이는 이스라엘의 패망을 통해서 유다가 회개하기를 바라셨기 때문입니다.

엘리야의 승천

"엘리야가 엘리사에게 이르되 나를 네게서 데려감을 당하기 전에 내가 네게 어떻게 할지를 구하라 엘리사가 이르되 당신의 성령이 하시는 역사가 갑절이나 내게 있게 하소서 하는지라"(왕하 2:9).

㉠ "두 사람이 길을 가며 말하더니 불 수레와 불 말들이 두 사람을 갈라놓고 엘리야가 회오리바람으로 하늘로 올라가더라"(왕하 2:11) 합니다. "불 수레와 불 말들"이 등장하면서 엘리야를 "회오리바람"을 타고 올라가게 하신 의도가 무엇일까? 이렇게 승천한 엘리야가 변화산상에 "모세"와 함께 나타나 "예수께서 예루살렘에서 별세하실 것"(눅 9:31)을 말씀했다는 것은 "율법과, 선지자"를 대표한다 할 수가 있습니다.

㉮ 이런 맥락에서 "여호와께서 회오리바람으로 엘리야를 하늘로 올리고자 하실 때에"(2:1), 바로 올리신 것이 아니라, 길갈-벧엘-여리고-요단으로 인도하셨고, 그 때마다 그곳에 "선지자의 생도들이, 여호와께서 오늘 당신의 선생을 당신의 머리 위로 데려가실 줄을 아시나이까"(3, 5, 7) 하고 말하는 것을 대하게 됩니다.

㉯ 이로 보건대 엘리야의 승천은 "선지자의 생도"와 관련이 있는 것으로 볼 수가 있습니다. 당시 북 이스라엘의 영적 상태는 "이스라엘 자손이 주의 언약을 버리고 주의 제단을 헐며 칼로 주의 선지자들을 죽였음이오며 오직 나만 남았거늘 그들이 내 생명을 찾아 빼앗으려 하나이다"(왕상 19:14) 한 상황으로, 선지자의 생도들이 처한 최악의 상황이었던 것입니다.

㉰ 이런 상황에서 하나님께서 엘리야를 불 수레와 불 말로 호위케 하시어 올리셨다는 것은 선지자의 생도들에게 용기와 격려를 주기 위한 것으로 볼 수가 있습니다. 저들은 엘리야로 하신 하나님의 말씀을 배척하였으나 하나님께서는 그 "말씀"을 영화롭게 하셨던 것입니다. 이는 이 땅

에 오셨던 "말씀"이신 그리스도께서 "올려져 가시니 구름이 그를 가리어 보이지 않게 하더라"(행 1:9)에 대한 예표라 할 수가 있습니다.

ⓒ 엘리야의 사역이 갈멜산의 대결을 통해서 바알 선지자를 죽이고, 50부장과 그의 부하들을 죽이는(왕하 1장) 등 심판에 맞춰져 있다면, 엘리사의 사역은, 선지자의 생도의 부채를 해결해주고, 보리떡 20개로 100명을 먹이고(4장), 나아만의 나병을 고쳐주는(5장) 등 치료하는 사역에 맞춰져 있습니다.

㉮ 아람 왕의 군대 장관 나아만은 엘리사에게, "내가 이제 이스라엘 외에는 온 천하에 신이 없는 줄을 아나이다"(왕하 5:15) 하고 고백합니다. 사렙다 과부도, "엘리야에게 이르되 내가 이제야 당신은 하나님의 사람이시요 당신의 입에 있는 여호와의 말씀이 진실한 줄 아노라"(왕상 17:24) 하고 고백합니다.

㉯ 주님께서는 이를 인용하셔서, "엘리야가 그 중 한 사람에게도 보내심을 받지 않고 오직 시돈 땅에 있는 사렙다의 한 과부에게 뿐이었으며 또 선지자 엘리사 때에 이스라엘에 많은 나병환자가 있었으되 그 중의 한 사람도 깨끗함을 얻지 못하고 오직 수리아 사람 나아만뿐이었느니라"(눅 4:26-27) 하고, 선민 이스라엘이 이방인보다 더욱 완악했음을 지적하셨습니다. 그러자 저들은 "분이 가득하여" 주님을 죽이고자 했다는 것은, 조상들보다 더욱 완악했음을 나타냅니다.

왕의 씨를 진멸하려함

유다의 4대 왕 여호사밧은 선한 왕이었습니다. 너무 선해서 분별력이 없었던 것일까요. 악의 대명사와 같은 아합과 이세벨의 딸을 아들 "여호람"의 아내로 맞아드렸던 것입니다.

㉠ 그리하여 아들 여호람이, "이스라엘 왕들의 길을 가서 아합의 집과 같이 하였으니 이는 아합의 딸이 그의 아내가 되었음이라" (왕하 8:18), 즉 아달랴는 남편 여호람의 마음을 돌이켜서 바알 우상을 섬기게 했다는 것입니다.

㉡ 또한 아달랴는 아들 아하시야도, "아합의 집 길로 행하여 아합의 집과 같이 여호와 보시기에 악을 행하였으니" (27) 하고, 아합 집과 같이 바알 우상을 섬기게 했던 것입니다.

㉢ 그런데 "아달랴가 그의 아들(아하시야)이 죽은 것을 보고 일어나 왕의 자손을 모두 멸절(滅絕)하였으나" (11:1), 즉 왕위를 계승할 손자(孫子)들을 모두 죽이고 자신이 왕위에 올랐다는 것입니다.

㉮ 이점을 "여호와께서 그의 종 다윗을 위하여 유다 멸하기를 즐겨하지 아니하셨으니 이는 그와 그의 자손에게 항상 등불을 주겠다고 말씀하셨음이더라" 한, 8:19절과 결부시켜 보십시오. 하나님께서는 "등불"이 꺼지지 않게 하시려는데, 아달랴는 "왕의 씨를 진멸" 하려 했다니, 아달랴의 간계는 그리스도로 계승이 될 다윗 왕위를 찬탈하려는 사탄의 음모였던 것입니다.

㉯ 하나님께서 이를 좌시하시겠는가? "아하시야의 누이 여호세바가 아하

시야의 아들 (한 살 난) 요아스를 왕자들이 죽임을 당하는 중에서 **빼내어 그와 그의 유모를 침실에 숨겨 아달랴를 피하여 죽임을 당하지 아니하게 한지라**"(2) 하고, 하나님께서는 "씨"를 보존케 하셨던 것입니다.

㉣ 그리하여 아달랴가 남 왕국의 7대 왕위에 올라, "요아스가 그와 함께 여호와의 성전에 육 년을 숨어 있는 동안에 아달랴가 나라를 다스렸더라"(3) 합니다. 그러나 아달랴는 "이 세상 임금"(요 12:31)이었을 뿐이요, 진정한 왕은 성전에 머물러 있으면서 때를 기다렸다는 것이 되는 것입니다.

㉤ 6년이 지난 후에, "여호야다가 왕자(王子)를 인도하여 내어 왕관을 씌우며 율법 책을 주고 기름을 부어 왕으로 삼으매 무리가 박수하며 왕의 만세를 부르니라"(12) 합니다. 왕 중 왕 되시는 그리스도께서 나타나시는(재림) 날에도 "할렐루야"를 부르며 영접하게 될 것입니다.

㉮ 구속사나 신앙여정에 있어서 태양이 구름에 가리듯 때로는 왕이 없는 듯이 여겨지고, 하나님의 약속이 폐하여진 듯이 보이는 캄캄한 때가 있습니다. 그러나 그런 때에도, "오직 여호와는 그 성전에 계시니 온 땅은 그 앞에서 잠잠할 지니라"(합 2:20) 하십니다.

구속사의 두 줄기

"요아스가 왕위에 오를 때에 나이가 칠 세라 예루살렘에서 사십 년 동안 다스리니라 그의 어머니의 이름은 시비아요 브엘세바 사람이더라"(대하 24:1) 합니다.

㉠ "제사장 여호야다가 세상에 사는 모든 날에 요아스가 여호와 보시

기에 정직하게 행하였으며"(2) 합니다. 그렇다면 자신을 숨겨주었던 대제사장 여호야다가 죽은 후에는 정직히 행하지 않았다는 것이 되는데 그렇습니다. 사는 날 동안은 "요아스가 여호와의 전을 보수하여(4), 여호야다가 세상에 사는 모든 날에 여호와의 전에 항상 번제를 드렸더라"(14) 합니다.

ⓛ 그러나 "여호야다가 죽은 후에 유다 방백들이 와서 왕에게 절하매 왕이 그들의 말을 듣고 그의 조상들의 하나님 여호와의 전(殿)을 버리고 아세라 목상과 우상을 섬겼으므로 그 죄로 말미암아 진노가 유다와 예루살렘에 임하니라"(18) 합니다.

㉮ 자신을 6년이나 숨겨주었던 "여호와의 전"을 버리고 우상을 섬겼다는 것입니다. "그러나 여호와께서 그들에게 선지자를 보내사 다시 여호와에게로 돌아오게 하려 하시매 선지자들이 그들에게 경고하였으나 듣지 아니하니라"(19).

㉯ "이에 하나님의 영이 제사장 여호야다의 아들 스가랴를 감동시키시매 그가 백성 앞에 높이 서서 그들에게 이르되 하나님이 이같이 말씀하시기를 너희가 어찌하여 여호와의 명령을 거역하여 스스로 형통하지 못하게 하느냐 하셨나니 너희가 여호와를 버렸으므로 여호와께서도 너희를 버리셨느니라 하나 무리가 함께 꾀하고 왕의 명령을 따라 그를 여호와의 전 뜰 안에서 돌로 쳐죽였더라"(20-21) 합니다.

ⓒ 형제는 이 말씀을 통해서 무엇을 보고, 무엇을 생각하십니까? 구약성경에는 인류의 시조의 타락으로부터 흘러내려온 "죄"라는 줄기와,

"원 복음"으로부터 흘러내려오는 "은혜"의 줄기, 두 줄기가 있습니다.

㉮ 솔로몬의 타락은 죄의 줄기요, 한 지파, 한 등불을 남겨주심은 은혜의 줄기를 보여줍니다.

㉯ 왕의 씨를 진멸하려한 것은, 죄의 줄기요, 왕자들이 진멸 당하는 중에 한 살 난 요아스를 구출하여 6년간이나 보존하여 주신 것은 "은혜"의 줄기입니다.

㉰ 그런데 요아스가 자신을 숨겨주었던 여호와의 전을 버리고 우상을 숭배하고, 이를 책망하는 은인의 아들을 돌로 쳐 죽였다는 것은 "은혜의 줄기"가 "죄"의 줄기로 합쳐졌다는 타락을 보여줍니다. 그러나 하나님께서는 "은혜의 줄기"를 폐하심이 없이, "은혜와 진리는 예수 그리스도로 말미암아 온 것이라"(요 1:17) 하는, 구원계획을 묵묵히 이루어 나오셨습니다.

이는 무엇을 말해주고 있는가? "죄가 더한 곳에 은혜가 더욱 넘쳤다"(롬 5:20)는 것과, "사람은 다 거짓되되 하나님은 참되시다" 하는 점을 보여주고 있습니다.

파괴하는 자와 세우는 자

북 이스라엘에는 선한 왕이 한 사람도 일어남이 없이 약 200년 유지되는 동안 모반(謀叛)으로 인하여 왕조(王朝)가 9번이나 바뀌었습니다. 그러나 남유다왕국은 다윗의 왕위가 계승되어 내려오면서 악한 왕들 사이에 다윗의 길로 행하는 선한 왕들을 일으키십니다.

그리하여 선왕(先王)들이 배반한 언약을 다시 세우며 더럽힌 성전을 다시 세우게 하시는 것을 보게 됩니다. 이런 점은 교회사를 통해서도 나타나는데, 종교개혁이 한 예가 됩니다.

㉠ 남 왕국 1대 왕인 르호보암은 솔로몬과 암몬 사람 나아마(왕상 14:21)를 통해서 태어난 아들입니다. 암몬 사람인 모친의 영향을 받아 아들 르호보암과, 손자 아비얌이 "모든 죄를 행하고 그의 마음이 그의 조상 다윗의 마음과 같지 아니하여 그의 하나님 여호와 앞에 온전하지 못하였으나"(왕상 15:3) 합니다.

㉮ 그러나 하나님께서는 3대로 아사 왕을 세우셔서, "아사가 그의 조상 다윗 같이 여호와 보시기에 정직하게 행하여 남색하는 자를 그 땅에서 쫓아내고 그의 조상들이 지은 모든 우상을 없애는"(11) 개혁을 단행하게 하셨습니다.

㉡ 5대로부터 9대에 이르는 "요람, 아하시야, 아달랴, 요아스, 아마샤"가 통치한 약 100년 간은, 아합과 이세벨 사이에서 태어난 "아달랴"가 유다 왕국에 침투하여 끼친 영향으로 어두운 시대였습니다.

㉮ 그러나 하나님께서는 10대와 11대로 "요담이 그의 아버지 웃시야의 모든 행위대로 여호와께서 보시기에 정직히 행하였다"(왕하 15:34) 하고, "웃시야와, 요담"을 들어 정화하게 하셨습니다.

㉢ 그런데 12대 아하스가, "그의 조상 다윗과 같이 아니하여 그의 하나님 여호와께서 보시기에 정직히 행하지 아니하고 이스라엘의 여러 왕의 길로 행하며 또 여호와께서 이스라엘 자손 앞에서 쫓아내신 이방 사

람의 가증한 일을 따라 자기 아들을 불 가운데로 지나가게 하며"(16:2-3) 하고, 다시 부패하고 맙니다.

㉮ "아하스 왕이 앗수르의 왕 디글랏 빌레셀을 만나러 다메섹에 갔다가 거기 있는 제단을 보고 아하스 왕이 그 제단의 모든 구조와 제도의 양식을 그려 제사장 우리야에게 보냈더니 아하스 왕이 다메섹에서 돌아오기 전에 제사장 우리야가 아하스 왕이 다메섹에서 보낸 대로 모두 행하여, 제단을 만든지라"(10-11) 합니다.

㉯ 아하스는 그렇다 해도, "내가 진실한 증인 제사장 우리야"(사 8:2)라 한 말을 들은 대제사장 우리야가 하나님의 식양대로 만든 번제단을 버리고, 이방 우상제단의 본을 따라 번제단을 만들 수가 있단 말인가?

㉰ 아하스는 그 단에서 번제를 드리고, "또 여호와의 앞 곧 성전 앞에 있던 놋 제단을 새 제단과 여호와의 성전 사이에서 옮겨다가 그 제단 북쪽에 그것을 두니라(14), 아하스 왕이 물두멍 받침의 옆판을 떼 내고 물두멍을 그 자리에서 옮기고 또 놋바다를 놋소 위에서 내려다가 돌판 위에 그것을 두며"(17) 하고, "옮기고, 떼어내고, 내리고" 한 변개(變改)했다는 점을 주목하시기를 바랍니다. 이는 구약교회에 나타난 "다른 복음"이라 할 수가 있습니다.

구약에 나타난 종교개혁

그러나 하나님께서는 13대로 히스기야를 세우셔서, "그의 조상 다윗의 모든 행위와 같이 여호와께서 보시기에 정직하게 행하여 그가 여러 산당들을 제거하며 주상을 깨뜨리며 아세라 목상을 찍으며 모세가 만들었던 놋뱀을 이스라엘 자손이 이때까지 향하여 분향하므로 그것을 부수고 느후스단이라 일컬었더라".

㉠ "히스기야가 이스라엘 하나님 여호와를 의지하였는데 그의 전후 유다 여러 왕 중에 그러한 자가 없었으니 곧 그가 여호와께 연합하여 그에게서 떠나지 아니하고 여호와께서 모세에게 명령하신 계명을 지켰더라" (왕하 18:3-6) 하고, 대대적인 개혁(改革)을 단행하게 하셨던 것입니다.

㉡ 히스기야 왕은 유다만이 아니라 보발꾼들을 북 이스라엘에 보내어, "이스라엘 자손들아 너희는 아브라함과 이삭과 이스라엘의 하나님 여호와께로 돌아오라"(대하 30:6), 즉 메시아언약으로 돌아오라 하고, 유월절에 초대를 했습니다. 이는 구약에 나타난 종교개혁(宗敎改革)이라 할 수가 있습니다.

㉢ 그런데 이것이 웬 일인가? 히스가야가 만년(晩年)에 얻은 아들, "므낫세가 여호와 보시기에 악을 행하여 여호와께서 이스라엘 자손 앞에서 쫓아내신 이방 사람의 가증한 일을 따라서 그의 아버지 히스기야가 헐어 버린 산당들을 다시 세우며 이스라엘의 왕 아합의 행위를 따라 바알을 위하여 제단을 쌓으며 아세라 목상을 만들며 하늘의 일월 성신을 경배하여 섬기며",

㉮ "여호와께서 전에 이르시기를 내가 내 이름을 예루살렘에 두리라 하신 여호와의 성전에 제단들을 쌓고 또 여호와의 성전 두 마당에 하늘의 일월 성신을 위하여 제단들을 쌓고 또 자기의 아들을 불 가운데로 지나게 하며 점치며 사술을 행하며 신접한 자와 박수를 신임하여 여호와께서 보시기에 악을 많이 행하여 그 진노를 일으켰으며 또 자기가 만든 아로

새긴 아세라 목상을 성전에 세웠더라"(21:2-7) 하고, 유다 열왕 중 최선(最善)의 왕에게서 최악(最惡)의 왕이 나타났던 것입니다. 이는 사탄의 발악적인 발동이라 하겠습니다.

ⓒ 그러나 하나님께서는 마지막으로 선한 왕인, "요시야가 여호와 보시기에 정직히 행하여 그의 조상 다윗의 모든 길로 행하고 좌우로 치우치지 아니하였더라"(22:2) 합니다. 그리고 아버지 므낫세가 파괴한 성전을 수리하다가 율법 책을 발견하게 됩니다. 성전을 수리하다가 율법 책을 발견했다는 것은 저들이 하나님의 말씀을 옆으로 밀어놓고 얼마나 망각했는가를 단적으로 말해줍니다.

㉮ "왕이 율법책의 말을 듣자 곧 그의 옷을 찢으니라"(11), 즉 다른 신을 섬기게 되면 어떻게 되리라는 율법 책에 기록된 경고를 듣고는 비통히 여겼다는 것입니다.

㉯ "요시야와 같이 마음을 다하며 뜻을 다하며 힘을 다하여 모세의 모든 율법을 따라 여호와께로 돌이킨 왕은 요시야 전에도 없었고 후에도 그와 같은 자가 없었더라"(23:25) 합니다. 이것이 구약교회에 일어났던 마지막 종교개혁이라 할 수가 있는데, 이 때에 세움을 받은 선지자가 예레미야인데, 현대교회가 처한 상황도, "요시야"와 같은 개혁자, 예레미야와 같은 눈물의 선지자를 요청하는 시대라 하겠습니다.

ⓔ 인간은 이처럼 거짓되되 그러나 하나님께서는, "그 날에 내가 다윗의 무너진 장막을 일으키고 그것들의 틈을 막으며 그 허물어진 것을 일으켜서 옛적과 같이 세우리라"(암 9:11) 하십니다.

㉮ 이상 상고한 역사가 증언하고 있듯이 사탄은 파괴하려 하나, 하나님께서는 기어코 다시 세우시리라 하십니다. 그리고 세우셨으며 완성하여 필하실 것입니다. 이것이 열왕기에 나타난 "파괴하는 자와 세우는 자"입니다.

마지막이 나쁘다

열왕(列王)들을 살펴보면서 부언할 점은 시작(始作)은 좋았던 왕들도 마지막에 가서는 나빴다는 점입니다. 그 대표적인 왕이 솔로몬이라 할 수가 있습니다.

㉠ 아사 왕은 만년에 여호와를 의지하지 않고 아람 왕 벤하닷을 의지하여 성전 곳간에 있던 은금을 모두 그에게 주고 원조를 청하다가,

㉮ "그 때에 선견자 하나니가 유다 왕 아사에게 나와서 그에게 이르되 왕이 아람 왕을 의지하고 왕의 하나님 여호와를 의지하지 아니하였으므로 아람 왕의 군대가 왕의 손에서 벗어났나이다, 여호와의 눈은 온 땅을 두루 감찰하사 전심으로 자기에게 향하는 자들을 위하여 능력을 베푸시나니 이 일은 왕이 망령되이 행하였은즉 이 후부터는 왕에게 전쟁이 있으리이다" (대하 16:7, 9) 하는 책망을 받고는 도리어, "아사가 노하여 선견자를 옥에 가두었으니" 합니다.

㉡ 웃시야 왕은 만년에, "웃시야여 여호와께 분향하는 일은 왕이 할 바가 아니요 오직 분향하기 위하여 구별함을 받은 아론의 자손 제사장들이 할 바니 성소에서 나가소서" (대하 26:18) 하는 책망을 받고는 나병이 발하게 됩니다.

ⓒ 요시야 같은 선한 왕도 마지막에는 나서지 말아야 할 전쟁에 나섰다가, "하나님의 입에서 나온 느고의 말을 듣지 아니하고 므깃도 골짜기에 이르러 싸우다가"(대하 35:22) 전사하고 말았습니다.

ⓓ 히스기야 왕은 만년에 바벨론 사신들에게 자신을 과시하다가 "하나님이 히스기야를 떠나시고 그의 심중에 있는 것을 다 알고자 하사 시험하셨더라"(대하 32:31) 하고 낙제가 됩니다.

㉮ 이것은 무엇을 말씀해주는가? 사람은 다 거짓되되 하나님은 참되시다는 점과, 인간의 행위로는 그의 앞에 의롭다함을 얻을 수 없다는 자력구원의 불가능성입니다.

북 이스라엘의 멸망

"호세아 제 구년에 앗수르 왕이 사마리아를 점령하고 이스라엘 사람을 사로잡아 앗수르로 끌어다가 고산 강가에 있는 할라와 하볼과 메대 사람의 여러 고을에 두었더라"(왕하 17:6, 18:10) 하고, 북 이스라엘은 앗수르에 의하여 멸망을 당하고 맙니다.

㉠ 그러면 멸망당하게 된 원인이 무엇인가? 이는 현대교회가 명심해야 할 사활(死活)적으로 중요한 점이기에 통찰력을 가지고 주목해보아야만 합니다. "이는 그들이 하나님 여호와의 말씀을 듣지 아니하고 그의 언약과 여호와의 종 모세가 명령한 모든 것을 따르지 아니 하였음이더라"(18:12) 합니다. "그의 언약과 여호와의 종 모세가 명령한 모든 것"을 버렸기 때문이라 말씀하는데, 두 가지로 요약할 수가 있습니다.

㉮ 첫째는, "그의 언약"이란, 아브라함에게 세워주신 메시아언약을 버렸

기 때문이요,

㉯ 둘째는, "여호와의 종 모세가 명령한 모든 것"이란 율법을 가리키는데, 하나님의 백성답게 성별된 삶을 살지를 않았기 때문이라는 것입니다. 이것이 멸망당하게 된 원인입니다.

ⓛ 그런데 이를 구분하지를 않고 하나로 여겨, 멸망하게 된 원인을, "시내산 언약", 즉 모세의 율법을 어겼기 때문으로 여기는 것이 일반적인 해석입니다. 그러면 묻습니다. 우리의 윤리는 구약의 성도들보다 낫단 말인가? 그렇게 여기면 어떻게 되는지 아십니까?

㉮ 신약교회도 구원을 얻지 못하고 심판에 이르게 된다는 것이 됩니다. 왜냐하면 "율법의 행위로는 그의 앞에 의롭다함을 얻을 자가 없기" 때문입니다.

㉯ 다시 굳세게 증언합니다만 신구약을 막론하고 구원(救援)은 오직 메시아언약, 즉 그리스도의 구속으로 말미암아 가능해지는 것이요, 신구약을 막론하고 멸망(滅亡)당하는 원인은 메시아언약을 배신하기 때문이라는 점에 확고해야만 합니다.

㉰ 이제까지 상고한, "아벨, 노아, 아브라함, 다윗" 등이 의롭다함을 얻는 것이 율법을 행함으로냐? 언약을 믿음으로냐를 생각하시기를 바랍니다. 모세 율법을 행함으로 구원이 가능하다면 어찌하여 복음을 주셨단 말인가? 그렇게 보는 것은 마음의 수건이 아직 벗어지지 않았기 때문입니다.

ⓒ 이점을 사도 바울은 "내가 이것을 말하노니 하나님께서 미리 정하

신 언약을 사백삼십 년 후에 생긴 율법이 폐기하지 못하고 그 약속을 헛되게 하지 못하리라"(갈 3:17) 하고 말씀합니다. 무슨 뜻이냐 하면 이스라엘이나 이방인이 구원을 얻게 되는 근거가 모세 율법으로 말미암은 것이 아니라, 아브라함에게 세워주신 메시아언약으로 말미암아 가능하여진다는 말씀입니다.

㉠ 저들이 멸망을 당한 원인은, 하나님께서는 메시아를 통해서 천하 만민이 복을 받게 하시려는데, 저들은 우상을 통해서 복을 받으려 하다가 멸망을 당했다는 말씀입니다. 이점을 남 왕국이 멸망을 당하게 된 원인에서 다시 확인하게 될 것입니다.

㉡ 그 후의 사마리아 사람들의 신앙상태는, "이와 같이 그들이 여호와도 경외하고 또한 어디서부터 옮겨왔든지 그 민족의 풍속대로 자기의 신들도 섬겼더라"(17:33) 하고, 혼혈족이 되고, 혼합(混合)종교가 되고 말았던 것입니다.

㉠ 그래서 이후로 유대인들이 사마리아 사람들을 상종하지 않았던 것입니다. 우리도 그런 자와는 상종하지 말아야 한다면 극단주의자라 할 것인가?

남 왕국의 멸망

"유다도 그들의 하나님 여호와의 명령을 지키지 아니하고 이스라엘 사람들이 만든 관습을 행하였다"(17:19), 즉 북 이스라엘이 멸망하는 것을 보면서도 각성하지 않고, 우상을 숭배했다는 말씀입니다.

㉠ 이점을 예레미야 선지자로 말씀하시기를, "내게 배역한 이스라엘이 간음(우상숭배)을 행하였으므로 내가 그를 내쫓고 그에게 이혼서까지 주었으되 그의 반역한 자매 유다가 두려워하지 아니하고 자기도 가서 행음(우상숭배)함을 내가 보았노라" (렘 3:8) 하십니다.

㉮ 에스겔 선지자로 말씀하시기를 북쪽 이스라엘(오홀라)이 음행으로 인하여 심판을 당하는 것을 보면서도, "그 아우 오홀리바가 이것을 보고도 그의 형보다 음욕을 더하며 그의 형의 간음함보다 그 간음이 더 심하므로 그의 형보다 더 부패하여졌느니라" (겔 23:11) 합니다.

㉯ 멸망을 당하게 된 원인으로 "간음, 음행"이 강조되어 있는데, 이것이 십계명의 7계를 범했다는 뜻인가? 아니면 영적인 음행인 우상을 숭배했다는 뜻인가? 메시아언약 위에 세워진 유다왕국이 황금송아지 우상을 섬기는 이스라엘보다 더욱 우상을 섬김으로 부패하여졌다는 말씀입니다.

㉡ 한 걸음 더 나아가 "이 백성이 듣지 아니하였고 므낫세의 꾐을 받고 악을 행한 것이 여호와께서 이스라엘 자손 앞에서 멸하신 여러 민족보다 더 심하였더라" (왕하 21:9), 즉 이방인보다도 더 부패했다는 것입니다.

㉮ 이점에서 "므낫세의 꾐을 받고 악을 행한 것"이란 우상숭배를 가리키는데, 이방인보다도 더 열성적이었다는 것입니다.

㉢ "그러므로 이스라엘의 하나님 여호와가 말하노니 내가 이제 예루살렘과 유다에 재앙을 내리리니 듣는 자마다 두 귀가 울리리라 내가 사마리아를 잰 줄과 아합의 집을 다림 보던 추를 예루살렘에 베풀고 또 사람이 그릇을 씻어 엎음 같이 예루살렘을 씻어 버릴지라" (12-13), 즉 북

이스라엘(사마리아)을 심판하심과 같이 심판하리라 하십니다.

㉮ 현대교회는 북쪽 이스라엘과, 남쪽 유다가 멸망을 당한 원인이 무엇인가 하는 역사적인 사실을 보고도, 신학적으로는 복음을 버리고, 윤리적으로는 불신사회보다도 더욱 부패하고 타락한 것이 아닌가 하는 우려를 하게 됩니다.

㉯ 저들은 사시고 참되신 인격적인 하나님을 의뢰한 것이 아니라 "예루살렘 성과, 성전"이라는 "그것"이라는 물질을 신뢰했던 것입니다. 그래서 하나님께서는 예레미야 선지자로 하여금 성전 문에 서서, "너희는 이것이 여호와의 성전이라, 여호와의 성전이라, 여호와의 성전이라 하는 거짓말을 믿지 말라" (렘 7:4) 하고 외치게 하셨던 것입니다.

㉰ 한국교회도, "하나님의 성령으로 봉사하며 그리스도 예수로 자랑" (빌 3:3)하는 것이 아니라, 예배당 건물로 자랑하고, 사람 머리수로 자만하고 있는 것이 아닌지 심각하게 고민해야할 것입니다.

㉱ 결국 유다의 종말도, "그들이 (시드기야)왕을 사로잡아 그를 립나에 있는 바벨론 왕에게로 끌고 가매 그들이 그를 심문하니라 그들이 시드기야의 아들들을 그의 눈앞에서 죽이고 시드기야의 두 눈을 빼고 놋사슬로 그를 결박하여 바벨론으로 끌고 갔더라" (25:7-8) 합니다.

허수아비 왕국

신정왕국으로 출발하였던 유다 왕국의 종말은 참으로 나약하고 비참한 바가 있습니다.

㉠ 마지막으로 선한 왕이었던 요시야가 젊은 나이에 전사한 후에 넷째 아들 "여호아하스"가 왕이 되었는데 그는 친(親) 바벨론 성향이었습니다.

㉮ 그래서 애굽 왕 바로느고가 올라와 석 달 만에 폐하고" 대신 친 애굽 성향인 둘째 아들 엘리야김(여호야김)으로 왕을 삼고(왕하 23:30-34), 여호와하스는 애굽으로 잡아갔습니다.

㉡ 그러자 이번에는 바벨론 왕이 올라와 친 애굽 성향인 여호야김을 폐하고 아들 여호야긴을 왕으로 삼아(1차 침공), 친 바벨론 정책을 펴게 합니다.

㉮ 그런데 여호야긴이 바벨론을 배반하자 석 달 만에 폐하여 바벨론으로 잡아가고(2차 침공), 요시야 왕의 동생 맛다니야로 왕을 삼고 이름을 시드기야라 한 것입니다.

㉢ 그러나 시드기야도 예레미야 선지자의 만류에도 불구하고 바벨론을 배반하였다가 3차 침공을 받아 예루살렘은 완전히 멸망을 당하게 되고, 왕과 백성들이 바벨론에 포로로 끌려가게 되었던 것입니다. 선민 이스라엘이 얼마나 무력(無力)하고, 하나님의 백성들이 얼마나 비참(悲慘)하게 되었는가?

㉮ 이점을 에스겔 선지자는 "주 여호와의 말씀이니라 네가 이 모든 일을 행하니 이는 방자한 음녀의 행위라 네 마음이 어찌 그리 약(弱)한지" (겔 16:30) 하고 측은히 여기십니다. 이처럼 무기력하게 된 근본적인 원인이 어디에 있는가? 메시아언약을 우상으로 바꿔치기를 했기 때문

입니다.

㉰ 이는 옛날이야기가 아니라 복음의 능력을 잃어버리고 맛 잃은 소금처럼 되어 짓밟히고 있는 현대교회의 실상이기도 한 것입니다.

㉱ "시드기야의 아들들을 그의 눈앞에서 죽이고 시드기야의 두 눈을 빼고 놋 사슬로 그를 결박하여 바벨론으로 끌고 갔더라" 하는 광경은, "왕 같은 제사장"의 축복을 빼앗기고, "죽기를 무서워하므로 한평생 매여 종노릇 하는"(히 2:15) 아담의 후예들의 모습이기도 합니다. 신정왕국이 분열왕국이 되었다가, 패망왕국이 되는 역사는 인간의 행위로는 구원의 가망이 없음을 단적으로 보여주고 있는 것입니다.

역대상

역대상하는 포로 귀환 이후에 기록이 되었는데, 역대상은 사무엘하의 내용, 즉 다윗 왕의 행적입니다. 그런데 이는 무의미한 반복이 아니라, 희망에 부풀러 포로에서 귀환하였으나, 역경에 부딪히게 되자 실의에 빠져 있을 때에 격려와 소망을 주기 위해서 기록 된 것이 역대기입니다.

역대상은 크게 두 부분으로 나누어지는데, 첫째 부분(1장-9장)은 족보입니다. 이는 우선적으로 70년 만에 돌아온 "남은 자"들의 족보를 찾아줌으로 "내가 누군가" 하는 정체성을 깨우쳐주기 위해서인데, 궁극적으로는 이 족보가 그리스도의 족보를 밝혀주는 역할을 하고 있다는 점을 놓치지 말아야만 합니다.

둘째 부분(10장-29장)은 다윗이 40년 동안 나라를 다스린 행적인데, 하나님께서 다윗에게 세워주신 "언약과, 성전건축"이 강조되어 있습니다. 이처럼 "족보와, 언약과, 성전"을 강조하는 의도는, "족보"를 찾아줌으로 개인적인 정체성을 확립시켜주고, "언약"을 강조함으로 언약백성이라는 민족적인 긍지를 주고, "성전"을 통하여 하나님께서 함께 하신다는 소망을 주려는 의도에서입니다. 그러므로 역대상은 "너희의 택한 왕"이라 한 사울 왕의 행적은 기록하고 있지 아니합니다.

뿌리를 찾아주는 족보

"아담, 셋, 에노스, 게난, 마할랄렐, 야렛, 에녹, 므두셀라, 라멕, 노아, 셈, 함과 야벳은 조상들이라"(대상 1:1-4).

㉠ 역대상은 "족보"로 시작을 하고 있는데 이를 누가복음 3장에 수록된, "그 위는 셈이요 그 위는 노아요 그 위는 레멕이요 그 위는 므두셀라요 그 위는 에녹이요 그 위는 야렛이요 그 위는 마할랄렐이요 그 위는 가이난이요 그 위는 에노스요 그 위는 셋이요 그 위는 아담이요 그 위는 하나님이시니라"(눅 3:36-38) 한, 예수님의 족보와 대조해보시기 바랍니다. 놀라울 정도로 일치하고 있습니다.

㉮ 창세기에는 많은 족보가 수록되어 있습니다. 만일 이 족보를 전해주지 않았다면 역대상의 1장-9장의 족보는 기록이 되지 못하였을 것이요, 만일 역대기에서 이처럼 방대한 족보에 대한 정보를 제공해주지 않았다면 신약성경에서 예수님이 "여자의 후손에서-아브라함과-다윗"의 자손으로 오신 "메시아 그리스도"이심을 입증할 수가 없었을 것입니다. ㉡ 이런 맥락에서 역대상의 족보를 관찰해보면 우리가 이제까지 상고한 "여자의 후손"이 어떤 계통으로 오시게 되었는가 하는 구속사(救贖史)의 맥(脈)을 증언하고 있다는 점을 확인할 수가 있습니다.

㉠ 아담–셋(1)–노아–셈(4)–아브라함(27)으로 이어져 내려왔고,

㉡ "아브라함이 이삭을 낳았으니 이삭의 아들은 에서와 이스라엘이더라" (34) 하고, 야곱에게 초점을 맞춘 다음에,

㉢ "이스라엘의 아들은 이러하니 르우벤과 시므온과 레위와 유다와 잇사갈과 스불론과 단과 요셉과 베냐민과 납달리와 갓과 아셀이더라" (2:1-2) 하고, 12지파로 확대가 되었다가,

㉣ 12지파 중 "유다의 아들은"(3) 하고, 앵글의 초점을 유다지파에 맞춰서, 유다–베레스–헤스론(5)–람(9)–아미나답(10)–나손(10)–살마–보아스(11)–오벳–이새(12)–다윗을 낳았다(15) 하고, "다윗"으로 귀결이 되고 있음을 봅니다.

ⓒ 이는 1장-9장에 수록된 족보가 1차적으로는 포로에서 귀환한 자들의 신분을 밝혀주기 위해서이지만 궁극적으로는, "이 성경이 곧 내게 대하여 증언하는 것이니라"(요 5:39) 하신 그리스도의 족보를 증언하기 위함임을 깨닫게 됩니다.

ⓓ 포로 귀환 후의 역사를 말해주는 에스라서 2장에도 계보가 등장하는데, "델멜라와 델하르사와 그룹과 앗단과 임멜에서 올라온 자가 있으나 그들의 조상의 가문과 선조가 이스라엘에 속하였는지 밝힐 수 없었더라"(59) 하는 말씀과, "이 사람들은 계보 중에서 자기 이름을 찾아도 얻지 못하므로 그들을 부정하게 여겨 제사장의 직분을 행하지 못하게 했다"(에스 2:62)는 말씀이 있습니다.

㉮ 우리가 구속사(救贖史)를 배우는 일이 어찌하여 중요한가? 사도 바울

은 "그리스도 예수 안에서 내가 복음(福音)으로써 너희를 낳았음이라" (고전 3;15) 하고 말씀하고 있는데, 영적 족보를 찾아주어 정체성을 확고하게 세워주기 위해서인 것입니다.

찬양과 전파

다음은 다윗의 행적인데, "하나님의 궤를 메고 들어가서 다윗이 그것을 위하여 친 장막 가운데에 두고 번제와 화목제를 하나님께 드리니라"(대상 16:1) 합니다.

㉠ "그 날에 다윗이 아삽과 그의 형제를 세워 먼저 여호와께 감사하게 하여 이르기를 너희는 여호와께 감사하며 그의 이름을 불러 아뢰며 그가 행하신 일을 만민 중에 알릴 지어다 그에게 노래하며 그를 찬양하고 그의 모든 기사를 전할 지어다"(7-9) 합니다. 은혜를 입은 자들이 행해야 할 일이 많은 것 같으나 요약을 하면,

㉮ 감사하며 찬양(讚揚)하는 일과,

㉯ "알릴 지어다, 전할 지어다" 한 증언(證言)하는 두 가지 일입니다.

㉡ 다윗은 무엇을 찬양하며 전하라 하는가? "너희는 그의 언약(言約) 곧 천 대에 명령하신 말씀을 영원히 기억할 지어다"(15) 하고, "언약"을 망각하지 말고 영원히 기억할 지어다 합니다.

㉮ "이것은 아브라함에게 하신 언약이며",

㉯ "이삭에게 하신 맹세이며",

㉰ "이는 야곱에게 세우신 율례 곧 이스라엘에게 하신 영원한 언약이라"(16-17) 하고, 메시아언약을 세워주심을 찬양하고, 전파하라고 촉구합니다.

ⓒ 이 찬양은 시편 96편과, 105편에도 수록이 되어 있는데, 다윗의 찬양과 감사는 율법으로 말미암은 감사와 찬양이 아닙니다. "메시아언약" 곧 복음의 기쁜 소식을 깨닫고 영혼 깊숙한 곳으로부터 우러나오는 찬양이라는 점을 유념해야만 합니다.

ⓓ 다윗은 메시아언약을 세움 받은 당사자(當事者)뿐 아니라, "주께서 내 귀를 통하여 내게 들려주시기를 제사와 예물을 기뻐하지 아니하시며 번제와 속죄제를 요구하지 아니하신다 하신지라 그 때에 내가 말하기를 내가 왔나이다 나를 가리켜 기록한 것이 두루마리 책에 있나이다"(시 40:6-7) 하고, 복음을 깨닫고 그리스도를 증언(행 2:30, 히 10:5)한 선지자(先知者)입니다. 그러므로 다윗의 가장 위대한 점이 어디에 있는가?

제사의식에 찬양을 도입한 다윗

"사천 명은 문지기요 사천 명은 그가 여호와께 찬송을 드리기 위하여 만든 악기로 찬송하는 자들이라"(23:5) 한, 제사의식에 찬양(讚揚)을 도입했다는 점을 들 수가 있습니다.

ⓐ 이는 당시로는 혁명적인 발상이었던 것입니다. 생각해 보십시오. 당시는 조석으로 짐승을 잡아 번제를 드리고 속죄제를 드리며 절기를 지키는 의문(儀文)의 시대였습니다. 그런데 4000명이나 되는 찬양대가 악기(樂器)를 가지고 찬양하는 광경을 상상해보시기를 바랍니다.

ⓑ 이는 양을 잡아 제사하는 의문의 시대에는 어울리지 않는 복음(福音)적인 발상이었던 것입니다. 그러므로 "경건과 엄숙"을 주장하는 제

사장이나 레위인 중에는 거부감을 드러내는 자들도 있었을 법합니다. 이것은 누가 시켜서 되는 일이 아니라, 영광스러운 복음을 깨달은 데서 오는 감사와 감격이 있었기 때문인 것입니다.

㉮ "여호와의 언약궤가 다윗 성으로 들어올 때에 사울의 딸 미갈이 창으로 내다보다가 다윗 왕이 춤추며 뛰노는 것을 보고 그 마음에 업신여겼더라"(15:29) 한 장면을 상상해보시기 바랍니다.

㉯ 주님께서, "우리가 너희를 향하여 피리를 불어도 너희가 춤추지 않고 우리가 슬피 울어도 너희가 가슴을 치지 아니하였다"(마 11:17) 하셨는데, 세례 요한까지를 의문(儀文)에 속한 장례 집으로, 주님께서 전파하는 복음을 "잔치 집"으로 비유하신 말씀입니다. 다윗은, 장례 집과 같은 의문시대를 잔치 집으로 바꿔놓은, 시대를 앞서 갔던 선지자였던 것입니다.

온 땅이여 여호와께 노래하며 그의 구원을 날마다 선포(宣布)할지어다
그의 영광을 모든 민족 중에, 그의 기이한 행적을 만민 중에 선포(宣布)할지어다
여호와는 위대하시니 극진히 찬양할 것이요
모든 신보다 경외할 것임이여
만국의 모든 신은 헛것이나 여호와께서는 하늘을 지으셨도다
존귀와 위엄이 그의 앞에 있으며 능력과 즐거움이 그의 처소에 있도다
여러 나라의 종족들아 영광과 권능을 여호와께 돌릴 지어다 여호와께

돌릴 지어다

여호와의 이름에 합당한 영광을 그에게 돌릴 지어다

제물을 들고 그 앞에 들어갈 지어다

아름답고 거룩한 것으로 여호와께 경배할지어다

(대상 16:23-29) 합니다.

ⓒ 신약성경에서 다윗과 같은 찬양의 사람이 바울인데, "술 취하지 말라 이는 방탕한 것이니 오직 성령으로 충만함을 받으라 시와 찬송과 신령한 노래들로 서로 화답하며 너희의 마음으로 주께 노래하며 찬송하며 범사에 우리 주 예수 그리스도의 이름으로 항상 아버지 하나님께 감사하며"(엡 5:18-20) 합니다.

㉮ 에베소서는 옥중서신입니다. 그런데 이곳이 옥중인가? 아니면 자치 집인가를 상고해보십시오. 찬양하다가, 말씀을 전하고, 말씀을 전하다가 기도하는, "찬양, 말씀, 기도"가 하나로 어우러져서 하모니를 이루고 있는 것을 대하게 됩니다. 복음이 선포되는 곳에 찬양이 울려 퍼지게 되는 것입니다.

㉯ 어찌하여 역대상이 이처럼 잔치 집과 같은가? 난관에 봉착하여 실의에 빠져 있는 포로에서 귀환한 자들에게 용기를 주기 위해서인 것입니다. 형제여, 기쁜 소식을 나팔같이 선포하십시다. 그리고 찬양하십시다. 바울은 모진 매를 맺고도 옥중에서 밤중에 기도하고 찬양(행 16:25) 했다 하지 않는가? 그 때에 옥문은 열렸던 것입니다.

내 집은 무엇이 관대

역대상 17장은 하나님께서 다윗에게 "메시아언약"을 세워주시는 내용인데, "여호와가 너를 위하여 한 왕조를 세울지라"(대상 17:10) 하십니다.

㉠ "네 생명의 연한이 차서 네가 조상들에게로 돌아가면 내가 네 뒤에 네 씨 곧 네 아들 중 하나를 세우고 그 나라를 견고하게 하리니 그는 나를 위하여 집을 건축할 것이요 나는 그의 왕위를 영원히 견고하게 하리라, 내가 영원히 그를 내 집과 내 나라에 세우리니 그의 왕위가 영원히 견고하리라"(11-12, 14) 하고 언약을 세워주십니다.

㉡ "다윗 왕이 여호와 앞에 들어가 앉아서 이르되 여호와 하나님이여 나는 누구이오며 내 집은 무엇이기에 나에게 이에 이르게 하셨나이까 하나님이여 주께서 이것을 오히려 작게 여기시고 또 종의 집에 대하여 먼 장래(將來)까지 말씀하셨사오니 여호와 하나님이여 나를 존귀한 자들 같이 여기셨나이다"(16-17) 합니다.

  ㉮ "나는 누구오며 내 집은 무엇이기에 이에 이르게 하셨나이까" 하는 감사는 우리가 드려야할 감사요, 감격이기도 합니다.

㉢ "여호와여 주께서 주의 종을 위하여 주의 뜻대로 이 모든 큰일을 행하사 이 모든 큰일을 알게 하셨나이다"(19) 하고, "메시아언약"을 "큰일"이라고 말씀하는데, 이 큰일이 마리아가 천사의 말을 듣고, "능하신 이가 큰일을 내게 행하셨으니 그 이름이 거룩하시며"(눅 1:49) 하고 찬양하므로 성취가 되었던 것입니다.

  ㉯ 시편에서는 다윗언약을, "내 언약을 깨뜨리지 아니하고 내 입술에서

낸 것은 변하지 아니하리로다 내가 나의 거룩함으로 한 번 맹세하였은
즉 다윗에게 거짓말을 하지 아니할 것이라" (시 89:34-35) 하십니다.

㉰ 신약의 성도들은 이처럼 아브라함과 다윗에게 세워주신 불변의 언약
이 성취된 이후 시대를 살아가고 있습니다. 이를 통해서 남은 한 가지
약속, 즉 우리를 영접하러 다시 오신다는 재림의 약속도 지켜주시리라
는 확신을 가지고 용기와 소망을 얻게 되는 것입니다.

㉱ 다윗은 "나의 하나님이여 주께서 종을 위하여 왕조(王朝)를 세우
실 것을 이미 듣게 하셨으므로 주의 종이 주 앞에서 이 기도로 간구할 마
음이 생겼나이다 여호와여 오직 주는 하나님이시라 주께서 이 좋은 것
으로 주의 종에게 허락하시고 이제 주께서 종의 왕조에 복을 주사 주 앞
에 영원히 두시기를 기뻐하시나이다 여호와여 주께서 복을 주셨사오니
이 복을 영원히 누리리이다" (25-27) 합니다.

㉮ 다윗은 "좋은 것을 허락하시고, 복을 주셨다" 하고 찬양하는데, "자기
아들을 아끼지 아니하시고 우리 모든 사람을 위하여 내주신 이가 어찌
그 아들과 함께 모든 것을 우리에게 주시지 아니하겠느냐" (롬 8:32) 하
십니다. 그리스도인들은 참으로 복을 받은 자들입니다.

하나님 손이 그려주신 성전 설계도

역대상이 강조하고 있는 또 하나의 주제는 "성전"인데, 건축은 솔로몬이 건축하였다
해도 만반의 준비는 다윗이 마련해놓았던 것입니다.

㉠ "내 아들 솔로몬아 너는 네 아버지의 하나님을 알고 온전한 마음과

기쁜 뜻으로 섬길지어다 여호와께서는 모든 마음을 감찰하사 모든 의도를 아시나니 네가 만일 그를 찾으면 만날 것이요 만일 네가 그를 버리면 그가 너를 영원히 버리시리라 그런즉 이제 너는 삼갈 지어다 여호와께서 너를 택하여 성전의 건물을 건축하게 하셨으니 힘써 행할 지니라" (대상 28:9-10) 합니다.

ⓛ 그리고 "다윗이 성전의 복도와 그 집들과 그 곳간과 다락과 골방과 속죄소의 설계도(設計圖)를 그의 아들 솔로몬에게 주고 또 그가 영감으로 받은 모든 것 곧 여호와의 성전의 뜰과 사면의 모든 방과 하나님의 성전 곳간과 성물 곳간의 설계도를 주면서" (11-12),

㉮ "다윗이 이르되 여호와의 손이 내게 임하여 이 모든 일의 설계(設計)를 그려 나에게 알려 주셨느니라" (19) 합니다.

㉯ "여호와의 손이 그려주셨다" 하고 진술하는데, 성전 식양(式樣)을 하나님중심으로 보면 핵심이 "지성소"가 되지만, 하나님께 나아가야 할 인간중심으로 보면 "번제단"에 핵심이 있는 것입니다. 왜냐하면 번제단의 대속을 통하지 않고는 하나님께 나아갈 수가 없기 때문입니다.

ⓒ 그러면 성전은 어디다 건축을 해야 하는가? 다윗이 교만한 마음이 들어 인구조사를 명하자, "하나님이 이 일을 악하게(괘씸히) 여기사 이스라엘을 치시매" (21:7) 합니다. 다윗은 "내가 이 일을 행함으로 큰 죄를 범하였나이다 이제 간구하옵나니 종의 죄를 용서하여 주옵소서 내가 심히 미련하게 행하였나이다" (8) 하고 자복합니다.

㉮ 이로 인하여 징벌을 당하게 되었는데, "이에 여호와께서 이스라엘 백

성에게 전염병을 내리시매 이스라엘 백성 중에서 죽은 자가 칠만 명이었더라"(14) 합니다. 큰 징벌을 당하게 된 것입니다. 그러면 해답이 무엇인가?

하나님이 정해주신 성전 터

"여호와의 천사가 갓에게 명령하여 다윗에게 이르시기를 다윗은 올라가서 여부스 사람 오르난의 타작 마당에서 여호와를 위하여 제단을 쌓으라"(대상 21:18) 하십니다. 그런데 "제단을 쌓으라" 하신 것만이 아니라, "여부스 사람 오르난의 타작 마당"이라고, 장소(場所)를 정해주셨다는 점을 주목해야만 합니다.

㉠ 구속사에 있어서 이처럼 지정(指定)하여주시는 일이 몇 번 등장합니다.

㉮ "여호와께서 아브람에게 이르시되 너는 너의 고향과 친척과 아버지의 집을 떠나 내가 네게 보여 줄 땅으로 가라"(창 12:1) 하십니다. 그 땅이 "여자의 후손" 곧 그리스도께서 탄생하실 땅이요,

㉯ 여호와께서 아브라함에게, "네 아들 네 사랑하는 독자 이삭을 데리고 모리아 땅으로 가서 내가 네게 일러 준 한 산 거기서 그를 번제로 드리라"(창 22:2) 하십니다. 그곳이 그리스도의 모형인 성전이 세워질 터인데,

㉰ 그 터가 약 1000년이 지난 후, "여부스 사람 오르난의 타작 마당에서 여호와를 위하여 제단을 쌓으라" 하신, 타작마당이 되어 있었고,

㉱ "솔로몬이 예루살렘 모리아 산에 여호와의 전 건축하기를 시작하니 그곳은 전에 여호와께서 그의 아버지 다윗에게 나타나신 곳이요 여부스 사람 오르난의 타작 마당에 다윗이 정한 곳이라"(대하 3:1) 하고, 그 터

에 성전을 건축하였던 것입니다. 이처럼 계시의 초점이 성전의 실체(實體)이신 그리스도에게 맞춰져 있음을 보게 됩니다.

ⓒ "다윗이 거기서 여호와를 위하여 제단을 쌓고 번제와 화목제를 드려 여호와께 아뢰었더니 여호와께서 하늘에서부터 번제단 위에 불을 내려 응답하시고 여호와께서 천사를 명령하시매 그가 칼을 칼집에 꽂았더라" (대상 21:26-27), 즉 전염병이 그치게 되었다는 것입니다.

㉮ 어찌하여 온역이 그치게 되었는가? 그곳에서 드려진 "번제"로 상징이 된 그리스도께서 대신 정죄를 당하셨기 때문이라는 점을 놓치지 말아야만 합니다.

ⓒ 다윗은 임종을 앞두고 하나님을, "우리 조상들 아브라함과 이삭과 이스라엘의 하나님 여호와" (29:18) 라고 부르면서,

㉮ "너희는 너희 하나님 여호와를 송축하라" (20) 하고, 언약의 하나님이 "너희 하나님" 이라고 말해주고 있습니다.

ⓔ 이는 자신은 떠나나, 아브라함, 이삭, 야곱에게 메시아언약을 세워주신 하나님이 "너희 하나님" 이 되셔서, 언약하신 바를 이루어주실 것이라는 뜻인 것입니다.

㉮ 이처럼 역대상의 중심점은, "족보와, 다윗 언약과, 성전 식양" (式樣)에 있는데 이를 통해서, 포로에서 귀환한 자들에게 용기를 주면서, 그리스도에 대한 소망을 계승시켜주고 있는 것입니다.

Old
Testament

역대하

역대하는 열왕기상하의 내용, 즉 솔로몬 왕으로 시작하여 아들 대에 가서 분열왕국이 되었다가, 성전은 불에 타고 백성들은 포로로 끌려가는, 패망왕국이 되는 내용입니다. 그러나 결코 절망으로 끝나는 것이 아니라, "너희는 다 올라가서 성전을 건축하라"(36:23) 하는, 회복으로 마치고 있습니다.

역대하의 중심주제는 "성전"(聖殿)입니다. 제1성전을 건축하는 것으로 시작하여, 하나님의 영광이 충만(7:1)했던 성전은 진노의 불이 충만하게 되어 불타버리나(36:19), 제2성전을 건축하라는 소망으로 끝을 맺고 있습니다. 이처럼 성전을 강조하고 있는 것은 포로에서 귀환한 후에 실의에 빠져있는 남은 자들에게, "제2성전"을 건축하라는 영을 통해서 이제도 하나님께서 자신들과 함께 계신다는 점을 일깨워줌으로 용기를 주기 위해서입니다.

그러므로 역대상에서 사울 왕의 행적이 배제되었듯이, 역대하에서는 구속사의 곁가지인, 북쪽 이스라엘의 역사는 제외되고 있는 것입니다.

솔로몬의 성전

"다윗의 아들 솔로몬의 왕위가 견고하여 가며 그의 하나님 여호와께서 그와 함께 하사 심히 창대하게 하시니라"(대하 1:1).

㉠ "여호와 앞 곧 회막 앞에 있는 놋 제단에 솔로몬이 이르러 그 위에 천 마리 희생으로 번제를 드렸더라" (6) 합니다.

　㉮ 역대상은 임종을 앞둔 다윗이, "여호와께 번제를 드리니 수송아지가 천 마리요 숫양이 천 마리요 어린양이 천 마리요" (대상 29:21) 하고 마치고 있는데, 역대하는 왕위에 오른 솔로몬이 "천 마리 희생으로 번제"를 드리는 것으로 시작이 됩니다.

　㉯ 이는 다윗과, 솔로몬, 즉 신정왕국이 "번제"를 통해서 아브라함과 다윗에게 세워주신 메시아언약 위에 세워져 있다는 점을 나타냅니다.

㉡ "솔로몬이 예루살렘 모리아 산에 여호와의 전 건축하기를 시작하니 그 곳은 전에 여호와께서 그의 아버지 다윗에게 나타나신 곳이요 여부스 사람 오르난의 타작 마당에 다윗이 정한 곳이라" (3:1) 합니다. 그러면 구속사의 맥락에서 "성전"이 어떤 의미가 있는가?

　㉮ 첫째는 선민 이스라엘은 성전을 중심으로 한 공동체로써 하나님중심을 나타냅니다. 그래서 성전을 건설하는 것입니다.

　㉯ 둘째는 성전 낙성식 때 행한 솔로몬의 기도를 통해서 나타나는데, "범죄(6:22, 24, 26, 36, 36, 39)와, 사하심" (21, 25, 27, 30, 39)이 강조되어 있

다는 점입니다. 만일 성전이 없다면 "범죄"만 있고, "사하심"은 얻지를 못하게 되는 것입니다. 그런데 사함심이 그냥 되어지는 것이 아니라 번제단에서 드려지는 대속제물의 죽음으로 가능해진다는 점입니다.

㉴ 그러므로 궁극적으로 성전은 매일 드려지는 상번제를 통해서 메시아 언약을 잊지 않게 하시려는데 있는 것입니다. 한마디로 성전은 임마누엘의 모형이었던 것입니다.

㉢ 다시 강조합니다만 하나님께서 "율법"만 주시고 "성소"를 주시지 않으셨다면 어떻게 되는가? 율법을 통해서 죄를 깨닫고는 해결할 방도가 없게 되는 것입니다. 이점을 신약성경은, "이같이 율법이 우리를 그리스도께로 인도하는 초등교사가 되어 우리로 하여금 믿음으로 말미암아 의롭다 함을 얻게 하려 함이라"(갈 3:24) 하고 말씀합니다. 그러므로 성전은 문제에 대한 해답으로 주어진 것입니다.

성전에 충만한 여호와의 영광

"솔로몬이 기도를 마치매 불이 하늘에서부터 내려와서 그 번제물과 제물들을 사르고 여호와의 영광이 그 성전에 가득하니 여호와의 영광이 여호와의 전에 가득하므로 제사장들이 여호와의 전으로 능히 들어가지 못하였고"(대하 7:1-2) 합니다.

㉠ 모세의 성막이 완성되었을 때에도, "구름이 회막에 덮이고 여호와의 영광이 성막에 충만하매 모세가 회막에 들어갈 수 없었으니 이는 구름이 회막 위에 덮이고 여호와의 영광이 성막에 충만함이었으며"(출 40:34-35) 합니다.

㉮ 이 충만은, "말씀이 육신이 되어 우리 가운데 거하시매 우리가 그의 영광을 보니 아버지의 독생자의 영광이요 은혜와 진리가 충만하더라"(요 1:14)에 대한 모형이었던 것입니다.

㉡ 그런데 하나님의 구원계시는 여기서 멈추는 것이 아니라, 한걸음 더 나아가고 있습니다. "오순절 날이 이미 이르매 그들이 다같이 한 곳에 모였더니 홀연히 하늘로부터 급하고 강한 바람 같은 소리가 있어 그들이 앉은 온 집에 가득하며 마치 불의 혀처럼 갈라지는 것들이 그들에게 보여 각 사람 위에 하나씩 임하여 있더니"(행 2:1-3) 합니다.

㉮ 오순절에 강림하신 성령은 "다락방"에 충만하고 제자들은 밖에서 들어가지 못하고 있었던 것이 아닙니다. "각 사람 위에 하나씩 임하여" 충만하였던 것입니다.

㉯ 그리하여 성도들 각자에게 충만하였고(고전 6:19), 그들의 공동체인 교회에 충만하였던 것입니다.

㉢ 사도 바울은 기도하기를, "능히 모든 성도와 함께 지식에 넘치는 그리스도의 사랑을 알고 그 너비와 길이와 높이와 깊이가 어떠함을 깨달아 하나님의 모든 충만하신 것으로 너희에게 충만하게 하시기를 구하노라"(엡 3:18-19) 합니다. 이것이 "영광스러운 교회"입니다.

솔로몬보다 더 큰 그리스도

스바 여왕이 솔로몬의 명성을 듣고 멀리서 찾아옵니다. "와서 어려운 질문으로 솔로몬을 시험하고자 하여 예루살렘에 이르니 매우 많은 시종들을 거느리고 향품과 많은 금과 보석을 낙타에 실었더라"(대하 9:1) 합니다.

㉠ 그리고는 고백하기를, "내가 내 나라에서 당신의 행위와 당신의 지혜에 대하여 들은 소문이 진실(眞實)하도다 내가 그 말들을 믿지 아니하였더니 이제 와서 본즉 당신의 지혜가 크다 한 말이 그 절반(折半)도 못되니 당신은 내가 들은 소문보다 더하도다"(5-6) 합니다.

㉡ 스바 여왕은, "복되도다 당신의 사람들이여, 복되도다 당신의 이 신하들이여, 항상 당신 앞에 서서 당신의 지혜를 들음이로다",

　㉮ "당신의 하나님 여호와를 송축할지로다 하나님이 당신을 기뻐하시고 그 자리에 올리사 당신의 하나님 여호와를 위하여 왕이 되게 하셨도다 당신의 하나님이 이스라엘을 사랑하사 영원히 견고하게 하시려고 당신을 세워 그들의 왕으로 삼아 정의와 공의를 행하게 하셨도다"(대하 9:7-8) 하고, 예물을 드리며 찬양을 합니다.

　㉯ "정의와 공의를 행하게 하셨다" 말하는데, 이사야 선지자는 메시아에 대해 예언하기를, "그 정사와 평강의 더함이 무궁하며 또 다윗의 왕좌와 그의 나라에 군림하여 그 나라를 굳게 세우고 지금 이후로 영원히 〈정의와 공의〉로 그것을 보존하실 것이라 만군의 여호와의 열심이 이를 이루시리라"(사 9:7) 합니다.

㉢ 이점에서 솔로몬은 평강의 왕이신 예수 그리스도의 예표가 됩니다. 이점에서 인식해야할 점은 성령께서 스바 여왕의 내방(來訪)을 기록하게 하신 의도가 무엇인가 하는 점입니다. 주님께서는, "심판 때에 남방 여왕이 일어나 이 세대 사람을 정죄하리니 이는 그가 솔로몬의 지혜로운 말을 들으려고 땅 끝에서 왔음이거니와 솔로몬보다 더 큰 이가 여

기 있느니라"(마 12:42) 하십니다.

㉮ 그렇습니다. 스바 여왕은 멀리서 솔로몬 왕의 "지혜"의 소문을 듣고 찾아왔습니다. 그러나 저들은 솔로몬보다 더 크신 실체가 오셨고, 복음의 소문을 듣고도 이를 듣기 위하여 찾아오지 않았던 것입니다. 성령께서는 이를 증언케 하시려고 남방 여왕의 내방을 기록하게 하신 것입니다.

승리의 비결

역대하 13장의 내용은, "아비야가 여로보암과 더불어 싸울새"(대하 13:2) 한, 남 왕국 2대 왕 아비얌과 북왕국 여로보암 간의 전쟁하는 기사입니다. 열왕기상에서는 "아비얌과 여로보암 사이에도 전쟁이 있으니라"(왕상 15:7) 하고, 단 한 줄로 언급하고 있는 것을 역대하에서는 한 장을 할애해서 말씀하고 있습니다.

이는 구속사적인 맥락에서 중요한 의미가 있기 때문인데, 이는 복음주의자들이 무엇으로 어떻게 싸워서 이겨야 하는가를 말씀해주는 중요한 지침(指針)인 것입니다.

㉠ "아비야는 싸움에 용감한 군사 40만 명을 택하여 싸움을 준비하였고, 여로보암은 큰 용사 80만 명을 택하여 그와 대진한지라"(3) 합니다. 수적으로는 중과부족입니다. 복음주의자들도 수적으로는 적은 무리일 수가 있습니다. 언제나 넓은 문, 넓은 길을 택하는 자들은 다수이기 때문입니다. 이럴 경우 승리하는 비결이 무엇인가?

㉮ 저들에게 있는 것이 무엇이고, 우리에게 있는 것이 무엇인가를 분별하여 담대히 선포하는 일입니다. 베드로는 "은과 금은 내게 없거니와 내

게 있는 것으로 네게 주노니"(행 3:6) 합니다. 포로에서 귀환한 자들에게, 그리고 우리들에게 없는 것은 무엇이고 있는 것은 무엇인가?

㉯ 또한 저들이 의지하고 있는 것이 무엇이며, 우리가 의지하는 분이 누구인가를 담대히 증언하는 일입니다. 이점을 본문을 통해서 확인하게 될 것입니다.

㉡ "아비야가 에브라임 산 중 스마라임 산 위에 서서 이르되 여로보암과 이스라엘 무리들아 다 들으라"(4) 하고 외칩니다. 그리하여 먼저 "원리적"(原理的)인 면을 선언하는데,

㉮ "이스라엘 하나님 여호와께서 소금 언약(言約)으로 이스라엘 나라를 영원히 다윗과 그의 자손에게 주신 것을 너희가 알 것 아니냐"(5) 하고, 다윗에게 세워주신 언약을 맨 앞에 내세웁니다. 그렇습니다. 우리는 메시아언약 곧 "복음"을 가지고 있는 것입니다.

㉯ 그러면서 "솔로몬의 신하 느밧의 아들 여로보암이 일어나 자기의 주를 배반하고 난봉꾼과 잡배가 모여 따르므로 스스로 강하게 되어 솔로몬의 아들 르호보암을 대적(對敵)하였다"(6) 하고, 하나님께서 다윗에게 세워주신 "소금 언약", 즉 메시아언약을 배반했다는 것이 원리적인 선언입니다. 오늘의 자유주의자들이나, 종교다원주의자들도 이에 해당이 되는 것입니다.

㉢ 다음으로 저들에게 있는 것이 무엇인가를 지적합니다.

㉮ 첫째로, "이제 너희가 또 다윗 자손의 손으로 다스리는 여호와의 나라를 대적하려 하는도다 너희는 큰 무리요 또 여로보암이 너희를 위하여

신으로 만든 금송아지들이 너희와 함께 있도다"(8) 하고, 저들에게 있는 "금송아지" 우상을 지적합니다.

㉡ 둘째로, "너희가 아론 자손인 여호와의 제사장들과 레위 사람들을 쫓아내고 이방 백성들의 풍속을 따라 제사장을 삼지 아니하였느냐"(9) 하고, 가짜 제사장들을 거론합니다.

㉣ 그런 후에 우리에게 있는 것이 무엇인가를 말해줍니다.

㉮ 첫째로 "우리에게는 여호와께서 우리 하나님이 되시니 우리가 그를 배반하지 아니하였고"(10상) 하고, 하나님이 함께 하신다는 것과,

㉯ 둘째로 "여호와를 섬기는 제사장들이 있으니 아론의 자손이요"(10하) 하고, 아론 계통의 참 제사장이 있어서,

㉰ 셋째로 "매일 아침 저녁으로 여호와 앞에 번제를 드리며 분향하며 또 깨끗한 상에 진설병을 놓고 또 금 등잔대가 있어 그 등에 저녁마다 불을 켜나니 우리는 우리 하나님 여호와의 계명을 지키나 너희는 그를 배반하였느니라"(11) 하고, 신령과 진리로 드려지는 예배가 있다고 말합니다.

㉱ 형제가 여로보암의 군인으로 유다 왕 아비야의 논리 정연한 설교를 들었다면 어떠했으리라 여겨집니까? "저 말이 옳도다, 우리는 지금 하나님을 대적하고 있는 것이다" 하고, 사기(士氣)가 땅에 떨어졌을 것입니다. 개혁자 루터는 이렇게 찬양합니다.

이 땅에 마귀 들끓어 우리를 삼키려 하나
겁내지 말고 섰거라 진리로 이기리로다

㉲ 자, 그러면 어떤 결론에 이르게 되는가?

㉮ "하나님이 우리와 함께 하사 우리의 머리가 되시고", 즉 왕이 되시고,

㉯ "그의 제사장들도 우리와 함께 하여 전쟁의 나팔을 불어 너희를 공격하느니라",

㉰ "이스라엘 자손들아 너희 조상들의 하나님", 즉 아브라함과, 다윗에게 메시아언약을 세워주신, "여호와와 싸우지 말라 너희가 형통하지 못하리라"(12) 하는 결론에 도달한 것입니다.

㉳ 결과(結果)는 어찌 되었습니까? "이스라엘 자손이 유다 앞에서 도망하는지라 하나님이 그들의 손에 넘기셨으므로 아비야와 그의 백성이 크게 무찌르니 이스라엘이 택한 병사들이 죽임을 당하고 엎드러진 자들이 50만 명이었더라"(16-17) 합니다. 40만으로 80만을 대적하여 50만을 엎드러뜨렸다는 것입니다.

㉴ 승리의 원동력이 무엇인가? "그 때에 이스라엘 자손이 항복하고 유다 자손이 이겼으니 이는 그들이 그들의 조상들의 하나님 여호와를 의지하였음이라"(18) 합니다. "여자의 후손은 네 머리를 상하게 하리라" 하신 싸움은 아직 끝나지 않았습니다. 이것이 복음전도자들이 증언해야 할 승리의 비결입니다.

회복할 수 없게 됨

그러나 역대는, "그의 하나님 여호와 보시기에 악을 행하고 선지자 예레미야가 여호와의 말씀으로 일러도 그 앞에서 겸손하지 아니하였으며"(대하 36:12),

㉠ "모든 제사장들의 우두머리들과 백성도 크게 범죄하여 이방 모든 가증한 일을 따라서 여호와께서 예루살렘에 거룩하게 두신 그의 전을 더럽게 하였으며 그 조상들의 하나님 여호와께서 그의 백성과 그 거하시는 곳을 아끼사 부지런히 그의 사신들을 그 백성에게 보내어 이르셨으나"(14-15),

㉡ "그의 백성이 하나님의 사신들을 비웃고 그의 말씀을 멸시하며 그의 선지자를 욕하여 여호와의 진노를 그의 백성에게 미치게 하여 회복할 수 없게 하였으므로 하나님이 갈대아 왕의 손에 그들을 다 넘기시매"(16-17) 합니다.

㉮ 그리하여 영광이 충만하였던 "하나님의 전을 불사르며 예루살렘 성벽을 헐며 그들의 모든 궁실을 불사르며 그들의 모든 귀한 그릇들을 부수고"(19),

㉯ "칼에서 살아 남은 자를 그가 바벨론으로 사로잡아 가매 무리가 거기서 갈대아 왕과 그의 자손의 노예가 되어 칠십 년을 지냈으니 여호와께서 예레미야의 입으로 하신 말씀"(20-21)같이 되었다고 말씀합니다.

㉢ 그러나 역대하는 멸망으로 끝나고 있지 아니합니다. "여호와께서 예레미야의 입으로 하신 말씀을 이루시려고 여호와께서 바사의 고레스 왕의 마음을 감동시키시매 그가 온 나라에 공포도 하고 조서도 내려 이르되, 하늘의 신 여호와께서 세상 만국을 내게 주셨고 나에게 명령하여 유다 예루살렘에 성전을 건축하라 하셨나니 너희 중에 그의 백성 된 자는 다 올라갈지어다 너희 하나님 여호와께서 함께 하시기를 원하노라"

(22-23) 하고, 회복으로 마치고 있습니다.

㉮ 솔로몬의 성전은 인간의 죄로 말미암아 불에 탔으나, 참 성전(聖殿)되시는 그리스도께서는 우리의 죄를 대신하여 헐려야만 했습니다.

㉯ 그러나 하나님께서는 죽은 자 가운데서 다시 살리심으로, "하나님의 성전"을 다시 세우셨던 것입니다.

Old Testament

에스라

　구약의 역사를 12시대(時代)로 분류하여 기억함이 도움이 됩니다. 괄호 안은 그 시대에 해당이 되는 성경을 가리킵니다.
　① 창세기 시대(욥기), ② 출애굽기 시대(레위기), ③ 민수기 시대(신명기), ④ 여호수아 시대, ⑤ 사사 시대(룻기), ⑥ 사무엘상 시대, ⑦ 사무엘하 시대(시편), ⑧ 열왕기상 시대(잠언, 전도, 아가), ⑨ 열왕기하 시대(선지서들), ⑩ 포로 시대(에스겔, 다니엘), ⑪ 에스라 시대(에스더, 역대상하, 학개, 스가랴), ⑫ 느헤미야 시대(말라기)가 구약의 12시대입니다.
　이상에서 보는바와 같이 "에스라시대"는 포로에서 귀환하여 재건(再建)하는 시대입니다. 하나님께서는 선지자를 통해서 약속하신 대로 70년 만에 포로에서 귀환하게 하셨습니다.
　에스라서는 크게 두 부분으로 나누어지는데, 첫째 부분(1장-6장)은 스룹바벨의 주도 하에 1차로 귀환하여 성전을 재건하는 내용이고, 둘째 부분(7장-10장)은 에스라의 주도 하에 2차로 귀환하여 개혁을 단행하는 내용입니다.

내 목자 고레스

에스라서는 "바사 왕 고레스 원년에 여호와께서 예레미야의 입을 통하여 하신 말씀을 이루게 하시려고 바사 왕 고레스의 마음을 감동시키시매 그가 온 나라에 공포도 하고 조서도 내려 이르되"(스 1:1) 하는, 역대하 마지막(대하 36:22-23) 말씀을 받음으로 시작이 됩니다.

㉠ "바사 왕 고레스는 말하노니 하늘의 하나님 여호와께서 세상 모든 나라를 내게 주셨고 나에게 명령하사 유다 예루살렘에 성전을 건축하라 하셨나니 이스라엘의 하나님은 참 신이시라 너희 중에 그의 백성 된 자는 다 유다 예루살렘으로 올라가서 이스라엘의 하나님 여호와의 성전을 건축하라"(2-3) 합니다.

㉮ 하나님께서는 예레미야 선지자로, "바벨론에서 칠십 년이 차면 내가 너희를 돌보고 나의 선한 말을 너희에게 성취하여 너희를 이곳으로 돌아오게 하리라"(렘 29:10) 약속하셨고,

㉯ 이사야 선지자를 통해서는 "여호와께서 그의 기름 부음을 받은 고레스에게 이같이 말씀하시되 내가 그의 오른손을 붙들고 그 앞에 열국을 항복하게 하며"(사 45:1) 하고, 바벨론을 정복하게 하실 것과,

㉰ "고레스에 대하여는 이르기를 내 목자라 그가 나의 모든 기쁨을 성취하리라 하며 예루살렘에 대하여는 이르기를 중건(重建)되리라 하며 성전에 대하여는 네 기초가 놓여지리라"(사 44:28) 하고, 성전이 재건하게

될 것을 말씀하셨던 것입니다.

ⓛ 이점에서 주목하게 되는 것은 바사 왕 고레스를 "기름 부음을 받은 고레스, 내 목자라" 말씀하고 있다는 점입니다. 이것이 무슨 뜻인가? 하나님께서는 구약성경에서 두 가지 역사적(歷史的)인 사건을 예표로 하여 구원계시를 하셨는데,

㉮ 첫째가 "출애굽" 사건입니다. 하나님께서는 야곱의 가족을 애굽으로 내려 보내서서 창성하게 하셨다가 출애굽 하는 사건을 들어서, 사탄의 노예에서 해방되는 영적 출애굽을 계시하셨던 것입니다. 핵심은 유월절 어린양의 피에 있습니다.

㉯ 둘째는 바벨론 포로귀환 사건입니다. 이를 통해서 "주의 성령이 내게 임하셨으니 이는 가난한 자에게 복음을 전하게 하시려고 내게 기름을 부으시고 나를 보내사 포로 된 자에게 자유를, 눈 먼 자에게 다시 보게 함을 전파하며 눌린 자를 자유롭게 하고 주의 은혜의 해를 전파하게 하려 하심이라"(눅 4:18-19) 한, 사탄의 포로에서 자유하게 하실 복음을 계시하셨던 것입니다. 주님께서는 이를 읽으신 후에 "이 글이 오늘 너희 귀에 응하였느니라"(21) 하셨습니다.

ⓒ 복음진리를 알아듣기 쉽도록 계시하시는데 이보다 더 적합한 예표는 없었던 것입니다. 이 일에 고레스를 들어 쓰실 것을 성경에 미리 예언케 하셨고 때가 되매 그를 들어 쓰셨기 때문에 "나의 목자"라 하시는 것입니다.

그 터 위에 재건되는 성전

포로로 끌려갈 때도 3차에 걸쳐서 이루어졌고, 귀환할 때도 3차에 걸쳐서 이루어졌는데, 1차 귀환을 주도한 인물은 총독, "스룹바벨"과, 대제사장 "예수아" 곧 여호수아(스 2:2)였습니다.

㉠ 총독 "스룹바벨"의 혈통을 역대상의 족보를 통해서 알 수가 있는데, "사로잡혀 간 여고냐의 아들들은 그의 아들 스알디엘과 말기람과 브다야와 세낫살과 여가먀와 호사마와 느다뱌요 브다야의 아들들은 스룹바벨"(대상 3:17-19) 하고, 다윗 왕손(王孫)임을 밝혀주고 있습니다. 그래서 마태복음에 등장하는 예수님의 족보에도 "스룹바벨"의 이름이 올라 있는 것입니다.

㉮ 이는 바벨론 포수 70년 동안에도 하나님께서는 다윗에게 언약하신 대로 그리스도에게로 이어질 다윗의 왕위를 보존(保存)하여주셨음을 나타냅니다.

㉡ 포로에서 귀환한 후에 우선적으로 한 일은, "하나님의 제단(祭壇)을 만들고 하나님의 사람 모세의 율법에 기록한 대로 번제를 그 위에서 드리려 할 새 무리가 모든 나라 백성을 두려워하여 제단을 그 터에 세우고 그 위에서 아침저녁으로 여호와께 번제(燔祭)를 드렸다"(2-3) 하고 말씀합니다.

㉮ 이점에서 주목해야할 점은 성전이라는 건물이 없어도 우선적으로 "번제"를 통해서 하나님께 예배를 드렸는데 번제단을, "그 터"에 세웠다는 점입니다.

㉯ 이제까지 상고한 "하나님의 구원계획"을 통해서 첫째로, "번제"가 누구의 무엇에 대한 그림자인가 하는 점과 둘째로, "그 터"의 유일(唯一)성을 인식한 분이라면 단을 "그 터"에 세우고 하나님께 번제를 드렸다는 것은, 포로에서 귀환한 남은 자들이 구원은 오직 아브라함과 다윗에게 세워주신 "메시아언약"에만 있다는 복음을 보수했다는 뜻임을 깨달을 것입니다.

ⓒ 다음으로 착수한 일은, "사로잡혔다가 예루살렘에 돌아온 자들이 공사를 시작하고 이십 세 이상의 레위 사람들을 세워 여호와의 성전(聖殿) 공사를 감독하게 하매"(3:8) 한, 성전을 재건하는 일이었습니다. "제사장들과 레위사람들과 나이 많은 족장들은 첫 성전을 보았으므로 이제 이 성전의 기초가 놓임을 보고 대성통곡하였으나 여러 사람은 기쁨으로 크게 함성을 지르니"(12) 합니다.

㉮ "여러 사람이 기쁨으로 크게 함성을 질렀다"는 것은 감격의 환성이었으나,

㉯ 솔로몬의 성전을 보았던 나이 많은 족장들이 "대성통곡"한 것은 너무나 초라했기 때문인 것입니다.

㉰ 이에 대해 하나님께서는 학개 선지자로 말씀하시기를, "너희 가운데에 남아 있는 자 중에서 이 성전의 이전 영광을 본 자가 누구냐 이제 이것이 너희에게 어떻게 보이느냐 이것이 너희 눈에 보잘 것 없지 아니하냐"(학 2:3) 하시면서,

㉮ "은도 내 것이요 금도 내 것이니라 만군의 여호와의 말이니라 이 성전

(聖殿)의 나중 영광이 이전 영광(榮光)보다 크리라"(8-9) 하십니다.

㉯ 무슨 뜻인가? 은이나 금으로 건축해야만 내가 기뻐할 줄로 생각하느냐? 금이나 은도 내가 창조한 내 것이요, 이 성전은 참 것에 대한 모형이라는 말씀입니다. 그래서 "이 성전의 나중 영광이 이전 영광보다 크리라", 즉 성전의 실체로 오실 그리스도의 영광을 말씀하시는 것입니다.

대적의 방해

그런데 난관에 봉착하게 됩니다. "사로잡혔던 자들의 자손이 이스라엘의 하나님 여호와의 성전을 건축한다 함을 유다와 베냐민의 대적(對敵)이 듣고"(스 4:1),

㉠ "우리도 너희와 함께 건축하게 하라 우리도 너희 같이 너희 하나님을 찾노라"(3상) 하고, 성전건축에 참여시켜달라고 요청을 한 것입니다. 우리 같으면" 할렐루야" 하면서 하나님의 뜻이라 대환영을 했을 법합니다.

㉮ 이렇게 제의를 해온 "대적" 이라한 저들은 누군가? 이점이 "앗수르 왕 에살핫돈이 우리를 이리로 오게 한 날부터 우리가 하나님께 제사를 드리노라"(3하) 한 말에 나타나는데, 앗수르의 이주(移住)정책에 의하여 혼혈(混血)족이 된 자들입니다.

㉯ 그들은 혼혈족만이 된 것이 아니라 그들의 신앙도, "이와 같이 그들이 여호와도 경외하고 또한 어디서부터 옮겨왔든지 그 민족의 풍속대로 자기의 신들도 섬겼더라"(왕하 17:33) 한, 혼합(混合)종교가 된 자들입니다.

ⓒ 이를 알았기에 "스룹바벨과 예수아와 기타 이스라엘 족장들이 이르되 우리 하나님의 성전을 건축하는 데 너희는 우리와 상관이 없느니라 바사 왕 고레스가 우리에게 명령하신 대로 우리가 이스라엘의 하나님 여호와를 위하여 홀로 건축하리라"(스 4:3) 하고, 단호하게 거부했던 것입니다.

㉮ 만일 저들의 제의를 받아드렸다면 어떻게 되었을 것인가? 70년 징벌을 당하고도 혼합종교가 되고 말았을 것입니다. 어려운 여건 속에서도 "남은 자"들이 복음을 보수했음을 알게 됩니다.

㉯ 혼잡하게 하려는 궤계가 무산이 되자, 저들은 본색을 드러내어 맹렬하게 대적을 했습니다. 그리하여 성전건축은 15년 정도 중단이 되게 됩니다.

ⓒ "선지자들 곧 선지자 학개와 잇도의 손자 스가랴가 이스라엘의 하나님의 이름으로 유다와 예루살렘에 거주하는 유다 사람들에게 예언하였더니 이에 스알디엘의 아들 스룹바벨과 요사닥의 아들 예수아가 일어나 예루살렘에 있던 하나님의 성전을 다시 건축하기 시작하매 하나님의 선지자들이 함께 있어 그들을 돕더니"(5:1-2),

㉮ "유다 사람의 장로들이 선지자 학개와 잇도의 손자 스가랴의 권면을 따랐으므로 성전 건축하는 일이 형통한지라 이스라엘 하나님의 명령과 바사 왕 고레스와 다리오와 아닥사스다의 조서를 따라 성전을 건축하며 일을 끝내되 다리오 왕 제 육년 아달월 삼일에 성전 일을 끝내니라"(6:14-15) 합니다. 드디어 제2의 성전을 완공한 것입니다.

성전 봉헌식

이점에서 하나님께서 학개 선지자로, "너희는 산에 올라가서 나무를 가져다가 성전을 건축하라 그리하면 내가 그것으로 말미암아 기뻐하고 또 영광을 얻으리라 여호와가 말하였느니라"(학 1:8) 하신, 의도를 깨닫는 일입니다.

㉠ 솔로몬은 성전 봉헌기도에서, "하나님이 참으로 땅에 거하시리이까 하늘과 하늘들의 하늘이라도 주를 용납하지 못하겠거든 하물며 내가 건축한 이 성전이오리이까"(왕상 8:27) 하고, 하나님은 무엇이 부족하신 것 같이 사람이 지은 건물에 계시지 않는다는 점을 언급했습니다. 그렇다면 어찌하여 성전을 건축하라 하시는가?

㉮ 성전은 선민 이스라엘의 구심점(求心點)이요, 예배를 통해서 하나님과 교제를 지속해나가야 하기 때문입니다.

㉯ 보다 중요한 점은 조석으로 드려지는 상번제와, 대 속제일 등을 통해서 실체(實體)가 오시기까지 메시아언약을 망각하지 않게 하시기 위해서인 것입니다. 그런데 성전건축이 15년간이나 중단이 되었다는 것은 하나님과의 교제가 끊어지고, 메시아언약을 망각한 채, "이 성전이 황폐하였거늘 너희가 이 때에 판벽한 집에 거주하는 것이 옳으냐"(학 1:4) 하신, 자기중심적이 되기에 이르렀기 때문입니다.

㉡ "하나님의 성전 봉헌(奉獻)식을 행할 때에 수소 백 마리와 숫양 이백 마리와 어린 양 사백 마리를 드리고 또 이스라엘 지파(支派)의 수를 따라 숫염소 열두 마리로 이스라엘 전체를 위하여 속죄제를 드리고"(스 6:17) 합니다.

㉮ "이스라엘 전체(全體)를 위하여"라 말씀하는데, 당시 12지파가 온전히 보존되었느냐 하는 점은 그다지 중요하지 않습니다. 이사야 선지자는 "이스라엘이여 네 백성이 바다의 모래 같을지라도 남은 자만 돌아오리니"(사 10:22) 하고 예언했는데 "남은 자"가 이스라엘이었던 것입니다.

㉯ 이점을 주님께서는 "참 이스라엘"(요 1:47)이라 말씀하시고, 사도 바울은 "이스라엘에게서 난 그들이 다 이스라엘이 아니요"(롬 9:6) 하면서, 이방인으로 구성된 신약교회를 가리켜서 "하나님의 이스라엘"(갈 6:16)이라 말씀했던 것입니다.

㉢ 중요한 점은 "사로잡혔던 자의 자손이 첫째 달 십사일에 유월절을 지키되 제사장들과 레위 사람들이 일제히 몸을 정결하게 하여 다 정결하매 사로잡혔던 자들의 모든 자손과 자기 형제 제사장들과 자기를 위하여 유월절 양을 잡으니"(스 6:19-20) 하고, 성전을 봉헌한 후에 "유월절"을 지켰다는 사실입니다.

㉮ 구약역사를 더듬어보면 "요시야가 왕위에 있은 지 열 여덟째 해에 이 유월절을 지켰더라"(대하 35:19) 한 이후 본문에서, "사로잡혔던 자들이 유월절을 지키되"(스 6:19) 하기까지 "유월절"이라는 말이 전연 등장하지 않는다는 점을 확인하게 됩니다. 저들은 그 동안 잃어버렸던 복음을 다시 찾은 셈입니다.

에스라의 귀환

"이 일 후에 바사 왕 아닥사스다가 왕위에 있을 때에 에스라라 하는 자가 있으니라 그는 스라야의 아들이요 아사랴의 손자요 힐기야의 증손이요"(스 7:1) 합니다.

㉠ 아닥사스다 왕은 "하늘의 하나님의 율법에 완전한 학자 겸 제사장 에스라에게 조서를 내리노니 우리나라에 있는 이스라엘 백성과 그들 제사장들과 레위 사람들 중에 예루살렘으로 올라갈 뜻이 있는 자는 누구든지 너와 함께 갈지어다"(스 7:12-13) 합니다. 그리하여 에스라의 주도 하에 2차 귀환이 이루어집니다.

㉡ 에스라는 "대제사장 아론의 십육 대 손이라"(5) 합니다. 에스라가 귀환하여 대대적인 개혁을 단행하는데,

　㉮ 성전건축은 다윗의 자손인 스룹바벨의 주도하에 이루어지게 하시고,

　㉯ 백성들을 성별(聖別)케 하는 개혁은 대제사장 아론의 직계 에스라의 주도하에 행하게 하셨다는 것은 의미심장합니다.

　㉰ 에스라는 군사적인 호위를 요청하지 않은 이유로, "이는 우리가 전에 왕에게 아뢰기를 우리 하나님의 손은 자기를 찾는 모든 자에게 선을 베푸시고 자기를 배반하는 모든 자에게는 권능과 진노를 내리신다 하였<u>으므로</u> 길에서 적군을 막고 우리를 도울 보병과 마병을 왕에게 구하기를 부끄러워 하였음이라"(8:22) 합니다.

㉢ 에스라는 "여호와의 율법을 연구하여 준행하며 율례와 규례를 이스라엘에게 가르치기로 결심하였었더라"(10) 합니다. ㉮ "여호와의 율법을 연구하여", ㉯ 우선적으로 자신이 "준행하며", ㉰ 연후에 "율례와 규례를 이스라엘에게 가르치기로 결심하였다" 는 이것이 바른 순서입니다.

에스라의 개혁운동

2차로 귀환한 "사로잡혔던 자의 자손 곧 이방에서 돌아온 자들이 이스라엘의 하나님께 번제를 드렸는데 〈이스라엘 전체를 위한 수송아지가 열두 마리요〉 또 숫양이 아흔여섯 마리요 어린양이 일흔일곱 마리요 또 속죄제의 숫염소가 열두 마리니 모두 여호와께 드린 번제물이라"(스 8:35) 합니다.

㉠ 다시 상기시킵니다만 하나님께서 명하신 제사제도는 그리스도께서 성취하실 대속(代贖)에 대한 예표라는 점입니다. 그러므로 아벨이 양의 첫 새끼로 드린 번제로 시작하여, 노아, 아브라함, 유월절 어린양, 대속죄일, 상번제로 이어지는 번제가 포로귀환 후에도 지속이 되었다는 것은 "원 복음, 아브라함언약, 다윗언약"으로 요약이 되는 메시아언약이 계승되고 있다는 점을 나타내는 것입니다.

㉡ 그러다가 구약의 마지막 책인 말라기서에서, "내 이름을 멸시하는 제사장들아"(말 1:6) 하시면서, "만군의 여호와가 이르노라 너희가 눈먼 희생제물을 바치는 것이 어찌 악하지 아니하며 저는 것, 병든 것을 드리는 것이 어찌 악하지 아니하냐 이제 그것을 너희 총독에게 드려 보라 그가 너를 기뻐하겠으며 너를 받아 주겠느냐"(말 1:8) 하고 책망하신다는 것은, 저들이 형식만을 붙잡고 있었을 뿐, 메시아언약을 망각했다는 증거가 되는 것입니다.

㉢ 에스라가 귀환한 것은 1차 귀환으로부터 약 58년 후였습니다. 그렇다면 그 당시의 신앙상태는 어떠했는가? "그들의 딸을 맞이하여 아내와 며느리로 삼아 거룩한 자손이 그 지방 사람들과 서로 섞이게 하는데 방

백들과 고관들이 이 죄에 더욱 으뜸이 되었다 하는지라 내가 이 일을 듣고 속옷과 겉옷을 찢고 머리털과 수염을 뜯으며 기가 막혀 앉으니"(9:2-3) 합니다. 이처럼 섞이게 된 것은 노아 당시(창 6:1)와, 사사시대(삿 3:6)와, 솔로몬이 타락(왕상 11:1)하게 된 악순환의 반복이었던 것입니다.

㉣ 에스라는 기도하기를, "우리의 악한 행실과 큰 죄로 말미암아 이 모든 일을 당하였사오나 우리 하나님이 우리 죄악보다 형벌을 가볍게 하시고 이만큼 백성을 남겨 주셨사오니 우리가 어찌 다시 주의 계명을 거역하고 이 가증한 백성들과 통혼하오리이까"(스 9:13-14) 하고 자백합니다.

㉤ 이런 맥락에서 에스라가 단행한 개혁의 초점은, "이제 너희 조상들의 하나님 앞에서 죄를 자복하고 그의 뜻대로 행하여 그 지방 사람들과 이방(異邦) 여인을 끊어 버리라"(10:11) 한, 성별(聖別)에 맞춰져 있었습니다. 왜 그래야만 하는가?

㉮ 첫째는 저들과 연합하여 우상을 숭배하게 되기 때문이요,

㉯ 둘째는 그리스도가 오실 통로이기 때문입니다.

에스라서는, 선지자로 하신 약속대로 포로에서 귀환하게 하신 하나님, 포로 중에도 "여자의 후손", 즉 메시아 줄기를 보존하여주신 하나님, 그리스도의 모형인 성전을 재건하게 하신 하나님, 선민으로써의 성결을 지키게 하신 하나님을 증언해주고 있습니다.

느헤미야

느헤미야서는 크게 두 부분으로 나누어지는데, 첫째 부분(1-7장)은 느헤미야가 3차로 귀환하여 성곽을 복원하는 내용입니다. 성벽은 고대사회에 있어서 대외적으로는 외침을 막고, 대내적으로는 공동체로써의 결속을 강화시켜주는 "울타리"였던 것입니다. 대적 자들의 발악적인 훼방에도 불구하고 52일이라는 단기간에 필역하게 되는데, 느헤미야서는 가장 역동적(力動的)인 책입니다.

둘째 부분(8-13장)은 에스라가 주도한 언약갱신과 부흥운동입니다. 성벽을 복원함으로 외침을 막고, 개혁을 통하여 내부를 정화시켰던 것입니다.

느헤미야의 귀환

"하가랴의 아들 느헤미야의 말이라 아닥사스다 왕 제 이십년 기슬르월에 내가 수산 궁에 있는데 내 형제들 가운데 하나인 하나니가 두어 사람과 함께 유다에서 내게 이르렀기로 내가 그 사로잡힘을 면하고 남아 있는 유다와 예루살렘 사람들의 형편을

물은즉"(느 1:1-2),

㉠ "그들이 내게 이르되 사로잡힘을 면하고 남아 있는 자들이 그 지방 거기에서 큰 환난을 당하고 능욕을 받으며 예루살렘 성은 허물어지고 성문들은 불탔다 하는지라"(3), 느헤미야는 "이 말을 듣고 앉아서 울고 수일 동안 슬퍼하며 하늘의 하나님 앞에 금식하며 기도"(4)를 드립니다.

㉡ "이들은 주께서 일찍이 큰 권능과 강한 손으로 구속하신 주의 종들이요 주의 백성이니이다"(10) 하고 호소합니다. 여기 가장 강력한 호소(呼訴)인 두 가지 요점이 있는데,

 ㉮ 첫째는 "주의 종, 주의 백성"이라고 두 번이나 "주"(主)를 언급함은, "주의 이름"이 걸려 있다는 점을 내세우는 말이요,

 ㉯ 둘째로, "구속(救贖)하신 주의 종들"이라 함은, 값을 주고 사신 주의 소유(所有)된 "주의 백성" 임을 주장하는 말인 것입니다. 이렇게 되면 하나님께서도 모른다하실 수가 없으신 것입니다. 이렇게 해서 느헤미야는 아닥사스다 왕에게 허락을 받아 3차로 귀환하게 됩니다.

㉢ 예루살렘으로 귀환한 느헤미야는 백성들에게, "우리가 당한 곤경은 너희도 보고 있는 바라 예루살렘이 황폐하고 성문이 불탔으니 자, 예루살렘 성을 건축하여 다시 수치를 당하지 말자"(2:17) 하고 격려합니다.

 ㉮ "호론 사람 산발랏과 종이었던 암몬 사람 도비야(對敵)가 이스라엘 자손을 흥왕(興旺)하게 하려는 사람이 왔다 함을 듣고 심히 근심하더라"(2:11) 합니다.

성곽 복원

느헤미야는 성을 복원하는 과정에 기도(祈禱)를 생활화 한 기도의 사람이었습니다.

㉠ 느헤미야는, "하늘의 하나님 여호와 크고 두려우신 하나님이여 주를 사랑하고 주의 계명을 지키는 자에게 언약을 지키시며 긍휼을 베푸시는 주여 간구하나이다" (1:5) 하고 기도로 시작하여.

㉮ "왕이 내게 이르시되 그러면 네가 무엇을 원하느냐 하시기로 내가 곧 하늘의 하나님께 묵도(?禱)하고" (2:4),

㉯ "우리 하나님이여 들으시옵소서 우리가 업신여김을 당하나이다" (4:4) 하면서,

㉰ "내 하나님이여 내가 이 백성을 위하여 행한 모든 일을 기억하사 내게 은혜를 베푸시옵소서" (5:19) 하고,

㉱ 대적들이 두렵게 하고, 피곤케 하여 역사를 중지하게 하고자 했을 때도, "이제 내 손을 힘 있게 하옵소서" (6:9) 간구하고,

㉲ "내 하나님이여 도비야와 산발랏과 여선지 노아댜와 그 남은 선지자들 곧 나를 두렵게 하고자 한 자들의 소행을 기억하옵소서" (6:14) 하고 호소합니다.

㉡ 그런가 하면 느헤미야는 행동(行動)하는 사람이었습니다. 대적에게 틈을 주지 않기 위해서, "그 때로부터 내 수하 사람들의 절반(折半)은 일하고 절반은 갑옷을 입고 창과 방패와 활을 가졌고 민장은 유다 온 족속의 뒤에 있었으며",

㉮ "성을 건축하는 자와 짐을 나르는 자는 다 각각 한 손으로 일을 하며 한

손에는 병기(兵器)를 잡았는데 건축하는 자는 각각 허리에 칼을 차고 건축하며 나팔 부는 자는 내 곁에 섰었느니라"(느 4:16-18) 합니다. 얼마나 역동적인가?

ⓒ "성벽 역사가 오십 이일 만인 엘룰월 이십 오일에 끝나매 우리의 모든 대적과 주위에 있는 이방 족속들이 이를 듣고 다 두려워하여 크게 낙담하였으니 그들이 우리 하나님께서 이 역사를 이루신 것을 앎이니라"(6:15-16) 하고, 낙담시키려던 대적들이 도리어 "낙담" 했다고 말합니다.

하나님의 선한 손

에스라서와 느헤미야서에서 간과해서는 안 될 점이 있는데 그것은 "하나님의 선한 손"입니다.

㉠ 에스라서에서는, "첫째 달 초하루에 바벨론에서 길을 떠났고 하나님의 선한 손의 도우심을 입어 다섯째 달 초하루에 예루살렘에 이르니라"(스 7:9),

　㉮ "내 하나님 여호와의 손이 내 위에 있으므로 내가 힘을 얻어 이스라엘 중에 우두머리들을 모아 나와 함께 올라오게 하였노라"(7:28).

　㉯ "우리 하나님의 선한 손의 도우심을 입고 그들이 이스라엘의 손자 레위의 아들 말리의 자손 중에서 한 명철한 사람을 데려오고"(8:18),

　㉰ "이는 우리가 전에 왕에게 아뢰기를 우리 하나님의 손은 자기를 찾는 모든 자에게 선을 베푸시고 자기를 배반하는 모든 자에게는 권능과 진노를 내리신다 하였으므로"(8:22).

㉱ "첫째 달 십이 일에 우리가 아하와 강을 떠나 예루살렘으로 갈새 우리 하나님의 손이 우리를 도우사 대적과 길에 매복한 자의 손에서 건지신지라" (8:31) 합니다.

ⓛ 느헤미야서에서도, "내 하나님의 선한 손이 나를 도우시므로 왕이 허락하고" (느 2:8),

㉮ "또 그들에게 하나님의 선한 손이 나를 도우신 일과 왕이 내게 이른 말씀을 전하였더니 그들의 말이 일어나 건축하자 하고 모두 힘을 내어 이 선한 일을 하려 하매" (2:18) 합니다.

㉯ 느헤미야는 선민 이스라엘을 가리켜, "이들은 주께서 일찍이 큰 권능과 강한 손으로 구속하신 주의 종들이요 주의 백성이니이다" (1:10) 합니다.

ⓒ 그러면 성을 건축하여 수치를 면하자는 말이 신약의 성도들에게는 어떻게 적용이 되는가 하는 점입니다. 교회 론이 주제인 에베소서에서 그 의미를 구할 수가 있는데,

㉮ "끝으로 너희가 주 안에서와 그 힘의 능력으로 강건하여지고 마귀의 간계를 능히 대적하기 위하여 하나님의 전신 갑주를 입으라" (6:10-11) 합니다. 바울은 "영광스러운 교회" 론을 언급한 후에 "끝으로" 하는데 이는, 집을 짓고 맨 마지막으로 외침을 막기 위해서 담을 쌓는 것과 같은 뜻인 것입니다.

㉯ "마귀에게 틈을 주지 말라" (엡 4:27) 합니다.

㉱ 느헤미야서는 우리에게 큰 도전을 주는데, "성을 건축하는 자와 짐

을 나르는 자는 다 각각 한 손으로 일을 하며 한 손에는 병기(兵器)를 잡았다"는 말은 얼마나 역동적(力動的)인 행동인가?

㉮ 우리가 섬기는 교회와, 가정과, 마음의 성벽도 무너짐이 없이 튼튼한가 하고, 점검하게 합니다. 또한 "하나님의 선한 손"은, "그들을 주신 내 아버지는 만물보다 크시매 아무도 아버지 손에서 빼앗을 수 없느니라" (요 10:29) 하고, 형제를 붙잡고 계시다는 점을 잊지 마시기 바랍니다.

에스라의 개혁운동

성벽을 완성한 후에 에스라가 주도한 개혁운동이 전개됩니다. "이스라엘 자손이 자기들의 성읍에 거주하였더니 일곱째 달에 이르러 모든 백성이 일제히 수문 앞 광장에 모여 학사 에스라에게 여호와께서 이스라엘에게 명령하신 모세의 율법 책을 가져오기를 청하매"(느 8:1),

㉠ "일곱째 달 초하루에 제사장 에스라가 율법 책을 가지고 회중 앞 곧 남자나 여자나 알아들을 만한 모든 사람 앞에 이르러 수문 앞 광장에서 새벽부터 정오까지 남자나 여자나 알아들을 만한 모든 사람 앞에서 읽으매 뭇 백성이 그 율법 책에 귀를 기울였다"(2-3) 하고 말씀합니다.

㉮ 개혁운동이란, "너는 말씀을 가지고 여호와께로 돌아와서 아뢰기를 모든 불의를 제거하시고 선한 바를 받으소서 우리가 수송아지를 대신하여 입술의 열매를 주께 드리리이다"(호 14:2) 한, 하나님의 말씀으로 돌아가는 운동입니다.

㉡ "에스라가 모든 백성 위에 서서 그들 목전에 책을 펴니 책을 펼 때

에 모든 백성이 일어서니라"(느 8:5) 합니다.

 ㉮ 또한 개혁운동은 성경의 권위 앞에 일어서는 것입니다. 그리고 "에스라가 위대하신 하나님 여호와를 송축하매 모든 백성이 손을 들고 아멘, 아멘 하고 응답하고 몸을 굽혀 얼굴을 땅에 대고 여호와께 경배하니라"(6) 한, "아멘"으로 화답하는 것입니다.

㉢ "하나님의 율법 책을 낭독하고 그 뜻을 해석하여 백성에게 그 낭독하는 것을 다 깨닫게 하니"(8),

 ㉮ 개혁운동이란 가르쳐 깨닫게 하는 것이요,

 ㉯ "백성이 율법의 말씀을 듣고 다 우는지라" 한, 울며 통회하는 일입니다.

㉣ 그런 후에 "모든 백성에게 이르기를 오늘은 너희 하나님 여호와의 성일(聖日)이니 슬퍼하지 말며 울지 말라 하고 느헤미야가 또 그들에게 이르기를 너희는 가서 살진 것을 먹고 단 것을 마시되 준비하지 못한 자에게는 나누어 주라 이 날은 우리 주의 성일이니 근심하지 말라 여호와로 인하여 기뻐하는 것이 너희의 힘이니라"(9) 합니다.

 ㉮ 그렇습니다. 개혁운동이란 회개한 후에, 여호와를 기뻐하는 일이요, 기쁨을 나누는 일입니다.

㉤ 당시의 부흥운동이 얼마나 뜨거웠는가 하면, "그 달 스무 나흗날에 이스라엘 자손이 다 모여 금식하며 굵은 베 옷을 입고 티끌을 무릅쓰며 모든 이방 사람들과 절교하고 서서 자기의 죄와 조상들의 허물을 자복하고 이 날에 낮 사분의 일은 그 제자리에 서서 그들의 하나님 여호와의 율법 책을 낭독하고 낮 사분의 일은 죄를 자복하며 그들의 하나님 여호

와께 경배하는데"(9:1-3) 합니다.

ⓗ 9장에는 에스라가 드렸을 대표기도가 나오는데, "옛적에 아브라함을 택하시고"(7) 하고, 아브라함에게 세워주신 메시아언약으로부터 시작하여, "우리가 오늘날 종이 되었는데"(36) 하고, 우상을 숭배하다가 바벨론 포로가 되기까지의 구속의 역사를 진술합니다.

㉮ 결론은 "우리가 이 모든 일로 말미암아 이제 견고한 언약을 세워 기록하고 우리의 방백들과 레위 사람들과 제사장들이 다 인봉(印封)하나이다"(38) 한 후에, "그 인봉한 자는 하가랴의 아들 총독 느헤미야와 시드기야"(10:1) 하고, 이름을 쓰고 도장을 찍습니다. 이렇게 결단하는 것, 이것이 개혁운동입니다.

인간의 거짓됨

그런데 느헤미야가 왕에게 약속한 기한이 되어 바사로 돌아갔다가 18년 후에 다시 돌아왔을 때의 상황은 어떠하였는가? 개혁(改革)서에 "이름을 쓰고 도장을 찍었던" 것을 다 망각하고 원점으로 돌아가 있었던 것입니다.

㉠ 이때에 세움을 받은 선지자가 말라기인데 말라기가 책망한, "십일조, 안식일, 이방인과의 통혼, 제사장의 타락"이라는 주제가 느헤미야서와 일치하고 있습니다. 이점에서 주목할 것은 타락한 것을 느헤미야가 어떻게 바로잡았는가 하는 점입니다.

㉮ 타락 : "내가 또 알아본즉 레위 사람들이 받을 몫을 주지 아니하였으므로 그 직무를 행하는 레위 사람들과 노래하는 자들이 각각 자기 밭으로

도망하였기로"(10),

시정 : "이에 온 유다가 곡식과 새 포도주와 기름의 십일조를 가져다가 곳간에 들이므로"(12),

㉯ 타락 : "그 때에 내가 본즉 유다에서 어떤 사람이 안식일에 술틀을 밟고 곡식단을 나귀에 실어 운반하며 포도주와 포도와 무화과와 여러 가지 짐을 지고 안식일에 예루살렘에 들어와서 음식물을 팔기로 그 날에 내가 경계하였고"(15),

시정 : "안식일 전 예루살렘 성문이 어두워갈 때에 내가 성문을 닫고 안식일이 지나기 전에는 열지 말라 하고 나를 따르는 종자 몇을 성문마다 세워 안식일에는 아무 짐도 들어오지 못하게 하였으므로"(19),

㉰ 타락 : "너희가 이방 여인을 아내로 맞아 이 모든 큰 악을 행하여 우리 하나님께 범죄하는 것을 우리가 어찌 용납하겠느냐"(27),

시정 : "내가 그들을 책망하고 저주하며 그들 중 몇 사람을 때리고 그들의 머리털을 뽑고 이르되 너희는 너희 딸들을 그들의 아들들에게 주지 말고 너희 아들들이나 너희를 위하여 그들의 딸을 데려오지 아니하겠다고 하나님을 가리켜 맹세하라 하고"(25),

㉱ 타락 : "내 하나님이여 그들이 제사장의 직분을 더럽히고 제사장의 직분과 레위 사람에 대한 언약을 어겼사오니 그들을 기억하옵소서"(29),

시정 : "내가 이와 같이 그들에게 이방 사람을 떠나게 하여 그들을 깨끗하게 하고 또 제사장과 레위 사람의 반열을 세워 각각 자기의 일을 맡게"(30) 하므로 정화했던 것입니다.

ⓒ 구약성경의 역사는 "느헤미야서"(말라기)에서 끝나고 있습니다. 창세기에서 타락한 아담의 후예들은, 구약의 마지막 시대에 이르러 얼마큼 성장하고 성화가 되었던가? 오히려 그 죄는 눈 덩이처럼 커져만 갔던 것입니다. 이는 무엇을 말해주고 있는가?

㉮ 첫째는, 율법은 구원(救援)만을 주지 못한 것이 아니라, 성화(聖化)도 줄 수 없었다는 점입니다.

㉯ 둘째는, 인간의 전적타락과, 부패와, 무능을 다시 한 번 보여주면서, 자력구원의 불가능성이라는 결론에 도달하게 되는 것이 구약의 마지막 메시지입니다.

에스더

에스더서는 역사서가 아니라, 스룹바벨이 주도한 1차 귀환과, 에스라가 주도한 2차 귀환 사이에 바사국 수산에서 일어났던 사건입니다. 에스더서는 크게 두 부분으로 나누어지는데, 첫째 부분(1장-4장)은 바사국에 남아있는 유다인들을 진멸하려는 음모이고, 둘째 부분(5장-10장)은 역전(逆轉)이 되어서 하나님의 백성들이 승리와 영광을 얻게 되는 내용으로 되어 있습니다.

박해를 당하게 된 원인

"이 일은 아하수에로 왕 때에 있었던 일이니 아하수에로는 인도로부터 구스까지 백이십칠 지방을 다스리는 왕이라"(에 1:1) 합니다.

㉠ "아하수에로 왕" 때에 어떤 일이 벌어졌는가?

㉮ 바사 수산궁에서는, "그들이 모르드개의 민족을 하만에게 알리므로 하만이 모르드개만 죽이는 것이 부족하다고 생각하고 아하수에로의 온

나라에 있는 유다인 곧 모르드개의 민족(民族)을 다 멸하고자 하는"(3:6) 음모가 진행이 되었고,

㉯ 예루살렘에서는, "또 아하수에로가 즉위할 때에 그들이 글을 올려 유다와 예루살렘 주민을 고발(告發)하니라"(스 4:6) 하고, 성전 재건을 극렬하게 방해한 대적들이 고발하는 일이, 예루살렘과 바사에서 동시 다발적으로 있었던 것입니다.

ⓛ 이처럼 성전 건축을 저지하려 한 일과, 유다인을 진멸하려한 음모는, 궁극적으로는 그리스도의 탄생을 저지하려는 사탄의 궤계라는 점을 유념해야만 합니다.

㉮ 이점을 왜 강조하느냐 하면 에스더서에는 문자적으로는 "여호와, 하나님"이라는 말은 물론 신학적인 단어가 등장하지를 않고 있기 때문입니다. 이런 에스더서를 문자적으로 접근을 하게 되면 에스더서의 정경(正經)성에 의문을 품게 되고, 에스더서를 들어서 말씀하고자 하는 신령한 의미를 놓치게 되기 때문입니다.

㉯ 그래서 사도 바울은 "그가 또한 우리를 새 언약의 일꾼 되기에 만족하게 하셨으니 율법 조문(문자)으로 하지 아니하고 오직 영으로 함이니 율법 조문(條文)은 죽이는 것이요 영은 살리는 것이니라"(고후 3:6) 하고 말씀했던 것입니다.

ⓒ 그러므로 에스더서를 구속사라는 맥락으로 보면 모르드개와 하만의 대결이 아니라, 여자의 후손과 뱀의 후손의 대결임을 깨닫게 됩니다. 어찌하여 유다인들이 몰살을 당할 위험에 처하게 되었는가? "대궐 문에

있는 왕의 모든 신하들이 다 왕의 명령대로 하만에게 꿇어 절하되 모르드개는 꿇지도 아니하고 절하지도 아니했기"(3:2) 때문입니다.

㉠ 그러면 모르드개는 어찌하여 하만에게 꿇어 절하지 않았는가? 사람들이 "날마다 권하되 모르드개가 듣지 아니하고 자기는 유다인임을 알렸더니"(3:4), 즉 유다인이기 때문에 꿇을 수가 없다는 것입니다.

㉡ 그러면 유다인은 왜 꿇어서는 아니 되는가? 오직 한 분 하나님에게만 꿇어야할 언약 백성들이, 꿇어서는 아니 될 우상 앞에 꿇었다가 포로로 끌려와 징벌을 당하게 되었기 때문입니다.

㉢ 그러므로 꿇기를 거부한 일이 바벨론에서도 있었는데 사드락, 메삭, 아벳느고는 "왕이여 우리가 왕의 신들을 섬기지도 아니하고 왕이 세우신 금 신상에게 절하지도 아니할 줄을 아옵소서"(단 3:18) 하고, 거부했기 때문에 불가마에 던짐을 받게 되었던 것입니다. 하만에게 꿇는 것은 단순한 예의가 아니라 신격화한 우상숭배와 같았기 때문입니다.

㉣ 이점에서 하만을 "아각 사람 하만"(3:1, 10, 8:3)이라 하면서, "유다인의 대적"(3:10, 8:1, 9:1, 10, 22, 24)이라 부르고 있다는 점입니다.

㉠ 반면 모르드개를 "도성 수산에 한 유다인이 있으니" 하고, 유다인이라 하면서, "그는 베냐민 자손이니"(2:5) 하고, 베냐민 자손임을 밝히고 있습니다. 그렇다면 이는 베냐민 출신 사울 왕이 "아말렉 왕 아각"을 멸하지 않고 살려주었다가(삼상 15:8) 폐위를 당한 싸움의 2차전이요,

㉡ "여호와가 아말렉과 더불어 대대로 싸우리라"(출 17:16) 하신, 연장선상의 싸움이라 할 수가 있습니다. 그러므로 저들이 성전건축을 방해한

일이나, 유대인을 진멸하려는 것도 궁극적으로는 그리스도를 대적한 일이라는 점을 유념해야만 합니다.

자기 백성을 보호해주신 하나님

하만은 "모르드개만 죽이는 것이 부족하다고 생각하고 아하수에로의 온 나라에 있는 유다인 곧 모르드개의 민족을 다 멸하고자"(에 3:6) 합니다. 그러니까 하만은 사탄의 대리자로, 모르드개는 하나님의 대리자로 등장을 하는데, 역전(逆轉)이 되는 결과를 통해서 구속사의 일면을 보여주고 있는 것이 에스더서입니다.

㉠하만은 "열두째 달 곧 아달월 십삼일 하루 동안에 모든 유다인을 젊은이 늙은이 어린이 여인들을 막론하고 죽이고 도륙하고 진멸하고 또 그 재산을 탈취하라"(13)는 영을 내리기에 이릅니다. 이런 사탄의 음모에 대해 하나님께서는 자기 백성을 어떻게 구원하여주셨는가?

㉮ 요셉을 애굽의 총리가 되게 하신 하나님은 포로인 에스더를 "왕후"(2:17)가 되게 하십니다.

㉯ 왕으로 하여금 잠이 오지 않게 하여 역대 일기를 읽게 하고, 왕을 암살하려는 음모를 모르드개가 고발한 사실을 알게 하십니다.

㉰ 그리하여 모르드개를 달고자 하여 준비한 높이가 오십 규빗이나 되는 나무에 하만 자신이 달리도록(7:9-10) 역전(逆轉)이 되게 하십니다.

㉡ "이달 이날에 유다인들이 대적에게서 벗어나서 평안함을 얻어 슬픔이 변하여 기쁨이 되고 애통이 변하여 길한 날이 되었으니 이 두 날을 지켜 잔치를 베풀고 즐기며 서로 예물을 주며 가난한 자를 구제하라"(9:22) 합니다. 성경 마지막 책인 계시록도 이와 같은 패턴으로 되어 있

다는 점을 유념하시기를 바랍니다.

ⓒ 에스더서는 몇 가지 점에서 우리로 도전을 받게 합니다.

㉮ 첫째는 모르드개가 에스더에게, "이 때에 네가 만일 잠잠하여 말이 없으면 유다인은 다른 데로 말미암아 놓임과 구원을 얻으려니와"(4:14상) 한 말입니다. 모르드개는 네가 잠잠하면 유다인은 다 죽는다 하고, 인본주의적인 절망을 말하고 있지 아니합니다. "다른 데로 말미암아 놓임과 구원을 얻으려니와", 이것이 하나님의 주권(主權)을 믿는 신앙인 것입니다.

㉯ 둘째는 "네가 왕후의 자리를 얻은 것이 이 때를 위함이 아닌지 누가 알겠느냐"(4:14하) 한 말입니다.

제가 "하나님의 구원계획" 다음으로 준비하고 있는 책이, "나는 무엇을 위하여 이때에 부름을 받았는가" 하는 주제입니다. 이는 십자가를 앞에 놓으신 주님께서, "그러나 내가 이를 위하여 이 때에 왔나이다"(요 12:27) 하신 말씀에서 도전을 받은 것입니다. 그렇다면 성경에 등장하는 인물들은, 그리고 나 자신은 "무엇을 위하여 이때에 세움을 받았는가" 하고 자문하게 되는 것입니다. 이는 소명감, 사명감, 정체성에 관한 중요한 물음인 것입니다.

㉰ 셋째는 에스더가 "죽으면 죽으리이다"(16) 한 말입니다. 주님은 말씀하시기를, "죽고자 하는 자는 살고, 살고자 하는 자는 죽으리라" 하십니다. 에스더는 죽고자 하여 자신과 온 유다인을 살린 것입니다.

㉱ 끝으로 에스더서에는 "하나님"이라는 이름은 없지만 하나님의

"선한 손"이 쉬지 않고 일하고 계셨다는 점입니다. 이런 점이 "모르드개가 날마다 후궁 뜰 앞으로 왕래하며 에스더의 안부와 어떻게 될지를 알고자 하였더라"(2:11), 즉 에스더가 왕후로 피택이 되는가를 주시하고 있었다는 점 등에 나타납니다.

㉮ 이럴 경우 모르드개가 할 수 있는 일이라고는 아무 것도 없는 것입니다. 오직 하나님께서 어떻게 일하시나 하고 기대하는 것뿐입니다. 하나님께서는, "나는 시온의 의가 빛 같이, 예루살렘의 구원이 횃불 같이 나타나도록 시온을 위하여 잠잠하지 아니하며 예루살렘을 위하여 쉬지 아니할 것인즉"(사 62:1) 하십니다.

㉯ 만일 하나님의 선한 손이 그들을 보호해주시지 않았다면 바사에 있는 유다인 만이 아니라, 예루살렘에 있는 유다인들도 무사치는 못하였을 것이요, 구속사에 일대 위기가 닥쳐왔을 것입니다. 자기 백성을 눈동자 같이 보호하시는 하나님을 찬양하십시다.

Old Testament

욥기

"욥"은 창세기, 즉 족장들 시대 인물입니다. 이점이 욥이 직접 "번제를 드렸다"는 점에 나타납니다. 욥기는 크게 세 부분으로 나누어지는데, 첫째 부분(1장-2장)은 욥에게 닥친 시련이고, 둘째 부분(3장-37장)은 욥과 세 친구들 간의 변론이고, 셋째 부분(38장-42장)은 변론에 대한 하나님의 결론적인 말씀으로 되어 있습니다.

욥이 시험을 당하게 된 동기는 하나님께서 욥을 사탄에게 자랑을 하셨기 때문입니다. 하나님께서 어떤 의도에서 욥의 신앙을 사탄에게 자랑하셨을까? 구속사라는 관점으로 욥기를 바라보면, 주제가 하나님의 이름과 명예와 관련이 있음을 깨닫게 됩니다.

왜냐하면 인류의 시조는 부족함이 없는 낙원(樂園)에서 사탄의 유혹에 넘어감으로 하나님의 이름을 욕되게 했으나, 욥은 최악의 조건 하에서도 믿음의 순전(純全)을 지킴으로 시험하는 사탄을 무참하게 패배시켰기 때문입니다. 욥이 창세기의 인물이라는 점을 감안할 때 이점이 더욱 드러나는 것이다. 그러므로 욥기는 어떤 상황에서도, "하나님의 거룩하신 이름"을 최우선순위에 두고 있는가 하고 우리의 믿음을 검증하게 합니다.

욥의 신앙과 시련

"우스 땅에 욥이라 불리는 사람이 있었는데 그 사람은 온전하고 정직하여 하나님을 경외하며 악에서 떠난 자더라"(욥 1:1) 합니다.

㉠ 욥을 가리켜 "온전하고 정직하여 하나님을 경외하며 악에서 떠난 자"라 말씀하고 있는데, 어떤 면에서 "온전하다" 하는가를 인식하는 것이 중요합니다. "온전"이 두 방면으로 나타나는데 "하나님과의 관계"(경건)와, "이웃과의 관계"(의로움)입니다.

㉡ 욥은 "그들이 차례대로 잔치를 끝내면 욥이 그들을 불러다가 성결하게 하되 아침에 일어나서 그들의 명수대로 번제를 드렸으니 이는 욥이 말하기를 혹시 내 아들들이 죄를 범하여 마음으로 하나님을 욕되게 하였을까 함이라 욥의 행위가 항상 이러하였더라"(5) 합니다. 욥이 어찌하여 번제를 드렸는가?

㉮ 첫째는 "아들들이 죄를 범하여 마음으로 하나님을 욕되게 하였을까" 해서요,

㉯ 둘째는, 죄를 범했을 지라도 번제를 통해서 사함을 얻으리라는 "대속"(代贖)을 믿었기 때문입니다. 이것이 하나님 앞에 온전함인데, 하나님과의 관계가 온전하게 되면 이웃과의 관계도 바르게 되는 것입니다.

ⓒ "여호와께서 사탄에게 이르시되 네가 내 종 욥을 주의하여 보았느냐 그와 같이 온전하고 정직하여 하나님을 경외하며 악에서 떠난 자는 세상에 없느니라"(8) 하고 자랑을 하십니다.

㉮ 먼저 생각할 점은 하나님께서 어떤 의도에서 사탄에게 욥을 자랑하셨는가 하는 점입니다. 욥은 창세기의 사람입니다. 그렇다면 하나님의 의도는 아담 하와가 더럽힌 하나님의 이름을 욥이 회복시켜주기를 기대하셨기 때문이라 할 수가 있습니다. 이점을 본문관찰에서 보게 될 것입니다.

ⓔ 사탄은 말하기를, "욥이 어찌 까닭 없이 하나님을 경외하리이까(9), 주께서 그와 그의 집과 그의 모든 소유물을 울타리로 두르심 때문이 아니니이까"(10) 하면서,

㉮ "이제 주의 손을 펴서 그의 모든 소유물을 치소서 그리하시면 틀림없이 주를 향하여 욕하지 않겠나이까"(11) 합니다. 이는 욥의 신앙이 조건부(條件附)적인 신앙이라는 뜻인데, 우리 중에 이런 신앙인이 있는 것도 사실입니다.

㉯ "여호와께서 사탄에게 이르시되 내가 그의 소유물을 다 네 손에 맡기노라 다만 그의 몸에는 네 손을 대지 말지니라"(12) 하십니다. 이렇게 해서 욥의 시험은 시작이 된 것입니다.

여호와의 이름 찬양

"그가 아직 말하는 동안에 또 한 사람이 와서 아뢰되 주인의 자녀들이 그들의 맏아

들의 집에서 음식을 먹으며 포도주를 마시는데 거친 들에서 큰 바람이 와서 집 네 모퉁이를 치매 그 청년들 위에 무너지므로 그들이 죽었나이다 나만 홀로 피하였으므로 주인께 아뢰러 왔나이다"(욥 1:18-19) 하고, 시련이 숨 돌릴 틈도 없이 파상적으로 몰아칩니다. 욥은 어떻게 반응했는가?

㉠ "욥이 일어나 겉옷을 찢고 머리털을 밀고 땅에 엎드려 예배하며 이르되 내가 모태에서 알몸으로 나왔사온즉 또한 알몸이 그리로 돌아가올지라 주신 이도 여호와시요 거두신 이도 여호와시오니 여호와의 이름이 찬송을 받으실지니이다"(20-21) 하고,

㉮ "이 모든 일에 욥이 범죄하지 아니하고 하나님을 향하여 원망하지 아니하니라"(22) 합니다.

㉯ "그가 아직 말할 때에, 그가 아직 말할 때에" 하고, 숨 돌릴 틈도 없이 몰아치는 파상(波狀)적인 공격에도, 주목해보셨습니까? "여호와의 이름이 찬송을 받으실지니이다" 하는 욥의 고백을! 욥은 "주를 향하여 욕"만 하지 않은 것이 아니라, 찬양(讚揚)을 돌렸습니다. 욥은 시험 중에서도 하나님의 이름이 거룩히 여김을 받으시게 했던 것입니다.

㉰ 만일 사탄의 말대로 욥이 "대면하여 주를 욕했다"면 어떻게 되었을 것인가? 인간적인 표현으로 말한다면 얼굴이 빨개졌다 하겠지요? 이런 일이 에덴에서 일어났던 것입니다. 그렇다면 우리는 어떤가 하고 돌아보게 합니다. 욥이 당한 시험 중 한 가지만 당한다 해도 불평, 원망을 하면서 넘어지고 마는 것이 아닌가? 그 원인이 어디에 있는가?

입술로 범죄치 아니함

"여호와께서 사탄에게 이르시되 네가 내 종 욥을 주의하여 보았느냐 그와 같이 온전하고 정직하여 하나님을 경외하며 악에서 떠난 자가 세상에 없느니라 네가 나를 충동하여 까닭 없이 그를 치게 하였어도 그가 여전히 자기의 온전함을 굳게 지켰느니라"(욥 2:3) 하고, 두 번째 자랑하십니다.

㉠사탄은 "이제 주의 손을 펴서 그의 뼈와 살을 치소서 그리하시면 틀림없이 주를 향하여 욕하지 않겠나이까" (5) 합니다.

㉮ "여호와께서 사탄에게 이르시되 내가 그를 네 손에 맡기노라 다만 그의 생명은 해하지 말지니라"(6), 이렇게 해서 욥의 뼈와 살을 치는 시험은 시작이 되었습니다. 놓치지 마시기 바랍니다. 욥은 지금 하나님의 이름과 영예가 걸려 있는 시험을 당하고 있다는 점을!

㉡ "사탄이 이에 여호와 앞에서 물러가서 욥을 쳐서 그의 발바닥에서 정수리까지 종기가 나게 한지라 욥이 재 가운데 앉아서 질그릇 조각을 가져다가 몸을 긁고 있더니" (7-8),

㉮ "그의 아내가 그에게 이르되 당신이 그래도 자기의 온전함을 굳게 지키느냐 하나님을 욕하고 죽으라" (9) 하고 말합니다.

㉯ 욥은 "그대의 말이 한 어리석은 여자의 말 같도다 우리가 하나님께 복을 받았은즉 화도 받지 아니하겠느냐 하고 이 모든 일에 욥이 입술로 범죄하지 아니하니라" (10) 합니다.

성경에서 "사탄"이란 말이 가장 많이 등장하는 곳이 욥기 1장-2장입니다. 그러나 이후에는 욥기에 사탄이 다시는 등장하지 않습니다. "이에 마귀는 예수를 떠나고 천사들이 나아와서 수종드니라"(마 4:11) 한 셈입니다.

번제로 시작하여 번제로 마치는 욥기

"그 때에 욥의 친구 세 사람이 이 모든 재앙이 그에게 내렸다 함을 듣고 각각 자기 지역에서부터 이르렀으니 곧 데만 사람 엘리바스와 수아 사람 빌닷과 나아마 사람 소발이라 그들이 욥을 위문하고 위로하려 하여 서로 약속하고 오더니"(욥 2:11) 하고, 세 친구가 등장합니다. 이렇게 해서 욥과 세 친구의 변론이 4장-37장까지 계속됩니다.

㉠ 그런데 묵묵히 듣고만 계시던 하나님께서 마지막 장에 이르러, "여호와께서 데만 사람 엘리바스에게 이르시되 내가 너와 네 두 친구에게 노하나니 이는 너희가 나를 가리켜 말한 것이 내 종 욥의 말 같이 옳지 못함이니라"(7) 하시는 것이 아닌가!

㉮ 하나님께서 "너와 네 두 친구에게 노한다" 하십니다. 왜냐하면,

㉯ "너희가 나를 가리켜 말한 것, 옳지 못하기" 때문이란 것입니다. 설교자라면 여기서 큰 충격을 받아 마땅합니다. 왜냐하면 "너희가 나를 가리켜 말한 것" 이란 설교인데, 그것이 "옳지 못하기 때문에 노하신다" 말씀하시기 때문입니다.

㉡ 그러면 어떻게 해야만 하는가? "그런즉 너희는 수소 일곱과 숫양 일곱을 가지고 내 종 욥에게 가서 너희를 위하여 번제를 드리라"(8상) 하십니다. 이 말씀에 세 친구의 문제(問題)가 무엇인가 하는 점과, 이에 대한 해답(解答)이 무엇인가 하는 점이 함께 들어 있습니다.

㉠ 세 친구의 결함은 "번제"로 상징이 된 "원 복음" 즉 메시아언약을 망각했다는 점이고,

㉡ 이에 대한 해답은 "번제를 드리라", 즉 복음으로 돌아가라 하신데 있는 것입니다. 형제여, 복음이 빠진 설교는 아무리 유창하다 해도 그 설교는, "옳지 못하고" 그래서 하나님께서 "노하노니" 하신다는 점을 잊지 마시기 바랍니다.

㉢ 그러므로 해답은, "너희가 우매한 만큼 너희에게 갚지 아니하리라"(8하) 하신 말씀입니다. 하나님은 죄를 그냥 묵과하실 수 없으신 분이십니다. 그러면 누구에게 갚으시겠다는 것인가? 저들의 죄를 번제로 드려지는 제물에게 대신 갚으시겠다는 것이 되는 것입니다.

ⓒ 이처럼 욥기가 "번제로 시작하여, 번제로 마치는" 구조라는 점을 파악한다는 점은, 욥기를 해석하는 사활적으로 중요한 요점입니다. 이를 놓치게 되면 욥기에서 복음은 살아지고, "신정론"(神正論)이라는 철학으로 변질이 되고 맙니다.

㉠ 1장의 번제는 "아들들이 죄"를 범했을지라도 번제를 통해서 사함을 받으리라는 욥의 믿음에서 드려진 번제요,

㉡ 마지막 장의 번제는 세 친구의 "우매"를 해결해주시기 위하여 하나님께서 명하신 번제라는 점입니다.

㉢ 욥이 창세기 사람임을 감안한다면 욥의 번제는, "아벨의 번제, 노아의 번제, 아브라함의 번제"와 맥을 같이 하는 것이 되고, 이는 "원 복음"을 믿었다는 증거요, "세상 죄를 지고 가는 하나님의 어린양"이신 그리스도에게서 성취될 번제였던 것입니다.

세 친구의 잘못된 설교

그러면 욥의 세 친구의 설교가 어떤 점에서 옳지 않단 말인가 하는 점을 간단하게나마 살펴보아야만 옳을 것입니다.

㉠ "데만 사람 엘리바스가 대답하여 이르되"(욥 4:1) 하고, 엘리바스가 설교를 합니다.

㉮ "생각하여 보라 죄 없이 망한 자가 누구인가 정직한 자의 끊어짐이 어디 있는가 내가 보건대 악을 밭 갈고 독을 뿌리는 자는 그대로 거두나니 하나님의 입 기운에 멸망하고 그의 콧김에 사라지느니라"(7-9), 즉 욥이 시련을 당하게 된 원인이 "악을 밭 갈고 독을 뿌려 그대로 거둔 것"이라고 말합니다.

㉡ "수아 사람 빌닷이 대답하여 이르되"(8:1) 하고, 빌닷이 설교를 합니다.

㉮ "하나님이 어찌 정의를 굽게 하시겠으며 전능하신 이가 어찌 공의를 굽게 하시겠는가"(3), 즉 하나님께서 오판(誤判)하시는 일이 있단 말이냐?

㉯ "네 자녀들이 주께 죄를 지었으므로 주께서 그들을 그 죄에 버려두셨나니"(4), 즉 욥의 시험은 죄 값으로 당하는 시험이라는 말입니다. 그러면서 회개하면 "네 시작은 미약하였으나 네 나중은 심히 창대하리라"(7) 하고 격려까지 합니다.

㉢ "나아마 사람 소발이 대답하여 이르되"(11:1) 하고, 소발이 설교를 합니다.

㉮ "하나님이 두루 다니시며 사람을 잡아 가두시고 재판을 여시면 누가 능

히 막을소냐 하나님은 허망한 사람을 아시나니 악한 일은 상관하지 않으시는 듯하나 다 보시느니라"(10-11), 즉 사람이 알지 못하는 은밀한 죄도 다 아시고 심판하신다고 말합니다.

㉣ 이상 상고한 대로 세 친구의 변론은 욥기 전체를 관찰해 보아도 논리가 정연합니다. 그런데 어찌하여 하나님께서 세 친구를 향하여, "너희가 나를 가리켜 말한 것이, 옳지 못함이니라"(42:7) 하시는지 분별할 수가 있었습니까?

㉮ 세 친구의 구원관은 주님 당시의 바리새인이나 서기관들과 같은 행위 구원론적인 것입니다. 욥이 징벌을 당하는 것은 죄 값이라고 정죄하고 있는데, 그렇다면 자신은 의롭다고 여기면서, "저 욥과 같지 아니함을 감사하나이다" 한, 바리새인과 같은 셈입니다.

행위냐? 믿음이냐?

이에 반해 욥의 구원관은 무엇인가? "내가 알기에는 나의 대속(代贖)자가 살아 계시니 마침내 그가 땅 위에 서실 것이라 내 가죽이 벗김을 당한 뒤에도 내가 육체 밖에서 하나님을 보리라"(욥 19:25-26) 하고, 대속교리를 믿는 구원관입니다. 대속을 믿었기 때문에 "번제"를 드린 것입니다.

㉠ "지금 나의 증인이 하늘에 계시고 나의 중보자가 높은 데 계시니라 나의 친구는 나를 조롱하고 내 눈은 하나님을 향하여 눈물을 흘리니 사람과 하나님 사이에와 인자와 그 이웃 사이에 중재(仲裁)하시기를 원하노니"(16:19-21) 하고, 중재(仲裁)자를 의뢰하는 신앙입니다.

㉮ 그래서 하나님께서는 세 친구에게, "그런즉 너희는 수소 일곱과 숫양

일곱을 가지고 내 종 욥에게 가서 너희를 위하여 번제를 드리라 내 종 욥이 너희를 위하여 기도할 것인즉 내가 그를 기쁘게 받으리니"(42:8) 하신 것입니다. 이는 욥에게 무슨 자격이 있어서가 아닙니다. 오직 "구속자, 중보자"를 믿는 믿음이 있기 때문에, 욥을 중재(仲裁)자로 세우신 것입니다.

ⓛ 보십시오. 욥도 "그 후에 욥이 입을 열어 자기의 생일을 저주하니라"(3:1) 하고, 욥의 연약한 모습을 그대로 보여주고 있습니다.

㉮ 욥이 "내가 난 날이 멸망하였더라면, 사내아이를 배었다 하던 그 밤도 그러하였더라면"(3) 하고, "그러하였더라면, 그러하였더라면" 하는 모습과,

㉯ 또한 "어찌하여 내가 태에서 죽어 나오지 아니 하였던가 어찌하여 내 어머니가 해산할 때에 내가 숨지지 아니 하였던가"(11) 하고, "어찌하여, 어찌하여" 하는 모습은 바로 연약에 싸여 있는 우리들의 모습이기도 합니다. 이는 온전하지 못한 처서입니다.

ⓒ 무엇을 말씀해주는가? 인간 중에는 인류의 시조가 더럽힌 하나님의 거룩하신 이름과 영예를 온전히 회복할 중재자는 한 사람도 없고, 오직 예수 그리스도만이 온전히 영화롭게 하실 수 있다(마 4:1-11)는 점을 드러내고 있는 것입니다.

㉮ 이처럼 욥기는 "번제로 시작하여, 번제로 마치는"(1:5, 42:8) 구조임을 놓쳐서는 아니 됩니다. 욥기는 "구속자와, 번제"를 통해서 인류의 구원은 오직 그리스도의 구속을 통해서만이 가능하여진다는 점을 증언하

고 있습니다. 여기에 모든 문제의 해답이 있는 것입니다.

㉴ 그러므로 형제가 고난 중에, "하였었더라면, 어찌하여" 하고 탄식을 한다면, 성경은 "어찌하여 하나님의 아들이 십자가에 달려 죽으셔야 했는가"를 생각해보라 하십니다. 이처럼 욥기를 통해서도 그리스도와, 복음을 만날 수 있다는 것은 감격스러운 일입니다.

Old Testament

시편

시편은 다양한 150편의 시(詩)들로 이루어져 있으나, "다윗"이 주요 저자입니다. 다윗은 하나님께로부터 메시아언약을 세움 받은 언약(言約)의 당사자입니다. 또한 오순절에 강림하신 성령께서 다윗을 가리켜 선지자(先知者)라 하십니다.

언약의 당사자요, 선지자인 다윗이 시편을 통해서 누구를 증언하고 있겠는가? "하나님이 이미 맹세하사 그 자손 중에서 한 사람을 그 위에 앉게 하리라 하심을 알고 미리 본 고로 그리스도의 부활을 말하되"(행 2:30-31) 하고, 그리스도를 증언했다고 말씀합니다.

부활하신 주님께서도, "내가 너희와 함께 있을 때에 너희에게 말한바 곧 모세의 율법과 선지자의 글과 시편(詩篇)에 나를 가리켜 기록된 모든 것이 이루어져야 하리라 한 말이 이것이라"(눅 24:44) 하심으로, 시편의 중심주제도 그리스도를 증언하는 것임을 말씀하셨습니다.

그리스도를 예표하는 다윗

하나님께서는 다윗을 그리스도를 예표하는 인물로 세우셔서 그리스도께서 당하실 많은 부분을 예시(豫示)해주셨는데, 세 방면으로 예표가 됩니다.

㉠ 첫째로 다윗은 사울의 연고 없는 박해로 인하여 도망을 다니면서 많은 시편들을 기록을 하였는데, 이를 통해서 그리스도께서 연고 없이 박해를 당하실 것을 예시해주셨습니다. 다윗은 "까닭 없이 나를 미워하는 자가 나의 머리털보다 많고 부당하게 나의 원수가 되어 나를 끊으려 하는 자가 강하였으니 내가 빼앗지 아니한 것도 물어 주게 되었나이다"(시 69:4) 하고 호소합니다.

㉮ 주님께서는 잡히시던 날 밤, "그러나 이는 그들의 율법에 기록된바 그들이 이유 없이 나를 미워하였다 한 말을 응하게 하려 함이라"(요 15:25) 하고, 이 말씀이 자신에게 성취가 되었음을 말씀하셨습니다.

㉡ 둘째로 다윗은 아들 압살롬의 반역을 당하여 많은 시편들을 기록하였는데, 그 때에 백성들은 다윗을 배척하였고, 다윗이 믿었던 모사 아히도벨도 반역에 가담을 했습니다. 다윗은 "내가 신뢰하여 내 떡을 나눠 먹던 나의 가까운 친구도 나를 대적하여 그의 발꿈치를 들었나이다"(41:9) 하고 호소합니다.

㉮ 주님께서는 잡히시던 날 밤, "내가 너희 모두를 가리켜 말하는 것이 아니니라 나는 내가 택한 자들이 누구인지 앎이라 그러나 내 떡을 먹는 자가 내게 발꿈치를 들었다 한 성경을 응하게 하려는 것이니라"(요 13:18) 하고, 이를 인용하셔서 이 말씀이 가룟 유다를 통해서 자신에게

성취가 되었음을 말씀하셨습니다.

ⓝ 반역을 당하여 "다윗이 감람 산 길로 올라갈 때에 그의 머리를 그가 가리고 맨발로 울며 가고 그와 함께 가는 모든 백성들도 각각 자기의 머리를 가리고 울며 올라가니라"(삼하 15:30) 한 장면은, 마치 주님께서 십자가를 지고 가실 때에, "또 백성과 및 그를 위하여 가슴을 치며 슬피 우는 여자의 큰 무리가 따라오는지라"(눅 23:27) 한 장면을 연상하게 합니다.

ⓒ 셋째는, 다윗은 골리앗을 물리치는 등 대적과 싸워 승전(勝戰) 중에 많은 시편들을 기록을 했는데, 주님께서는 "세상에서는 너희가 환난을 당하나 담대하라 내가 세상을 이기었노라"(요 16:33) 하십니다.

㉮ 다윗이, "주께서 높은 곳으로 오르시며 사로잡은 자들을 취하시고 선물들을 사람들에게서 받으시며 반역자들로부터도 받으시니 여호와 하나님이 그들과 함께 계시기 때문이로다"(68:18) 하고, 승리를 찬양했는데,

㉯ 사도 바울은, "그러므로 이르기를 그가 위로 올라가실 때에 사로잡혔던 자들을 사로잡으시고 사람들에게 선물을 주셨다 하였도다"(엡 4:8) 하고, 이 말씀이 그리스도께서 승리하시고 승천(昇天)하실 때에 성취된 것으로 적용을 시키고 있습니다. 이처럼 다윗은 세 방면에서 그리스도를 예표하는 인물이었던 것입니다.

다윗 생애의 고난과 징벌

다윗의 일생은 명암(明暗)이 교차되고 있는데 이점이, 사울에게 연고 없는 박해를 당

한 고난과, 밧세바 사건으로 인하여 "칼이 네 집에서 떠나지 않으리라"(삼하 12:10) 한 징벌입니다.

㉠ 먼저 사울에게 당한 박해인데 다윗은 사울 왕을 해할 수 있는 결정적인 기회가 몇 번 주어졌으나, "여호와께서는 나와 왕 사이를 판단하사 여호와께서 나를 위하여 왕에게 보복하시려니와 내 손으로는 왕을 해하지 않겠나이다"(삼하 24:12) 하고, 보복하지를 않았습니다.

㉮ 그렇다면 하나님께서 사울을 속히 심판하시지 않으시고 40년이나 왕위에 있게 하셔서 많은 날들을 다윗을 죽이려는데 허비하게 하신 의도가 무엇이란 말인가? 하나님께서 하시는 일은 참으로 기이하여 측량할 길이 없습니다. 만일 그렇게 하셨다면 그리스도를 증언하는 많은 시편들을 우리는 갖지를 못하게 되었을 것입니다.

㉡ 다음은 밧세바 사건입니다. 다윗은 메시아언약 세움을 받은 당사자가 아닌가? 그런 다윗이 밧세바를 범하는 악을 행할 때에 하나님께서는 어찌하여 이를 막아주시지 않고 허용하셨단 말인가? 하나님의 하시는 일은 기이하여 측량할 길이 없습니다.

㉮ 하나님께서는 다윗으로 하여금 죄책으로 인하여 많은 참회하는 시들을 기록하게 하셨던 것입니다.

여호와여 내가 수척하였사오니 내게 은혜를 베푸소서
여호와여 나의 뼈가 떨리오니 나를 고치소서
나의 영혼도 매우 떨리나이다 여호와여 어느 때까지니이까

여호와여 돌아와 나의 영혼을 건지시며

주의 사랑으로 나를 구원하소서

사망 중에서는 주를 기억하는 일이 없사오니

스올에서 주께 감사할 자 누구리이까

내가 탄식함으로 피곤하여 밤마다 눈물로

내 침상을 띄우며 내 요를 적시나이다 (시 6:2-6).

ⓒ 그런데 하나님께서 하시는 일은 "죄책"에서 끝나는 것이 아니라, 복음의 기쁨과 자유함으로 나아가게 하십니다. "주의 종에게 심판을 행하지 마소서 주의 눈 앞에는 의로운 인생이 하나도 없나이다"(143:2)하고, 정죄감에 빠져 있던 다윗은 마침내,

㉮ "허물의 사함을 받고 자신의 죄가 가려진 자는 복이 있도다"(32:1)하는, 칭의교리를 깨닫고는, "너희 의인들아 여호와를 기뻐하며 즐거워할 지어다 마음이 정직한 너희들아 다 즐거이 외칠지어다"(11)하고 자유함을 얻게 되고 기뻐하기에 이릅니다.

그리스도의 일대를 증언함

"이새의 아들 다윗이 말함이여 높이 세워진 자, 야곱의 하나님께로부터 기름 부음 받은 자, 이스라엘의 노래 잘 하는 자가 말하노라 여호와의 영이 나를 통하여 말씀하심이여 그의 말씀이 내 혀에 있도다"(삼하 23:1-2) 하고, 시편을 기록하게 하심으로 복음의 영광스러움을 증언케 하셨던 것입니다.

㉠ 시편에는 그리스도의 일대(一代)가 다 예언이 되어 있는데 그 중에

서도 2편, 16편, 22편, 110편은 메시아 예언으로 두드러진 시편입니다. 참으로 시편은 "그 안에는 지혜와 지식의 모든 보화가 감추어져 있느니라"(골 2:3) 한, 보물창고와 같습니다.

 ㉮ "내가 여호와의 명령을 전하노라 여호와께서 내게 이르시되 너는 내 아들이라 오늘 내가 너를 낳았도다"(2:7) 한, 탄생(誕生)이 있습니다.

 ㉯ "개들이 나를 에워쌌으며 악한 무리가 나를 둘러 내 수족을 찔렀나이다"(22:16) 한, 수난(受難)이 있습니다.

 ㉰ "이는 주께서 내 영혼을 스올에 버리지 아니하시며 주의 거룩한 자를 멸망시키지 않으실 것임이니이다"(16:10) 한, 부활(復活)이 있습니다.

 ㉱ "여호와께서 내 주에게 말씀하시기를 내가 네 원수들로 네 발판이 되게 하기까지 너는 내 오른쪽에 앉아 있으라 하셨도다"(110:1) 한, 하나님 우편(右便)에 앉아계심이 있습니다.

 ㉲ "주의 오른쪽에 계신 주께서 그의 노하시는 날에 왕들을 쳐서 깨뜨리실 것이라"(110:5) 한, 심판주로 오실 재림(再臨)이 있습니다.

 ⓒ 이처럼 시편은 문학양식이 시로 되어 있으나 그리스도를 증언하는 선지서와 같은 내용을 담고 있습니다. 서술적이 아닌 "시"의 형식으로 되어 있기 때문에 영광스러운 의미들이 농축(濃縮)이 되어 있습니다. 이러한 시편을 들어 그리스도를 증언하는 것이 그리스도의 증인들이 할 사명입니다.

 ㉮ 113편을 예로 들어보겠는데, 내용은 모든 이들을 찬양에 초대하는 시입니다.

할렐루야, 여호와의 종들아 찬양하라

여호와의 이름을 찬양하라

이제부터 영원까지

여호와의 이름을 찬송할지로다

해 돋는 데에서부터 해 지는 데에까지

여호와의 이름이 찬양을 받으시리로다.

첫 단원의 핵심 단어는 4번이나 강조하는 "찬양" 입니다. "해 돋는 데에서부터 해 지는 데에까지" 라면 온 세계를 가리킵니다.

그리고 시간적으로 "이제부터 영원까지 여호와의 이름이 찬양을 받으시리로다" 합니다. 어찌하여 이처럼 찬양을 받으시기에 합당하신가?

여호와는 모든 나라보다 높으시며

그의 영광은 하늘보다 높으시도다

여호와 우리 하나님과 같은 이가 누구리요

높은 곳에 앉으셨으나

둘째 단원의 핵심단어는 3번 강조되어 있는 "높으심" 입니다. 이처럼 높으신 하나님께서,

스스로 낮추사 천지를 살피시고

"스스로 낮추셨다"고 말씀합니다. 그리고 "천지를 살피사" 하는 것은 누군가를 찾고 있는 모습입니다. 그렇습니다.

> 가난한 자를 먼지 더미에서 일으키시며
> 궁핍한 자를 거름 더미에서 들어 세워

"가난한 자, 궁핍한 자"란 하나님을 경외하는 자들을 가리키는 시편의 표현방식입니다. 그러니까 형제를 거름 더미에 찾으셨다는 말씀입니다.

> 지도자들 곧 그의 백성의 지도자들과 함께 세우시며

찾으셔서 "왕 같은 제사장"으로 세워주셨다는 말씀입니다. 그래서 "이제부터 영원까지, 해 돋는 데에서부터 해 지는 데에까지" 여호와의 이름이 찬양을 받으시리로다 하는 것입니다. 할렐루야!

Old Testament

잠언

"잠언" 하면, 어떤 선입감이 드는가? 명언 집, 또는 이 세상을 살아가는데 있어서 지혜를 제공해주는 처세술과 같은 것이라는 생각입니다. 이는 성경이 하나님의 나라건설을 위한 구원계획이라는 구속사(救贖史)라는 맥락으로 보지를 않기 때문입니다.

잠언에는 "지혜"라는 말이 65회 이상 등장합니다. 이 지혜를 무엇으로 보느냐에 따라 해석이 갈리게 됩니다. 앞에서도 언급했습니다만 잠언이 말씀하는 "지혜"에는 교훈적(敎訓的)인 의미와, 신학적(神學的)인 의미가 있다는 점입니다. 문제는 오늘의 경향이 "신학"(神學)은 실종을 한 채 교훈에만 치중하고 있다는 점입니다.

교훈은 중요하지만 구원도, 해답도 줄 수가 없다는 점과, 복음을 떠난 교훈은 또 다른 율법이 되어 성도들에게 무거운 짐이 된다는 점을 유념해야만 합니다. 그러면 잠언에서도 "신학", 즉 그리스도와 복음을 만날 수가 있는가?

성령을 부어주시는 지혜

"다윗의 아들 이스라엘 왕 솔로몬의 잠언이라"(1:1) 하고 시작이 되는 잠언은 서론(1-6)에 이어 첫 말씀이,

㉠ "여호와를 경외하는 것이 지식의 근본이거늘 미련한 자는 지혜와 훈계를 멸시하느니라"(7) 하고, "여호와 경외"를 첫 손에 꼽습니다. 잠언 안에는 "여호와 경외"가 19번이나 등장합니다.

> ㉮ 질문을 드려 보겠습니다. 그러면 그리스도 없이도 "여호와 경외"가 가능한가 하는 점입니다. 다시 말하면 원죄 하에 있는 자들이 그리스도의 구속이 없이도 하나님과 화목하고, 여호와를 경외하는 것이 가능하냐고 묻고 있습니다. 이것이 성경을 구속사라는 원리에 입각해서 바라보는 관점입니다.
>
> ㉯ 그런데 많은 설교자들이 그리스도 없이도 여호와 경외가 가능한 양 신학(神學)을 무시하고 교훈으로 직행(直行)을 하고 있습니다. 그렇게 되면 주님은 필요 없는 존재가 되어 라오디게아교회에서처럼 문밖으로 쫓겨나게 되는 것입니다.

㉡ 그러므로 잠언의 해석은 "지혜"를 어떻게 보느냐에 따라, 그리스도를 증언하는 신학이 될 수도 있고, 명언(名言)집으로 둔갑을 할 수도 있는 것입니다.

> ㉮ 잠언의 "지혜"는 말합니다. "나의 책망을 듣고 돌이키라 보라 내가 나의 영(靈)을 너희에게 부어주며 내 말을 너희에게 보이리라"(1:23) 하고, "나의 영을 너희에게 부어주겠다" 말씀하는 이것이 잠언의 신학적

인 "지혜"입니다.

㉔ "여호와께서 그 조화의 시작 곧 태초에 일하시기 전에 나(지혜)를 가지셨으며"(8:22),

㉕ "내(지혜)가 그 곁에 있어서 창조(創造)자가 되어 날마다 그의 기뻐하신 바가 되었으며 항상 그 앞에서 즐거워하였다"(30), 즉 창조(創造)자시라는 것이, 잠언의 신학적인 지혜입니다.

㉖ 이를 "지혜"의 의인화(擬人化)라고 단정할 수가 있단 말인가? 신약성경은, "오직 부르심을 입은 자들에게는 유대인이나 헬라인이나 그리스도는 하나님의 능력이요 하나님의 지혜니라"(고전 1:24) 하고 말씀합니다.

지혜와 음녀의 대결

잠언서의 구조는, 1장-9장은 원리(原理)요, 10장-31장은 상론(詳論)이라 할 수가 있습니다. 원리와 같은 1장-9장 안에는, "지혜"가 31번, "내 아들아" 하는 것이 26번, "음녀"(또는 이방 계집)가 12번 등장합니다. 이는 "아들"을 중심(中心)으로 "지혜와, 음녀"가 소유(所有)하려고 대결하는 구조(構造)라는 점을 명심해야만 합니다. 그래서 잠언의 무대는 "길거리, 광장"(1:20)인 것입니다.

㉠ 그러므로 잠언의 지혜는, "지혜가 길거리에서 부르며 광장에서 소리를 높이며, 나의 책망을 듣고 돌이키라 보라 내가 나의 영을 너희에게 부어 주며 내 말을 너희에게 보이리라"(1:20, 23) 하고, 우리를 초청하고 있습니다.

㉮ "지혜가 그의 집을 짓고 일곱 기둥을 다듬고 짐승을 잡으며 포도주를 혼합하여 상을 갖추고 자기의 여종을 보내어 성중 높은 곳에서 불러 이

르기를 어리석은 자는 이리로 돌이키라 또 지혜 없는 자에게 이르기를 너는 와서 내 식물을 먹으며 내 혼합한 포도주를 마시고 어리석음을 버리고 생명(生命)을 얻으라"(9:1-6) 합니다. 이는 마치 주님의 천국잔치 비유를 연상하게 합니다.

ⓒ 그런가 하면 음녀도, "자기 길을 바로 가는 행인들을 불러 이르되 어리석은 자는 이리로 돌이키라 또 지혜 없는 자에게 이르기를 도둑질한 물이 달고 몰래 먹는 떡이 맛이 있다"(9:15-17) 하고 유혹을 합니다.

㉮ 잠언에서 이처럼 유혹하는 "음녀"가 사탄을 가리키는 것이 맞는다면, "나의 영(靈)을 너희에게 부어주겠다"는 "지혜"에서 그리스도를 만난다는 것은 합당한 것입니다.

목회서신적인 잠언

이런 맥락에서 잠언서에는 목회서신(牧會書信)적인 말씀이 많이 등장하는데, "의인의 입은 생명(生命)의 샘이라도 악인의 입은 독(毒)을 머금었느니라"(10:11) 합니다. "아들"을 소유하기 위한 영적 싸움은 "생명과, 사망"이 걸려 있는 진리와 비 진리의 싸움인 것입니다.

㉠ "여호와를 경외하는 것은 생명(生命)의 샘이니 사망(死亡)의 그물에서 벗어나게 하느니라"(14:27) 합니다.

㉮ "너는 사망으로 끌려가는 자를 건져주며 살륙을 당하게 된 자를 구원하지 아니하려고 하지 말라 네가 말하기를 나는 그것을 알지 못하였노라 할지라도 마음을 저울질 하시는 이가 어찌 통찰하지 못하시겠으며 네 영혼을 지키시는 이가 어찌 알지 못하시겠느냐"(24:11-12) 하십니다.

㉵ "네 양 떼의 형편을 부지런히 살피며 네 소 떼에게 마음을 두라"(27:22).

㉶ "충성된 사자(使者)는 그를 보낸 이에게 마치 추수하는 날에 얼음냉수 같아서 능히 그 주인(主人)의 마음을 시원하게 하느니라"(25:13).

㉷ 반면 "내가 게으른 자의 밭과 지혜 없는 자의 포도원을 지나며 본즉 가시덤불이 그 전부에 퍼졌으며 그 지면이 거친 풀로 덮였고 돌담이 무너져 있기로 내가 보고 생각이 깊었고 내가 보고 훈계를 받았노라"(24:30-32) 합니다.

현숙한 아내

잠언서는 의외라 싶게, "누가 현숙(賢淑)한 여인을 찾아 얻겠느냐 그의 값은 진주보다 더 하니라"(31:10) 하고 "현숙한 아내"로 끝을 맺고 있습니다.

㉠ 그러면 현숙한 여인은 어떠한 아내인가?

　㉮ "그는 양털과 삼을 구하여 부지런히 손으로 일하며"(13) 한, 부지런한 자입니다.

　㉯ "밤이 새기 전에 일어나서 자기 집안 사람들에게 음식을 나누어 주며"(15상), 즉 때를 따라 양식을 나눠주는 자입니다.

　㉰ 또한 "여종들에게 일을 정하여 맡기며"(15하) 한, 일을 분담케 하는 자입니다.

　㉱ "그는 곤고한 자에게 손을 펴며 궁핍한 자를 위하여 손을 내밀며"(20) 한, 나눠주는 자입니다.

㉡ 결론은, "고운 것도 거짓되고 아름다운 것도 헛되나 오직 여호와를

경외하는 여자는 칭찬을 받을 것이라"(30) 합니다. 형제가 이런 그리스도의 신부(新婦)가 되시기를 기원합니다.

Old Testament

전도서

전도서는 솔로몬이 탕자처럼 타락했다가, 회개하고 돌아온 후에 지은 것으로 인정이 되고 있습니다. 그러므로 전도서의 중심단어 중 하나가 "헛되다"는 말인데, 무려 39회나 등장합니다. 그러나 전도서는 헛되다는, 허무(虛無)로 끝나는 책이 아니라, 헛됨을 깨닫고 돌아와서, "하나님을 경외하고 그 명령을 지킬 지어다 이것이 사람의 본분이니라"(12:13) 하고, 본분(本分)을 증언해주고 있습니다.

이런 뜻에서 전도서는 "전도자"가 전하는 구원초청입니다. 그리고 비록 전도서에 밝히 드러나고 있지는 않지만 신구약을 막론하고 구원은 오직 예수 그리스도께서 이루어주신 "복음"으로만이 가능하여진다는 점입니다.

전도자의 깨달음

"다윗의 아들 예루살렘 왕 전도자의 말씀이라"(전 1:1) 합니다. 무엇을 감추고 있는가? "다윗의 아들이면서, 왕"이라면 솔로몬이 분명한데 "전도자"라 말할 뿐, 솔로몬이라는 이름을 감추고 있습니다. 솔로몬은 자신을 "전도자"로 기억해주기를 바라고 있는 것입니다.

프란시스 쉐퍼가, "당신은 무엇 하는 사람이요" 하고 묻는다면, 나는 "복음 전도자입니다" 하고 대답하리라 했는데 이것이 우리의 사명이기도 합니다.

㉠ 전도자는 모든 사람들이 추구하는, "은 금과 왕들이 소유한 보배와 여러 지방의 보배를 나를 위하여 쌓고 또 노래하는 남녀들과 인생들이 기뻐하는 처첩들을 많이 두었노라"(2:8) 하면서,

㉮ "무엇이든지 내 눈이 원하는 것을 내가 금하지 아니하며 무엇이든지 내 마음이 즐거워하는 것을 내가 막지 아니하였으니 이는 나의 모든 수고를 내 마음이 기뻐하였음이라 이것이 나의 모든 수고로 말미암아 얻은 몫이로다"(10), 즉 해보고 싶은 것은 다 누려보았다는 것입니다. 솔로몬이 그러했습니다.

㉯ 그런데 "그 후에 내가 생각해 본즉 내 손으로 한 모든 일과 내가 수고한 모든 것이 다 헛되어 바람을 잡는 것이며 해 아래에서 무익한 것이로다"(11) 하는 결론에 도달하게 되었다는 것입니다.

㉰ 전도서에는 "해 아래"라는 말이 29번, "헛되다"는 말이 39회나 등장하는데 "해 아래"란 세상 사람들이 살아가는 상태를 나타내는 표현입니다. 그리스도인들은 해아래서 살아가고 있지만, 동시에 "은혜 아래" 살아가는 사람들인 것입니다.

ⓛ해 아래의 삶으로는 어찌하여 만족함이 없는가? "하나님이 모든 것을 지으시되 때를 따라 아름답게 하셨고 또 사람들에게는 영원(永遠)을 사모하는 마음을 주셨느니라"(3:11) 합니다. 즉 사람은 짐승과 달리 영혼이 있기에, 영혼이 구원을 얻어 안식하기까지는 만족함을 얻을 수가 없다는 뜻입니다.

사람의 본분 여호와 경외

그리하여 전도자가 깨닫기에 이른 것은, "내가 깨달은 것은 오직 이것이라 곧 하나님은 사람을 정직하게 지으셨으나 사람이 많은 꾀들을 낸 것이니라"(7:29) 한, 타락했다는 사실입니다.

㉠ 그리하여 전도서에는 4차의 깨달음이 있는데,

㉮ "하나님께서 행하시는 모든 것은 영원히 있을 것이라 그 위에 더 할 수도 없고 그것에서 덜할 수도 없나니 하나님이 이같이 행하심은 사람들이 그의 앞에서 경외(敬畏)하게 하려 하심인 줄을 내가 알았도다"(3:14) 한, "경외함" 입니다.

㉯ "꿈이 많으면 헛된 일들이 많아지고 말이 많아도 그러하니 오직 너는 하나님을 경외(敬畏)할지니라"(5:7) 하는 깨달음입니다.

㉰ "죄인은 백 번이나 악을 행하고도 장수하거니와 또한 내가 아노니 하나님을 경외(敬畏)하여 그를 경외(敬畏)하는 자들은 잘 될 것이요"(8:12) 하는 깨달음이요,

㉱ 궁극적인 깨달음은, "일의 결국을 다 들었으니 하나님을 경외(敬畏)하

고 그의 명령들을 지킬지어다 이것이 모든 사람의 본분(本分)이니라 하나님은 모든 행위와 모든 은밀한 일을 선악 간에 심판하시리라" (12:13-14)는 결론에 도달하게 된 것입니다.

ⓒ 네 번 깨달음의 핵심은 "하나님을 경외하라"는 말씀인데, 이는 솔로몬이 잠언에서, "여호와를 경외하는 것이 지식의 근본이라"(잠 1:7) 한 주제이기도 합니다. 그리고 "여호와 경외"는 그리스도의 구속으로만이 가능하여진다는 점입니다.

가난한 지혜자

전도서에서 그리스도는 숨은 그림처럼 표현되어 있습니다. 이는 복음이 아직 나타나지 않고 의문의 휘장에 가려있던 시대이기 때문이요, 이 점이 다윗과 솔로몬의 영적인 차이이기도 합니다.

㉠ "내가 또 해 아래에서 지혜를 보고 내가 크게 여긴 것이 이러하니 곧 작고 인구가 많지 아니한 어떤 성읍에 큰 왕이 와서 그것을 에워싸고 큰 흉벽을 쌓고 치고자 할 때에"(9:13-14),

㉮ "그 성읍 가운데에 가난한 지혜 자가 있어서 그의 지혜로 그 성읍을 건진 그것이라 그러나 그 가난한 자를 기억하는 사람이 없었도다"(15) 하는, "가난한 지혜자"로 등장합니다.

㉯ 이 말씀은 우리를, "도둑이 오는 것은 도둑질하고 죽이고 멸망시키려는 것뿐이요 내가 온 것은 양으로 생명을 얻게 하고 더 풍성히 얻게 하려는 것이라"(요 10:10) 한 말씀으로 인도해줍니다.

㉰ "그러므로 내가 이르기를 지혜가 힘보다 나으나 가난한 자의 지혜가 멸시를 받고 그의 말들을 사람들이 듣지 아니한다 하였노라"(16) 하고, 멸시받는 지혜로 등장합니다.

㉱ 또한 "전도자는 힘써 아름다운 말들을 구하였나니 진리의 말씀들을 정직하게 기록하였느니라 지혜 자들의 말씀들은 찌르는 채찍들 같고 회중의 스승들의 말씀들은 잘 박힌 못 같으니 다 한 목자가 주신 바이니라"(12:10-11) 한, "한 목자(牧者), 진리(眞理)의 말씀"으로 나타나 있습니다.

전도서를 이해하는 비결

끝으로 전도서를 이해하는데 도움이 되는 점을 말씀드리려고 합니다. 전도서에는 "지혜와, 향락"(享樂)이 함께 등장하는데, 이처럼 솔로몬은 하나님께로부터 "지혜와, 구하지 않은 부와 영광"(왕상 3:13)을 받은 사람입니다.

㉠ 하나님께서는 솔로몬에게 구하지 않은 부와 영광을 주셨는데, 그러면 타락할 것을 모르셨단 말인가? 아닙니다. 하나님께서는 솔로몬에게 "지혜"를 주셔서, "잠언서와, 아가서"를 기록하게 하셨는데,

㉮ 만일 부귀영화를 주시지 않으셨다면 우리는 "전도서"를 갖지를 못하게 되었을 것입니다.

㉡ 그러므로 전도서를 상고할 때에 "전도자"가 세상 사람들의 입장이 되어(타락한 당시), 그들의 의식수준에서 진술하고 있다는 점을 분별해야만 합니다. 예를 들어 "인생들의 혼은 위로 올라가고 짐승의 혼은 아

래 곧 땅으로 내려가는 줄을 누가 알랴"(3:21) 하는 것은, 불신자들의 사상을 나타내는 말인 것입니다.

㉮ 이것이 전도자의 사상이라면 "여호와를 경외하라 이것이 사람의 본분이다, 하나님은 모든 행위와 모든 은밀한 일을 선악 간에 심판하시리라"(12:14) 하고, 말할 수가 있단 말인가?

㉯ 흔히 인생은 일방통행(一方通行)이라고 말합니다. 우리에게는 인생을 경험해서 교훈으로 삼을 두 번째 기회(機會)가 주어지지 않는다는 말입니다. 그러므로 전도서는 해 아래 살아가는 모든 사람들이 추구하는 부귀영화를 다 누려본 한 실패자의 뼈아픈 충고를 통해서, 사람의 본분이 무엇인가를 깨닫게 하시려는 것입니다.

㉰ 하나님께서는 솔로몬의 타락이라는 악을 선으로 바꾸셔서 그를 "전도자"가 되게 하시어, 헛되고 헛된 삶을 살아가고 있는 자들을 향해서 "전도서"를 통해서 복음초청을 하고 계시는 것입니다..

Old Testament

아가서

아가서는 "솔로몬의 아가라" 하고 시작이 됩니다. "솔로몬"이란, "평강"이라는 뜻으로, 솔로몬은 아가서에서 그리스도를 예표하는 인물로 등장합니다. 그리하여 왕과, 얼굴이 일광(日光)에 타서 거무스름한 시골 처녀 술람미와의 사랑을 예표로 하여, 만왕의 왕 되시는 그리스도와 신부되는 교회와의 사랑을 예시해주고 있는 사랑노래가 아가서입니다.

아가서의 중심주제는, "나는 내 사랑하는 자에게 속하였고 내 사랑하는 자는 내게 속하였다"(6:3) 하고 고백하는, 연합교리의 신비를 말씀해 주는데 있습니다. 아가서의 구조(構造)는 "신랑, 신부"의, 대화체(對話體)로 되어 있는데 사이사이 예루살렘 처녀들"의 화답이 등장합니다.

연합의 신비

첫 마디가 "내게 입 맞추기를 원하니 네 사랑이 포도주보다 나음이로구나"(아 1:2) 합니다. 이는 신부의 고백인데 "주께서 내 마음에 두신 기쁨은 그들의 곡식과 새 포도주가 풍성할 때보다 더하니이다"(시 4:7) 한, 그런 뜻입니다.

㉠ "왕이 나를 그의 방으로 이끌어 들이시니"(4) 하는데, 이점을 복음이 밝히 드러난 신약성경에서는, "그러므로 사람이 부모를 떠나 그의 아내와 합하여 그 둘이 한 육체가 될지니 이 비밀이 크도다 나는 그리스도와 교회에 대하여 말하노라"(엡 5:31-32) 하고 말씀합니다.

㉮ 복음 진리 중 최고의 신비(神秘)는 "두 몸이 합하여 한 몸을 이룬다"는 연합교리입니다. 하나님께서는 아담의 갈빗대로 하와를 지으시는 특별한 방도를 통해서 연합교리의 신비를 계시하여주셨던 것입니다. 아담이 "내 뼈 중의 뼈요 살 중의 살이라" 한 말은, 내 분신(分身)이라는 뜻입니다.

㉯ 그리하여 "아담과 하와"의 관계는 "머리와 몸"의 관계와 같아서 나눌 수도 없고, 떼어 놓을 수도 없는 관계가 된 것입니다. 이것이 "그리스도와 교회"의 관계를 예표해주고 있다는 말씀입니다. 하나님께서는 그리스도를 십자가에 깊이 잠들게 하시고 신부(新婦)인 교회를 탄생케 하셨던 것입니다.

㉡ 아가서에는 사랑노래의 후렴처럼 3번 등장하는 말씀이 있는데 연합교리의 신비를 보여주고 있습니다.

㉮ "내 사랑하는 자는 내게 속하였고 나는 그에게 속하였도다 그가 백합화 가운데에서 양 떼를 먹이는구나"(2:16) 하고 고백합니다.

㉯ "나는 내 사랑하는 자에게 속하였고 내 사랑하는 자는 내게 속하였으며 그가 백합화 가운데에서 그 양 떼를 먹이는도다"(6:3) 합니다.

㉰ "나는 내 사랑하는 자에게 속하였도다 그가 나를 사모하는구나"(7:10)

합니다.

ⓒ 그런데 여기에는 진보(進步)가 나타나고 있다는 점입니다. 첫 번에는 "내 사랑하는 자는 내게 속하였고" 하고 "나" 중심이었으나 두 번째는 "나는 내 사랑하는 자에게 속하였고" 하고 주님 중심이 되었다가, 마지막에는 "나는 내 사랑하는 자에게 속하였도다" 하고 고백할 뿐, "나"라는 자신은 살아지고 맙니다.

㉮ 사도 바울은 로마서 6장에서, "만일 우리가 그의 죽으심과 같은 모양으로 연합한 자가 되었으면 또한 그의 부활과 같은 모양으로 연합(聯合)한 자도 되리라" (롬 6:5) 하고, "연합"을 말씀합니다. 그리스도와 연합한 자는 그리스도와 함께 죽고, 함께 장사되고, 함께 살리심을 받은 자요, 그리하여 "함께 하늘에 앉히시니" (엡 2:6) 하는 말씀이 성립이 되는 것입니다. 얼마나 놀라운 신비인가? 얼마나 영광스러운 말씀인가!

㉯ 형제는 주님과 연합한 그리스도의 신부입니다. 그러므로 머리인 주님에게 되어진 일은, 몸 된 교회에도 되어진 일입니다. 그러므로 그리스도와 함께 영광을 받기 위하여 고난도 함께 받아야 하는 것입니다.

신앙생활의 실상

그러므로 아가서에는 신앙생활 중에 경험하게 되는 모든 상황들이 등장합니다.

㉠ "그가 왼팔로 내 머리를 고이고 오른팔로 나를 안는구나" (2:6) 하는, 허니문도 있고,

㉮ "나의 사랑하는 자가 내게 말하여 이르기를 나의 사랑, 내 어여쁜 자야

일어나서 함께 가자 겨울도 지나고 비도 그쳤고 지면에는 꽃이 피고 새가 노래할 때가 이르렀는데 비둘기의 소리가 우리 땅에 들리는구나" (2:10-12) 하는, 동역(同役)도 있고,

㉯ "바위 틈 낭떠러지 은밀한 곳에 있는 나의 비둘기야 내가 네 얼굴을 보게 하라 네 소리를 듣게 하라 네 소리는 부드럽고 네 얼굴은 아름답구나" (2:14) 하는, 교제(交際)도 있고,

㉰ "우리를 위하여 여우 곧 포도원을 허는 작은 여우를 잡으라 우리의 포도원에 꽃이 피었음이라" (2:15) 하는, 대적(對敵)에 대한 경계도 있고,

㉱ "내가 밤에 침상에서 마음으로 사랑하는 자를 찾았노라 찾아도 찾아내지 못하였노라" (3:1) 하는, 방황(彷徨)도 있고,

㉲ "내 누이, 내 신부는 잠근 동산이요 덮은 우물이요 봉한 샘이로구나" (4:12) 하는, 성별(聖別)도 있고,

㉳ "내가 잘지라도 마음은 깨었는데 나의 사랑하는 자의 소리가 들리는구나 문을 두드려 이르기를 나의 누이, 나의 사랑, 나의 비둘기, 나의 완전한 자야 문을 열어 다오 내 머리에는 이슬이, 내 머리털에는 밤이슬이 가득하였다 하는구나" (5:2) 하는, 신랑을 박대(薄待)하는 것도 있고,

㉴ "우리가 일찍이 일어나서 포도원으로 가서 포도 움이 돋았는지, 꽃술이 퍼졌는지, 석류 꽃이 피었는지 보자 거기에서 내가 내 사랑을 네게 주리라" (7:12) 하는, 목회(牧會)적인 돌봄도 있습니다.

포도원을 맡겨두고 떠난 신랑

아가서는 "그리하여 행복하게 살았다"는 말로 끝나고 있지 않습니다. 신랑은 신부를 두고 먼 나라로 갔다가 신부를 영접하러 다시 온다는 이별(離別)로 끝나고 있습니다.

㉠ "솔로몬이 바알하몬에 포도원이 있어 지키는 자들에게 맡겨 두고 그들로 각기 그 열매로 말미암아 은 천을 바치게 하였구나"(8:11) 하고, 포도원을 맡기고 떠나게 되는데,

㉮ 돌아오기까지, "너는 나를 도장 같이 마음에 품고 도장 같이 팔에 두라" 하고 당부합니다. 만일 정절(貞節)을 지키지 않는다면, "사랑은 죽음 같이 강하고 질투는 스올 같이 잔인하며 불길 같이 일어나니 그 기세가 여호와의 불과 같으니라"(11) 하고 경고합니다.

㉯ 신부는 신랑에게, "내 사랑하는 자야 너는 빨리 달리라 향기로운 산 위에 있는 노루와도 같고 어린 사슴과도 같아라"(14) 하고, 아가서는 가는 듯 돌아오소서 하는 말로 끝을 맺고 있습니다.

㉰ 이 말씀은, "이것들을 증언하신 이가 이르시되 내가 진실로 속히 오리라 하시거늘 아멘 주 예수여 오시옵소서"(계 22:20) 하는, 계시록 마지막 말씀과 부합합니다.

형제여, 신랑이 신부를 영접하러 노루처럼 달려오시는 그 날까지, "나를 인같이 마음에 품고 도장같이 팔에 두라" 하신 당부를 명심하십시다. 또한 맡기고 가신 "포도원"(교회)을 잘 섬기는 청지기가 되시기를 바랍니다.

Old Testament

선지서

선지서에 나타난 하나님의 "구원계획"에 관해서는 제 책, "성경은 문제에 대한 해답이다, 신구약 파노라마" 등을 참고하시기 바라고 여기서는 원론적(原論的)인 점만을 몇 가지 언급하려고 합니다.

선지서의 중심주제

하나님께서는 각 시대마다 선지자들을 세우셔서 말씀을 대언(代言)하게 하셨습니다. 그런데 모든 선지자들에게 선지서를 기록(記錄)하게 하신 것은 아니라는 점입니다. 예를 들면 "나단, 엘리야, 엘리사" 같은 분은 선지서를 기록하여 전해주지 않았던 것입니다.

㉠ 그런 중에 성경을 기록케 하신 문서(文書)선지자들은 모두 16명입니다. 그러면 우선적으로 인식해야할 점은 선지서를 기록케 하여 후대에 전하게 하신 기록목적(記錄目的)이 무엇인가 하는 점을 깨닫는 일입니다.

㉡ 그래야만 선지서를 기록한 목적대로 해석하여 바르게 사용할 수가 있기 때문입니다. 이를 깨닫기 위해서는, 첫째로 문서선지자들이 세움 받은 시점(時點)이 예루살렘의 멸망을 전후(前後)해서 세움을 받았다는 점을 주목해야만 합니다.

㉮ 둘째로 선지자들이 대언한 메시지가 무엇인가 하는 점입니다. 크게 네 가지 주제를 외쳤는데, ① 죄를 책망하고, ② 심판을 경고하면서, ③ 회개를 촉구하고, ④ 한결같이 돌아오게 하리라는 회복을 약속하고 있습니다.

㉯ 그렇다면 선지서의 기록목적이 네 가지 주제 중 어디에 맞춰져 있는가 하는 점입니다. 이점에서 확고해야할 점은 ①-③번의, "죄, 심판, 회개"라는 주제는 중요하고 필요합니다만 여기에는 해답(解答)이 없다는 것입니다. 왜냐하면 이는 인간(人間)이 행해야할 일들인데 "율법의 행위로는 그의 앞에 의롭다함을 얻을 자가 없기" 때문입니다. 한마디로 자력구원의 불가능성입니다.

㉢ 그러므로 선지서의 중심주제와 기록목적이, ④번의 "돌아오게 하리라" 한, 하나님께서 행해주실 주권적인 행사에 있다는 점에 확고해야만 합니다. 선지서를 상고해보면 모든 선지자들이 공통적으로 약속하고 있는 것이 멸망 후에, "돌아오게 하리라" 하는 회복입니다.

㉮ 그러면 어떤 방도로 돌아오게 해주신다고 말씀하시는가? 여기에 기록목적이 있고, 문제에 대한 해답이 있는 것입니다.

내 아버지께서 일하시니

이점에서 성경을 상고할 때에 언제나 염두(念頭)에 두어야할 점이 있는데 주님께서, "내 아버지께서 이제까지 일하시니 나도 일한다"(요 5:17) 하신, 하나님께서 행하시는 일은, "출애굽이나, 출 바벨론"이 아니라는 점입니다.

㉠ 하나님께서 행하시는 일은 인류의 시조가 타락한 현장에서, "내가 너로 여자와 원수가 되게 하고 네 후손도 여자의 후손과 원수가 되게 하리니 여자의 후손은 네 머리를 상하게 할 것이요"(창 3:15) 하고 선언하신, "원 복음"을 성취하시는 일입니다.

㉮ "여자의 후손", 즉 그리스도를 보내셔서 사탄의 노예로 전락한 자들을 돌아오게 하시려는 일을 하고 계신다는 점에 분명해야만 합니다. 하나님께서는 이점을 "출 바벨론"이라는 예표를 통해서 알아듣기 쉽도록 계시하여주셨던 것입니다. 이것이 선지서가 증언하고 있는 중심주제(主題)인 것입니다.

㉡ 이점을 주님께서는, "주의 성령이 내게 임하셨으니 이는 가난한 자에게 복음을 전하게 하시려고 내게 기름을 부으시고 나를 보내사 포로(捕虜) 된 자에게 자유를, 눈 먼 자에게 다시 보게 함을 전파하며 눌린 자를 자유롭게 하고 주의 은혜의 해를 전파하게 하려 하심이라" 한 말씀을 읽으시고, "이 글이 오늘 너희 귀에 응하였느니라"(눅 4:18-19, 21) 하고 말씀하셨습니다.

당돌한 두 가지 질문

질문을 드려보겠습니다. 예루살렘이 멸망을 당하지 않고, 백성들이 포로가 되어 바벨론으로 추방을 당하지 않았다면 어떻게 되는가 하는 점입니다.

㉠ 이 질문은, 유대인들이, "예수 그리스도"를 배척하지 않고 영접하여 왕으로 삼았다면 어떻게 되는가 하는 물음과 맥을 같이 합니다.

㉮ 예루살렘은 평안하고, 그리스도는 십자가를 지지 않으시게 되겠지요. 그러면 이렇게 해서, "네가 먹는 날에는 반드시 죽으리라" 하신 문제(問題)에 대한 해답(解答)이 주어지고, 사탄의 노예로 전락한 인류가 구원(救援)을 얻게 되느냐 하는 점입니다. 형제의 대답은 무엇입니까? 구원을 얻을 수 있다고 말하는 자들이 세대주의요, 자유주의 신학자들이요, 종교 다원주의자들입니다.

㉯ 그러나 주님은 오신 목적을, "인자가 온 것은 섬김을 받으려 함이 아니라", 즉 왕으로 추대를 받기 위해서가 아니라, "도리어 섬기려 하고 자기 목숨을 많은 사람의 대속물로 주려 함이니라"(마 20:28), 즉 죽으시기 위해서 오셨다고 말씀하십니다.

㉰ 그리고 십자가를 앞에 놓으시고, "지금 내 마음이 괴로우니 무슨 말을 하리요 아버지여 나를 구원하여 이 때를 면하게 하여 주옵소서 그러나 내가 이를 위하여 이 때에 왔나이다"(요 12:27) 하시고, "예수께서 신 포도주를 받으신 후에 이르시되 다 이루었다 하시고 머리를 숙이니 영혼이 떠나가시니라"(요 19:30) 합니다. 이때 비로소 1500년 동안이나 가로막혀 있던 휘장은 열려졌던 것입니다.

개혁할 때까지 맡겨둔 것

이런 맥락에서 율법 하에 있던 예루살렘은 필연적으로 멸망을 당할 수밖에 없었던 것입니다. 극단적으로 말한다면, 예루살렘은 멸망을 당해야만 했고, 그리스도께서는 대속제물이 되셔야만 했던 것입니다.

㉠ 주님께서는 "나의 원대로 마옵시고 아버지의 원대로 하옵소서" 하셨습니다. 그리고 하나님 아버지의 원하심은, "여호와께서 그에게 상함을 받게 하시기를 원하사 질고를 당하게 하셨은즉 그의 영혼을 속건제물로 드리기에 이르면 그가 씨를 보게 되며 그의 날은 길 것이요 또 그의 손으로 여호와께서 기뻐하시는 뜻을 성취하리로다"(사 53:10) 합니다.

㉮ 의문(儀文)에 속해 있던 제사제도와 예법은 참 것으로 개혁(改革)이 되어야만 했던 것입니다. "이런 것은 먹고 마시는 것과 여러 가지 씻는 것과 함께 육체의 예법일 뿐이며 개혁(改革)할 때까지 맡겨 둔 것이니라"(히 9:10) 합니다. 그러면 "개혁할 때까지"가 언제인가?

㉯ 주님께서는 "성전 안에서 소와 양과 비둘기 파는 사람들과 돈 바꾸는 사람들이 앉아 있는 것을 보시고 노끈으로 채찍을 만드사 양이나 소를 다 성전에서 내쫓으시고 돈 바꾸는 사람들의 돈을 쏟으시며 상을 엎으시고 비둘기 파는 사람들에게 이르시되 이것을 여기서 가져가라 내 아버지의 집으로 장사하는 집을 만들지 말라"(요 2:14-16) 하고, 성전을 정화하셨습니다.

㉰ 이렇게 하신 목적(目的)이 무엇인가? "자, 이제 성전이 정화(淨化)되었으니 이제 속죄제를 잘 드려라" 하시기 위한 것인가? 아닙니다. "그리

스도께서는 장래 좋은 일의 대제사장으로 오사 손으로 짓지 아니한 것 곧 이 창조에 속하지 아니한 더 크고 온전한 장막으로 말미암아 염소와 송아지의 피로 하지 아니하고 오직 자기의 피로 영원한 속죄를 이루사 단번에 성소에 들어가셨느니라"(히 9:11-12) 하고, 그림자로 주어졌던 것을 실체(實體)로 개혁하시려 오신 것입니다.

ⓒ 그러므로 주님께서는, "내가 율법이나 선지자를 폐하러 온 줄로 생각하지 말라 폐하러 온 것이 아니요 완전하게 하려 함이라"(마 5:17) 하고 말씀하십니다. 그렇습니다. "그리스도는 모든 믿는 자에게 의를 이루기 위하여 율법의 마침이 되신"(롬 10:4) 것입니다.

㉮ 죄인이며 유한한 제사장을, 하나님의 아들이요, 영원한 제사장으로,

㉯ 생축의 제물을, 자기의 피로,

㉰ 옛 언약을, 새 언약으로,

㉱ 땅에 있는 예루살렘은 위에 있는 예루살렘으로(갈 4:26),

㉲ 구약의 성전은, 주님의 몸 된 교회로,

㉳ "육체를 따라 난 이스라엘은 영적인 이스라엘로(롬 9:6, 2:28) 개혁을 하시고 온전케 하심으로 율법의 마침이 되셨던 것입니다.

선지서의 중심주제는 복음

그러므로 선지서를 통하여 말씀하시려는 중심주제는,

㉠ "이 복음은 하나님이 선지자들을 통하여 그의 아들에 관하여 성경에 미리 약속하신 것이라"(롬 1:2) 한, 복음(福音)을 증언하는데 있는 것

입니다.

㉮ 복음서 기자는 어떻게 증거를 세우고 있는가? "이 모든 일이 된 것은 주께서 선지자(先知者)로 하신 말씀을 이루려 하심이니"(마 1:22) 하고, 선지서의 예언을 들어서 "예수가, 그리스도" 이심을 입증하고 있습니다.

㉯ "이르되 유대 베들레헴이오니 이는 선지자(先知者)로 이렇게 기록된 바"(마 2:5) 하고, 베들레헴에서 탄생하실 것과,

㉰ "헤롯이 죽기까지 거기 있었으니 이는 주께서 선지자(先知者)를 통하여 말씀하신바 애굽으로부터 내 아들을 불렀다 함을 이루려 하심이라"(마 2:15) 하고, 사사건건 선지서의 예언을 들어서 예수가 그리스도이심을 입증하고 있는 것입니다.

㉱ 그러므로 만일 선지서를 주심이 아니었다면 예수님이 그리스도이심을 입증할 증거(證據)를 갖지 못하게 되는 것입니다. 선지서에서 이보다 더 중요하고 기쁜 소식이 달리 있단 말인가? 묻습니다. 형제는 선지서를 기록한 목적대로 사용하고 있습니까?

선지서의 구조

그러므로 선지서의 구조(構造)를 보면, 앞부분에서 먼저 문제(問題)가 무엇인가를 드러냅니다. 그리고 뒷부분에서 해답(解答)이 무엇인가를 증언합니다. 대부분의 선지서의 구조가 이와 같이 되어 있습니다.

㉠ 예를 들면 이사야 선지자는, "하늘이여 들으라 땅이여 귀를 기울이라 여호와께서 말씀하시기를 내가 자식을 양육하였거늘 그들이 나를 거

역하였도다 소는 그 임자를 알고 나귀는 그 주인의 구유를 알건마는 이
스라엘은 알지 못하고 나의 백성은 깨닫지 못하는도다 하셨도다 슬프다
범죄한 나라요 허물 진 백성이요 행악의 종자요 행위가 부패한 자식이
로다 그들이 여호와를 버리며 이스라엘의 거룩하신 이를 만홀히 여겨
멀리하고 물러갔도다"(사 1:2-4) 하고, 문제를 드러냅니다.

 ㉮ 그런 후에, "우리는 다 양 같아서 그릇 행하여 각기 제 길로 갔거늘 여호
와께서는 우리 모두의 죄악을 그에게 담당시키셨도다"(사 53:6) 하고,
해답이 어떻게 주어졌는가를 제시합니다. 해답의 핵심은 "그에게 담
당시키셨다"는 그리스도의 대속(代贖)에 있습니다.

㉡ 이사야 선지자는 "이스라엘이여 네 백성이 바다의 모래 같을지라
도 남은 자만 돌아오리라"(사 10:22) 말씀하고,

 ㉮ 예레미야 선지자도, "여호와께서 이와 같이 말씀하시니라 바벨론에서
칠십 년이 차면 내가 너희를 돌보고 나의 선한 말을 너희에게 성취하여
너희를 이 곳으로 돌아오게 하리라"(렘 29:10) 하고 말씀하는데, 어떤
방도로 돌아오게 하시는가?

 ㉯ "여호와의 말씀이니라 보라 날이 이르리니 내가 이스라엘 집과 유다 집
에 새 언약(言約)을 맺으리라"(렘 31:31) 하고, 새 언약을 통해서 돌아
오게 하시겠다고 말씀합니다.

㉢ 에스겔 선지자는, "내가 너희를 여러 나라 가운데에서 인도하여 내
고 여러 민족 가운데에서 모아 데리고 고국 땅에 들어가서 맑은 물을 너
희에게 뿌려서 너희로 정결하게 하되 곧 너희 모든 더러운 것에서와 모

든 우상 숭배에서 너희를 정결하게 할 것이며",

㉮ "또 새 영을 너희 속에 두고 새 마음을 너희에게 주되"(겔 36:24-26) 하고, "새 영(靈), 새 마음"을 주어 돌아오게 하시겠다고 말씀합니다. 이것은 의문이 아니라 복음(福音)인 것입니다.

자력구원의 불가능성

성경은 "구스인이 그의 피부를, 표범이 그의 반점을 변하게 할 수 있느냐 할 수 있을진대 악에 익숙한 너희도 선을 행할 수 있으리라"(렘 13:23) 합니다. 이는 자력구원의 불가능성을 단적으로 드러내는 말씀입니다.

㉠ 하나님께서 홍수심판 후에, "내가 다시는 사람으로 말미암아 땅을 저주하지 아니하리니 이는 사람의 마음이 계획하는 바가 어려서부터 악함이라 내가 전에 행한 것 같이 모든 생물을 다시 멸하지 아니하리니"(창 8:21) 하셨습니다. 무슨 뜻인가? "어려서부터 악함이라"는 뜻은 전적타락 하여 홍수심판 같은 것으로는 구제불능이라는 뜻입니다.

㉡ 그러면 70년을 복역하고 돌아온 포로귀환 후에는 어떠했는가? "우리 하나님이여 이렇게 하신 후에도 우리가 주의 계명을 저버렸사오니 이제 무슨 말씀을 하오리이까, 우리가 남아 피한 것이 오늘날과 같사옵거늘 도리어 주께 범죄하였사오니 이로 말미암아 주 앞에 한 사람도 감히 서지 못하겠나이다"(스 9:10, 15) 합니다. "한 사람도 서지 못하겠나이다", 이것이 율법의 불가능성입니다.

㉢ 구약성경의 마지막 책인 말라기 시대에 이르러서는 신앙이 얼마나

성숙하여지고 성화가 이루어졌는가? "

㉮ 얼마나 타락하고 부패했으면, "만군의 여호와가 이르노라 너희가 내 제단 위에 헛되이 불사르지 못하게 하기 위하여 너희 중에 성전 문을 닫을 자가 있었으면 좋겠도다"(말 1:10) 하시겠는가? 이제 자력구원의 불가능성에 확고합니까?

㉯ "너희가 또 말하기를 이 일이 얼마나 번거로운고 하며 코웃음치고 훔친 물건과 저는 것, 병든 것을 가져왔느니라"(말 1:13) 합니다. 그러면 하나님께서는 구원계획을 포기하셨단 말인가? 아닙니다.

㉰ "짐승 떼 가운데에 수컷이 있거늘", 양 한 마리가 아까워서 "흠 있는 것으로 속여 내게 드리는"(말 1:14) 배은망덕한 자들을 위하여, "보라 세상 죄를 지고 가는 하나님의 어린양이로다"(요 1:29) 하고, 자기 아들을 대속제물로 내어주셨다는 것이 구약성경과, 신약성경의 연결고리입니다.

㉱ 이처럼 선지서의 기록목적과 중심주제는 그리스도와 복음을 증언하는데 있습니다. 선지서에서 이보다 중요한 주제가 달리 무엇이란 말인가? 이보다 더 기쁜 소식이 있단 말인가?

주님께서는 "내가 문이다, 내가 길이다, 나로 말미암지 않고는 아버지께로 올 자가 없느니라"(요 14:6) 하십니다. 그리스도는 문제에 대한 해답입니다.

신약성경

New Testament

신약성경은 4개의 복음서와, 1개의 역사서(사도행전)와, 21개의 서신서와, 1개의 예언서(계시록)로 되어있습니다.

① 복음서는 하나님의 언약과 예언(구약성경)이, 예수 그리스도에게서 성취되었음을 증언하는데 초점을 맞추고 있습니다.

② 사도행전은 주님께서 성취해 놓으신 복음이, 예루살렘으로부터 시작하여 땅 끝까지 확장되어 나가는 성령의 사역을 보여주고 있고,

③ 서신서들은 한마디로 주님의 몸 된 교회를 견고하게 세워주기 위해서 기록이 된 것입니다.

④ 계시록은 전투하는 교회를 위로하고 격려하기 위해서 주어졌는데, 창세기에서 시작된 구원계획이, "이루었도다 나는 알파와 오메가요 처음과 나중이라"(계21:6) 하고, 완성되는 것을 보여주고 있습니다.

New Testament

복음서

복음서의 기록목적

복음서에 나타난 "하나님의 구원계획"에 관해서는 제 책, "신구약 파노라마, 성경은 문제에 대한 해답이다" 등을 참고하시기 바라면서 여기서는 원론적(原論的)인 말씀만을 드리기로 하겠습니다. 최우선적으로 복음서를 바르게 사용하는 길은 기록(記錄)목적대로 해석하여 증언하는 일입니다.

㉠ 사도 요한은 복음서의 기록목적(目的)을 두 가지로 밝혀주고 있는데,

  ㉮ "오직 이것을 기록함은 너희로 예수께서 하나님의 아들 그리스도이심을 믿게 하려 함이요",

  ㉯ "또 너희로 믿고 그 이름을 힘입어 생명을 얻게 하려 함이니라"(요 20:31) 하고, 말씀합니다.

㉡ 이는 요한복음에 국한된 것이 아닙니다. 모든 복음서는 크게 두 가지 주제를 증언하기 위해서 기록이 되었는데, 첫째는 예수가 누구신가? 하는 점이고, 둘째는 그런 분이 왜 오셨는가? 다시 말하면 우리를 위해서

무엇을 행해주셨는가를 증언하기 위해서 기록이 된 것입니다. 그 분기점(分岐點)이 "너희는 나를 누구라 하느냐"(마 16:15) 하신 물으심입니다.

㉮ 이를 중심으로 전반부는 예수가 누구신가에 초점이 맞춰져 있고,

㉯ 후반부는 그 분이 왜 오셨는가에 초점이 맞춰져 있습니다. 이 두 주제(主題)가 합해져서 하나의 "복음"(福音)이 되는 것입니다.

그러므로 복음서를 해석할 때에 이 두 주제를 놓쳐서는 아니 됩니다. 이를 떼어놓는다면 복음서를 설교하면서도 복음이 아닐 수가 있기 때문입니다. 이는 우려가 아니라 오늘의 실정이 그러한 것입니다.

㉢ 베드로는 "주는 그리스도시요 살아 계신 하나님의 아들이시니이다"(16:16) 하고 고백합니다. 예수님이 누구신가를 알게 된 것입니다.

㉮ "이 때로부터 예수 그리스도께서 자기가 예루살렘에 올라가 장로들과 대제사장들과 서기관들에게 많은 고난을 받고 죽임을 당하고 제 삼일에 살아나야 할 것을 제자들에게 비로소 나타내시니"(21) 합니다. 즉 왜 오셨는가 하는 목적을 비로소 말씀하신 것입니다. 한마디로 대신 죽으시기 위해서 오셨다는 말씀입니다. 이점을 신앙고백 전에 말씀을 하셨다면 제자들이 다 흩어지고 말았을 것입니다.

㉯ 이점을 1차(마 16:21), 2차(17:23), 3차(20:19)에 걸쳐서 재차 삼차 다짐하셨습니다. 주님께서는 "죽으심"만을 말씀하신 것이 아니라, "제 삼일에 살아나야 할 것을" 말씀하셨습니다.

복음서의 초점

바로의 노예였던 이스라엘 민족이 어떻게 "출애굽" 하게 되었는가? 10가지 재앙의 초점이 유월절 어린양의 피"에 맞춰져 있음을 상고하면서, 4개의 복음서의 초점이 "유월절과, 그리스도의 죽음"에 맞춰져 있음을 확인한 바 있습니다. 이점을 좀더 살펴보고자 합니다.

말씀을 마치시고

㉠ 마태복음에는 "말씀을 마치시고" 하는 말이 5번 등장합니다.

㉮ "예수께서 이 말씀을 마치시매"(마 7:28), 산상수훈을 마치신 것입니다.

㉯ "예수께서 열두 제자에게 명하기를 마치시고"(11:1),

㉰ "예수께서 이 모든 비유를 마치신 후에"(13:53),

㉱ "예수께서 이 말씀을 마치시고"(19:1),

㉲ "예수께서 이 말씀을 다 마치시고"(26:1) 합니다.

㉡ 다 마치시고 어떻게 하셨는가? "제자들에게 이르시되 너희가 아는 바와 같이 이틀이 지나면 유월절이라 인자가 십자가에 못 박히기 위하여 팔리리라"(2) 하고, 자기 자신을 주셨던 것입니다.

㉮ 주님께서 말씀만을 마치시고 끝이셨다면, 예수님은 석가나 공자 같은 도덕가나 철학자가 되었을 것입니다.

㉯ 기사와 이적만이 끝이라면, 예수님은 신비가가 되었을 것입니다.

㉰ "내가 곧 생명의 떡이다"(요 6:35) 하시고, 자신을 주심으로 구주(救主)가 되셨습니다.

말하지 말라

마가복음에는 "말하지 말라" 하고 금하신 것이 5차 등장합니다.

㉠ 나병환자를 고쳐주시고는, "삼가 아무에게 아무 말도 하지 말라" (막 1:44) 하시고,

㉮ 회당장의 죽은 딸을 살려주시고도, "아무도 알지 못하게 하라" (5:43) 하시고,

㉯ 귀 먹고 말 더듬는 자를 고쳐주시고 "그들에게 경고하사 아무에게도 이르지 말라" (7:36) 하고 금하셨습니다.

㉰ 그런데 우리를 당황하게 하는 것은 자신이 그리스도인 것도, "아무에게도 말하지 말라 경고하신" (8:30) 사실입니다. 병을 고쳐주신 후에 말하지 말라 하신 의도는 이해할 수가 있는데, "그리스도" 인 것도 말하지 말라 하시면 무엇을 전하라 하시는가?

㉱ 주님의 의도를 변화산상에서, "내려올 때에 예수께서 경고하시되 인자가 죽은 자 가운데서 살아날 때까지는 본 것을 아무에게도 이르지 말라" (9:9) 하신 말씀을 통해서 깨달을 수가 있습니다.

㉡ "인자가 죽은 자 가운데서 살아난" 후에는 말하라는 말씀입니다. 주님은 기사이적을 행하는 분으로가 아니라, 죽으시고 다시 사신 구주(救主)로 전파되기를 원하신 것입니다. 우리의 구원은 오병이어나, 나사로의 무덤에서 주어진 것이 아닙니다. 마가복음의 초점도 주님의 죽으심에 맞춰져 있습니다. 왜냐하면 "죄 값은 사망" 이기 때문입니다.

㉮ 그러므로 "말하지 말라" 하고 금하셨던 주님은 부활하신 후에는,

"너희는 온 천하에 다니며 만민(萬民)에게 복음(福音)을 전파(傳播)하라"(16:15) 하고 명하셨던 것입니다.

예루살렘을 향하여 올라가심

누가 복음에는, "예수께서 승천(昇天)하실 기약이 차가매 예루살렘을 향하여 올라가기로 굳게 결심(決心)하시고"(눅 9:51) 예루살렘으로 올라가시는데, 누가는 예루살렘으로 올라가시는 주님의 발걸음을 놓치지 않고 있습니다. 왜 "굳게 결심"을 하셨는가? 십자가를 지시기 위해서 올라가시는 발걸음이기 때문입니다.

㉠ "예수께서 예루살렘을 향하여 가시기 때문에 그들이 받아들이지 아니 하는지라"(9:53) 합니다.

㉮ "예수께서 각 성 각 마을로 다니사 가르치시며 예루살렘으로 여행하시더니"(13:22),

㉯ "그러나 오늘과 내일과 모레는 내가 갈 길을 가야 하리니 선지자가 예루살렘 밖에서는 죽는 법이 없느니라"(13:33),

㉰ "예수께서 예루살렘으로 가실 때에 사마리아와 갈릴리 사이로 지나가시다가"(17:11),

㉱ "예수께서 열두 제자를 데리시고 이르시되 보라 우리가 예루살렘으로 올라가노니 선지자들을 통하여 기록된 모든 것이 인자에게 응하리라"(18:31),

㉲ "그들이 이 말씀을 듣고 있을 때에 비유를 더하여 말씀하시니 이는 자기가 예루살렘에 가까이 오셨고 그들은 하나님의 나라가 당장에 나타

날 줄로 생각함이더라"(19:11),

㉻ "예수께서 이 말씀을 하시고 예루살렘을 향하여 앞서서 가시더라" (19:28),

㉼ 드디어 예루살렘에 "가까이 오사 성을 보시고 우시며"(19:41) 합니다.

㉡ 이처럼 누가복음은 9장에서 벌써 예루살렘으로 올라가시기로 "굳게 결심"하시고, 올라가시는 발걸음을 놓치지 않고 있는 것입니다. 그러므로 누가복음을 설교할 때에 9장-22장의 말씀이, 주님께서 "예루살렘으로 올라가기로 굳게 결심하시고", 올라가시면서 하신 말씀이라는 점을 염두에 두고 증언해야만 더욱 절실하게 다가오게 되는 것입니다.

㉮ 예를 들면, "허리에 띠를 띠고 등불을 켜고 서 있으라 너희는 마치 그 주인이 혼인집에서 돌아와 문을 두드리면 곧 열어 주려고 기다리는 사람과 같이 되라"(눅 12:35-36) 하시면서, "그러므로 너희도 준비(準備)하고 있으라 생각하지 않은 때에 인자가 오리라"(40) 하셨습니다. 이 말씀은 우리의 대속제물이 되시기 위해서 예루살렘으로 올라가시면서 하신 말씀인데, 이때 벌써 다시오실 "재림"(再臨)을 말씀하셨다는 점을 증언해야한다는 것입니다.

㉢ 예루살렘에 올라오신 주님은 제자들에게, "이르시되 내가 고난을 받기 전에 너희와 함께 이 유월절 먹기를 원하고 원하였노라"(22:15) 하십니다. 주님은 유월절 절기에 맞춰서 "유월절 어린양"이 되시기 위해서 올라오셨던 것입니다.

㉮ 형제는 마지막 유월절이 언제인지 말해줄 수가 있습니까? 주님이 잡히

시던 날 밤이 1500년 동안 지켜 내려오던 마지막 유월절이요, 예표로 주어진 유월절이 실체(實體)로 개혁이 되는 첫 번 성찬(聖餐)의 밤이었던 것입니다.

㉣ 주님께서는, "또 떡을 가져 감사기도 하시고 떼어 그들에게 주시며 이르시되 이것은 너희를 위하여 주는 내 몸이라 너희가 이를 행하여 나를 기념하라 하시고 저녁 먹은 후에 잔도 그와 같이 하여 이르시되 이 잔은 내 피로 세우는 새 언약(言約)이니 곧 너희를 위하여 붓는 것이라" (22:19-20) 하고, "옛 언약을, 새 언약으로" 개혁을 하셨던 것입니다.

이 때에 왔나이다

요한복음은, "그러나 내가 이를 위하여 이 때에 왔나이다" 하신, "때"에 초점이 맞춰져 있습니다.

㉠ 주님께서는 가나 혼인잔치에 포도주가 떨어졌다는 말을 들으시고, "여자여 나와 무슨 상관이 있나이까 내 때가 아직 이르지 아니 하였나이다" (요 2:4) 하셨습니다. 무슨 뜻인가? 이는 최후만찬 석상에서 포도주를 가지시고 "마시라 이는 내 피로 세우는 언약의 피니라" 하실 때를 염두에 두고 하신 말씀으로 보아야만 합니다.

㉮ 주님은 "너희는 명절에 올라가라 내 때가 아직 차지 못하였으니 나는 이 명절에 아직 올라가지 아니하노라" (7:8) 하십니다.

㉯ 주님께서 성전에서 가르치셨으나, "잡는 사람이 없으니 이는 그의 때가 아직 이르지 아니 하였음이러라" (8:20) 합니다.

㉰ 주님께서는 십자가를 앞에 놓으시고, "지금 내 마음이 괴로우니 무슨 말을 하리요 아버지여 나를 구원하여 이 때를 면하게 하여 주옵소서 그러나 내가 이를 위하여 이 때에 왔나이다"(12:27) 하십니다.

㉱ "유월절 전에 예수께서 자기가 세상을 떠나 아버지께로 돌아가실 때가 이른 줄 아시고"(13:1) 합니다.

㉲ 드디어 주님은 대제사장 기도에서, "아버지여 때가 이르렀사오니"(17:1) 하십니다.

㉳ 그리고 십자가상에서 "다 이루었다 하시고 머리를 숙이니 영혼이 떠나가시니라"(19:30) 하심으로 구원을 이루셨던 것입니다.

ⓒ 사도 바울은 "누가 주의 마음을 알아서 주를 가르치겠느냐 그러나 우리가 그리스도의 마음을 가졌느니라"(고전 2:16) 하고 말씀하는데, 복음서에 나타난 "주의 마음"을 알아서 주를 가리친다는 것은 중요한 요점입니다.

㉮ 그런데 복음서들은 주님의 죽으심으로 끝이고 있는 것이 아니라, 미리 말씀하신 대로 삼 일만에 다시 살아나심까지 증언하고 있습니다. "그리스도께서 다시 살아나신 일이 없으면 너희의 믿음도 헛되고 너희가 여전히 죄 가운데 있을 것이요"(고전 15:17) 하고 말씀합니다. 그러므로 그리스도의 증인들은 주님의 죽으심과, 다시 사심을 힘 있게 증언해야 마땅합니다.

진실로, 진실로

요한복음에는 "진실로, 진실로" 하신 말씀이 25회나 등장합니다. 저는 이를 중심으로 "그리스도는 이렇게 선언하셨다" 하는 책(증언)을 쓰고 싶습니다. 왜냐하면 증인들이란 주의 대언(代言)자이기 때문입니다. 이 중에서, "예수께서 대답하여 이르시되 진실로 진실로 네게 이르노니 사람이 거듭나지 아니하면 하나님의 나라를 볼 수 없느니라"(요 3:3) 하신, "거듭남"의 문제는 꼭 언급하고 넘어가야만 하겠습니다.

㉠ 니고데모는 "랍비여 우리가 당신은 하나님께로부터 오신 선생인 줄 아나이다 하나님이 함께 하시지 아니하시면 당신이 행하시는 이 표적(表迹)을 아무도 할 수 없음이니이다"(2) 하고, "표적"에 관심이 있었으나, 주님의 우선적인 관심은 니고데모의 신분이나 지위가 아니라 "거듭남"에 있으셨기 때문에, 이는 목회자의 우선적인 관심이 되어야 마땅합니다.

㉮ 기독교는 사람을 개선(改善)하는 종교가 아닙니다. "허물과 죄로 죽었던" 자들을 다시 살아나게 하는 "부활이요, 생명"인 것입니다. 문제는 교회 안에 있다고 모두가 거듭난 것은 아니라는 점을 유념해야만 합니다. 그 비율이 어떠할 것으로 여겨지십니까?

㉯ 그런데 오늘날은 교회에 나오기만 하면 자동적으로 거듭나는 양, 머릿수에만 관심이 있을 뿐, 거듭남에 대해서는 무관심하다는데 현대교회의 근본적인 문제가 있다고 여겨집니다. 한 영혼이 하나님의 가족으로 "거듭난다"는 점이 얼마나 중요한가를 보시기 바랍니다.

㉡ 하나님께서 에스겔 선지자에게 골짜기에 뼈가 가득한 것을 보여주시면서, "이 뼈들이 능히 살겠느냐"(겔 37:3) 하고 물으십니다.

㉮ 이 말씀이 제게는, "네 설교로, 지혜로, 교회 프로그램으로 이 뼈들을 살릴 수 있다고 생각하느냐" 하는 물음으로 다가 왔습니다. 에스겔에게 말씀하신 "뼈"가 1차적으로는 바벨론에 포로 된 자의 상태를 나타내지만, 동시에 사탄의 포로 된 자를 가리키는 복합적(複合的)인 계시인 것입니다.

㉢ 문제는 이 뼈들이 살아나는데 두 단계(段階)로 되어 있다는 점입니다. "내가 또 보니 그 뼈에 힘줄이 생기고 살이 오르며 그 위에 가죽이 덮이나 그 속에 생기(生氣)는 없더라" (8) 합니다.

㉮ 그러면 이 상태는 산 것입니까? 죽은 것입니까? 이런 교회가 벌써 초대교회 때 있었습니다. 주님께서는 사데교회를 향해서, "내가 네 행위를 아노니 네가 살았다 하는 이름은 가졌으나 죽은 자로다" (계 3:1), 즉 살았다 하는 모양은 있으나 속에 영이 없다는 말씀입니다.

㉯ "이에 내가 그 명령대로 대언(代言)하였더니 생기가 그들에게 들어가매 그들이 곧 살아나서 일어나 서는데 극히 큰 군대더라" (겔 37:10) 합니다. 이점을 사도 바울은, "그는 허물과 죄로 죽었던 너희를 살리셨도다" (엡 2:1) 합니다. 핵심은 "생기" 곧 영에 있습니다. 우선적으로 "성령으로 거듭나야", 즉 하나님의 자녀로 태어나야만 양육할 수도 있고, 훈련을 시킬 수도 있는 것이 아닌가?

한 알의 밀이 땅에 떨어져

그러면 "반드시 죽으리라" 하신 선고 하에 있는 아담의 후예들이, 거듭나는 것이 어떻게 해서 가능하여지는가?

㉠ "내가 진실로 진실로 너희에게 이르노니 한 알의 밀이 땅에 떨어져 죽지 아니하면 한 알 그대로 있고 죽으면 많은 열매를 맺느니라"(요 12:24) 하고, 주님의 죽으심으로만이 "씨"가 퍼질 수가 있다고 말씀하십니다.

㉮ 하나님께서는 이점을 이사야 선지자를 통해서, "여호와께서 그에게 상함을 받게 하시기를 원하사 질고를 당하게 하셨은즉 그의 영혼을 속건제물로 드리기에 이르면 그가 씨를 보게 되며"(사 53:10) 하고, 예언하신 바입니다.

㉯ 사도 베드로는 "너희가 거듭난 것은 썩어질 씨로 된 것이 아니요 썩지 아니할 씨로 된 것이니 살아 있고 항상 있는 하나님의 말씀으로 되었느니라"(벧전 1:23) 합니다. 거듭남은, "너희가 아들이므로 하나님이 그 아들의 영을 우리 마음 가운데 보내사 아빠 아버지라 부르게 하셨느니라"(갈 4:6) 한, 성도들 안에 변화가 일어나는 일입니다. 얼마나 경이로운 말씀인가! 그러므로 거듭남이 최우선입니다.

성령과의 동역

그러면 누가, 어떻게 거듭나게 하는가? 목회자라도 거듭나게 할 수는 없습니다.

㉠ "진실로 진실로 네게 이르노니 사람이 물과 성령으로 나지 아니하면 하나님의 나라에 들어갈 수 없느니라"(요 3:5) 하신, 성령(聖靈)님만이 거듭나게 하실 수가 있다고 말씀합니다.

㉡그러면 성령께서 언제 거듭나게 하시는가? "그 안에서 너희도 진리의 말씀 곧 너희의 구원의 복음(福音)을 듣고 그 안에서 또한 믿어 약속의 성령으로 인치심을 받았으니" (엡 1:13) 합니다.

㉮ "진리의 말씀 곧 너희의 구원의 복음"을 들을 때에 성령께서는 그에게 믿음을 주시고, 거듭나게 하신다는 것입니다. 그러면 "듣지도 못한 이를 어찌 믿으리요 전파하는 자가 없이 어찌 들으리요" (롬 10:14) 한대로, 복음을 전해주는 자가 있어야 하는 것입니다

㉯ 그런데 모든 설교가 거듭나게 하는 "구원의 복음"은 아닙니다. "예수는 우리가 범죄한 것 때문에 내줌이 되고 또한 우리를 의롭다 하시기 위하여 살아나셨느니라" (롬 4:25) 한, 이것이 구원의 복음입니다.

㉢목회자가 거듭나게 할 수는 없으나 "구원의 복음"을 자주자주 전해줌으로 듣는 자들에게 거듭날 기회(機會)를 제공해주고, 성령과 동역할 수는 있다는 점을 명심해야만 합니다.

㉮ 주님께서는 "육으로 난 것은 육이요 영으로 난 것은 영이니 내가 네게 거듭나야 하겠다 하는 말을 놀랍게 여기지 말라" (요 3:6-7) 하십니다. 무슨 뜻이냐 하면, 10년을 믿었어도, 장로가 되어도, "육으로 난 것은 육이요", 믿은 지 1개월이 되었어도 "영으로 난 것은 영이라"는 말씀입니다. 얼마나 심각한 문제인가?

설교는 영적 전투

이점에서 유념해야할 점은 복음을 한두 번 전해주고는 거듭났으리라고 여겨서는 아

니 된다는 점입니다. 왜냐하면, "이 세상의 신(사탄)이 믿지 아니하는 자들의 마음을 혼미하게 하여 그리스도의 영광의 복음의 광채가 비치지 못하게"(고후 4:4) 가로막고 있기 때문입니다. 이점이 주님께서 말씀하신 "씨 뿌리는 비유"에도 분명히 나타나 있습니다.

㉠ 복음운동은, "사망에서 생명으로, 사탄의 진영에서 하나님의 진영"으로 옮기게 하는 영적 전투입니다. "강한 자가 무장을 하고 자기 집을 지킬 때에는 그 소유가 안전하되" 하십니다. "강한 자"란 사탄을 가리키고, 무장을 하고 지키고 있다는 "자기 집"은 사람의 심령입니다. "그 소유가 안전하되" 하신 점을 명심하십시다. 이는 쉽게 내어주지 않는다는 뜻입니다.

㉡ "더 강한 자가 와서 그를 굴복시킬 때에는 그가 믿던 무장을 빼앗고 그의 재물을 나누느니라"(눅 11:21-22) 하시는데, "더 강한 자"란 "죽음을 통하여 죽음의 세력을 잡은 자 곧 마귀를 멸하시며"(히 2:14) 한, 그리스도요. 결국 사탄을 정복할 수 있는 것은 오직, "이 복음은 모든 믿는 자에게 구원을 주시는 하나님의 능력이 됨이라"(롬 1:16) 한, 복음의 능력뿐이라는 점에 확고해야만 합니다.

㉮ 이점은 이미 이사야 선지자로, "용사가 빼앗은 것을 어떻게 도로 빼앗으며 승리자에게 사로잡힌 자를 어떻게 건져낼 수 있으랴 여호와가 이같이 말하노라 용사의 포로도 빼앗을 것이요 두려운 자의 빼앗은 것도 건져낼 것이니 이는 내가 너를 대적하는 자를 대적하고 네 자녀를 내가 구원할 것임이라"(사 49:24-25) 하고, 예언하신 바입니다.

그래서 존 스토트는 성도들의 마음속에 복음이 뚫고 들어가도록 스크루를 대고 돌리듯 하라고 말했던 것입니다.

하나님의 최대의 능력

하나님은 능력의 하나님이십니다. 그러면 하나님의 능력 중 최대의 능력이 무엇인지 아십니까? 그것은 천지만물을 창조하신 것도 아니요, 홍해를 가르신 것도 아닙니다. 놀라지 마시기 바랍니다.

㉠ "그의 힘의 위력(威力)으로 역사하심을 따라 믿는 우리에게 베푸신 능력(能力)의 지극(至極)히 크심이 어떠한 것을 너희로 알게 하시기를 구하노라"(엡 1:19) 한, 우리를 거듭나게 하신 능력이라고 말씀합니다.

㉮ 그래도 실감을 못할까 보아, "그의 능력(能力)이 그리스도 안에서 역사하사 죽은 자들 가운데서 다시 살리시고 하늘에서 자기의 오른편에 앉히사"(20) 하고, 우리를 거듭나게 하신 능력과 그리스도를 죽은 자 가운데서 살리신 능력이 동일한 능력(能力)이라고 말씀합니다. "하늘에서 자기 오른 편에 앉히사" 하는데, 지옥에 떨어져야할 심령을 살리셔서 그리스도와 함께 하늘에 앉혀주시는 것이 "거듭남"의 능력이란 점을 인식하시기를 바랍니다.

㉡ 거듭남이 왜 이다지도 중요한지 아니십니까? "거듭남"이 끝이 아닙니다. "예수를 죽은 자 가운데서 살리신 이의 영이 너희 안에 거하시면 그리스도 예수를 죽은 자 가운데서 살리신 이가 너희 안에 거하시는 그의 영으로 말미암아 너희 죽을 몸도 살리시리라"(롬 8:11) 말씀하기

때문입니다.

㉮ "죽을 몸도 살리시리라" 하는 것은 "영화"(靈化)를 가리키는데, "주여, 주여" 하기만 하면 다 영화되는 것이 아니라 그 속에, "예수를 죽은 자 가운데서 살리신 이의 영" 이 거하는 자만이 영화된다는 말씀입니다. 이는 마치 씨가 있는 계란만이 병아리가 태어날 수 있음과 같은 이치입니다.

㉯ 두 사람이 나란히 누어있어도 한 사람은 데려감을 당하고 한 사람은 버려둠을 당하리라 하신 말씀을 명심해야만 합니다. 때는 이미 늦었고 그때 가서야 거듭나지 못했음을 깨닫게 된다면 그 비참함이 누구의 책임이란 말인가?

사상이 다르다

그러면 거듭난 여부를 어떻게 알 수가 있는가?

㉠ 주님께서는 "바람이 임의로 불매 네가 그 소리는 들어도 어디서 와서 어디로 가는지 알지 못하나니 성령으로 난 사람도 다 그러 하니라" (요 3:8) 하십니다. "바람"을 볼 수가 없듯이 육신의 눈으로는 알 수가 없다는 것입니다. 그러나 나뭇가지가 흔들리는 것을 보아서 알 수가 있듯이 거듭난 "특성"이 나타난다는 것입니다.

㉮ 이 특성을 사도 바울은, "육신을 따르는 자는 육신의 일을, 영을 따르는 자는 영의 일을 생각하나니" (롬 8:5) 하고, "생각" 하는 바가 다르다는 것입니다. 성령으로 거듭난 사람은 인생관, 가치관, 우선순위 등이 영

적인 것을 추구(追求)하는 것으로 나타난다는 말씀입니다.

ⓒ 여기서 "육신을 따르는 자"란, 어린 그리스도인이 아니라 거듭나지 못한 자를 가리키는데, "육신의 생각은 사망이요 영의 생각은 생명과 평안이니라 육신의 생각은 하나님과 원수가 되나니 이는 하나님의 법에 굴복하지 아니할 뿐 아니라 할 수도 없음이라"(6-7) 하고, 굴복할 힘도 없다는 것입니다.

㉮ 결론은 "만일 너희 속에 하나님의 영이 거하시면 너희가 육신에 있지 아니하고 영에 있나니 누구든지 그리스도의 영이 없으면 그리스도의 사람이 아니라"(9) 하고, 단언합니다. 목사든, 장로든, 10년을 믿었든, 누구든지 말입니다.

㉯ 바울은 "육에 속한 사람은 하나님의 성령의 일들을 받지 아니하나니 이는 그것들이 그에게는 어리석게 보임이요, 또 그는 그것들을 알 수도 없나니 그러한 일은 영적으로 분별되기 때문이라"(고전 2:14) 하고 말씀하는데 그러면, 구속교리를 어리석은 것으로 여기면서 "도살장의 신학"이라고 조롱하는 자유주의 신학자들이란 거듭난 자인가? 아닌가? 그들은 "이성(理性)은 발달이 되었으나 성령(聖靈)은 없는 자"라 말할 수밖에 없는 것입니다.

ⓒ 사도 바울은, "우리 중에 누구든지 자기를 위하여 사는 자가 없고 자기를 위하여 죽는 자도 없도다 우리가 살아도 주를 위하여 살고 죽어도 주를 위하여 죽나니 그러므로 사나 죽으나 우리가 주의 것이로다"(롬 14:7-8) 하고 말씀합니다.

㉮ "우리 중에는" 자기중심적(自己中心的)인 사람은 없다는 것입니다. 만일 있다면 그는 복음을 알지도 못하고, 거듭나지도 못한 그리스도인이 아니라는 그런 뜻이 됩니다. "우리 중에"는 이런 사람이 없는가 하고 묻는다면 형제의 대답은 무엇입니까?

㉯ 한 심령이 거듭나 하나님의 자녀로 태어난다는 것은 천하보다도 귀한 것입니다. 주님께서는 죄인 하나가 회개하면 하늘에서는 잔치가 벌어진다(눅 15:7) 하고 말씀하십니다. "거듭남"의 급선무와, 중요성을 인식하셨습니까? 다시 묻습니다. 현대교회 내의 거듭난 비율이 어떠하리라고 여겨지십니까?

사도행전

주님께서는 십자가상에서 "다 이루었다" 하고 선언하셨는데, 이것을 누가 아는가? 인간의 이성이나 세상 지혜로는 알 수가 없는 것입니다. 그러므로 주님께서는 너희는, "예루살렘을 떠나지 말고 내게서 들은 바 아버지께서 약속하신 것을 기다리라"(행 1:4) 하고 분부하십니다.

㉮ 구속사역을 완수하신 주님은 1장에서 승천하시고,

㉯ 성령께서는 약속하신 대로 2장에서 강림하십니다. 임무교대가 이루어진 것입니다.

성령의 사명

그러면 성령께서는 무슨 사명을 위해서 강림하시는가? "내가 아버지께로부터 너희에게 보낼 보혜사 곧 아버지께로부터 나오시는 진리의 성령이 오실 때에 그가 나를 증언하실 것이요"(요 15:26) 하신, 그리스도를 증언하는 일입니다.

㉠ 이점에서 확고해야할 점은 그리스도를 증언하시되, "십자가에서

대속제물이 되어주신 그리스도"를 증언하러 오신다는 점입니다.

㉮ 이점을 주님께서는, "그러나 내가 너희에게 실상을 말하노니 내가 떠나가는 것이 너희에게 유익이라 내가 떠나가지 아니하면 보혜사가 너희에게로 오시지 아니할 것이요 가면 내가 그를 너희에게로 보내리니" (요 16:7) 하고, 말씀하십니다.

㉯ "떠나가신다"는 말은 죽으시고 부활 승천하실 것을 가리킵니다. 그런데 떠나가지 아니하면 성령께서 오시지 않는다는 것입니다. 엄밀히 말하면 오실 필요가 없는 것입니다. 왜냐하면 성령께서는 주님께서 "다 이루었다" 하신 구속사역을 증언하여, 믿게 하고 거듭나게 하기 위해서 오시는데 이루어놓지 않으신다면 오실 이유(理由)가 없기 때문입니다.

㉮ 보십시오. 오순절에 강림하신 성령께서는 베드로의 입을 통해서, "그가 하나님께서 정하신 뜻과 미리 아신 대로 내준 바 되었거늘 너희가 법 없는 자들의 손을 빌려 못 박아 죽였으나 하나님께서 그를 사망의 고통에서 풀어 살리셨으니 이는 그가 사망에 매여 있을 수 없었음이라" (행 2:23-24) 하고, 그리스도의 다시 사심을 증언하고 있습니다.

㉯ 2차 설교에서도, "너희가 거룩하고 의로운 이를 거부하고 도리어 살인한 사람을 놓아 주기를 구하여 생명의 주를 죽였도다 그러나 하나님이 죽은 자 가운데서 그를 살리셨으니 우리가 이 일에 증인이라" (3:14-15) 하고, 죽으시고 다시 사심을 증언하고 있습니다.

㉰ 사도행전이나 서신서에는, "오병이어, 나사로를 살리심" 등, 오늘날 복

음인줄 알고 열을 올리고 있는 기사들이 단 한번도 등장하지를 않는 것입니다. 왜냐하면 우리의 구원은, "예수는 우리가 범죄한 것 때문에 내줌이 되고 또한 우리를 의롭다 하시기 위하여 살아나셨느니라"(롬 4:25)를 통해서 가능하여졌기 때문입니다. 성령께서는 이를 증언하기 위해서 강림하신 것입니다.

성령 행전

주님께서는, "오직 성령이 너희에게 임하시면 너희가 권능을 받고 예루살렘과 온 유대와 사마리아와 땅 끝까지 이르러 내 증인이 되리라"(행 1:8) 하고 말씀하셨는데, 이것이 사도행전의 요절이라 할 수가 있습니다. 이 말씀이 어떻게 성취되어졌는가를 보십시오.

㉠ 오순절에 강림하신 성령께서는 갈릴리 어부와 같은, "세상의 미련한 것들, 세상의 약한 것들, 세상의 천한 것들, 없는 것들을 택하사"(고전 1:27-28) 복음을 증언케 하셨는데,

㉮ "하나님의 말씀이 점점 왕성하여 예루살렘에 있는 제자의 수가 더 심히 많아지고 허다한 제사장의 무리도 이 도에 복종하니라"(6:7) 하고, 예루살렘에서 왕성(旺盛)하게 하시고,

㉯ "그리하여 온 유대와 갈릴리와 사마리아 교회가 평안하여 든든히 서 가고 주를 경외함과 성령의 위로로 진행하여 수가 더 많아지니라"(9:31) 하고, 유다와 사마리아까지 진행(進行)이 되고,

㉰ "하나님의 말씀은 흥왕하여 더하더라"(12:24) 하고, 안디옥까지 확장(擴張)이 되고,

㉔ "이와 같이 주의 말씀이 힘이 있어 흥왕하여 세력을 얻으니라"(19:20) 하고, 로마를 공략하기 위하여 에베소에 교두보(橋頭堡)를 확보하게 되고,

㉕ 그리고 사도행전은 바울이 로마에 보냄을 받아, "하나님의 나라를 전파하며 주 예수 그리스도에 관한 모든 것을 담대하게 거침없이 가르치더라"(28:31) 하고, "로마"로 마치고 있습니다.

ⓒ 사도들이 증언한 사도행전은 끝이 났으나, 복음전도자들이 증언할 "복음행전"은 아직 끝나지 않은 것입니다. 사도 바울은, "주의 말씀이 너희 가운데서와 같이 달음질하여 영광스럽게 되게"(살후 3:1) 해달라고 기도해 줄 것을 부탁합니다.

㉮ 베드로, 바울은 자신들의 사명을 마치고 구속사의 무대를 떠났으나, 그들과 함께 하셨던 주 성령은 "어제나 오늘이나 영원토록 동일"하시어, 지금 형제와 함께 계셔서 이 복음이 "달음질"하여 영광스럽게 되기를 원하십니다.

New Testament

서신서

구약성경에 "선지서"가 있듯이, 신약성경에는 "서신(書信)서"가 있습니다. 선지서가 교회에게 보내짐과 같이 서신서도 불신자들에게 보내진 것이 아니라, 믿는 성도들을 위해서 기록되었습니다.

㉠ 선지자들이, 죄를 책망하고, 심판을 경고하고, 회개를 촉구함과 같이, ㉮ 서신서들도, 죄를 책망하고, 심판을 경고하고, 회개를 촉구하고 있습니다.

㉡ 그런데 "선지서의 중심주제가 "복음"을 증언하는데 있는 것과 같이, ㉯ 서신서의 중심주제도 "복음"(福音)을 증언하는데 있다는 점을 명심해야만 합니다. 왜냐하면 인간이 행해야하는 율법이나 교훈에는 해답이 없고, 오직 하나님께서 자기 아들을 통해서 행해주신 복음과 은혜에 해답이 있기 때문입니다.

서신서의 기록목적

서신서의 기록목적을 4가지로 요약할 수가 있는데, ① 성도들의 신앙을 견고하게 세워주어, ② 환난 중에서도 능히 승리하게 하고, ③ 하나님의 자녀답게 살아가게 하고, ④ 이단의 미혹을 경계하기 위해서입니다.

㉠ 그런데 이상 4개 주제가 이 세상 지혜나 방법으로는 불가능하다는 점입니다. 이 불가능성을 율법 하에 있던 구약교회가 멸망으로 끝났다는 점이 말해줍니다.

㉮ 그래서 하나님께서는 선지자를 통해서, "또 새 영(靈)을 너희 속에 두고 새 마음을 너희에게 주되 너희 육신에서 굳은 마음을 제거하고 부드러운 마음을 줄 것이며 또 내 영(靈)을 너희 속에 두어 너희로 내 율례를 행(行)하게 하리니 너희가 내 규례를 지켜 행할지라"(겔 36:26-27) 하셨던 것입니다.

㉡ 그러므로 우선적으로 성령으로 거듭나야 하는 것입니다. 이를 알았기에 사도 바울은, "내 말과 내 전도함이 설득력 있는 지혜의 말로 하지 아니하고 다만 성령의 나타나심과 능력으로 하여 너희 믿음이 사람의 지혜에 있지 아니하고 다만 하나님의 능력에 있게 하려 하였노라"(고전 2:4-5) 하고 말씀합니다.

㉮ 성도들의 신앙의 근거(根據)와 열심을 내는 동기(動機)가 "사람의 지혜", 즉 교회 프로그램이나, 또는 축복에 두고 있는가? 즉 자기중심에 있는가? 아니면 "성령의 나타나심과 능력", 즉 성령으로 거듭난 신앙, 그리하여 인생의 목적, 가치관이 바뀐 신앙에 근거한 것이냐 하는 것은

사활적으로 중요한 요점인 것입니다.

성도를 견고하게 함

그러면 서신서의 기록목적 중 첫째가 성도들의 신앙을 자라게 하고 견고하게 세워주기 위해서라 말씀했는데, 무엇이 성도들을 견고하게 세워주는가?

㉠바울은 로마서를, "내가 너희 보기를 간절히 원하는 것은 어떤 신령한 은사를 너희에게 나누어 주어 너희를 견고(堅固)하게 하려 함이니"(롬 1:11) 하고, "견고케 하려 함"으로 시작하여, "이 복음으로 너희를 능히 견고(堅固)하게 하실 지혜로우신 하나님"(16:26) 하고, "견고케 하려 함"으로 마치고 있습니다. 그러니까 바울은 성도들을 견고하게 세워주기 위해서 로마서를 기록하였다는 것입니다.

㉮ 성도들의 신앙을 견고케 하는 것은 뼈대가 튼튼해야 하는데 이는 교훈으로 되는 것이 아니라, 로마서와 같은 하나님께서 행해주신 "교리"(敎理)를 세워주어야만 견고해질 수가 있는 것입니다.

일본 선교 중 창 너머로 건축현장을 볼 수가 있었는데 내진(耐震)설계에 의해 굵은 철근을 상상을 초월할 정도로 넣는 것을 보면서 생각이 깊었습니다. 건물이 완공이 되면 그 철근들을 볼 수가 없습니다. 강진이 닥친다 해도 능히 견딜 수 있는 성도들 속에 뼈대가 튼튼한 가 이것이 문제입니다.

㉯ 밀레도에서 행한 고별설교에서도, "지금 내가 여러분을 주와 및 그 은혜의 말씀에 부탁하노니 그 말씀이 여러분을 능히 든든히 세우사 거룩

하게 하심을 입은 모든 자 가운데 기업이 있게 하시리라"(행 20:32) 합니다.

ⓒ사도 베드로는, "모든 은혜의 하나님 곧 그리스도 안에서 너희를 부르사 자기의 영원한 영광에 들어가게 하신 이가 잠깐 고난을 당한 너희를 친히 온전하게 하시며 굳건하게 하시며 강하게 하시며 터를 견고하게 하시리라"(벧전 5:10) 합니다. 견고하게 세워주는 것은 오직 "복음의 능력" 뿐입니다.

승리하게 하게 하는 복음

서신서의 두 번째 주제가 환난이나 박해 중에서도 승리하는 삶을 살게 하려는데 있다고 했습니다.

㉠사도 바울은 로마교회를 향해서, "누가 우리를 그리스도의 사랑에서 끊으리요 환난이나 곤고나 박해나 기근이나 적신이나 위험이나 칼이랴" 하고 열거하고는, "그러나 이 모든 일에 우리를 사랑하시는 이로 말미암아 우리가 넉넉히 이기느니라"(롬 8:35, 37) 합니다. 이점이 일본어 성경에는, "압도적(壓倒的)인 승리"(勝利)로 되어 있는 것을 대하면서 의미가 새롭게 다가오는 것을 느꼈습니다.

㉮고린도교회를 향해서는, "우리 주 예수 그리스도로 말미암아 우리에게 승리를 주시는 하나님께 감사하노니 그러므로 내 사랑하는 형제들아 견실하며 흔들리지 말고 항상 주의 일에 더욱 힘쓰는 자들이 되라 이는 너희 수고가 주 안에서 헛되지 않은 줄 앎이라"(고전 15:57-58) 하고 격

려합니다.

㉯ 에베소교회를 향해서는, "끝으로 너희가 주 안에서와 그 힘의 능력으로 강건하여지고 마귀의 간계를 능히 대적하기 위하여 하나님의 전신갑주를 입으라" (엡 6:10-11) 하고 격려합니다.

㉰ 베드로 사도는, "사랑하는 자들아 너희를 연단하려고 오는 불 시험을 이상한 일 당하는 것 같이 이상히 여기지 말고 오히려 너희가 그리스도의 고난에 참여하는 것으로 즐거워하라 이는 그의 영광을 나타내실 때에 너희로 즐거워하고 기뻐하게 하려 함이라" (벧전 4:12-13) 하고 격려합니다.

그런데 현대교회가 이처럼 허약해진 원인이 어디에 있는가 하고 생각하게 합니다. 그것은 복음의 능력을 상실했기 때문이라고 밖에는 달리는 설명할 길이 없는 것입니다.

아버지와 자녀는 닮음의 문제

서신서의 세 번째 주제는 하나님의 자녀답게 살아가게 하는 "성화"(聖化)입니다. 성화가 무엇인가? "그러므로 사랑을 받는 자녀(子女) 같이 너희는 하나님을 본받는 자가 되고"(엡 5:1) 합니다. 아버지와 자녀의 관계는 "닮음"의 문제인데 아버지를 닮는 것, 이것이 성화입니다. 많은 목회자들이 성화문제로 고심하는 것을 보았습니다. 즉 성도들이 변화가 되지 않는다는 것입니다. 그 원인이 어디에 있는가?

㉠ 바울의 서신들은 대개가 두 부분으로 되어 있습니다. 로마서를 예를 들면 1장-11장까지에서 하나님께서 자기 아들을 통해서 행해주신 복음(교리)을 증언하고는, "그러므로 형제들아 내가 하나님의 모든 자비

하심으로 너희를 권하노니 너희 몸을 하나님이 기뻐하시는 거룩한 산 제물로 드리라 이는 너희가 드릴 영적 예배니라"(롬 12:1) 하고 말씀합니다.

㉮ "그러므로" 하고 시작이 되는 12장-16장까지가 하나님의 자녀답게 살아가야할 윤리인데 "그러므로"라는 접속사(接續詞)로 앞부분의 복음(福音)과 연결이 되어있다는 점을 놓치지 말아야만 합니다. 이 "그러므로"를 모르거나 끊어지게 되면, 성화의 삶에 실패하게 되는 것입니다.

㉯ 성화는 "또 새 영을 너희 속에 두고 새 마음을 너희에게 주되 너희 육신에서 굳은 마음을 제거하고 부드러운 마음을 줄 것이며 또 내 영을 너희 속에 두어 너희로 내 율례를 행하게 하리니 너희가 내 규례를 지켜 행할지라"(겔 36:26-27) 한, "영과 마음"의 문제입니다. 그러므로 "새 영, 새 마음"이 주어져야만 가능하여진다는 점을 명심해야만 합니다.

㉰ 그런데 현대교회는 어떠한가? 교훈"(教訓), 수양(修養), 심리(心理)치료 등으로 하려고 합니다. 그러면 구약교회가 범법한 자를 "돌로 치라" 한 엄한 율법을 가지고 있으면서도 성화에 실패한 이유를 생각해보시기를 바랍니다. 성경은 "율법 안에서 의롭다 함을 얻으려 하는 너희는 그리스도에게서 끊어지고 은혜에서 떨어진 자로다"(갈 5:4) 합니다.

㉡ 고린도교회가 안고 있는 많은 문제들을, 사도 바울이 어떤 방도로 치료하는가를 보십시오.

㉮ "성도가 세상을 판단할 것을 너희가 알지 못하느냐"(고전 6:2),

㉯ "우리가 천사를 판단할 것을 너희가 알지 못하느냐"(3),

㉰ "불의한 자가 하나님의 나라를 유업으로 받지 못할 줄을 알지 못하느냐" (9),

㉱ "너희 몸이 그리스도의 지체인 줄을 알지 못하느냐" (15),

㉲ "너희 몸은 너희가 하나님께로부터 받은바 너희 가운데 계신 성령의 전인 줄을 알지 못하느냐" (19),

㉳ "너희는 너희가 하나님의 성전인 것과 하나님의 성령이 너희 안에 계시는 것을 알지 못하느냐" (3:16) 하고, 저들에게 전해준, 그러나 이제는 망각(忘却)한 복음(福音)을 상기시켜주고 일깨워줌으로 치료하고 있는 것입니다.

ⓒ "보라 아버지께서 어떠한 사랑을 우리에게 베푸사 하나님의 자녀라 일컬음을 받게 하셨는가, 사랑하는 자들아 우리가 지금은 하나님의 자녀라 장래에 어떻게 될지는 아직 나타나지 아니하였으나 그가 나타나시면 우리가 그와 같을 줄을 아는 것은 그의 참모습 그대로 볼 것이기 때문이니 주를 향하여 이 소망(所望)을 가진 자마다 그의 깨끗하심과 같이 자기를 깨끗하게 하느니라" (요일 3:1-3) 합니다.

㉮ 신약시대의 모든 행위의 참된 동기(動機)는 오직 "사랑"인 것입니다. 나의 넘어짐은 하나님 아버지의 사랑에 대해 죄를 범하는 것이요, 그리스도의 은혜를 저버리는 것이라는 복음의 능력으로만이 하나님의 자녀답게 살아가게 할 수가 있다는 점을 명심하시기를 바랍니다. 이것이 성화에 이르게 하는 성경적인 방법입니다.

나, 너, 그들

서신서의 네 번째 주제는 이단에 대한 경계인데, 왜 이단에 미혹이 되는가? "그들이 하나님께 열심이 있으나 올바른 지식을 따른 것이 아니니라"(롬 10:2) 한, 잘못된 열심장이들이라는 점입니다. 그들을 올바른 지식(교리)을 따라 바른 열심장이가 되도록 인도하지 못한 책임을 교회는 반성해야만 합니다.

㉠ "사랑하는 자들아 우리가 일반으로 받은 구원에 관하여 내가 너희에게 편지하려는 생각이 간절하던 차에 성도에게 단번에 주신 믿음의 도를 위하여 힘써 싸우라는 편지로 너희를 권하여야 할 필요를 느꼈노니 이는 가만히 들어온 사람 몇이 있음이라"(유 1:3-4) 하고, "가만히 들어온" 이단을 경계합니다. 교회를 위태롭게 하는 것은 외부에서 가해지는 박해가 아니라, 적은 누룩을 온 덩어리에 퍼지게 하는 이단 사상인 것입니다.

㉡ 사도 바울이, "나는 선한 싸움을 싸우고 나의 달려갈 길을 마치고 믿음을 지켰으니"(딤후 4:7) 한 진술을 목회서신의 문맥으로 보면, 불신자들에 대한 선교를 가리키는 것보다는, 교회 안에 침투한 거짓 선생들을 대항하여 복음을 보수(保守)하기 위한 싸움이었음을 알게 됩니다. 그러므로 목회서신을 이해하고, 이단의 경계를 위해서는 목회서신에 등장하는, "나, 너, 그들"을 분별할 수 있어야만 합니다.

㉮ "나"는, "복음으로 말미암아 내가 죄인과 같이 매이는 데까지 고난을 받았으나 하나님의 말씀은 매이지 아니하니라"(딤후 2:9) 한 바울이요,

㉯ "너"는, "그러므로 너는 내가 우리 주를 증언함과 또는 주를 위하여 갇

힌 자 된 나를 부끄러워하지 말고 오직 하나님의 능력을 따라 복음과 함께 고난을 받으라"(딤후 1:8) 한 디모데를 가리키는 말입니다.

ⓒ 그러면 "그들"은 누군가 하는 점입니다. "그들의 말은 악성 종양이 퍼져나감과 같은데 그 중에 후메내오와 빌레도가 있느니라"(2:17) 한, 교회 안에 있는 자요, 그것도 가르치는 선생의 위치에 있는 자인 것입니다.

참과 거짓의 시금석

그러면 "너와, 그들"이 무엇에 의하여 분별(分別)이 되는가를 인식해야만 합니다.

㉠ 그것은 "그들" 곧 거짓 선생을 양성하는 신학교가 따로 있는 것이 아니라는 점입니다. "너는 진리의 말씀을 옳게 분별(分別)하며 부끄러울 것이 없는 일꾼으로 인정된 자로 자신을 하나님 앞에 드리기를 힘쓰라"(2:15) 한, "진리의 말씀을 옳게 분별"하느냐 여부에 달렸다는 점을 명심해야만 합니다.

㉮ 구약교회에도 많은 거짓선지자들이 있었습니다. 그런데 구약성경에는 "거짓선지자"라는 말이 한번도 등장하지를 않습니다. 오늘날도 자신이 거짓 목회자라고 생각하는 사람은 단 한 사람도 없습니다. 모두가 나는 아니라고 말합니다. 그렇다면 "참과, 거짓"은 특성으로 분별해야만 하는데 거짓의 특성이 무엇인가?

㉯ 주님께서는, "모든 사람이 너희를 칭찬하면 화가 있도다 그들의 조상들이 거짓선지자들에게 이와 같이 하였느니라"(눅 6:26) 하십니다. 왜 "칭찬"을 하는가? 거짓선지자는 백성들이 듣기 좋아하는 영합하는 말

만을 했기 때문입니다. 이점에서 주님이 말씀하신 칭찬은 "존경" 과는 다른 뜻입니다.

ⓛ "그들이 내 백성의 상처를 가볍게 여기면서 말하기를 평강하다 평강하다 하나 평강이 없도다"(6:14) 하는데, 거짓선지자들이 이렇게 했다는 것입니다. 이점은 교회성장에만 급급하여 "긍정적인 설교" 가 판을 치는 현대교회 유행에 경계가 됩니다.

㉮ 이점을 "이 땅에 무섭고 놀라운 일이 있도다 선지자들은 거짓을 예언하며 제사장들은 자기 권력으로 다스리며 내 백성은 그것을 좋게 여기니 마지막에는 너희가 어찌 하려느냐"(렘 5:30-31) 하시는데, "마지막" 은 멸망이었던 것입니다.

㉯ 반면 예레미야와 같은 참 선지자는, "이에 그 고관들이 왕께 아뢰되 이 사람이 백성의 평안(平安)을 구하지 아니하고 재난을 구하오니 청하건대 이 사람을 죽이소서 그가 이같이 말하여 이 성에 남은 군사의 손과 모든 백성의 손을 약하게 하나이다"(렘 38:4) 하고, 악담하는 자로 여겼던 것입니다.

ⓒ 이점을 사도 바울은, "때가 이르리니 사람이 바른 교훈을 받지 아니하며 귀가 가려워서 자기의 사욕을 따를 스승을 많이 두고 또 그 귀를 진리에서 돌이켜 허탄한 이야기를 따르리라"(딤후 4:3-4) 하고 경계하는데, 지금이 더욱 그러합니다.

㉮ 자신이 거짓 목자임을 알고 있는 자가 있을까? 모르고 있다는 것입니다. 왜냐하면, "그들로 깨어 마귀의 올무에서 벗어나 하나님께 사로잡

힌바 되어 그 뜻을 따르게 하실까 함이라"(딤후 2:26) 한 말씀에 나타나는데, "마귀의 올무에서 벗어나" 한, 사탄에게 사로잡혀 있기 때문이요, "깨어" 한 것을 보면 그들이 최면(催眠)에 걸리듯 한 상태이기 때문입니다.

복음 전도자

사도 바울은 자신의 임무를, "내가 이 복음을 위하여 선포자와 사도와 교사로 세우심을 입었노라"(딤후 1:11) 합니다.

㉠ 순서를 주목해 보십시오. 복음 "선포자"라는 점을 "사도(使徒)보다 앞세우고 있습니다. 바울이 자신의 사도 권을 얼마나 변명했는가를 생각한다면 이는 우리의 예상을 뒤엎는 선언입니다. 바울의 의중이 무엇인가? 앞 절을 보십시오.

㉮ "이제는 우리 구주 그리스도 예수의 나타나심으로 말미암아 나타났으니" 합니다. 이 "나타나심"은, "본래 하나님을 본 사람이 없으되 아버지 품속에 있는 독생하신 하나님이 나타내셨느니라"(요 1:18) 한, "나타나심"을 가리킵니다.

㉯ 그런데 육신을 입고 나타나신 것만이 아니라, "그는 사망을 폐하시고 복음으로써 생명과 썩지 아니할 것을 드러내신지라"(딤후 1:10-11) 합니다. 이 "드러내심"은, 죽으시고 다시 사심을 통해서 영원한 생명을 드러내셨는데 이것이 "복음"(福音)이라는 것입니다. 그렇다면, 하나님의 아들 그리스도께서 "나타나시고, 드러내신" 이 복음을 누가 바로

중언하느냐 하는 문제가 사도(使徒)라는 직분보다도 가장 중요함을 인식했기 때문인 것입니다.

㉰ 디모데전서에서도, "그가 모든 사람을 위하여 자기를 대속물로 주셨으니 기약이 이르러 주신 증거니라 이를 위하여 내가 전파하는 자와 사도로 세움을 입은 것은 참말이요 거짓말이 아니니" (딤전 2:6-7) 하고, 사도보다 "전파하는 자"를 앞세우고 있는데 이는 "자기를 대속물로 주셨다"는 망극하신 말씀 때문인 것입니다.

그렇습니다. 학벌이나, 학위나, 직분이 중요한 것이 아니라, 누가 스데반 집사처럼 생명을 내놓고 복음을 증언하느냐 하는 이것이 중요한 것입니다.

설교의 중심

이런 맥락에서 말씀이 육신이 되어 죽으시고 다시 사심을 통해서 이루어 주신 것을 아는 자라면, "형제들아 내가 너희에게 나아가 하나님의 증거를 전할 때에 말과 지혜의 아름다운 것으로 아니하였나니 내가 너희 중에서 예수 그리스도와 그가 십자가에 못 박히신 것 외에는 아무 것도 알지 아니하기로 작정하였음이라" (고전 2:1-2) 하고, 말하게 될 것입니다.

㉠ 20세기의 복음전도자 로이드 죤스 목사님이 복음을 얼마나 자랑했으면 이 성구가 그의 묘비명이 되었습니다. 바울은, "그러나 내게는 우리 주 예수 그리스도의 십자가 외에 결코 자랑할 것이 없으니" (갈 6:14) 합니다.

㉠ 모든 설교자들이 나는 복음전도자라 말할 것입니다. 그러나 만일 교훈, 축복을 복음보다 먼저 전한다면 복음전도자라 말할 수가 없는 것입니다. 만일 복음보다 교훈이나 축복을 더 많이 말한다면 "복음 전도자"라 말할 수는 없을 것입니다. 그것은 바른 순서가 아닙니다.

㉡ 순교를 목전에 둔 사도 바울은,

미쁘다 이 말이여
우리가 주와 함께 죽었으면 또한 함께 살 것이요
참으면 또한 함께 왕 노릇 할 것이요
우리가 주를 부인하면 주도 우리를 부인하실 것이라
우리는 미쁨이 없을지라도 주는 항상 미쁘시니
자기를 부인하실 수 없으시리라(딤후 2:11-13) 하고 고백합니다.

㉠ "자기를 부인하실 수 없으시리라"는 뜻이 무엇인가? 만일 약속하신 것을 지켜주시지 않는다면 우리를 실망시킨 것 이전에, 하나님께서는 자신이 거룩하시고, 의로우시고, 진실하신 하나님이심을 부인하는 것이 된다는 것입니다. 하나님은 절대로 그러실 수가 없으신 분이십니다, 그래서 그 분의 말씀은 "미쁘다 이 말이여", 믿을만한 말씀이라는 것입니다.

㉡ 바울은 "미쁘신" 이 말씀을 붙잡고, 이 말씀을 가슴에 품고, 이 말씀 위에 굳게 서서, 이 말씀을 묵상하면서 순교의 잔을 마셨을 것입니다.

계시록

성경의 첫 책인 창세기(創世記)로부터 시작하여 마지막 책인 계시록(啓示錄)에 이르게 되었습니다. 창세기가 시작(始作)의 책이라면, 계시록은 완성(完成)의 책입니다.

그런데 계시록하면 우선적으로 난해한 책으로 여기는데, 그러나 계시록은 비밀문서가 아니라, 환난 중에 있는 교회들을 위로하고 격려하기 위해서 주어진 것입니다. 그러므로 계시록의 전체적인 구조(構造)와, 중심주제가 무엇인가를 파악한다면 결코 난해한 것이 아닙니다.

계시록은 요한복음의 속편

㉠ 사도 요한은, 요한복음과 계시록을 기록하였는데, 복음서가 전편(前篇)이라면 계시록은 후편(後篇)이라 할 수가 있습니다. "내가 볼 때에 그의 발 앞에 엎드러져 죽은 자 같이 되매 그가 오른손을 내게 얹고 이르시되 두려워하지 말라 나는 처음이요 마지막이니 곧 살아 있는 자라 내가 전에 죽었었노라 볼지어다 이제 세세토록 살아 있어 사망과 음부

의 열쇠를 가졌노니"(계 1:17-18) 하십니다.

㉠ "전에 죽었었노라"가 요한복음이라면,

㉡ "볼지어다 이제 세세토록 살아 있어 사망과 음부의 열쇠를 가졌노니", 즉 세상 끝 날까지 우리와 함께 계셔서 우리를 위하여 싸워주신다는 것이 계시록의 내용입니다.

ⓒ 이런 맥락에서 계시록은 먼저 주어진 (요한)복음(福音)에 입각해서 해석이 되어야 하는 것입니다. 왜냐하면 계시록은 복음에 굳게 서서, 선한 싸움을 싸우는 자들에게 주어진 것이기 때문입니다.

㉠ 그러므로 복음, 즉 하나님의 구원계획에 바로 서 있지 못한 자들은 계시록을 상고하기 전에, 먼저 복음이 무엇인가를 받아야만 하는 것입니다. 그런데 "하나님 속에 감추어졌던 비밀의 경륜"이 어떻게 이루어져 나왔는가를 모르는 자들이 완성의 책인 계시록을 자의적인 해석을 하다보니 곡해를 하게 되는 것입니다.

계시록의 중심주제

㉠ 계시록에는 "보좌"라는 말이 44회, "어린양"이 29회, "교회"가 20회, "성령, 또는 영"이 18회나 등장합니다. 이 네 마디의 조합(調合)을 통해서 계시록의 중심주제가 드러납니다.

㉠ 첫째로 "보좌와, 어린양"의 조합(調合)인데, "큰 소리로 외쳐 이르되 구원하심이 보좌에 앉으신 우리 하나님과 어린양에게 있도다"(7:10) 합니다. 보좌에 앉으신 하나님께서, 자기 아들을 어린양으로 삼으셔서

이루어 놓으신 것이 구원의 복음이요.

㉯ 둘째로 "성령과, 교회"의 조합(調合)인데, "성령과 신부가 말씀하시기를 오라 하시는도다 듣는 자도 오라 할 것이요 목마른 자도 올 것이요 또 원하는 자는 값없이 생명수를 받으라 하시더라"(22:17) 하고, 성령께서 교회들을 통하여 복음초청(招請)을 하시는 역사가 계시록의 중심 주제인 것입니다.

㉡ 두 마디를 합하면, 하나님께서 자기 아들을 어린양으로 삼으셔서 이루어 놓으신 복음을, 성령께서 교회를 통하여 증언하는 것이 계시록의 내용인데, 이는 사망의 진영에 있는 자를 생명의 진영으로 이끌려는 영적 싸움을 통해서만 가능하다는 것입니다. 그러므로 계시록은 십자가 군병들을 격려하기 위해서 주어진 것입니다.

계시록의 구조

㉠ 그리스도께서는 1장에서, "그의 발은 풀무 불에 단련한 빛난 주석 같고 그의 음성은 많은 물소리와 같으며 그의 오른손에 일곱 별이 있고 그의 입에서 좌우에 날선 검이 나오고 그 얼굴은 해가 힘 있게 비치는 것 같더라"(1:16-17) 한, 야전군(野戰軍) 사령관의 모습으로 등장하셔서,

㉮ 2장-3장에서는 십자가 군병들인 7교회(教會)를 향하여, 7번이나 "이기는 자는, 이기는 자는" 하고 격려를 하시면서, 이기는 자에게 주어지는 축복들을 약속을 하십니다.

㉯ 그리고 4장-20장을 말씀한 후에 결론부분인 21장에 이르러, "이기는 자

는 이것들을 상속으로 받으리라 나는 그의 하나님이 되고 그는 내 아들이 되리라" (21:7) 하시는 구조(構造)로 되어 있습니다.

ⓒ 그렇다면 4장-20장의 내용은 무엇이겠습니까? 우리의 대적(對敵)은 누군가? 어떻게 하는 것이 이기는 것인가 하는 내용인 것입니다.

㉮ 대적(對敵)의 우두머리는, "큰 용이 내쫓기니 옛 뱀 곧 마귀라고도 하고 사탄이라고도 하며 온 천하를 꾀는 자라" (계 12:9) 한 사탄이요,

㉯ "용이 짐승에게 권세를 주므로 용에게 경배하며 짐승에게 경배하여 이르되 누가 이 짐승과 같으냐 누가 능히 이와 더불어 싸우리요 하더라" (13:4) 한 "짐승" 은 적그리스도요,

㉰ "내가 보매 또 다른 짐승이 땅에서 올라오니 어린양 같이 두 뿔이 있고 용처럼 말을 하더라" (11) 한, 양의 탈을 쓰고 용처럼 말하는 자는 거짓선지자입니다. "마귀, 적그리스도, 거짓선지자", 이것이 대적의 3두(頭) 체제입니다.

ⓒ 이점이 "또 내가 보매 개구리 같은 세 더러운 영이, 용의 입과 짐승의 입과 거짓선지자의 입에서 나오니" (16:13) 한, 묘사에서도 드러납니다.

㉮ "입" 이라는 말이 3번이나 강조되어 있는데, 영적 싸움은 입으로 증언(證言)하는 말씀의 싸움이요, 진리와 비 진리의 싸움인 것입니다.

㉯ 그리고 "더러운 영" 이 입에서 나온다 한 것은, 증언하는 말과 함께 역사하는 "성령(聖靈)과, 악령(惡靈)의 싸움임을 말씀해줍니다. 그래서 사도 바울은, "이는 우리 복음이 너희에게 말로만 이른 것이 아니라 또한 능력과 성령과 큰 확신으로 된 것임이라" (살전 1:5) 한 것입니다.

㉣ 계시록에는 "일곱 머리, 열 뿔" 등이 나타나는데 이것이 무엇인가 하고 고심을 하는데 이는 지엽적인 문제요 중심주제가 아닙니다. 그러므로 70머리, 100뿔이라도 그것은 사탄의 지체(肢體)들이라는 점을 인식하는 것으로 족한 것입니다.

㉮ 우리의 대장되시는 그리스도에게도 뿔(눅 1:69)이 있고, 많은 지체가 있는 것입니다. 이처럼 우리의 대적은, "사탄, 적그리스도, 거짓선지자"요, 이기는 비결은 진리와 비 진리의 중언하는 싸움이 계시록의 싸움이요, 복음진리를 바로 중언하는 것이 승리의 비결인 것입니다.

㉯ 누군가 나에게 "육백 육십 육이 뭐요" 하고 묻는다면, 나는 "666이요" 하고 대답할 것입니다. 무슨 뜻이냐 하면 하나님의 숫자는 "일곱 별, 일곱 금 촛대, 일곱 영" 하고, "777"이지만 사탄은 아무리 모방의 명수라 해도 "666"이기 때문입니다.

이것이 "바코드"요, 종말이 왔다고 떠들썩하게 하더니, 이제는 "베리칩"(Verification Chip)이라고 공포를 조성하고 있습니다. 그들은 "666"보다 복음이 무엇인가를 아는 것이 선결문제입니다. 왜냐하면 사도 요한은 계시록을 "요한복음"을 받은 성도들을 위하여 기록하고 있기 때문입니다.

어린양의 피

그러면 계시록의 핵심이 무엇이며, 우리가 증언해야할 복음진리의 핵심이 무엇인가? 출애굽(出埃及)의 핵심, 복음서(福音書)의 핵심이 무엇인지 잊지 않았습니까? "유월절 어린양의 피"입니다.

㉠ "또 우리 형제들이 어린양의 피와 자기들이 증언(證言)하는 말씀으로써 그를 이겼으니 그들은 죽기까지 자기들의 생명을 아끼지 아니하였도다"(12:11) 하고, 계시록에서도 우리가 생명을 걸고 증언해야할 제목은 "어린양의 피" 라고 말씀합니다.

㉮ 다시 강조합니다만 "어린양", 즉 그리스도만을 전하는 것이 아니라, 어린양이 우리 죄를 인하여 죽으심으로 우리를 "피로 값을 주고 사셨다"는 것을 증언해야한다는 점입니다. 출애굽 당시도 "내가 피를 볼 때에 너희를 넘어가리라" 하셨음을 상기하시기를 바랍니다.

㉯ 사도 바울은, "유대인은 표적을 구하고 헬라인은 지혜를 찾으나 우리는 십자가에 못 박힌 그리스도를 전하니 유대인에게는 거리끼는 것이요 이방인에게는 미련한 것이로되"(고전 1:22-23) 합니다. 바울은 그리스도만을 전한 것이 아니라, "십자가에 못 박히신 그리스도"를 전했다고 말씀합니다. 왜냐하면 이것이 복음이요, 여기에 구원이 있기 때문입니다. 그런데 이제도 표적만을 내세우고, 지혜를 자랑하는 증인들이 있다는 것은 답답한 일입니다.

유대 지파 다윗의 뿌리가 이겼다

그리스도께서 어떤 방도로 "뱀의 머리를 상하게 하셨는가"를 기억하시기를 바랍니다.

㉠ "자녀들은 혈과 육에 속하였으매 그도 또한 같은 모양으로 혈과 육을 함께 지니심은 죽음을 통하여 죽음의 세력을 잡은 자 곧 마귀를 멸하

시며"(히 2:14), 즉 육신을 입으시고 오셔서 죽으시고 다시 사심을 통해서 사망의 세력을 잡은 자 마귀를 멸하셨다 " 합니다.

㉮ 계시록에서도 울고 있는 요한에게, "울지 말라 유대 지파의 사자(獅子) 다윗의 뿌리가 이겼다" 하고 말씀합니다. 그런데 요한은 "내가 또 보니 보좌와 네 생물과 장로들 사이에 한 어린양이 서 있는데 일찍이 죽임을 당한 것 같더라"(5:5-6) 합니다.

㉯ 무슨 뜻인가? 우리는 이겼다 하시니까 "유다지파의 사자"가 나타날 것으로 여겼는데, "어린양"이 등장을 하면서, 그것도 "일찍이 죽임을 당한 것 같더라" 하는 것이 아닌가? 우리 주님은 본래 사자와 같은 분이셨으나 어리양이 되셔서, "죽으시고 다시 사심"을 통하여 승리하신 것입니다. 그러므로 우리가 증언해야할 복음의 핵심도 여기에 있는 것입니다.

㉡ 우리가 "오병이어, 산상수훈, 나사로의 부활" 등을 전한다면 사탄은 "그것은 괜찮다" 할 것입니다. 그러나 "어린양의 피" 하는 순간, 발악적으로 대적할 것입니다. 왜냐하면 예수 그리스도의 피로 말미암아 자신의 머리가 상했기 때문입니다.

㉮ 그러므로 계시록에 등장하는 찬양의 제목들을 관찰해 보십시오. "그들이 새 노래를 불러 이르되 두루마리를 가지시고 그 인봉을 떼기에 합당하시도다 일찍이 죽임을 당하사 각 족속과 방언과 백성과 나라 가운데에서 사람들을 피로 사서 하나님께 드리시고"(5:9) " 합니다.

㉯ "큰 음성으로 이르되 죽임을 당하신 어린양은 능력과 부와 지혜와 힘과 존귀와 영광과 찬송을 받으시기에 합당하도다"(12) 하고, 그리스도께

서 어린양이 되셔서 우리를 위하여 "죽어주셨다"는 점을 찬양하고 있습니다.

너희를 위하여 싸우시리라

㉠ 계시록에는 "전쟁"이 5번, "싸우다"라는 말이 6번 나오는데, 전쟁하는 장면이 많이 등장합니다. 그러므로 계시록은 전투하는 교회에 주신 병법(兵法)이라 할 수가 있습니다. 그런데 전세(戰勢)를 보면 십자가 군대가 패하는 듯하다가 역전(逆轉)이 되는 것이 계시록의 구조입니다.

㉮ 이점에서 명심해야할 점은 다윗이 골리앗을 물리칠 때에 선언한 말, "전쟁(戰爭)은 여호와께 속했다"(삼상 17:47, 대하 20:15) 한 말입니다. 이 선언을 구속사라는 맥락으로 보면, 구원계획에는 하나님의 이름과 영예가 걸려 있고, 여호와의 군대는 "여호와의 싸움"(삼상 25:28), 즉 "그의 나라와 그의 의를 위한" 싸움을 싸우고 있다는 뜻인 것입니다.

㉯ 주님께서도 십자가를 앞에 놓으시고, "내가 이를 위하여 이 때에 왔나이다" 하시면서, "아버지여, 아버지의 이름을 영광스럽게 하옵소서"(요 12:27-28) 하고 말씀하셨습니다. 주님께서 담당하신 십자가는 우리를 구원하시기 위한 것만이 아니라, 하나님 아버지의 영예가 걸려 있기 때문입니다.

㉰ 그러므로 계시록에서도, "우리를 사랑하사 그의 피로 우리 죄에서 우리를 해방하시고"(계 1:5) 하는데, 이것이 전부가 아니라, "그의 아버지 하나님을 위하여 우리를 나라와 제사장으로 삼으신 그에게 영광과 능

력이 세세토록 있기를 원하노라 아멘"(6) 하고, "아버지 하나님을 위(爲)하여"라고 말씀합니다.

ⓒ 그러므로 신구약을 통해서 성경이 일관되게 말씀하는 바는 하나님은, "우리를 위하여 싸우시는 하나님"이시라는 점입니다.

㉮ 모세는 홍해 앞에서 요동하는 백성들을 향하여, "여호와께서 너희를 위하여 싸우시리니 너희는 가만히 있을 지니라"(출 14:14) 하고 안정을 시킵니다. 자기 백성이 감당하지 못할 시험을 당할 즈음에 하나님께서는 홍해를 가르셔서 피할 길을 열어주셨던 것입니다.

㉯ 모세는 죽기 전에 행한 유언과 같은 신명기에서, "너희는 그들을 두려워하지 말라 너희의 하나님 여호와께서 친히 너희를 위하여 싸우시리라"(신 3:22) 합니다. 출애굽의 여정은 모두가 하나님께서 자기 백성을 위하여 싸워주셨기 때문에 승리할 수가 있었던 것입니다.

㉰ 여호수아도 죽기 전에 행한 설교에서, "너희의 하나님 여호와께서 너희를 위하여 이 모든 나라에 행하신 일을 너희가 다 보았거니와 너희의 하나님 여호와 그는 너희를 위하여 싸우신 이시니라"(수 23:3) 하고 격려하면서, "너희 중 한 사람이 천 명을 쫓으리니 이는 너희의 하나님 여호와 그가 너희에게 말씀하신 것 같이 너희를 위하여 싸우심이라"(10) 합니다.

ⓒ 싸움은 아직 끝나지 않았고, 계시록은 전투(戰鬪)하는 교회를 격려하고 용기를 주기 위해서 기록이 된 것입니다. 주님께서 "세상 끝 날까지 너희와 항상 함께 있으리라" 하신 말씀은, 함께 싸워주시겠다는 뜻입

니다. 그리고 함께 싸워주시는 장면을 계시록을 통해서 보여주고 계십니다.

최대의 전쟁, 최대의 승리

㉠ 질문을 드려보겠습니다. 구속사(救贖史)에 있어서 최대(最大)의 전쟁, 최대의 승리(勝利)가 무엇이라고 생각하십니까? 그것은 대표자 간의 싸움인, "여자의 후손이 뱀의 머리를 상하게 한" 전투요, 승리인 것입니다. 주님은 "내가 세상을 이기었노라"(요 16:33) 하시고, 계시록에서는 "유대지파의 사자 다윗의 뿌리가 이기었다"(5:5) 하고 말씀합니다.

㉡ 계시록에는 여러 번의 싸움 이야기(미가엘, 아마겟돈 등)가 등장하는데 이는 그리스도께서 싸워 승리해 놓으신 십자가 사건과 결부시켜 해석되어야 마땅합니다. 만일 주님께서 싸우신 전쟁보다 더 큰 전쟁이 있고, 주님께서 승리하신 승리보다 더 큰 승리가 아직 남아있다고 말한다면 어떻게 되는가?

㉮ 주님의 싸움, 즉 주님께서 죽으시고 다시 사심을 통하여 이루신 승리(勝利)가 별 것이 아닌 것이 되고 맙니다. 즉 평가절하 하는 것이 되는데, 이단들이 그렇게 함으로 자신은 부각을 시키고 주님의 승리를 무기력하게 만드는 결과를 초래하고 있는 것입니다.

㉢ "용이 여자에게 분노하여 돌아가서 그 여자의 남은 자손 곧 하나님의 계명을 지키며 예수의 증거를 가진 자들과 더불어 싸우려고 바다 모래 위에 서 있더라"(계 12:17) 합니다. 그러나 두려워할 것이 없습니다.

㉮ 왜냐하면 "그들이 어린양과 더불어 싸우려니와 어린양은 만주의 주시요 만왕의 왕이시므로 그들을 이기실 터이요 또 그와 함께 있는 자들 곧 부르심을 받고 택하심을 받은 진실한 자들도 이기리로다"(계 17:14) 하고, 어린양 되시는 그리스도께서 우리를 위하여 싸워주시기 때문입니다.

백마를 타고 싸우는 자

㉠ "또 내가 하늘이 열린 것을 보니" 하고 다른 장면이 전개되는데, "보라 백마와 그것을 탄 자가 있으니 그 이름은 충신과 진실이라 그가 공의로 심판하며 싸우더라"(19:11) 합니다.

㉮ 학자들은 이를 주님의 재림(再臨)의 장면으로 보는 견해가 있으나, 아닙니다. 요한은 백마가 아니라, "볼지어다 그가 구름을 타고 오시리라" 하면서, 또한 싸우러 오시는 것이 아니라, "각 사람의 눈이 그를 보겠고 그를 찌른 자들도 볼 것이요 땅에 있는 모든 족속이 그로 말미암아 애곡(哀哭)하리니 그러하리라"(1:7) 하고, 심판주로 오신다고 증언하고 있습니다. 그리고 16:15절에서는 "보라 내가 도적같이 오리니"(16:15) 하십니다.

㉯ "백마(白馬)를 탄 자"란 개선장군을 가리키는 묘사입니다. 이는 우리를 위하여 싸워주시는 야전군 사령관에 대한 묘사로 보아야만 합니다.

㉡ 그와 함께 "하늘에 있는 군대들이 희고 깨끗한 세마포 옷을 입고 백마를 타고 그를 따르더라"(19:14) 하는데, 이들이 누군가?

㉮ "땅에서 올라오는"(13:11) 거짓선지자와, "하늘에 있는 군대"가 대조

(對照)되어 있는 것입니다. 형제의 시민권(市民權)은 하늘에 있기 때문에 "하늘 군대"요, 주님과 함께 싸우기에 백마(白馬)를 타고 싸운다는 점을 확신하시기 바랍니다.

㉯ 7장에는, "내가 인침을 받은 자의 수를 들으니 이스라엘 자손의 각 지파 중에서 인침을 받은 자들이 십사만 사천이니"(7:4) 하는 말씀이 있습니다. 그런데 이를 문자(文字)적인 수로 여기면서 자기 진영으로 와야 그 수에 든다고 미혹하는 자들이 있는데, 그렇다면 "이스라엘 자손의 각 지파 중에서 인침을 받은 자"라는 표현도 문자적으로 보아야할 것이 아닌가?

㉰ 이는 12x12x1000=144000으로, 구약의 12지파와, 신약의 12사도에 완전성을 나타내는 1000을 곱한 수로, "아무도 능히 셀 수 없는"(7:9) 수를 상징합니다. 이는 "여호와께서 이르시되 너는 예루살렘 성읍 중에 순행하여 그 가운데에서 행하는 모든 가증한 일로 말미암아 탄식하며 우는 자의 이마에 표를 그리라"(겔 9:4) 하신 말씀과, "20세 이상으로 싸움에 나갈만한 자를 계수하라"(민 1:3) 하고, 명하신 것과 맥을 같이 하는 하늘 군대를 가리킵니다. 형제도 그 수에 들어 있는 것입니다.

계시록의 적실성

㉠ 계시록하면 많은 분들이 세대주의적인 영향을 받아, 주님의 재림 직전에 유대인들에게 이루어질 말씀으로 여기는 경향이 있습니다. 그러면 요한의 때부터 현대교회에 이르기까지 2천년 동안 계시록이 무슨

의미가 있단 말인가?

㉮ 하나님께서는 자신을, "나는 알파와 오메가라 이제도 있고 전에도 있었고 장차 올 자요 전능한 자라"(계 1:8) 하십니다. 말씀하시는 시제(時制)의 순서(順序)를 유의해 보셨습니까? 하나님께서는 전에도 계셨고 이제도 계시고 장차도 계시는 전능의 하나님이십니다. 그런데 "이제도 있고" 하고, 현재시제(現在時制)를 맨 먼저 강조하시는 의도가 무엇인가?

㉯ 요한은 이점을 인식한 듯 합니다. 그래서 "요한은 아시아에 있는 일곱 교회에 편지하노니 이제도 계시고 전에도 계셨고 장차 오실 이"(1:4) 하고, "이제도 계시다", 즉 초대교회 당시도 계시다는 점을 강조하고 있습니다. 그렇습니다. 주님은 초대교회 성도들과도 같이 계셨습니다. 이점을 부인하는 자는 한 사람도 없을 것입니다.

㉡ 그렇다면 주님만 그러하신 것이 아니라 우리의 대적(對敵)인 "사탄, 적그리스도, 거짓선지자"도, 요한의 때인 초대교회 때도 있었고, 중세 종교개혁자들 때도 있었고, 현대교회가 처하고 있는 이제도 있다는 것입니다.

㉮ 또한 계시록의 영적 싸움이 초대교회 때도 벌어졌고, 종교개혁 당시도 있었으며, 현대교회에서도 동일한 싸움을 싸우고 있다는 각성을 하게 되는 것입니다. 그러므로 "이제도 있다"는 점을 먼저 언급하면서 강조하고 있는 의도는 읽는 자들의 경각심(警覺心)을 일깨우기 위해서인 것입니다.

㉯ 그렇습니다. 계시록은 우리와 상관이 없는 먼 훗날 주님 재림 직전의 어느 짧은 순간에 되어질 일이 아니라, 계시록은 초대교회 때도 적실성이 있었고, 우리에게도 더욱 적실성이 있는 현대교회에 하시는 말씀인 것입니다.

이루었도다

드디어 "또 내게 말씀하시되 이루었도다"(계 21:6) 하고 선언(宣言)하십니다.

㉠ 무엇을 이루셨는가? "내가 들으니 보좌에서 큰 음성이 나서 이르되 보라 하나님의 장막이 사람들과 함께 있으매 하나님이 그들과 함께 계시리니 그들은 하나님의 백성이 되고 하나님은 친히 그들과 함께 계셔서"(3) 하는, 하나님과 "함께" 사는 것을 이루신다는 것입니다.

㉮ 하나님과 "함께" 산 때가 있었습니다. 그러나 그것은 죄가 세상에 들어오기 전 창세기 1장-2장의 짧은 순간뿐이었습니다. 3장에서 죄가 들어옴으로 사망과 저주가 임하고 하나님과 함께 사는 것이 깨어지고 말았던 것입니다.

㉡ 이런 맥락에서 성경의 첫 장면(창 1장-3장)과, 마지막 장면(계 20장-22장)은 절묘한 대칭을 이루고 있습니다.

㉮ "또 그들을 미혹하는 마귀가 불과 유황 못에 던져지니 거기는 그 짐승과 거짓 선지자도 있어 세세토록 밤낮 괴로움을 받으리라"(20:10),

㉯ "모든 눈물을 그 눈에서 닦아 주시니 다시는 사망이 없고 애통하는 것이나 곡하는 것이나 아픈 것이 다시 있지 아니하리니 처음 것들이 다 지

나갔음이러라"(21:4) 합니다.

㉢ 대칭의 절정은, "용을 잡으니 곧 옛 뱀이요 마귀요 사탄이라 잡아서 천년 동안 결박하여 무저갱에 던져 넣어 잠그고"(20:2-3) 한 반면,

㉮ "예수를 증언함과 하나님의 말씀 때문에 목 베임을 당한 자들의 영혼들과 또 짐승과 그의 우상에게 경배하지 아니하고 그들의 이마와 손에 그의 표를 받지 아니한 자들이 살아서 그리스도와 더불어 천년 동안 왕 노릇 하니"(4) 한, 역전(逆轉)인 것입니다.

㉯ "이런 맥락에서 등장하는 "천년 동안"이라는 표현도, 대적하던 용 곧 마귀는 결박을 당하게 되고, 죽임을 당하던 십자가 군병들은 그리스도와 더불어 왕 노릇하게 된다는 중심 주제에 의하여 이해가 되어야 마땅한 것입니다.

㉣ 그래서 "나는 알파와 오메가요 처음과 마지막이라"(6) 하십니다. 주님께서도, "보라 내가 속히 오리니 내가 줄 상이 내게 있어 각 사람에게 그가 행한 대로 갚아 주리라 나는 알파와 오메가요 처음과 마지막이요 시작과 마침이라"(22:12-13) 하십니다.

㉮ 만일 주님의 재림(再臨)이 없다면 "알파"는 되시나 "오메가"는 되지 못하시고, "시작"은 되시나, "마침"은 되지 못하신 것이 되고 맙니다. 이런 일은 결코 없다는 말씀입니다.

㉯ 왜냐하면 하나님의 구원계획에는, '나는 나를 위하며 나를 위하여 이를 이룰 것이라 어찌 내 이름을 욕되게 하리요 내 영광을 다른 자에게 주지 아니하리라'(사 48:11) 하신, 하나님의 이름과 영예가 걸려 있기

때문입니다.

그러므로 형제들아

㉠사실 계시록에는 "내가 본 천국"(天國)과 같은 묘사도 없다할 수가 있습니다. 왜냐하면 계시록의 주제(主題)가 이를 보여주려는 것이 아니라, 전투하는 교회를 향하여 "이기는 자는 이기는 자는" 하고 격려하는데 있기 때문입니다.

㉮ 예를 들어 계시록 마지막 장에서, "개들과 점술가들과 음행하는 자들과 살인자들과 우상 숭배자들과 및 거짓말을 좋아하며 지어내는 자는 다 성(城) 밖에 있으리라"(22:15) 하는데, 이것이 주님의 재림 후의 천국(天國) 광경이란 말인가?

㉯ 이는 "그들이 생명나무에 나아가며 문들을 통하여 성(城)에 들어갈 권세를 받으려 함이로다"(22:14) 한 "성에 들어감과, 성 밖에 있으리라"를 대조해서 보여주려는데 강조점이 있는 것입니다.

㉡이런 계시록의 구조로 볼 때, "7인, 7나팔, 7대접"이라는 의미를 생각하게 합니다. 어떤 의도에서 "인(印), 나팔, 대접"이라는 표현을 사용하고 있는가 하는 점과, 그 순서에도 주목하게 되는데,

㉮ 복음은 하나님 속에 감추어져 있던 비밀이었는데, 주님께서 인(印)을 떼심으로 밝히 드러내셨고,

㉯ 지금은 "7교회가, 7나팔", 즉 복음을 선포해야할 때요,

㉰ 만일 이를 듣지 않는다면 7대접을 쏟는 심판(審判)은 불가피하다는 말

쏨이 되는 것입니다.

　이제 형제는 "하나님 속에 감추어졌던 비밀의 경륜", 곧 하나님께서 구원계획을 어떻게 이루어 오셨는가를 깨닫게 되었습니다. 또한 언약하신 바를 반드시 지켜주신 하나님이심도 알게 되었습니다. 그리하여 하나 남은 "우리를 영접하러 오시리라"는 재림의 약속도 확신하게 된 것입니다.

　이를 믿는 형제의 마음에는 하나님의 사랑이 부어진(롬 5:5) 것입니다. 사랑에 대한 보답은 오직 사랑뿐입니다. "그러므로 형제들아", 이제 후로는 "그리스도의 사랑이 우리를 강권하시는도다"(고후 5:14) 한, 사랑의 강권하심을 받는 삶을 살아가게 되시기를 기원합니다. 아멘.